基于标准的教师教育新教材

The Ethics of Professional Teachers

教师职业道德

第四版

钱焕琦 ◎ 主编

华东师范大学出版社
·上海·

图书在版编目（CIP）数据

教师职业道德/钱焕琦主编. —4 版. —上海：华东师范
大学出版社，2020

ISBN 978 - 7 - 5760 - 0416 - 8

Ⅰ.①教…　Ⅱ.①钱…　Ⅲ.①师德-师资培训-教材
Ⅳ.①G451.6

中国版本图书馆 CIP 数据核字（2020）第 074545 号

基于标准的教师教育新教材

教师职业道德（第四版）

主　　编　钱焕琦
责任编辑　李恒平
责任校对　王丽平　时东明
版式设计　卢晓红

出版发行　华东师范大学出版社
社　　址　上海市中山北路 3663 号　邮编 200062
网　　址　www.ecnupress.com.cn
电　　话　021 - 60821666　行政传真 021 - 62572105
客服电话　021 - 62865537　门市（邮购）电话 021 - 62869887
地　　址　上海市中山北路 3663 号华东师范大学校内先锋路口
网　　店　http://hdsdcbs.tmall.com

印 刷 者　常熟高专印刷有限公司
开　　本　787 毫米 × 1092 毫米　1/16
印　　张　20
字　　数　422 千字
版　　次　2020 年 8 月第 4 版
印　　次　2024 年 2 月第 11 次
书　　号　ISBN 978 - 7 - 5760 - 0416 - 8
定　　价　49.80 元

出 版 人　王　焰

　　教师是人类历史上最古老的职业之一，也是最伟大、最神圣的职业之一。每个人心目中都有自己好老师的形象，好老师虽然没有统一的模式，但高尚的师德一定是共同的、必不可少的特质。

　　道德是由一定社会的经济关系所决定的特殊意识形态，是以善恶为评价标准，依靠社会舆论、传统习惯和内心信念所维持的调整人与人之间以及个人与社会之间关系的原则规范，以及与此相关的观念品质、行为活动的总和。它的作用就在于通过确立和践行一定的行为规范、协调人们之间的利益关系、保持个体行为与社会秩序的合理、稳定，并激励人们不断地完善自我和社会，创造美好生活。道德贯穿于人类生活的方方面面，凡是有人群和社会生活的地方就有道德。职业生活与家庭生活、公共生活一起构成了人类社会生活的三大领域，适应这种生活协调与完善的需要，必然产生职业道德。职业道德是与人的职业角色和职业行为相联系的一种高度社会化的角色道德。

　　所谓职业道德，就是指人们在一定的职业活动中所形成和遵循的、具有自身职业特征的道德规范以及与之相适应的道德观念、情操和品质。它主要是针对职业行为的道德原则和规范，并通过从业人员的职业观念、职业态度、职业技能、职业纪律和职业作风以及它们的社会效果表现出来。不同的职业有不同的职业道德。我们生活在一个普遍职业化分工的时代，职业群体从各方面主导着现实生活，职业道德也已成为全社会的主导道德。职业道德的优劣直接关系到人们的切身利益，关系到整个社会道德风尚的好坏和道德水平的高低。

　　教师职业道德是职业道德的一种表现形式。它是随着教师职业的产生而逐渐形成的，是社会道德的一般要求在教师职业领域中的具体体现。教师职业道德又称为教师道德或师德，是指教师在从事教育劳动过程中形成的，用以调节教师与他人、教师与社会、教师与集体等相互关系时所必须遵守的基本道德规范和行为准则，以及在此基础上所表现出来的道德观念、情操和品质。教师职业道德以具体适用于教师职业活动的形式体现出全社会对教师行为的基本道德要求，具体体现为教师职业理想、教师职业责任、教师职业态度、教师职业纪律、教师职业良心、教师职业作风和教师职业荣誉等方面。教师职业道德对教师行为的规范、约束和指导主要是通过建立道德规范体系来实施的。从学科理论体系结构来看，教师职业道德体系由教师职业道德基本原则、教师职业道德规范和教师职业道德范畴三个基本要素构成。

　　学校教育实践是通过教师的教育劳动实现的。教育劳动是教育者以个体或群体的形式，按照一定教育目的和教育模式，以语言、文字和自身的榜样作用等多种方式，向被教育者传授知识、澄清价值观念、施加各种影响的活动。教育劳动是教师职业道德的实践基础，正是教育劳动自身的特点决定了教师职业道德一系列的特点和要求,教师职业道德又能够有效地监督和调节教育劳动中的各种利益关系以及教师的教育行为,从而保证教育劳动的顺利开展。教育劳动的特殊性决定了教师职业道德具有不同于其他职业道德的独特性。教育劳动是教师职业道德赖以产生的实践基础,也是教师职业道德发挥作用的主要领域。只有全面认识教育劳动的价值及其特殊性,才能深刻领会和掌握教师职业道德的特点以及学习和实践教师职业道德的重大意义。故本书从教育劳动的角度切入论述教师职业道德的原则、规范和范畴等问题。

最近,《关于全面深化新时代教师队伍建设改革的意见》对师德师风建设作出了总体部署,要求"着力提升思想政治素质,全面加强师德师风建设",立足于立德树人根本任务,进而进一步优先发展教育事业、加快教育现代化、办好人民满意的教育、建设教育强国。

以德立身、以德立学、以德施教、以德育德。教师发展,师德为要。新时代全面加强师德师风建设,既要不断提高广大教师的思想政治素质,还要坚持弘扬高尚师德,以榜样的精神感染人、鼓舞人、引导人,向师德楷模学习。广大教师通过自身学习和教学实践探索来自觉增强立德树人、教书育人的荣誉感和责任感,学为人师,行为世范,努力当好学生健康成长的指导者和引路人。

本书撰稿作者如下:第一章王燕;第二章孙茂华、张亚、王本陆;第三章糜海波、李雪、钱焕琦、俞敏;第四章蒋灵慧、钱焕琦;第五章钱焕琦;第六章刘云林;第七章王燕、张炳生;第八章周志文;第九章张勤、徐海红;第十章孙茂华。全书由钱焕琦统改定稿。本书在撰著过程中借鉴和吸收了国内外学术界的有关研究成果。华东师范大学出版社吴海红、李恒平等编辑对本书第四版的修订出版付出了辛勤的劳动,值此付梓之际,一并谨致谢忱。

编者

2020 年 3 月

党的二十大报告关于教育问题的表述,涉及"立德树人"、"教育公平"和"师德师风"三个关键词,其中蕴含着教育向善的丰富内涵。

师德师风建设是一项长期性、系统性的"生态工程",一直是教师队伍建设最具挑战性的工作。作为课程的师德教育是师德师风教育的基础。它是由教材,师资,课堂教学和教学实践四部分组成。教材又是基础的基础。所以有一本好的教材对师德教育而言意义是非常重要的。

2023 年 5 月补记

目录

章前导语

　　成为一名光荣的人民教师,这是所有师范生的共同追求。"教师"究竟是一份什么样的职业?这份工作"好"在哪里?又"难"在何处?这些问题你思考过吗?请你在本页的空白处写下你对"教师"职业或教育劳动的认识。然后,认真地阅读本章的内容。让我们从全面认识"教师"这一行开始,为成为一名"好老师"而努力吧。

通过本章的学习,你能够

- 全面了解学校教育的价值;
- 全面了解教育劳动的特殊性;
- 理解并领会教师职业道德的特点和重要意义;
- 深刻领会自己的职业责任和职业使命。

本章内容导引

- 学校教育的价值
  - 一、学校教育及其价值
  - 二、学校教育的个体价值
  - 三、学校教育的社会价值
- 教育劳动与教师职业道德
  - 一、教育劳动的对象与教师职业道德
  - 二、教育劳动的形式与教师职业道德
  - 三、教育劳动的工具与教师职业道德
  - 四、教育劳动的时空与教师职业道德
  - 五、教育劳动的产品与教师职业道德
- 教师职业道德的形成与特点
  - 一、职业道德与教师职业道德
  - 二、教师职业道德的形成与历史发展
  - 三、教师职业道德的特点
- 学习和实践教师职业道德的意义
  - 一、学习和实践教师职业道德对学生的意义
  - 二、学习和实践教师职业道德对教师的意义
  - 三、学习和实践教师职业道德对教育事业的意义
  - 四、学习和实践教师职业道德对社会道德风尚的意义

章导言

　　"教师"是履行教育教学职责的专业人员。它既是一份谋生的职业,又是一项光辉的事业;既担负着教化育人、传承文明的崇高使命,又承载着每一位教师自我实现、成就美好人生的殷切希望。因此,成为一名"合格"的教师仅仅具备相应的专业技能是远远不够的。教育劳动的特殊性质和特殊使命内在地决定了教师职业的德性要求比其他职业更严格、更全面。只有深刻认识教育劳动的价值及其特殊性,才能真正领会学习和实践教师职业道德的重大意义。

第一节　学校教育的价值

教育是一项饱含价值关怀的事业,它"主要是依据一定的价值观而做出的不同选择的有目的的行为"①。学校教育作为当代教育系统的核心,必然也要围绕着一定的价值原则进行。价值问题是每个历史时期的学校教育都必须要优先考虑的问题,也是每一位教师在从事教育职业时必须要予以明确的问题。它关系到学校教育的目的和方向。

一、学校教育及其价值

学校教育是教育者根据一定社会的要求和受教育者身心发展的规律,通过专门的教育机构对受教育者所进行的一种有目的、有计划、有组织、有系统地传授知识、技能,培养思想品德,发展智力和体力的教育劳动。从层次上包括初等教育、中等教育、高等教育,从性质上包括普通教育、专业教育、特殊教育、成人教育。学校教育与家庭教育、社会教育一起,构成了人类所接受的全部教育。

学校教育的产生与学校的出现和发展是紧密相联的。《辞海》把"学校"定义为:

> 有计划、有组织进行系统教育的机构。起源于奴隶社会。中国古代学校,据《孟子》所载:"设为庠、序、学、校以教之。"学校开始产生时,往往不都是专门的教育机构,而兼为习射、养老的场所。其后学校一般称为"学"。清末兴办近代教育,在1902年(清光绪二十八年)的《钦定学堂章程》中改称"学校"。②

由此看来,教育与学校教育有着不同的历史起点。教育与人类社会共始终,学校教育则是人类文明发展到特定历史阶段的产物。它的出现标志着人类教育活动开始进入一个自觉自为的历史时期。尽管学校教育产生在社会教育和家庭教育之后,并且在其发展过程中历经兴衰变化,却始终以社会和家庭教育无可比拟的速度向前发展着,并成为当代教育系统中的主干和人类社会事业的重要组成部分。

对学校教育价值的认识与对"价值"概念的理解是密切相关的。"价值"这一概念是在原始社会末期,随着商品交换的出现而产生的。最初它仅有经济学的意义,后来才逐渐引申到社会生活的各个领域,成为具有普遍意义的概念。哲学意义上的价值概念是对各种具体价值的高度抽象和概括。马克思指出:"'价值'这个普遍的概念是从人们对待满足他们需要的外界物的关系中产生的"③,它"是人们所利用的并表现了对人的需要的关系的属性"④,"实际上表示物为人而存在"⑤。在研究价值问题时,人们大多是从讨论主客体入手,认为价值反映的是主体与客体之间的一种关系,即客体的作用或属性

---

① 成有信主编:《教育学原理》,河南教育出版社,1993年,第300页。
② 《辞海·教育学、心理学分册》,上海辞书出版社,1987年,第41页。
③ 《马克思恩格斯全集》(第19卷),人民出版社,1982年,第406页。
④ 同上(第26卷),第139页。
⑤ 同上(第26卷),第326页。

满足主体需要的关系。因而,价值的构成和实现既不能脱离价值主体的需要,也不能脱离价值客体满足价值主体需要的属性。按照这样的思路,学校教育具有影响人的身心发展并以此来促进社会进步的内在属性。故,在学校教育的价值关系中,学校教育是价值关系的客体,个体和社会是价值关系的主体。学校教育的价值就是作为整体的学校教育对个体和社会发展的意义,对个体和社会一定需要的满足。它是学校教育的个体价值和社会价值的有机统一。

二、学校教育的个体价值

教育是培养人的社会活动,培养人是教育的质的规定性。学校的产生和发展就是为了更好地履行教育培养人的职能。因此,学校教育首先指向的就是作为个体的人的发展,舍此它便失去了存在的理由与意义。这里所谓的"个体"既包括作为受教育者的学生,还包括作为教育者的教师。学校教育是师生共同参与探求知识的过程,教育者和受教育者一起构成了学校教育价值关系中"人"的因素。因此,学校教育的个体价值也就相应地包括学校教育对学生的价值和学校教育对教师的价值两个方面。

1. 就学生个体而言

学生是有着完整的人的生命的表现形态、处于发展中的、以学习为义务的人。[①] 他们是具体的、活生生的,具有多方面发展需要和发展可能的学习活动的主体。

相对于家庭教育和社会教育而言,学校在促进学生个体发展方面具有特殊的优势:学校教育是教育者在固定的场所——学校——进行的有目的、有计划、有组织地对受教育者施加影响的过程。学校教育的"目的性"指的是其教育职能的专门性,即培养人是学校教育的核心任务,其他一切工作都是以此为核心展开,并为完成这一教育任务而服务。教师是学校教育职能的主要承担者。他们是经过严格选拔并经过专门训练培养出来的专职教育者,不仅学识广博、品德高尚,而且懂得教育规律并掌握有效的教育方法。这就使得学校教育对学生的影响力更加集中和持久,更易于对教育对象发生作用。学校教育的"计划性"是指学校教育内容的安排不是偶然的、自发的,而是根据教育对象的特点以及社会发展的需求精心设计的,具有连续性和系统性,从而能够最大限度地把人类历史积淀的文明成果的精华内化于个体并使之社会化。甚至包括学校教育的环境也是人为设置和精心营造的。校园里弥漫着文明、友爱、奋发、向上的气息,这些都是滋养人的精神力量的重要因素。学校教育的"组织性"是指学校教育是制度保障下的生活,具有严密的组织结构和制度。从宏观上说,学校有各级各类、多种多样的体系结构;从微观上说,学校自身内部又有专设的领导岗位和教育组织,还有一系列严密的教育教学管理制度,以规范教师的教育行为和学生的学习活动。因此,学校教育又被称为"正规教育"(formal education),以与其他自发、分散的教育活动即"非正规教育"(nonformal education)相区别。

明确的目的性、周密的计划性和高度的组织性使得学校教育对学生个体的发展起着主导作用。它可以帮助个体在多种发展可能性中做出判断和选择,使受教育者的个

---

① 肖川:《课程发展名词·术语诠释》(二),《教育导刊》,2002年第2期。

体特质朝着与社会发展对人才的基本要求相一致的方向发展;它可以通过集中、系统的专门教育和训练为学生个体的终身发展奠定坚实的基础,并为离开学校后的继续发展创造条件;它还可以通过科学的手段和方式帮助受教育者矫正个体发展的偏差或对严重缺陷进行弥补,并有效整合家庭和社会的教育力量,共同作用于受教育者的健康发展和完美成长。埃德加·富尔在向联合国教科文组织提交的报告《学会生存——教育世界的今天和明天》中,对学校教育的个体(学生)价值给予了充分的肯定:"学校,即向年轻一代有条不紊地施行教育所设计的机关,在培养对社会发展有贡献并在生活中起着积极主动作用的人方面以及在训练人们适当地准备从事工作等方面,现在是,将来仍然是具有决定性的因素。"① 但是,学校教育对学生个体发展的主导作用并不是没有限度的。个体发展是一个长期的复杂的过程。从内容上看,它是人的身心诸方面及其整体性结构与特征随着年龄的推移而不断发生变化的过程;从时间上看,它贯穿于生命的全过程,从生命孕育的瞬间始至跨入死亡的门槛终。个体自身条件中的先天因素(即遗传因素)、后天因素以及个体生活其中的自然环境和社会环境等都是影响个体发展的重要因素。因此,学校教育并不是万能的,它对学生个体发展的主导作用的发挥必定要建立在对这些影响因素进行具体分析的基础之上。否则就极容易高估学校教育的价值,从而使我们的价值期待因此而陷入空想,失去实现的可能性。

具体来讲,以培养人作为基本价值追求的学校教育应该是:

(1)面向全体学生

每一个学生都有享受高质量教育的权利,早在1947年,联合国教科文宪章就明确提出,"应当给一切人以受教育的充分而平等的机会"。1948年《世界人权宣言》也庄严宣告:"人人均有受教育的权利。"因此,每一个适龄儿童和取得相应入学资格的人都有接受学校教育的平等权利,这是教育公正或教育民主的必然要求。这里所谓的"平等权利"不仅包括平等地接受教育的机会、平等地享受优质的教育资源,而且在更深层次上要求每一个学生——不问其年龄、性别、文化背景,也不管他究竟对学校教育是否怀有足够的兴趣等等,都能在教育中得到教师的关爱和帮助。因此,作为学校教育价值主体的是全体学生而非少数精英。尤其是在基础教育阶段,更要让高质量的学校教育来有效地培养每一个而不仅仅是那些"处境优越"的孩子。我们的学校教育要"善于在每一个学生面前,甚至是最平庸的、在智力发展上最有困难的学生面前,为他打开精神发展的领域,使他能在这个领域里达到顶点"。②

面向全体学生并不等于对所有的学生"平均对待",或者是按照相同的模式来培养不同的人。每一个学生都有自己的独特性,他们在生活阅历、经验储备、兴趣爱好、发展阈限、思维方式及心理水平等各方面都存在一定的差异。这些差异的存在使得他们不可能站在同一起跑线上,用同样的速度,沿着唯一的路径,达到相同的终点。即便是从相同的学校教育中所获得的实际发展机会和达到的发展程度也是不同的。这无形中增

---

① 联合国教科文组织国际教育发展委员会编著,华东师范大学比较教育研究所译:《学会生存——教育世界的今天和明天》,教育科学出版社,1996年,第15页。

② [苏]苏霍姆林斯基著,杜殿坤编译:《给教师的建议》,教育科学出版社,1984年,第371页。

加了学校教育的难度和教育工作的复杂性。但是，我们必须认识到，正是这些差异昭示着"他"是世界上独一无二的存在，昭示着"他"的独特性和不可替代性。真正的公正应该是既承认权利的平等又允许差异的存在。因此，面向全体学生的实质就是面向每一个有差异的学生个体，让每一个学生在现有的基础上达到自己发展潜力的最高点。既能让少数优秀者脱颖而出，又能保证绝大多数学生通过努力达到最基本的目标要求，从而使每一位学生均能作为生成中的人从学校教育中真正受益，在校园中愉快、自信、有尊严地健康成长。

（2）促进全体学生的全面发展

全面发展是人的发展的最理想的境界，也是人类教育数千年来孜孜以求的理想和目标。在人类早期活动中，人们就朦胧地意识到了自身潜力的存在，萌发了对人的完美和谐发展的追求。中国古代的"六艺"（礼、乐、射、御、书、数）和古希腊时期的"七艺"（文法、修辞、逻辑、音乐、算术、几何、天文）就是这种追求在教育中的体现。在当代，联合国教科文组织一再重申的一个基本原则就是："教育应当促进每个人的全面发展，即身心、智力、敏感性、审美意识、个人责任感、精神价值等方面的发展"[①]，"使他的人格丰富多彩，表达方式多样，使他作为一个人，作为其中一个家庭和社会的成员，作为一个公民和生存者、技术发明者和有创造性的思想者，来承担各种不同的责任"[②]。

"全体学生的全面发展"是指每个学生各方面的素质和潜能都能最大限度地得到普遍提升和充分拓展，不能只发展人的"能力的一方面而偏废了其他各个方面"[③]。它是人的本质的全面展开和真正实现，既包括智力、体力和劳动能力的全域发展，又包括情感、意志、人生观、价值观以及道德理想和精神境界的全面丰富和提升。苏联教育家苏霍姆林斯基认为，"所谓全面和谐发展的人，意味着他有能力担当多方面的任务。他应该是社会物质生产和精神生活整个领域的创造者、享用者、鉴赏者和保护者，是有文化修养和道德面貌的人，是积极参加社会活动的公民和具有道德基础的新家庭的建立者"[④]，"在这个和谐中，没有可能，也没有必要规定什么是最主要的，什么是次要的。我们只能说，全面发展的某些方面对于人的整个精神世界的影响可能比其他的方面大一些"[⑤]。

但是，这并不等于说把学生培养成无所不知无所不能的"完人"和"超人"，或是像荷马史诗中夸耀的那种"样样活计都能干"的英雄。教育实践一再证明，一个人每个方面都突出是不可能的。社会活动的广泛性与个人能力的有限性之间的矛盾内在地决定了任何一个人都不可能在所有的领域内都达到同等水平的极高造诣。但是，在个人的多种兴趣爱好之中必定会形成他特殊的需要和才能以及在此基础上锻炼而成的个性特征。因此，全体学生的全面发展并不意味着每个学生在各个方面的平均发展，个性发展是全面发展的基点和前提。

① 联合国教科文组织总部中文科译：《教育——财富蕴藏其中》，教育科学出版社，1996年，第85页。
② 联合国教科文组织国际教育发展委员会编著，华东师范大学比较教育研究所译：《学会生存——教育世界的今天和明天》，教育科学出版社，1996年，第2页。
③ 《马克思恩格斯选集》（第1卷），人民出版社，1972年，第224页。
④ ［苏］苏霍姆林斯基著，赵玮译：《帕夫雷什中学》，教育科学出版社，1983年，第9页。
⑤ ［苏］苏霍姆林斯基著，蔡汀等译：《苏霍姆林斯基选集》（五卷本），教育科学出版社，2002年，第117页。

（3）观照全体学生的完整生活

学生不是抽象的本质拥有者，而是现实的生活者。每一个学生都在现实生活中显现着他作为人的存在。学校教育阶段作为个体发展中的特殊阶段，是与个体的生活并行交错在一起的。也就是说，作为一个完整的过程，学生的生活并不会因为他要接受学校教育而中断。只不过原来自在的生活在校园中变成了受教育引导的生活而已。事实上，学校教育的过程本身就是在生活中进行的，是学生生活世界的一部分。它们是不可分割地"纠缠"在一起的。因此，着眼于全体学生全面发展的学校教育必然要以学生当下完整的现实生活为依据，加强与现实社会和学生自身生活的联系，启发他们对生活目的、生活意义的理解与确认，使其在对当下生活的体验中感受到生活世界的美好与充盈，从而成为新生活的热爱者、创造者和享受者。学校教育只有走入学生的生活世界，从观照生活世界中的学生出发，才会真正具有生命的活力和生活的价值与意义。

值得注意的是，学校教育对学生当下生活的观照并不是对现有生活的简单复制和刻写，而是要与现实生活之间保持适当的"离心力"和"批判力"。人绝不是一个给定的存在物，他能不断地超越自己当下之所是。正如德国哲学家马·舍勒所言"人就是能无限制地'向世界开放'的X"。同样的，学生——活生生的"类"的一员——既是现实生活中的人，又是孕育着可能生活和追求可能生活的人。因此，学校教育仅仅关注当下的现实生活还是不够的。单纯的适应性教育会使我们的教育对象逐渐失去超越现实的能力。所以，学校教育应该把学生当下的现实生活和理想的未来生活有机地结合起来，即从观照学生的完整生活出发，培养学生对有限的、有欠缺的现实的不满足的超越精神以及主动适应未来的能力和品质，引导学生在现实生活中去感悟和追求未来生活，进而向更高的生存状态跃迁。"这样，现实生活和未来生活得到统一，儿童不仅过着快乐的今天，而且为美好明天打下了坚实基础。"[1]

2. 就教师个体而言

教师是学校教育中"履行教育教学职责的专业人员"。他所从事的是培养人的特殊的社会劳动，这项崇高的事业是与德行和奉献紧密相联的。所以，长期以来，我们在谈到教师时，浮现出来的总是一副默默耕耘、甘于清贫、无私付出的形象，总是倾向于把教师与"燃烧自己，照亮他人"的蜡烛、"到死丝方尽"的春蚕相比拟，似乎只有把自己完全"牺牲"掉才能够完成培养人的重任。事实上，这是对教师职业的单向度的理解。教师的奉献并不等于"自我消失"，他所从事的是一种"不仅给予也在收获的有意义的活动"，因而应该拥有"双倍的幸福"——给予的幸福和收获的幸福，这才是教师职业的真正魅力之所在。所以，学校也是教师自我发展的场所。作为具有丰富思想和鲜活个性的个体，教师完全有权利在教育教学中不断发现自己，提升自己。学校教育应该能够使教师富有智慧地遵循教育规律进行教育工作、创造性地结合教育实践进行教育科学研究；应该有助于培养教师开放的头脑、进取的精神和探究的兴趣；应该有助于教师的情感、意志、认知方式、人际关系、心理倾向性等人格特征的发展与完善，使其充实快乐、心智健康地幸福生活。

---

[1] 黄济、王策三主编：《现代教育论》，人民出版社，1996年，第389页。

促进教师的自我发展和完善既是提升教师生命质量之必需，又是学生个体发展之必需。学校教育不是单凭物质工具去教育人——那是冰冷的没有生命力的，而主要依靠教师的思想、学识和言行，依靠教师自身道德的、人格的力量来影响受教育者。所以，教师是学生"精神生活极其丰富的榜样"，完美的教师人格不仅能使教师的教育境界达到"不教而教"的状态，而且可以让学生在积极主动地学习书本知识的同时，还能把握无法物化在书本中的人生哲理，从而对学习、生活、工作乃至整个人生都产生一种全新的感受和深层的把握，激发他们对理想的追求，对真善美的向往，以及对不完满的现实的超越。因此，教师本人就是学校巨大的教育财富和教育资源。第斯多惠曾经说过："教学的艺术不在于传授的本领，而在于激励、唤醒、鼓舞。而没有兴奋的情绪怎么能激励人，没有主动性怎么能唤醒沉睡的人，没有生气勃勃的精神怎么能鼓舞人呢？只有生气才能产生生气；死气只能从死气而来。"所以，要通过教育而使学生富有生气，教育者自身须有生气；要通过教育而使学生树立健全人格，教育者自身须有健全的人格。可见，教师发展不仅本身就具有独立的善的价值，而且是促进学生个体发展的必要条件。

学校应当"是一个使教育者和受教育者都变得更加完善"[①]的地方。在学校教育过程中获得发展的应当是所有参与其中的人。学生在教师的发展中成长，教师在学生的成长中发展，这应当成为学校教育的永恒追求。

三、学校教育的社会价值

学校教育内在地具有谋求个人全面发展，从而促进社会进步的属性。所以，人们对学校教育价值的评判固然要看其对个体发展的意义，但无论是学生还是教师都不是"鲁滨逊式"远离社会的抽象的人。在任何时候，我们都是按照特定社会的需要来限定人的培养规格和发展方向的。因此，是否满足社会发展的需要是衡量学校教育价值的另一尺度。社会是人类群体的存在样式，它是由经济、政治、文化等社会子系统以及它们之间复杂的相互关系构成的一种组织系统。相应地，学校教育的社会价值也就具体地或主要地表现为经济价值、政治价值以及文化价值三个方面。

"经济"是一个十分宽泛的概念，我们这里主要指的是人类社会的物质生产活动。学校教育与物质生产活动的关系应该是学校教育与经济关系中最基本的方面。从产生渊源上来说，只有当人类社会的物质生产活动发展到一定的历史阶段，能够提供相当数量的剩余产品，从而使得一部分人可以脱离生产劳动而专门从事教与学的时候，学校教育才成为现实。所以，社会物质生产为学校教育的发展提供了必不可少的基础性条件，并不断对学校教育提出新的需求。因此，作为社会延续和发展的工具，学校教育对社会发展需求的满足必然首先表现为对社会物质生产发展需求的满足与适应。它应当依据社会物质生产对科学知识和人类智力、能力的需求，不断调整教育结构、教育目标、教育内容、教育方法和教育途径等一系列学校教育的内部系统。例如，在课程设置上，适当削减与经济发展不协调的学科门类，增设经济发展急需的"敏感"专业；在课程内容上，要充分反映生产和科学技术发展的当代水平，注意吸收人类文明的最新成果；在培养目

---

① 叶澜等著：《教师角色与教师发展新探》，教育科学出版社，2001年，第3页。

标上,要着眼于经济发展对人才素质的要求,增强劳动者的生产能力,注重其职业潜能的开发和职业品质的生成,积极地为人类社会的物质生产进行人才储备,等等。也就是说,学校教育应该从变化万千的经济生活中吸取养分。正是在对经济发展需求不断满足的过程中,学校教育的社会价值才变得日渐清晰和丰富起来。

"政治"一词既不是意识形态的同义反复,也不是阶级斗争的代名词。它是产生于阶级社会中的一种复杂的社会现象。在阶级社会里,政治就是阶级利益的集中反映。它对学校教育的影响波及到学校教育的一切方面。任何想让学校教育超然于政治之外的努力都是徒劳的。学校教育的政治价值主要是通过培养人来实现的。即,对学生进行政治社会化的教育,使其成为符合特定社会政治要求的合格公民和各种政治人才,以此实现传递政治文化和巩固社会政治制度的目的。政治社会化指的是通过各种方式使国家或政治集团的政治思想、政治原则、价值观等为社会成员所接受,使其具备合乎一定政治制度要求的观念和行为。它贯穿于个体由一个"自然人"渐获"政治人"属性的全过程,是个体社会化的重要内容之一。在家庭、社区、同辈群体以及大众传媒等多种机构和组织中,学校是最重要、最正规、最有效的个体政治化的机构。它通过设置相关课程、组织课外活动、指导学生生活以及教师言行和人格的示范,将政治观点、国家意识、法律观念等渗透其中,作用于学生个体的政治立场、思想、观点、情感、态度与价值观,培养符合本阶级所倡导的主流价值标准的统治人才,力图使其在思想意识和行为习惯上与一定的社会政治规范相一致,进而使现有的政治体系合法化并得以稳固和发展。这是学校教育政治价值最为根本的体现。

"文化"是一个多义的概念,全世界正式出版物中对文化的解释就有160多种。《中国大百科全书·哲学卷》中将文化分为广义和狭义两类,这是目前使用较多的一种说法。广义的文化总括人类的物质生产和精神生产的能力、物质的和精神的全部产品。狭义的文化指精神生产能力和精神产品,是有关人类社会生活的思想理论、道德风尚、文学艺术、教育和科学等精神方面的内容。所以,学校教育本身就是文化的一个子系统,其发展从来就不是孤立于文化之外的。学校教育本身就起源于文化传承的需要。文化是不能"生而知之"的,只能"学而知之"。每一代人总是要通过教育将历史遗留下来的文化成果传递给下一代。这个过程最初是自发的、无组织的。直到产生了专门的教育机构——学校——之后,文化传承自然就成了学校教育的基本要义。但学校教育对文化的传递并不是对已有文化的简单沿袭,而是一个选择和创新的过程。一方面,学校教育是文化的"过滤器"和"采集器"。作为一种政府行为,它所传递的文化一般来说是在该社会中占主导地位的阶级或集团的文化,即社会主流文化。而且应该是社会文化中的精华和最有价值的部分,以保证受教育者在接受学校教育的有限时间内获取最高质量的人类文明的成果。另一方面,学校教育对文化的价值不仅是单纯地继承与传递,还在于不断地创造。它或因社会变革、受教育者不同的身心状况以及教育者自身价值观的差异,赋予已有文化新的文化意义;或因融合、综合本土文化与外来文化,使原有文化发生性质、功能等方面的变化,衍生出新的文化要素。① 这些新的文化意义或文化

① 叶澜、郑金洲、卜玉华著:《教育理论与学校实践》,高等教育出版社,2000年,第125页。

要素往往会成为文化创造和革新的萌芽,从而赋予人类文化以生命般的活力,促使其不断更新并向前发展。

综上,学校教育只有以现实社会的政治、经济、文化发展的需求为基础才能彰显其存在的正当性与合理性。但这并不意味着学校教育与社会发展之间是一种亦步亦趋的关系。教育是面向未来的事业,这决定了"再现既存的社会状态"并非是学校教育的唯一旨趣,它还应该以一种前瞻性的视野,走在社会发展的前面,积极设计、干预并引导社会生活,为一个行将出现的未来社会服务。"入乎其内,故有生气;出乎其外,故有高致",这正是对学校教育即世而超越的境界的绝好写照。因此,学校教育的社会价值应是其对社会需求适应与超越的统一。

拓展阅读
1-1

学校教育的价值取向:在个体与社会之间应当如何选择?

学校教育的价值取向是指学校教育工作者对学校教育价值的自觉选择。在日常的教学实践中,教师对教学内容的取舍、教学过程的设计、对待学生的方式、对待自我发展的态度、班级管理的方式等,都暗含着教师本人对学校教育价值的理解、认识、判断、选择。因此,学校教育的价值取向不是一个抽象的理论问题,它渗透在学校教育实践的方方面面,是学校教育工作者作为目标或期望来追求的价值,反映了学校教育工作者对学校教育、自身需求以及学生和社会发展需求的理性认识和深刻自觉。学校教育作为人类有目的、有意识的社会实践活动,必然为实现特定的价值追求而存在。

学校教育具有满足学生个体发展需要和社会发展需要的双重价值。纵观学校教育的发展历史,学校教育价值取向一直在社会和个体之间摇摆,形成了"社会本位"和"个体本位"这两种截然对立的观点。社会本位论认为,社会(或者范围较小的"国家"、"民族"等)的利益和需求超乎于个体之上,学校教育应当首先为社会的政治、经济、文化发展服务,从社会发展需要出发来设计教育活动,学校教育的目的就是要把学生培养成特定社会(国家或民族)所需要的人。个体本位论认为,学生个体发展的需要优于社会发展的需要,社会只有在有助于个人发展时才具有价值。学校教育的职能是"使人充分地培养成为名副其实的人,而决不能只是提供人力资源",应当从学生个体发展需要的角度设计学校教育的一切。社会取向与个人(学生)取向在个人发展与社会发展的关系问题上各执一端。事实上,"个体与社会是同一枚硬币的两个面",偏执于其中任何一方都是不完善的。马克思曾经说过"人是社会关系的总和",作为个体的人与整体的社会总是在对立与统一的不断运动中向前发展的。社会不能作为独立于社会成员的客观实体而存在。同样,人的生存和发展也离不开整个社会所提供的现实条件和支撑环境。对此,杜威曾经有过精辟的概括:"如果从儿童身上舍去社会的因素,我们便只剩下一个抽象的东西,如果我们从社会方面舍去个人的因素,我们便只剩下一个死板的,没有生命力的集体。"所以,个体和社会是不可分割的同生共存的统一体,绝不可厚此薄彼。我们应该依据具体的历史条件,在两极价值的动态发展中以两者的平衡和整合为学校教育实践寻求一个稳定的价值基础,而不是简单生硬地从两者中择其一、摒其一。

> 但是,尽管人离不开社会,可社会确实是因人类生存和发展的需要而产生的。一切的社会活动的目的归根结底都是为了人。正如罗马俱乐部主席佩切伊斯所指出的那样:"从最广泛的意义上说,人的发展是人类的最终目的,与其他方面的发展和目标相比,他应当占绝对优先的地位。"因此,在人和社会发展的链条上,只有人才是终极意义的所在。所以,在个体和社会辩证统一的基础之上,个体发展应当成为学校教育价值取向的核心。而在教师个体和学生个体当中,学校教育的价值首先表现在受教育者的发展上。学校教育价值取向应当以"育人为本",通过培养人来实现其独特的社会价值。

第二节 教育劳动与教师职业道德

学校教育实践是通过教师的教育劳动实现的。教育劳动是教育者以个体或群体的形式,按照一定教育目的和教育模式,以语言、文字和自身的榜样作用等多种方式,向被教育者传授知识、灌输价值观念、施加各种影响的活动。教育劳动是教师职业道德的实践基础,深刻认识和把握教育劳动的性质和特点是理解和领会教师职业道德的前提。一方面,教师职业道德是在教育劳动实践中形成的,正是教育劳动自身的特点决定了教师职业道德一系列的特点和要求;另一方面,教师职业道德又能够有效地监督教育劳动中的各种利益关系以及调节教师的教育行为,从而保证教育劳动的顺利开展。

教育劳动是一种特殊的生产劳动,其特殊性贯穿于劳动对象、劳动形式、劳动工具、劳动时空、劳动产品等一系列具体的实践环节之中,并通过教育者的教育道德品行(品性)表现出来。

一、教育劳动的对象与教师职业道德

教育劳动的对象既不是一堆没有生命的自然物质,也不是一般的动物,而是具有一定的自觉意识、主观倾向,有思想、有感情、有意志、有个人兴趣和爱好的活生生的人。

第一,教育劳动的对象具有复杂多样性,这一特点要求教师要了解并尊重学生的个性特征,精心教育每一个有差异的学生个体。

学生来自社会的四面八方、千家万户,心智、体能、教养、习惯等各不相同。就像苏霍姆林斯基所说的那样:"每个孩子在思想、观点、情感、感受、快乐、不安、悲伤、忧虑方面都是一个独特的世界。"尤其是在当前这个特殊的社会转型时期,多种价值观念、生活方式、文化形态同时存在,各种不同的社会现象和众多的外来信息都会对学生产生或多或少、积极的或消极的影响,从而进一步加剧了教育对象的复杂性。

教育对象的复杂多样性决定了教师不能用统一的模式、按固定的工艺流程和统一的型号来进行劳动,无视差异或者试图取消差异的"一刀切"式的教育就是企图将个体消解在"类"中,企图将一个个鲜活的生命消弭在抽象的"人"的概念里,实际上是打着"教育"的幌子否定人的存在的丰富性和生动性。只有使每个学生的心智都得到了最大

发挥,使每个学生思想观念上存在的错误认识都得到了最有效的纠正,使每个学生都确立符合自身特点的奋斗目标并积极朝着其目标努力,我们的教育才能说是成功的。而这一切的实现要求广大的教师不仅具有渊博的学识、高超的技巧,还必须以高度的责任感、事业心以及强烈的奉献精神积极投入到育人工作中去,要做大量细致的工作、付出艰辛的劳动,方能完成教书育人的任务。

第二,教育劳动的对象处在不断发展变化中,这一特点要求教育者必须不断超越自我,跟上时代前进的步伐以及满足学生变化发展的需求。

教育劳动对象的发展变化性主要体现在两个方面:一是不同年级、不同年代的学生有不同的特点。在学校教育中,学生的一个突出特点就是其"流动性"。每年学校都要欢送毕业生、迎来新同学,周而复始,一届接一届。作为教师,需要不断地熟悉学生,不断地研究每一届学生的特点,以便根据变化了的对象和具体情况改变教育教学的内容和方法,做到因材施教。二是即使是同一届学生,他们在学校期间的身心状况也处于发展变化之中。随着年龄增长,其生理特征、情感需求、认知能力、思维能力等也将有所改变,只是或隐或显,程度不同而已。这就要求教师在日常的教学生活中必须潜心研究学生,密切关注学生,加强与学生的交流和沟通,耐心倾听每一个生命生长的"拔节声",这是学生成长的内在要求。

第三,教育劳动的对象具有以教师为榜样并模仿教师言行的倾向,这一特点要求教师必须从育人高度重视自身形象的示范性。

由于教师在知识素质、人生经验、社会阅历等方面比较丰富,因而学生往往把教师作为自己仿效的榜样,并有意模仿教师的行为,这一特点我们称之为学生的"向师性"。每一个学生都像花草树木趋向阳光那样趋向教师,教师本人的理想、智能、德性、人格、言谈举止、为人处事的方式以及事业心和奉献精神等都是强有力的"影响源"和教育力量,尤其是那些在学生中享有较高威望的教师,其言行对学生的影响就更为明显。所以,教师是学生身边最直接、最鲜活、最真实的榜样,仿效教师是学生学习最重要和最有效的途径之一。教师要想把学生塑造成什么样的人,自己首先就应当是这种人。

教师的榜样作用对于学生的成长,是任何教科书、任何道德箴言、任何惩罚和奖励制度都不能代替的一种教育力量。每一位教师都必须时刻牢记自身形象的育人意义,处处严格要求自己,以对学生负责、对社会负责和对国家的未来负责的态度审视自己的言行,努力把美好的形象展示在学生面前。当然,"金无足赤,人无完人",在面对自身的缺陷和不足时,教师一方面要谨记自己的一举一动处于世界上最严格的监督之下,"须知天地间再没有什么东西能比孩子的眼睛更加精细、更加敏捷,对于人生心理上各种微末变化更富敏感的了"。另一方面要加强自我修养,在学识、品性、言行等各方面努力提升并完善自己。切忌在学生面前一套,在学生背后又是一套。这种前后不一、表里不一的分裂状态是对教师本人完整人格的戕害,一旦被学生识破还会招致学生的讥笑与蔑视,并在潜移默化中影响学生健全人格的塑造。

二、教育劳动的形式与教师职业道德

从形式上来讲,教育劳动是建立在集体协作基础上的个体脑力劳动。一方面,教师积累、传递、转换知识的过程是一个非常复杂的脑力劳动过程。教育劳动的脑力性质,决定了教师劳动的个体形式。从教师的自我学习,知识积累到备课、讲课、辅导、批改作业以及找学生谈话、交流都是个体头脑内部的活动,即使是统一教案、集体备课也要依赖于个体的理解和消化。教育劳动的大部分工作是依靠教师独立完成的,教师能够全心全意地搞好教学工作,尽心尽力地提高教育质量,耐心细致地完成育人任务,很大程度上依靠教师的个人自觉性和责任心,外界很难进行直接的监督和检查。因此,教育劳动的个体形式要求教师具备高度的责任心和良好的自律精神。

另一方面,现代教师毕竟不是古代的私塾先生,其个体脑力劳动是建立在集体协作的基础之上的。教育劳动的集体性集中表现在两个方面:一是一个人的成长需要多方面的知识和修养,即使是一位学问非常渊博的教师,也不可能门门课程都精通,更何况每个教师的生命、时间、精力都是有限的。所以,对学生进行教育的任务是由从事德、智、体、美等各门课程教学的教师共同承担的。对于任何一个学生的成长来说,任何教师的劳动都只是浇了有限的一瓢水,培了有限的一锹土。每个教师个人的劳动,终归要融汇于教师集体的共同劳动之中。二是无论哪一所学校,其所有教师是作为一个整体对学生发生影响的。就我国而言,一所大学有几百名乃至数千名教师,一所中学和小学有十几名、几十名乃至数百名教师,他们的师德素养往往会形成一种特有的校园文化氛围而对学生发生着潜移默化的作用。只不过具体承担学生教育教学任务的教师的影响作用更为直接,其他教师的影响较为间接罢了。上述两个方面所表现出来的教育劳动的集体性决定教育者必须具备良好的协作道德。它要求全体教师在日常工作和交往中应具有宽容意识与互助精神,相互尊重、相互理解、团结协作、互勉共进。从更深层次上来讲,教师集体之间的协作道德要求全体教师必须以统一的价值观念对学生进行教育,以向上的精神状态和行为模式去影响学生。诚然,每个教师作为不同个体在价值观上是存有差异的,但共同的育人使命则要求教师必须用相同的价值观教学生。如果不同的教师对学生灌输的价值观产生严重分歧,必然会使学生陷入价值观混乱、思想迷惘的痛苦状态。从行为模式而言,不同的教师个体由于其不同的价值观往往采取不同的行为模式,现代社会亦允许不同个体有选择自身行为模式的自由,但是作为教师,对于自己在学生面前的行为必须要充分考虑其育人意义。正如陶行知先生所言:"学校无小事,事事皆育人;教师无小节,处处皆楷模。"如果一所学校的教师能够志同道合,都以一种奋发向上的行为模式影响学生,那么这所学校就拥有了最宝贵的财富和最可靠的基础。这种在相同价值观支配下的教师的行为示范,必将会营造一种良好的育人氛围,从而形成催发学生积极向上的校园文化。

三、教育劳动的工具与教师职业道德

在教育劳动中,教育者向被教育者施加影响的工具或手段是多种多样的,如教材、教学设备及其他辅助工具等,但是除了这些没有生命的、可见的器物的手段之外,更为主要的是教师本人的知识水平、思维能力、价值观念、思想觉悟、道德品质、情感意志以及教学艺术与技巧。俄国教育家乌申斯基说得好:"无论有什么样的规程和教学大纲,无论学校设有什么样的机构,不管有考虑得多么周密的方法,也不能代替教师在教育工

作中的作用。"因此,在教育劳动过程中,教师既是劳动的执行者,又是对学生施加影响的教育工具。即,教育劳动的劳动工具和劳动者是融为一体的,教师通过自己的活动对学生施加影响,把知识、品行、才能传导给学生。我们可以把教育劳动的过程比做一个化学反应的过程。教师不仅是这过程的设计者、控制者,还需要进入容器中,参与化学反应,成为化学反应的催化剂。教育劳动的这一特点,决定了教师素质中的非智力因素,如理想、情操、品德、性格等在教育过程中占有重要位置。在具备了一定智力因素的条件下,这种非智力因素往往起着决定性的作用。这就要求教师要特别重视自身的思想、品德、行为等方面的修养,这些因素跟教师的知识、能力等智力因素一样,本身就是教育劳动工具的重要组成部分,具有不可替代的教育作用。

四、教育劳动的时空与教师职业道德

从教育劳动的时间来看,它是限定性和非限定性的统一。教育劳动的时间,有一部分是限定的,如上课、下课、教学进度等都有明确的时间限定;但教师大量劳动时间的支配和使用又是教师自主决定的,因而又是不限定的,如教师备一节课可以花一二十个小时甚至更多的时间,也可以花五分钟时间敷衍了事。教师可以利用业余时间进行备课、自我进修、科学研究、家庭访问、组织学生活动、做学生思想政治工作等,也可以利用工作时间闲聊、自由外出、处理个人私事等。从教育劳动的空间来说,它也有很大的选择余地。现在许多学校教师的上班时间均比较灵活,不实行"坐班制",因此教师不必像工人守在车间、营业员离不开柜台、农民忙碌在田间那样老是待在教室里。教室内外、学校内外、家庭和社会公共场所,都可以用来作为对学生进行教育的场所。所以,教师在课程表规定内的课堂传授活动,只是教育劳动的一个组成部分。教育劳动这种时空上的灵活性和机动性,使得教育劳动在时间控制上无法界定,在空间选择上相对自由,相关的教育行政部门对教育者的工作态度、努力程度的衡量与评价就容易滞后或者相对困难,必要的监督管理也经常无从入手。因此,教师的教育良心、教师对教育职业的责任感和义务感以及教师的自律精神是教育劳动的质量得以保证的重要因素。

五、教育劳动的产品与教师职业道德

从最终形态来看,教育劳动的产品不是物,而是掌握一定文化科学知识和具备一定思想品德的人。这种"产品"具有其他劳动产品无法比拟的社会价值和意义。他们对社会的各个方面能够产生直接作用和深远影响,其作用面之广、影响度之深,是其他任何一种劳动产品都无法相提并论的。工业劳动可以废弃不合格的产品,农业生产可以拔除病苗,唯独教师的"劳动产品"既不能"简单淘汰",又不能"回炉重造"。即使是"毛病"累累的"不合格产品",也不能抛弃,相反更需要教师加倍地予以精细"加工",以百倍的热情和耐性认真地加以陶冶铸造,努力做到不让一个"不合格产品"流向社会。

教育劳动的产品是一种特殊的"精神产品",其特殊性表现在两个方面:首先,生产这种产品周期长,且见效慢。教师的劳动,不同于农民种庄稼可以当年就有收获,也不同于工人生产可以很快就出产品。教师的劳动是培养人才的劳动,周期长、劳动成果显

效慢。"今天在孩子身上所培养起来的,要在几年之后,甚至是几十年之后才会成为一个成熟人的公民性、道德和精神面貌的因素。"教师劳动的这种长周期性特点,要求教师绝对不能以浮躁的、急功近利的心态对待教育工作。在现实的教育实践中,有些学校和教师为了追求高升学率,只把精力放在那些升学有望的学生身上,甚至不择手段地淘汰学习有困难的学生,这种行为扼杀了学生无限的发展可能性,与教师应有的职业道德是完全相悖的。

其次,相对于工农业劳动而言,教育劳动的"产品"不具有最终性。在一般的生产劳动中,随着劳动过程的结束、劳动产品的获得,整个生产也就结束了,进入消费市场后的商品已是最终产品。劳动者对其产品的影响便由此终结,而教育劳动的产品——人,则是能够继续自我发展的。教师在教育劳动中对其"产品"的影响,并不随着教育过程的结束而消失,往往会以一种潜在的形式长期存在,甚至会伴随受教育者的一生乃至影响其子女及周围的其他人。我们常会发现这样的情况,教师在课堂上对某个学生的几句鼓励话语,甚至是教师对学生一个不经意的眼神和微笑,都会深深印在学生的记忆中、为他们长期回味和念及。当然,教师对学生的这种影响,既有积极方面又有消极方面。积极的影响,可以成为学生长期的前进目标和动力,可帮助学生成就事业和有利于其健全人格的发展;而消极的影响,不仅可能使他们对教师耿耿于怀,而且可能影响他们的事业成功和人生幸福。因此,一个教师需要负责的不仅仅是学校中的数年光阴,也不单纯是学生个人,而是这个人一生中的许多年以及社会上的许多人甚至几代人。因此,教师在对学生教学和教育的过程中,必须本着对学生一生负责的态度、对学生家庭负责的态度、对社会负责的态度,审视自己对学生施加的影响及其可能产生的效应,力争成为学生幸福生活的促进者。

拓展阅读 1-2

教育工作中什么是最重要的

苏联教育家苏霍姆林斯基在《致未来的教师》中写道:

我常常收到大学生其中主要是师范生的许多来信。几乎所有的信里都提出一个问题。我觉得,回答这个问题对于许多未来的教师是有一定意义的。这个问题的意思是:究竟在教育工作中什么是最重要、最主要的?

我对这个问题已经思考了32年。回答它并不那么容易,因为在他们的工作中,没有哪一样是次要的东西。不过,教育工作毕竟还是有个核心的。

未来的教师,我亲爱的朋友!在我们的工作中,最重要的是要把我们的学生看成活生生的人。学习——这并不是把知识从教师的头脑里移到学生的头脑里,而首先是教师跟儿童之间的活生生的人的相互关系。

第三节　教师职业道德的形成与特点

教师职业道德是职业道德的一种表现形式。它是随着教师职业的产生而逐渐形成的,是社会道德的一般要求在教师职业领域中的具体体现。教育劳动的特殊性决定了教师职业道德具有不同于其他职业道德的独特性。正确把握和深刻领会教师职业道德产生的必然性及区别于其他职业道德的特殊性,对于广大的教育工作者自觉地践行职业规范具有重要的意义。

一、职业道德与教师职业道德

职业道德是社会道德体系的重要组成部分,教师职业道德又是职业道德的一种表现形式。因此,要了解教师职业道德及其形成,必须首先了解职业与职业道德。

1. 职业与职业道德

从人类社会发展的历史进程来看,职业并不是从来就有的。它是社会分工和劳动分工的产物。在原始社会后期,随着生产工具的改进、生产力水平的提高,引起了三次社会大分工,相应地形成了专门从事农业、畜牧业、手工业、商业的劳动者,职业也就应运而生了。职业就是人们由于社会分工和生产内部的劳动分工而长期从事的具有专门业务和特定职责,并以此作为主要生活来源的社会劳动。职业产生之后,职业生活就成了人类社会存在和发展的基本社会组成形式,又是个体存在和发展的基本途径。

从语义学的角度来看,"职"包含着社会职责、权利和义务的意思;"业"包含着业务、事业、具有独特性的专业工作的意思。每一种职业都要承担一定的职业责任,享有一定的职业权利,并体现和处理着一定的利益关系。因此,作为一种生产关系和社会组织形式,职业就与道德之间有着不可分割的内在联系。马克思主义伦理学认为,道德是由一定社会的经济关系所决定的特殊意识形态,是以善恶为评价标准,依靠社会舆论、传统习惯和内心信念所维持的调整人与人之间以及个人与社会之间关系原则规范,以及与此相关的观念品质、行为活动的总和。它的作用就在于通过确立和践行一定的行为规范,协调人们之间的利益关系,保持个体行为与社会秩序的合理、稳定,并激励人们不断地完善自我和社会,创造美好生活。道德贯穿于人类生活的方方面面,凡是有人群和社会生活的地方就有道德。职业生活与家庭生活、公共生活一起构成了人类社会生活的三大领域,适应这种生活协调与完善的需要,必然产生职业道德。职业道德是与人的职业角色和职业行为相联系的一种高度社会化的角色道德。[①]

具体地讲,所谓职业道德,就是指人们在一定的职业活动中所形成和遵循的、具有自身职业特征的道德规范以及与之相适应的道德观念、情操和品质。它主要是针对职业行为的道德原则和规范,并通过从业人员的职业观念、职业态度、职业技能、职业纪律和职业作风以及它们的社会效果表现出来。不同的职业有不同的职业道德,恰如恩格

---

① 李德顺:《论职业道德》,《新华文摘》,1996 年第 2 期。

斯所言,"实际上,每一个阶级,甚至每一个行业,都各有各的道德"①。我们生活在一个普遍职业化分工的时代,职业群体从各方面主导着现实生活,职业道德业已成为全社会的主导道德。职业道德的优劣直接关系到人们的切身利益,关系到整个社会道德风尚的好坏和道德水平的高低。

2. 教师职业与教师职业道德

教师职业是教师职业道德形成的社会基础。从教育史上考察,尽管作为社会现象的教育活动在人类脱离动物界时就出现了。但"教师作为一种社会职业,却是在教育有了相对的独立形态——学校以后才逐渐形成的。也就是说,是在奴隶社会中形成的"②。在我国,私学的兴起是教师职业正式诞生的标志。在私学中任教的人,不领取政府俸禄,以收取学生交纳的费用作为生活的主要来源。自此,教师不再是官职而成了一种独立的职业。此后,越来越多的人加入到这一行列中来,把传授知识作为自己的职业。时至今日,随着学校教育的普及、人类对知识的重视以及社会发展对人才需求量的增加,教师已成为不可或缺的重要职业。

追溯人类文明的发展历史,教师职业在传播文化、启迪智慧、教化万民、涵养心性、推动社会承前启后和继往开来等方面作出了不可磨灭的贡献,这也是这一职业自诞生之日起就内含的不同于其他职业的特殊品质。"国将兴,必贵师而重傅……国将衰,必贱师而轻傅。"③古之圣贤早已将教师与国家的兴衰紧密联系起来。可以说,一部人类文明史倘若离开教师的辛勤劳动,是无法想象的。因此,教师职业是一种极具社会意义的崇高而神圣的职业。教育家乌申斯基毫不吝惜对教师职业的赞美之情,他说:"一个教师如果不落后于现代教育的进程,他就会感到自己是克服人类无知和恶习的大机构中的一个活跃而积极的成员,是过去历史上所有高尚而伟大的人物跟新一代之间的中介人,是那些争取真理和幸福的人的神圣遗训的保存者。他感到自己是过去和未来之间的一个活的环节,他的事业从表面看来虽然平凡,却是历史上最伟大的事业之一。""教育者多么伟大,多么重要,多么神圣,因为人的一生幸福都操在他们手里。"振兴民族的希望在教育,振兴教育的希望在教师。

同其他职业一样,教师职业的从业人员也需要具备相应的专业技能——例如语言表达能力、逻辑思维能力、现代教育技术能力等,但教育的育人本质决定了一个"合格"的教师仅仅达到专业技能的要求是远远不够的。教师的道德品质是教师职业素养的核心,一切技术和操作层面的要求只有建立在良好德性的基础上才能发挥其应有的教育意义。

教师职业道德又称为教师道德或师德,是指教师在从事教育劳动过程中形成的,用以调节教师与他人、教师与社会、教师与集体等相互关系时所必须遵守的基本道德规范和行为准则,以及在此基础上所表现出来的道德观念、情操和品质。教师职业道德以具体适用于教师职业活动的形式体现出全社会对教师行为的基本道德要求,具体体现在

① 《马克思恩格斯选集》(第4卷),人民出版社,1974年,第236页。
② 叶澜主编:《新编教育学教程》,华东师范大学出版社,1991年,第2页。
③ 《荀子·大略》。

教师职业理想、教师职业责任、教师职业态度、教师职业纪律、教师职业良心、教师职业作风和教师职业荣誉等方面。教师职业道德对教师行为的规范、约束和指导主要是通过建立道德规范体系来实施的。从学科理论体系结构来看,教师职业道德体系由教师职业道德基本原则、教师职业道德规范和教师职业道德范畴三个基本要素构成。

教师职业道德基本原则是教师在教育职业活动中正确处理各种利益关系所必须遵循的最根本的行为准则,集中体现了一定阶级或社会对教师职业活动的最根本的道德要求,是教师职业道德体系与其他职业道德体系相区别的基本特征,在教师职业道德规范体系中居于核心和主导的地位。教师职业道德基本原则对教师的行为具有普遍的约束力,贯穿于教师职业活动的全过程。到目前为止,国内教育界和理论界对师德原则还存有不同的看法。依据教育劳动自身的特点,我们认为师德原则应当包括以下五个方面:教书育人原则、热爱教育原则、为人师表原则、教育公正原则以及教育人道主义原则。

教师职业道德规范是教育职业活动中调整人们之间的利益关系,判断教师教育行为是非善恶的具体标准。教师道德规范是教师道德原则的展开和具体化,它既增强了教师道德原则的可操作性和具体化,又便于对教师行为做出更直接、更具体地指导和评价。改革开放以来,我国于1985年、1991年、1997年三次颁布和修改了《中小学教师职业道德规范》,2008年9月1日颁布实施了新的《中小学教师职业道德规范》(参见本书附录),这六条规定既体现了教师职业的特点,又充分考虑了教师职业道德的时代特征。其中的"禁行规定"直接针对当前教师职业行为中存在的共性问题和突出问题,如"不以分数作为评价学生的唯一标准"、"自觉抵制有偿家教"等。尽管无法囊括当前教师职业行为中存在的所有问题,但这些阶段性的、可操作的、具体化的要求,能够使学校和教师在教育教学过程中有规可依,有章可循,有效地规范教师职业行为,不断提高促进师德水平。

新师德宣言

我们——来自全国大中小学教育工作第一线的教师,为了加强师德师风建设,落实立德树人根本任务,志愿努力做"四有"好教师,培养德智体美全面发展的社会主义建设者和接班人。在这个建设中国特色社会主义的伟大新时代,应当倡导新时代所需要的新师德,凝练中华民族新师魂。我们特提出以下《新师德宣言》,作为我们在教育和教学工作中恪守和践行的师德信条。凡同意和认可以下十二项师德信条的教育工作者,都可以成为新师德宣言的倡导者和实践者。

我们深信,教师应是全民族和全人类优秀道德的继承者、体现者和传播者。

我们深信,教育伦理和教师道德是全部教育教学工作的价值基础。

我们深信,新的社会环境,需要建构与时俱进又面向实践的新师德,重筑时代新师魂。

我们深信，面向实践，皈依真理，才能重建合理的、人人应做、人人能行的师德规范和师德标准。

我们深信，合理的师德规范，应能恪守底线，追求高尚，自他两利，提升自我，促进专业发展。

我们深信，良善的新师德师风形成，需要公正的社会分配和科学的教育管理机制支撑、正确的舆论导向和教师作为道德主体的积极努力。

我们深信，教师应享有道德和法律赋予自己的全部人格尊严和正当利益，通过诚实的教育劳动创造人生的幸福。

我们深信，教师应有责任之心，教书育人、立德树人是教师的天职。

我们深信，教师应有仁爱之心，关爱学生，为学生一辈子的生活幸福着想。

我们深信，教师应有敬业之心，严谨治学，搞好教学是教师的专业责任。

我们深信，教师应有乐群之心，关心集体，尊重同事，自重重人。

我们深信，教师应有爱国之心，家国情怀，在平凡的教育和教学岗位上，为社会的文明进步，民族的伟大复兴，尽智竭力。

中国教育伦理学专业委员会于全国第五届
教育伦理学术研讨会上发布(2018 年)

中小学教师违反职业道德行为处理办法

2018 年 1 月的《关于全面深化新时代教师队伍建设改革的意见》①中突出了师德，提出要把提高教师思想政治素质和职业道德水平摆在首要位置，把社会主义核心价值观贯穿教书育人全过程，突出全员全方位全过程师德养成，推动教师成为先进思想文化的传播者、党执政的坚定支持者、学生健康成长的指导者。引导教师坚持教书与育人相统一、言传与身教相统一、潜心问道与关注社会相统一、学术自由与学术规范相统一，争做"四有"好教师，全心全意做学生锤炼品格、学习知识、创新思维、奉献祖国的引路人。2018 年 10 月《新时代高校教师职业行为十项准则》、《新时代中小学教师职业行为十项准则》、《新时代幼儿园教师职业行为十项准则》三份文件②制定了教师职业行为准则，明确了新时代教师职业规范，针对主要问题、突出问题划定了基本底线。2018 年 11 月公布了《中小学教师违反职业道德行为处理办法(2018 年修订)》，2019 年 12 月教育部等七部门印发《关于加强和改进新时代师德师风建设的意见》的通知，就全面提升教师思想政治素质和职业道德水平，加强和改进新时代师德师风建设提出办法和意见。

教师职业道德范畴是指可以纳入教师道德规范体系并需要专门研究的基本概念。它有广义和狭义之分。从广义上讲，教师职业道德范畴是一个由不同层次的、一系列反映教师职业道德现象的基本要素构成的范畴体系，包括教师道德原则和规范所涉及的基本概念，教师个体道德行为和道德品质所涉及的基本概念，以及教师道德评价、道德

---

① 中共中央国务院：《关于全面深化新时代教师队伍建设改革的意见》(2018 年 1 月 20 日)，http://www.gov.cn/xinwen/2018-01/31/content_5262659.htm。

② 教育部关于印发，http://www.moe.gov.cn/srcsite/A10/s7002/201811/t20181115_354921.html。

修养和道德教育所涉及的基本概念等。从狭义上说,教师职业道德范畴专指反映教育劳动中教师与学生、教师与学生家长、教师与同事和教师集体、教师与教育事业、教师与社会之间最本质、最主要、最普遍的道德关系的基本概念。它主要包括教师义务、教师良心、教师公正、教师荣誉、教师幸福、教师威信等。教师职业道德范畴受教师职业道德原则和规范的制约,同时又是这些原则和规范发挥作用的必要条件。

　　教师职业道德基本原则、规范和范畴三方面相辅相成,共同构成了教师职业道德体系的有机整体。其中,师德原则是整个师德规范体系的核心和灵魂,师德规范和范畴应以师德原则为依据并体现教师道德的基本原则;师德规范是师德原则的展开和具体化,师德原则总是要通过一系列具体的师德规范才能对教师行为起调节和指导作用,离开了师德规范的师德原则是空洞抽象的;师德范畴是整个师德规范体系的"网结",是对师德原则和师德规范不同层次和不同侧面的补充与丰富。

二、教师职业道德的形成与历史发展

1. 教育劳动实践是教师职业道德产生和形成的前提

　　作为一种价值规范体系,道德的产生首先是源于调节利益关系和矛盾的需要。利益是道德关系的基础,各种道德现象和道德活动都是基于利益关系产生的。学校教育的过程是最深切的人与人之间关系的活动过程,它本身就是一个"利益的孕育场"和道德关系的"集结带"。在这里,各个参与者无一例外地都是代表不同利益的主体。学校教育就是这些利益主体相互作用的场所与产物,并同时影响着他们的利益预期。① 概括起来说,学校教育中的利益因素主要包括以下几个方面:

　　(1) 教师的个人利益。作为普通的劳动者,教师个人本身就是一个独立的利益主体。在我国当前的教育实践中,教师的个人利益突出表现为:力求通过个人劳动获得所期望的工作效果,改善劳动条件,提高物质和精神生活的水平,选择自己满意的和有助于更好地表现其个性的那种劳动形式和方法,发展自己多方面的才能等。

　　(2) 学生的个人利益。学生本来就是带着特定的利益需求来到学校的:得到教师的关爱和帮助,获得良好的教育,充分发展自己的体力、智力和各方面的才干,使自己具备将来作为合格社会成员的所必需的知识、品德和才能,为自己一生有意义的工作和幸福的生活做准备。

　　(3) 教师职业集体的利益。每一位教师既是独立的利益主体,又是教师职业集团中的一分子。不论是每个学校的教师集体还是全社会教师职业集团,其利益表现为:争取教师职业的高度的社会威望和社会地位,争取为教育事业创造有利条件,争取所有参加教育事业的人们之间的合作和相互谅解,为实现教育目的和提高教育劳动效益而努力。

　　(4) 社会的利益。社会利益最直接、最主要的表现就是要求学校教育培养出社会需要的、特定类型和要求的人,服务于社会政治、经济、文化等各项事业的持续发展。

　　在不同的社会制度和教育制度下,这些利益关系的性质和状况有所不同。但是,只要存在多种利益关系,利益矛盾和利益冲突就是在所难免的。在我国当前的历史时期,

① 李家成:《学校教育是一个利益场——"利益"视角下的学校教育》,《安徽教育学院学报》,2003 年第 2 期。

上述这些利益需求从根本上来说是非对抗性的。教师职业集体的共同利益是个人利益更深刻、更本质的体现，而教师和学生的个人利益的实现则有助于更好地表现社会利益和教师职业集体的利益。但是，每个人对这些利益的认识和理解的程度是不一样的，所选择的利益实现的方式也各有不同。而且，由于个人利益常常被认为是比较容易达到的、比较可行和比较亲近的东西，所以，任何时候都有一种危险，就是人们容易偏重个人利益而忽略其他利益。① 对于教师而言，出于对个人利益的考虑，再加上教育劳动的艰巨性和某种不确定性，在选择劳动态度、行为方式时很有可能与学生的个人利益甚至是社会利益发生冲突。现实的教育实践中，有的老师相信"棍棒底下出人才"、"严师才能出高徒"，经常体罚或变相体罚学生，学生敢怒不敢言，老师则认为这是对学生负责的表现。如案例1-1中的那位赵老师，通过对学生的"严格"要求和自己的辛勤劳动让班级成绩"一直名列前茅"，可这种"为着学生前途"的辛劳付出让自己获得了相应的职业荣誉，却让学生们"不堪重负，叫苦连天"。

案例 1-1

该怎样布置作业

赵老师是一位有20多年教龄的数学教师，工作责任心很强，以对学生要求严格著称。赵老师工作兢兢业业，每天给学生布置的数学作业除了教学大纲要求的以外，还坚持给学生"吃小灶"，留大量的课外题。这样，赵老师的工作量无形中增加了很多。但是，赵老师毫无怨言，她所带的班级的数学成绩一直名列前茅。很多家长都希望自己的孩子能够分到赵老师的班级。但是，学生们则不堪重负，叫苦连天，称每天的数学作业要占去3—4个小时，抱怨赵老师搞的是"题海战术"、"魔鬼训练"。有的学生甚至一听到数学两个字就头痛，对数学的抵触情绪日渐严重。②

因此，教育劳动中的利益关系极为复杂，与上述各种利益因素有关的人际矛盾常有发生。为了教育活动的顺利开展，我们需要用强而有效的手段来调节各种利益矛盾。各级各类教育部门制定的教育行政制度、教学大纲计划、课表、各种奖惩措施等在调节各种利益矛盾、指导教师行为方面起着重要作用。但是，这些手段不能调节教育教学过程中的一切利益关系和经常发生的、其形式难以预料的各种矛盾。更何况教师的劳动是一种特殊的生产劳动，其教学态度、敬业精神、劳动效果等都是很难直接量化测算、检查评价的。因此，我们需要一种更灵活、更有效且处处都能起作用的调节体系，这就是教师职业道德。

教师职业道德正是为了调节教育劳动实践中的各种利益关系，保证教育劳动顺利开展的需要而产生和形成的。作为一种调节机制，它是作为一种内在的约束力量出现的，主要通过社会舆论和教师的个人内心信念以及传统习惯来监督和调节教育过程中

---

① [苏]В·Н·契尔那葛卓娃、И·И·契尔那葛卓夫著，严缘华、盛宗范译：《教师道德》，华东师范大学出版社，1982年，第52页。
② 节选自杨芷英主编：《教师职业道德》(第2版)，高等教育出版社，2007年，第181页。

教师与社会、教师与他人的关系以及交往行为,从而保证教育活动顺利进行。

2.我国教师职业道德的历史发展

我国教师职业活动的开展历史悠久,在数千年的教育实践中涌现出了许多"师范端严,学明尊德"的教育家,也留下了丰富的关于教师职业道德的思想。

我国最早对教师提出明确道德要求的是在商周时期。但此时教师作为一个独立的职业还尚未正式形成,往往是由奴隶主阶级的官吏兼任教师的职责,即"官师合一"。因此,这一时期对教师的道德要求大多夹杂在政治道德之中,尚未有明确的教师职业道德理论和实践。

春秋时期,随着"私学"的兴起,教师职业正式形成。大教育家孔子不仅首开私学先河,而且提出了一套我国历史上最早的比较完整的教师职业道德规范。如要求教师要具有"学而不厌、诲人不倦"的品格,对学生应"有教无类"、"一视同仁",教育学生应以身作则、言行一致,"不能正其身,如正人何"①等。孟子继承了孔子的教育思想,也强调"教者必以正"②,并提出了反省、知耻、改过等提高道德修养的方法。荀子则将教师与天地君亲相提并论,在提高教师地位的同时也在道德信仰和专业知识方面对教师提出了非常严格的要求。他认为当教师必须具备四个基本条件:"尊严而惮,可以为师;耆艾而信,可以为师;诵说而不陵不犯,可以为师;知微而论,可以为师。"③即,当教师的人,第一,要有尊严和威信;第二,要有丰富的经验和崇高的信仰;第三,讲学要能循序渐进,诵读讲说有条理不凌乱;第四,能洞察精微的道理而加以阐发。

秦汉以后,随着教育职业活动的蓬勃发展,人们对教师职业道德的认识也在教育实践中不断加以丰富、充实和完善。汉代思想家扬雄在《法言》中明确提出:"师者人之模范也。"要求教师要为学生作出表率,成为学生效仿的楷模。唐朝是我国文化教育的鼎盛时期,唐代大思想家韩愈在其著名的《师说》中开宗明义指出教师的责任在于"传道、授业、解惑",而且提出"弟子不必不如师,师不必贤于弟子",要求教师甘为人梯,培养学生勇于超越的精神。这些见解都是极为深刻的,对后世教师职业规范的建立具有深远的影响。宋代教育家朱熹一生热爱教育,在白鹿洞书院讲学期间,曾亲自题写《白鹿洞书院教条》,第一次用学规的形式提出了对教师和学生的道德规范要求。"博学"、"审问"、"慎思"、"明辨"、"笃行"是书院教条中提出的师生共勉的道德规范。明清之际的教育家王夫之认为,教学者要"正其志","善教人者,示以至善以驱正其志,志正,则意虽不立,可因事以裁成之"(《张子正蒙注》卷六)。"欲明人者必须先自明",否则大义不知其纲,微言不知其隐,"实则昏昏也",是不能担当教师之职的。

鸦片战争以后,文化教育的性质发生了深刻的变化,诸多有识之士开始提倡新学,反对旧学,主张改革教育,学习西方,康有为、梁启超、蔡元培、杨昌济等一大批教育家对教师职业道德也提出了新的规范要求。伟大的人民教育家陶行知先生要求教师"应当做人民的朋友",应有"农夫的身手,科学的头脑,艺术的兴味和改造社会的精神",要"敢探未发

---

① 《论语·子路》。
② 《孟子·离娄上》。
③ 《荀子·致仕》。

明的新理","敢入未开化的边疆",要"虚心地跟一切人学",①他提出第一流的教授必须具有两种要素:"一有真知灼见;二肯说真话,敢驳假话,不说狂话。"②陶行知先生为广大教育工作者树立了"捧着一颗心来,不带半根草去"的献身人民教育事业的师德楷模。

中国历史上的教师职业道德,是不同历史时期教育实践中客观存在的道德关系与当时社会对教师行为的基本道德要求。虽然不可避免地受到特定时代和阶级的局限,但其中包含的合理成分已逐步演化为一种超越时空的永恒,成为我国教师职业道德发展史上熠熠生辉的精神丰碑。

三、教师职业道德的特点

教师职业道德是社会多种职业道德的一种,具有职业道德的一般特点,诸如鲜明的行业性、较强的适用性、形式上的多样性、内容上的稳定性和连续性等。但是,教师职业道德与教育劳动是紧密相连的。教育劳动的特殊性决定了教师职业道德又具有不同于其他职业道德的独特性。

1. 教师职业道德要求比其他职业道德更高更全面

与工农业生产劳动不同,教育劳动是一种以培养人为目的的特殊的职业劳动,教师在向学生传授文化知识的同时,还要对其进行思想品德教育,培养他们树立正确的人生观、世界观、价值观。因此,每一位教师都肩负着双重使命:既要教书,又要育人。教师不仅要用自己丰富的学识去教人,更要用高尚的品格去感染人,从而使我们的学生不仅拥有健全的理性,还要拥有高尚的灵魂。德国著名教育家第斯多惠在谈到教师职业道德修养时说:"他选择了培养和教育的事业作为自己一生的使命。由于这一点,在一生中的自我教育的任务就具有更加崇高的意义。他希望引导别人走正确的道路,激发别人对真和善的渴求,使人的素质和能力得到最高的发展。因此,他应当首先发展他本身的这些优秀品质。"③意大利作家亚米契斯在其名著《爱的教育》中甚至把教师称之为"未来国民精神上的父亲"。所以,教师作为"人类灵魂的工程师",古今中外,任何一个国家或任何阶级,对其的道德要求总是处在当时社会道德较高的水准之上。

儿童和青少年是决定国家发展前景的主要因素,国家和人民把他们托付给教师,就是把自己的希望和未来加在教师的身上。每一位教师必须意识到:这既是一种荣耀,也是一种责任。没有高尚的职业品性是无法担此重托的。我国著名的教育家徐特立曾说:"做教育工作的人,一般总是先进分子。"捷克著名教育家夸美纽斯也称:"教师应该是道德卓异的优秀人物。"这些赞美绝不是职业上的自我夸耀,而是基于对教育劳动和教师道德的深刻认识基础上的正确论断。

2. 教师职业道德影响比其他职业道德更具深广性

所谓"深"是就程度而言的,指教师道德在教育过程中不只是作用于学生的观感,还可以直接深入到学生的心灵,塑造学生的性格和品德;不但会影响学生在校期间的成

①　中央教育科学研究所编:《陶行知教育文选》,教育科学出版社,1981年,第7—8页。
②　中央教育科学研究所编:《陶行知教育文选》,教育科学出版社,1981年,第295—296页。
③　张焕庭主编:《西方资产阶级教育论著选》,人民教育出版社,1979年,第350页。

长,甚至会影响他的一生。这种强大的穿透力是其他类型的职业道德无法比拟的。案例1-2是著名作家毕淑敏的一段回忆,"长辫子老师那竖起的食指,如同一道符咒,锁住了我的咽喉",虽然今天的她以一个成人的智力,已能明白老师当时的用意和苦衷,但那"不可言喻的恐惧和哀痛"却一直延续到那以后几十年的岁月中,"烙红的伤痕直到数十年后依然冒着焦煳的青烟"。① 我们每一个教师都有可能成为学生生命中那个"重要他人",学生的性格或反应模式会因我们的重要影响而打上深深的烙印。

案例 1-2

谁是你的重要他人

她是我的音乐老师,那时很年轻,梳着长长的大辫子,有两个很深的酒窝,笑起来十分清丽。当然,她生气的时候酒窝隐没,脸绷得像一块苏打饼干,很是严厉。那时我大约十一岁,个子长得很高,是大队委员。

学校组织"红五月"歌咏比赛,最被看好的是男女声小合唱,音乐老师亲任指挥。我很荣幸被选中。有一天练歌的时候,长辫子音乐老师,突然把指挥棒一丢,一个箭步从台上跳下来,侧着耳朵,走到队伍里,歪着脖子听我们唱歌。大家一看老师这么重视,唱得就格外起劲。长辫子老师铁青着脸转了一圈儿,最后走到我面前,做了一个斩钉截铁的手势,整个队伍瞬间安静下来。她叉着腰,一字一顿地说,毕淑敏,我在指挥台上总听到一个人跑调儿,不知是谁。现在总算找出来了,原来就是你! 一颗老鼠屎坏了一锅汤! 现在,我把你除名了!

我木木地站在那里,无法接受这突如其来的打击。刚才老师在我身旁停留得格外久,我还以为她欣赏我的歌喉,唱得分外起劲,不想却被抓了个"现行"。我灰溜溜地捱出队伍,羞愧难当地走出教室。

三天后,我正在操场上练球,小合唱队的一个女生气喘吁吁跑来说,毕淑敏,原来你在这里! 音乐老师到处找你呢!

从操场到音乐教室那几分钟路程,我内心充满了幸福和憧憬。走到音乐教室,长辫子老师不耐烦地说,你小小年纪,怎么就长了这么高的个子?!

我听出话中的谴责之意,不由自主地就弓了身子塌了腰。从此,这个姿势贯穿了我整个少年和青年时代。

老师的怒气显然还没发泄完,她说,你个子这么高,唱歌的时候得站在队列中间,你跑调走了,我还得让另外一个男生也下去,队列才平衡。小合唱本来就没有几个人,队伍一下子短了半截,这还怎么唱? 现找这么高个子的女生,合上大家的节奏,哪那么容易? 现在,只剩下最后一个法子了……

长辫子老师站起来,脸绷得好似新纳好的鞋底。她说,毕淑敏,你听好,你人可以回到队伍里,但要记住,从现在开始,你只能干张嘴,绝不可以发出任何声音! 说完,她还害怕我领会不到位,伸出细长的食指,笔直地挡在我的嘴唇间。

我好半天才明白了长辫子老师的禁令,让我做一个只张嘴不出声的木头人。我的泪水憋在眼眶里打转,却不敢流出来。我没有勇气对长辫子老师说,如果做傻傻,我就退出小合唱队。在无言的委屈中,我默默地站到了队伍之中,

① 毕淑敏:《谁是你的重要他人》,节选自杨绛等:《向日葵》,中国文联出版,2009 年,第 157 页。

从此随着器乐的节奏,口形翕动,却不能发出任何声音。长辫子老师还是不放心,只要一听到不和谐音,锥子般的目光第一个就刺到我身上⋯⋯

小合唱在"红五月"歌咏比赛中拿了很好的名次,只是我从此遗下再不能唱歌的毛病。毕业的时候,音乐考试是每个学生唱一支歌,但我根本发不出自己的声音。

后来,我报考北京外国语学院附中,口试的时候,又有一条考唱歌。我非常决绝地对主考官说,我不会唱歌。

在以后几十年的岁月中,长辫子老师那竖起的食指,如同一道符咒,锁住了我的咽喉。禁令铺张蔓延,到了凡是需要用嗓子的时候,我就忐忑不安,逃避退缩。我不但再也没有唱过歌,就连当众演讲和出席会议做必要的发言,我也是能躲就躲,找出种种理由推脱搪塞。有时在会场上,眼看要轮到自己发言了,我会找借口上洗手间溜出去。有人以为这是我的倨傲和轻慢,甚至是失礼,只有我自己才知道,是内心深处不可言喻的恐惧和哀痛在作祟。

所谓"广"是就范围而言的,指教师道德不仅是作用于在校的学生,而且会通过学生影响到学生的家庭甚至是整个社会。在现代社会中,随着教育的普及以及教师社会地位的提高,教师与社会的接触越来越多,联系面也越来越广泛,他们的思想境界、行为举止也将越来越多地影响到社会的各个阶层和各个行业,进而影响整个社会的道德风尚。

3. 教师职业道德调节比其他职业道德更具自觉性

就调节方式来说,一切类型的道德实践都强调主体的自觉,职业道德也不例外。但教师职业在这方面更为突出。教师以个体脑力劳动作为主要的劳动方式,也就是说,他的工作常常处于无人监督的情况之下。诸如,教师是否充分备课、是否认真批改作业、是否耐心教育学生等等,这些都很难进行实时监督和考核,主要依靠教师本人的严格自律。而且,教师对学生的教育和影响并不局限于课堂上、教室内和校园里,在任何时间、任何地方,要求学生做到的教师本人首先必须身体力行。这种劳动时间和劳动空间的灵活性要求教师在遵守职业道德方面要有更强的自觉性。

4. 教师职业道德行为比其他职业道德更具典范性和示范性

教育劳动的对象是可塑性和模仿性强、世界观和人生观以及性格品质正处于形成阶段的青少年学生,教师在他们心目中占有特殊的地位。尤其是低年级的学生更为突出,他们对讲台上的教师有一种神秘且仰慕的感觉,常常会不自觉地效仿教师的言论行为、为人处世的态度,乃至性格、气质和习惯,这就是学生的"向师性"。无论教师本人是否意识到,其一举一动、一言一行都在潜移默化之中感染并影响着学生。教育劳动对象的这一特点内在地决定了教师职业道德具有鲜明的示范性。要完成肩负的历史使命,每一位教师都必须努力在学生乃至整个社会面前建立起更高的道德威望和良好的道德形象,成为全社会的道德楷模和典范。

第四节　学习和实践教师职业道德的意义

教育事业是一个民族最根本的事业,教师是发展教育事业最基本的依靠力量。建设一支高素质的教师队伍是发展教育的关键,师德建设则是教师队伍建设的核心。系统地学习教师职业道德的基本理论,增强践行教师职业道德的自觉性,对教师、学生、整个教育事业的发展以及全社会道德风尚的净化都有着极为重要的意义。

一、学习和实践教师职业道德对学生的意义

学校教育的对象主要是青少年学生,他们正处于长身体、学知识、立德志的重要时期,具有很强的模仿能力和可塑性。教师职业道德对学生的意义突出表现为:在教育劳动的过程中,教师职业道德与教师的其他个性因素一起,对学生具有直接的教育意义。我们知道,在教育劳动的过程中,劳动者与劳动工具是融为一体的。这也就意味着,教师劳动质量的高低与劳动效果的好坏,直接取决于教师本人作为劳动工具的改善程度。在教师诸多的个性因素中,相对于知识、技能因素而言,教师个人的道德品性对教育效果的影响更大。

首先,教师道德有助于青少年学生道德品质的形成。

在学校教育中,青少年学生不仅从书本里学习善恶观念,更多地是直接从教师在教育劳动中表现出来的道德意识和道德行为中汲取是非、善恶的观念,寻找自己做人的榜样。尤其是年幼的小学生,教师在他们的心目中是比父母还要重要的榜样,其一言一行对小学生道德品质的形成起着直接的启蒙作用,可谓"染于苍则苍,染于黄则黄"。中学生正处于道德心理、世界观、人生观的逐步形成期,他们已经能够对教师的教育行为进行是非善恶的思考和论证了。因此,教师道德对中学生的影响就更加深刻了。对于大学生来说,他们的善恶是非观念和评价社会事物的价值观念已初步形成,但还只是雏形,并未最终定型,还需要从学校教育和社会生活中进一步自我完善和自我校正。这一时期教师的道德观和各种人生价值观就会成为他们自我发展的重要的"参考系数"。所以,在学校道德品质形成和发展的不同阶段上,教师道德都是一种巨大的教育力量。正如乌申斯基所指出的那样,教师的思想品德对青少年学生心灵成长的影响是"任何教科书、任何道德箴言、任何惩罚和奖励制度都不能代替的一种教育力量"。

其次,教师道德对青少年学生道德行为的养成具有示范作用。

道德行为是道德品质的客观内容和外在表现,一定的道德品质只有通过道德行为才能展现出来。良好道德行为的养成固然需要教师向学生讲授正确的道德知识,但俗话说:"喊破嗓子,不如做出样子。"也就是说,身教胜于言教。如孔子所言:"其身正,不令而行;其身不正,虽令而从。"在学校教育中,教师的一言一行都处在学生严格的"监督"之下,就像加里宁所说的那样:"教师每天仿佛都蹲在一面镜子里,外面有几百双精细的、富有敏感的,善于窥伺出教师优点和缺点的孩子的眼睛,不断地盯着他。"案例1-3中那位年轻的小学班主任潇洒利落的"扔粉笔头"的动作竟然引得学生纷纷效仿,他由此深刻体会到了自身的榜样示范无时无刻不在影响着小学生的一举一动。因此,教师是学生在校园中所接触到的最直观、最真实的道德榜样,具有高尚师德的教师能够通过自己的身体力行来印证课堂上的言教,给学生一种无法物化在书本上的人生智慧,使其得到心灵的顿悟和人格的升华,进而实现"不教而教"的效果。这种示范作用虽无声无息,但却比明礼言志更深刻清晰,比高谈阔论更生动具体,更具有撼动人心的说服力。

案例 1-3

粉笔头的启示

　　记得三年级刚开学时,班里发生了这样一件事,对我的触动很大。自己由于看见电视中的某女教师写完黑板字,把手中的粉笔头准确地投入到讲台上的粉笔盒中,动作潇洒,干净利落,对她这一动作甚是偏爱,因此情不自禁地去效仿,心中自我感觉良好。可是没有想到的是,有几次我让学生到黑板上板演,他们在做完题之后,不约而同地也把粉笔扔向粉笔盒,有的扔了进去,脸上露着得意的神色;有的没扔进去,就落到了地上,态度还是那样自然。课间我询问学生,才知道是向我学的。难怪每天讲台边的地上总有踩碎的粉笔头,教室清洁卫生不够好。这件事虽小,负面影响可不小。我知道事情的真相后,就在全班同学面前做了自我批评,并对同学们说:"我们大家互相监督,改掉这个坏习惯。"

　　从这件事以后,我就从细小的事情开始严于律己,为学生做好榜样,凡是要求学生做到的事,我首先做到。如:要求学生对人讲话有礼貌,我就带头使用礼貌用语;要求学生不迟到,我每天准时7点到校,甚至还早来一点;课间休息,听到铃声,我马上走进教室;要求学生热爱劳动,我就带头劳动。在以后的学习生活中,学生们写完粉笔字再也不投粉笔头了,教室卫生保持清洁。从中,我深深体会到,班主任工作必须从平凡、细致的小事做起,充分发挥自己的模范作用,只有这样才能把孩子带好。

　　再次,教师道德对青少年学生未来的人生道路具有引领作用。

　　回顾每个人的成长历程,我们都会深刻地体会到:自己的兴趣、爱好、人生观乃至于所选择的人生道路,或多或少都会受到教师行为的影响。著名数学家陈景润在中学读书时,他的老师曾提到过"哥德巴赫猜想"这个数学难题,并把数学形象地比喻为自然科学的皇后,而"哥德巴赫猜想"则是皇后王冠上的明珠,鼓励大家攻克这个难题。这给陈景润留下了深刻的印象,并从此开始了摘取皇冠上明珠的艰辛历程。陈景润成功的因素固然很多,但其师那种不甘人后,时刻启迪学生为科学献身的精神无疑是重要因素之一。所谓"亲其师,信其道",一个在学生心目中享有崇高威信的教师,其不经意间的一句话,就可能影响学生未来的职业选择,甚至影响学生整个的人生道路。案例1-4中那位"清瘦而严厉的,戴六百度近视镜的中年女教师",用她自己的方式既保护了一个孩子的淳朴孝心,挽回了他的尊严和声誉,也拯救了这个孩子的一生。

案例 1-4

我和橘皮的往事

　　有一天,轮到我和我们班的几名同学去学校的校办工厂义务劳动。校办工厂专门从民间收集橘皮,烘干了,碾成粉,送到药厂去。干活的师傅告诉我们,橘皮对平喘和减缓支气管炎有良效。我的母亲,每年冬季都被支气管炎所困扰。可是家里穷,母亲舍不得花钱买药,就那么一冬季又一冬季地忍受着。以后,每次义务劳动,我都往兜里偷偷揣几片干橘皮。

不料想,由于一名同学的告发,我成了一个小偷、一个贼。在学校的操场上,我被迫当众承认自己偷了几次橘皮,当众承认自己是贼。于是我在班级里,不再是任何一个同学的同学,而是一个贼。我不再有学友了。我处于可怕的孤立之中。

当时我的班主任老师,也就是那一位清瘦而严厉的,戴六百度近视镜的中年女教师,正休产假。她重新给我们上第一堂课的时候,就觉察出了我的异常处境。放学后她把我叫到了僻静处,而不是教员室里,问我究竟做了什么不光彩的事?我哇地哭了……第二天,她在上课之前说:"首先我要讲讲梁绍生(我当年的本名)和橘皮的事。他不是小偷,不是贼。是我吩咐他在义务劳动时,别忘了为老师带一点儿橘皮。老师需要橘皮掺别的中药治病。你们再认为他是小偷,是贼,那么也把老师看成是小偷,是贼吧!……"第三天,当全校同学做课间操时,大喇叭里传出了她的声音,说的是她在课堂上所说的那番话……

从此我又是同学的同学,学校的学生,而不再是小偷不再是贼了。从此我不想死了……

没有她,我不太可能成为作家。也许我的人生轨迹将彻底地被扭曲、改变,也许我真的会变成一个贼,以我的堕落报复社会。也许,我早已自杀了……①

二、学习和实践教师职业道德对教师的意义

教师职业道德是合格教师必备的职业素养之一。国内外大量的实践经验表明,组织教师进行专门的教师职业道德的教育和训练不仅是教师岗前培训的重要内容,而且贯穿于教师职业生涯的始终。学习和实践教师职业道德对教师的意义主要表现为:

首先,学习和实践教师职业道德有助于教师坚定职业道德信念,提高师德修养的自觉性。

教师是具有较高文化水平的职业人员,较其他职业群体更注重理性思维。教师职业道德的基本理论科学地回答了合格的人民教师必须具备什么样的基本道德品质以及为什么应当具备这些品质的问题。系统地学习教师道德的专门知识,能够使广大教师从理论高度深刻认识教师道德修养的极端重要性,增强其选择合理教育行为的信心和自觉性。当自己的教育行为符合教师道德的准则要求时,就能够获得道德情感上的满足,进一步坚定自己的职业理想和职业信念。反之,则会产生羞愧和内疚感,进而形成纠正自己行为方向的理性自觉。通过理性思考和反复实践,教师职业道德才会从外在的道德要求逐步转变为教师本人内心的法则,从而自觉地促进个人道德品质的修养和完善。

其次,学习和实践教师职业道德有助于提高教师的道德判断力,增强其事业心与责任感。

教育活动中的道德矛盾和利益关系是错综复杂的,什么是善的、什么是恶的、什么

---

① 改编自梁晓声《我和橘皮的往事》一文。

应该做、什么不应该做,这些问题仅靠教师个人的道德经验往往无法做出解释与判断。我国当前正处于社会生活的深刻变革之中,教育领域也不例外。每个教师在自己的职业生活中都面临着大量的、依靠以往的道德经验不能直接解决的道德疑难问题,比如有偿家教的问题、"议价生"问题、家长给教师送礼的问题等等。在这种情形下,只有科学的教师道德理论才能帮助教师冷静客观地分析问题,做出正确的道德判断,从而创造性地解决特定情况下较为复杂的道德矛盾。也只有拥有高尚职业道德素养的教师,才能始终坚守教育的育人本性和内心的职业良知,永远保持强烈的事业心和高度的责任感,为履行教师职业的使命而奋斗。也只有这样的教师,才能享受到教师职业的幸福和欢乐。

　　再次,学习和实践教师职业道德有助于教师形成并确立科学的教育理念。

　　在新的历史时期,教育也呈现出崭新的姿态。传统的教师观、学生观、知识观、人才观、教育价值观都需要重新接受时代的审视,教育人道主义问题、教育公平与民主的问题、教学工作与学校管理中的道德问题等日渐突出,师生关系、家校关系、教师集体中的人际关系也呈现出了许多不同以往的新特点,这一切变化都为教师职业道德建设提出了新的要求。因此,新时期的教师职业道德是建立在对教育劳动的新特点进行科学分析和把握基础之上的,不仅向全体教师昭明应该如何的行为规范,也紧跟时代发展以及世界教育发展的新趋势,用先进、科学的教育理念武装教师的头脑,在使教师行为符合社会基本道德要求的同时,又能与时俱进,更好地履行自己崇高的职业责任。

三、学习和实践教师职业道德对教育事业的意义

　　指导教师在教育工作过程中,正确选择自己的教育行为,处理和调节好各种道德关系和利益矛盾,从而保证教育过程顺利进行并富有成效,是学习和实践教师职业道德对教育劳动最基本、最重要的意义。

　　教育是一项系统的社会工程,任何一个具体的教育过程中总是包含着各种各样的道德关系,如师生关系、教师与教师之间的关系、教师与学生家长之间的关系、教师与学校领导之间的关系、教师与教学辅助人员之间的关系、教师与社会有关方面的关系,等等。处理好这些关系,对教育事业的顺利、有效发展是至关重要的。如果师生之间相互怨艾,教师之间同行相轻,上下级之间心存芥蒂,教育和教学活动的效果就会大打折扣,从而影响教育事业的全局。尤其是随着教育事业的发展和教育改革的深入,教师与教师校际间的交流愈加频繁,教师与工厂、农村、军营等社会各方面的接触和协作也越来越密切。要处理好校内外这些纷繁复杂的人际关系,仅仅依靠行政管理手段是远远不够的,但过多地借助于交际手段又显得"做作"或流于俗气,最根本的途径就是要依靠教师自身良好的道德素质。良好的教师职业道德是人际关系的润滑剂,它以带有本职业鲜明特点的特殊形式,向教师正确指明了协调教育劳动中各种利益关系的行为方向,促进教师与教育过程的其他参加者以及社会各方面建立协调一致的关系,以便顺利地进行教育活动,完成教育任务。此外,具有良好职业道德修养的教师,能够深刻认识自己所从事工作的伟大意义,能够正确评价教师职业的价值,从而树立起牢固的敬业精神和端正的职业态度,勇于克服工作中的各种困难和阻力,热爱并献身于人民的教育事业。

这也是教育过程顺利开展并富有成效的必要条件。

值得一提的是,教师职业道德对教师行为的指导、对各种道德关系和利益矛盾的调节与处理主要是通过两种形式进行的:其一是社会舆论。这是一种外在的精神力量。当教师行为合乎教师道德的要求,有助于各种道德关系和利益矛盾的协调和处理时,就会受到来自学生及其家长、同事以及社会各方面的赞扬和肯定,从精神上激励教师继续努力。反之,则会受到舆论的谴责与批评,对教师造成一种无形的压力,促使其重新选择合乎道德的行为。其二是内心信念。这是一种内在的精神力量,也是教师道德发挥调节和指导作用的最重要的形式。这里所谓的"内心信念",主要是指教师的职业道德信念。它是一个教师发自内心的对教师道德义务的真诚信服和强烈的责任感,是深刻的师德认识、强烈的师德情感和顽强的师德意志的有机统一。[①] 一旦教师将师德要求转化为自己稳定的内心信念时,即便没有外在的监督和指导,他也会自觉地恪守教师道德的要求。如果自己的行为偏离了正确的轨道,即便没有受到舆论的指责和批评,他也会深感不安,"良心法庭"会督促其尽力纠正自己的行为。所以,内心信念具有自觉性的特点,是比社会舆论更重要、更有力的作用形式,也是"德规"优越于法律法规、行政规章的特殊之处。总之,教师职业道德可以在内外部力量的共同作用下,指导教师正确选择自己的教育行为,处理和调节好各种道德关系和利益矛盾,从而保证教育事业健康、有序、高效地发展。

四、学习和实践教师职业道德对社会道德风尚的意义

教师是与社会有着广泛联系和对社会有特殊影响的职业,教师职业道德的意义不仅表现在学校教育过程中,而且还会通过各种途径和方式,直接或间接地影响社会风气,是促进社会形成良好道德风尚的催化剂。中国长期以来尊称教师为"先生",视其为文明的象征。所以,教师在社会交往中所产生的影响也是相当深刻的。教师道德对社会道德风气的促进和改善主要通过三个渠道:

一是通过培养学生的优良道德品质来广泛影响社会。教师在职业活动中所表现出来的面貌会直接影响学生的道德品质,学生又会通过自己的社会交往将在学校里培养和发展起来的道德品质带往各行各业、千家万户,从而对整个社会的道德风尚产生广泛而深远的影响。

二是通过教师亲自参加社会生活而影响社会。每一位教师除了自己特定的职业生活之外,还是社会大家庭中的一分子。因此,在学校的教育工作之外,他还将作为一个社会成员亲自参加各种社会活动,以此对社会生活起教育和促进作用。当社会不正之风盛行,严重地腐蚀着人们的灵魂,毒害着青少年学生的时候,一个具有高度社会责任感的教师会积极地参与到社会中来,通过著书立说等各种各样的方式来努力改造环境,净化社会风气。著名的演讲艺术家、北京师范大学教授李燕杰老师,自 20 世纪 80 年代开始就走出象牙塔,奔向十字街头,通过演讲的方式为广大青年解疑释惑,被誉为青年人的良师益友。

---

① 王正平、郑百伟著:《教育伦理学:理论与实践》,上海教育出版社,1998 年,第 78 页。

三是通过教师个人的道德品质去影响自己的家庭、亲友和邻里。良好的师德是教师长年累月在教育活动中形成的道德情感和道德品质,它不会因为离开职业生活而消失。相反,教师会把这种业已形成的优良品质带进家庭生活和周围环境中,在家庭生活中尊老爱幼,邻里相处时谦让和睦,亲戚朋友间友好往来,在公共生活中乐于助人、遵纪守法,这无疑都会对良好社会风气的形成起到积极的促进作用。

师德楷模 01

霍懋征：教育的五个格言

霍懋征老师是一位普通的小学老师,更是全国著名的教育家,她自称是一个平凡的人,周恩来总理却称她为中国的"国宝"。"没有爱就没有教育",这是霍老师从事教育教学工作的座右铭。她说：一个老师必须热爱学生才能教好他们。在她的眼中,"没有不可教育或教育不好的"学生。她爱每一个孩子,"相信人人都可以成才"。60多年的从教生涯,她创造出没有让一个学生掉队的奇迹。没有体罚过一个学生,没有向一个学生动过气……她的教育理念在当今的时代,依然是教育工作者解决德育问题的"良方"。

格言1　没有爱就没有教育

一个学习成绩最差的学生举起手要求回答霍老师提的问题,可是当老师问到他时,他却答不上来。老师后来问他为什么不会也举手时,这个学生哭着说：老师,别人都会,如果我不举手,别人会笑话我。霍老师由此感到了学生都有一颗强烈的自尊心。她私下里告诉这个学生,下次提问时,如果会答就举左手,如果不会就高举右手。此后,每当看到他举左手,霍老师都努力给他机会让他回答,举右手时则不让他站起来。一段时间后,这个学生变得开朗了,学习成绩也有了很大的进步。霍老师悄悄地把这个方法也告诉了班里其他几个学习不好的学生,结果发现整个班都变了。

霍老师认为,没有爱就没有教育。爱学生是和尊重学生、信任学生连在一起的。这件事证明,教育的前提是尊重。人皆有自尊心,处在成长期的学生的自尊心更是敏感与脆弱,更需要老师的悉心呵护。在此前提下,学生才会在一种健康、自由、愉快的环境中接受教育,自觉学习。

格言2　对学生八个字：激励、赏识、参与、期待

班里有个叫米盈余的学生,这个小姑娘腼腆、胆小。老师每次叫她回答问题,她站起来,总是低着头,脸涨得像块红布,说话的声音都打颤。一次开家长会,同学们要演出,霍老师有意锻炼这个小姑娘的意志,于是就提议让米盈余担任一个角色,演"小白兔",米盈余的第一反应是"不行,我不敢"。"试试吧,老师相信你准行,"霍老师抚摸着小米的肩膀亲切地鼓励她,"大家帮助你多排练几遍,好不好?"最后演出成功了。从此,米盈余变得大胆、开朗起来。

霍老师对这八字方针的理解是这样的：激励每个学生求进；赏识每个学生的才能；创造条件让每一个学生参与教育教学活动；来自教师的期待是学生积极进步的动力。真诚的爱、热情的鼓励是打开学生心灵的金钥匙,老师要激励学生们增强自信,勤于努力；要为每一个学生取得的进步而鼓劲加油,使他们感受到由于各自取得的成绩和进步而带来的喜悦。

格言3　育德于教、文道统一

《落花生》一课是通过平常的故事告诉人们一个深刻的道理：即做人的标准。教学过程中教师往往注重教育学生"不做外表好看而对别人没有用处的人"，而霍老师进一步扩展课文的主题，把这样三句话同时展示，由学生充分讨论：1."它虽然不好看，可是很有用，不是外表好看而没有实用的东西。"2."人要做有用的人，不要做只讲外表，而对别人没有用处的人。"3."人既要做对别人有用的人，也要注意外表和礼仪。"霍老师在对教材内在的思想意义全面、准确地挖掘后，在句子教学中、字词理解的过程中，将一番严肃的话题渗透其中，学生在接受知识的同时，对老师的人生观也给予认同。

霍老师"育德于教、文道统一"的教育目标是从提高学生的素质、发展学生的智力与能力方面提出的。语文教学就是要育人为本，语文课应在训练学生语言能力的过程中，塑造学生的灵魂，坚持"一课一得"的原则。语文德育功能的充分运用，应该是教师自觉地把德育意识和德育内容渗透于语言训练之中的。霍老师在教学中关注的不仅是语言文字本身，更是通过语言文字能作用于人的文中之"道"。

格言4　教育是做学生学习的楷模

班上有个爱下象棋的孩子，经常逃课，找人下棋，与人比高低。一天，霍老师对他说："听说你爱下象棋，放学后下一盘好吗？"他惊讶地说："你行吗？"老师说："不如你的话，就向你学呀。"第一盘老师故意输了，他特高兴。老师说："我不服气，再来一盘。"第二盘他输了，他不服了，但第三盘、第四盘、第五盘都输了。他服气了："老师，您真棒啊！"霍老师趁机说："我虽然下得比你好，但你看到我到处找人下棋了吗？我不能因为爱下棋就不上课呀。以后我们在课下交流，互相提高怎么样？"从此，这个孩子开始好好学习，再也不逃课了。

霍老师的一个学生说，霍老师教我们做人，不是说出来的，而是做出来的。霍老师觉得孩子的眼睛就像摄像机，耳朵就像录音机，他们会把老师的一言一行记录下来。老师在学生眼里是一个榜样，是他们学习的楷模，所以教育是科学也是艺术。

格言5　没有教不好的学生

三年级有4个女同学课上从不发言，课下也不和其他同学交往。霍老师发现她们手很巧，喜欢劳动。于是想办法，找机会让她们展示自己的才华。教室后面墙上有一排挂钩，其中的几个已经断的断、脱落的脱落，学生们挂上去的东西常掉下来。老师就把这几个女生约到办公室，让她们帮着想办法，修好这些挂钩。第二天，老师和这几个女同学早早来到学校，让她们动手修好了挂钩。上课后，老师让学生们看教室后面的变化，学生们看到衣服又整整齐齐地挂在挂钩上，赞不绝口。霍老师马上表扬了那几个女同学，夸奖她们爱集体、善于观察，动手能力强，学生们情不自禁地鼓掌。后来她们帮老师为班里建立了"自然角"，让同学们观察种子怎样发芽，蝌蚪的变化……渐渐拉近了和同学们的距离，开始主动和同学们交往，参加班级活动，也调动了学习的积极性。

霍老师认为，因为教师的精力有限，他们往往没有足够的时间对问题学生进行细致的教育和引导。爱一个"问题"学生才是对教师的考验，而这正是教师的天职。每一个老师心里都很想把学生教好,但如果对学生缺乏爱心,单是"恨铁不成钢",铁就难以成钢。作为教师,要用发展的眼光看待他们,鼓励他们在原有的基础上不断进步。

（根据对北京第二实验小学全国首批特级教师霍懋征的报道综合整理）

本章小结

教育是一项饱含价值关怀的事业。学校教育具有满足学生与教师个体发展需要和社会发展需要的双重价值,学校教育的价值是学校教育的个体(学生、教师)价值和社会价值的统一。学校教育实践是通过教师的教育劳动实现的。教育劳动是一种特殊的生产劳动,劳动对象、劳动形式、劳动工具、劳动时空、劳动产品都显著有别于一般的物质生产劳动。而且,教育劳动的过程是最深切的人与人之间交往的活动过程,各参与者之间的利益关系极为复杂,矛盾常有发生。与教育劳动的特殊性相适应,为调节教育劳动实践中的各种利益关系,教育工作者必须要遵守特定的职业道德,坚持职业操守和职业信念。教师职业道德在教育劳动实践中形成,并随着教育劳动实践的发展而发展,因而具有不同于其他职业道德的独特性。全面认识教师职业道德的特殊性、重要性并自觉践行,对学生、教师本人以及教育事业的发展和全社会道德风尚的塑造都具有重要的意义。

关键术语

学校教育的价值　教师职业道德　教育劳动

讨论与探究

1. 与其他职业劳动相比,教育劳动有哪些特殊性?

2. 学习和实践教师职业道德有什么意义?

3. 与其他行业从业人员相比,教师工作的劳动强度、工作压力较大,社会地位、物质待遇一般。但是,教师职业道德要求却比其他职业道德更高、更全面。有人认为,这对教师是不公平的。对此,你怎么看?

4. 近年来,越来越多的教师"失德"报道见诸媒体。"范跑跑"、"杨不管"事件引发全民热议,接连发生的校园性侵案激起公愤,网络舆论将"教师"群体喻为吞咬百姓的"三蛇"之一。可另一方面,"烈士老师"谭千秋、"最牛校长"叶志平、"最美教师"张丽莉,还有那些朴实执着的"最美乡村教师",他们在平凡中演绎精彩,可亲可敬、令人动容。请问:对今天的师德现状,你如何评价?

5. 请结合本章内容,分析下述案例。

教师的压力

　　2002 年北京市的一项调查表明:教师每天在校工作时间均在 10 小时以上,长期的超负荷运转,使教师身心疲惫。该项调查的结果是:93.1％的教师感到"当教师的越来越不容易,压力很大"。50.8％的老师表示,如果有机会就考虑调换工作;31.7％的教师表示无所谓;只有 17.5％的教师表示喜欢这一职业。2005 年,中国人民大学公共管理学院组织与人力资源研究所和新浪教育频道举行了一次教师生存状况调查,共有 8699 名教师填写了调查问卷。结果显示:超过 80％的被调查教师反映压力较大,90％左右的被调查教师存在一定的职业倦怠,近 30％的被调查教师存在严重的职业倦怠;超过 60％的被调查教师对工作不满意。

进一步阅读的文献

1. 〔苏〕苏霍姆林斯基著,杜殿坤编译:《给教师的建议》,教育科学出版社,1984 年。

2. 〔苏〕苏霍姆林斯基著,赵玮译:《帕夫雷什中学》,教育科学出版社,1983 年。

3. 联合国教科文组织总部中文科译:《教育——财富蕴藏其中》,教育科学出版社,1996 年。

4. 黄济、王策三主编:《现代教育论》,人民出版社,1996 年。

5. 叶澜等著:《教师角色与教师发展新探》,教育科学出版社,2001 年。

6. 朱永新著:《我的教育理想》,南京师范大学出版社,2000 年。

章前导语

"没有规矩,不成方圆",教师职业道德原则是教师在道德实践中认识和处理各种关系的具体原则,是教师职业道德体系的核心。为什么说教师职业道德原则在教师职业道德体系中居于核心地位?教师职业道德应该具备哪些原则?教师职业道德原则和教师道德规范、教师道德范畴的关系是什么?请在本页的空白处写下你对教师职业道德原则的认识,然后,认真阅读本章的内容。让我们全面把握教师职业道德原则的内涵要求,为教师职业道德素养的养成奠定基础。

通过本章的学习，你能够

- 理解教师职业道德原则是教师职业道德体系的核心；
- 掌握教师职业道德原则确立的客观依据；
- 明晰并深刻领会教师职业道德原则的具体要求。

本章内容导引

- 教师职业道德原则的地位和作用
  一、教师职业道德原则是教师职业道德体系的核心
  二、确定教师职业道德原则的客观依据
- 教师职业道德的基本原则
  一、教书育人原则
  　（一）教书育人原则的确立依据
  　（二）贯彻教书育人原则的要求
  二、为人师表原则
  　（一）为人师表原则的确立依据
  　（二）贯彻为人师表原则的要求
  三、依法从教原则
  　（一）道德和法的关系
  　（二）依法从教原则的确立依据
  　（三）贯彻依法从教原则的要求
  四、教育人道主义原则
  　（一）教育人道主义是现代教育的重要特征
  　（二）教育人道主义原则的基本内容
  　（三）教育人道主义确立的客观依据
  　（四）贯彻教育人道主义原则的要求

章导言

　　教师在教育实践活动中，必须遵循一定的道德原则，以调整教育实践过程中的各种关系，保证教育实践活动的正常进行。教师职业道德原则作为对教师行为的基本要求和评价标准，在教师职业道德体系中居于主导地位。在教育实践活动过程中，教师必须遵循教书育人原则、为人师表原则、依法从教原则和教育人道主义原则。

第一节　教师职业道德原则的地位和作用

一、教师职业道德原则是教师职业道德体系的核心

道德原则是认识和处理个人利益和社会利益的基本原则,对人们的道德实践有重要的指导意义,是道德体系的核心。同样,教师职业道德原则是教师在道德实践中认识和处理各种关系的具体原则,对教师的道德实践具有指导意义,是教师职业道德体系的核心。

1. 教师职业道德原则具有基准性

教师职业道德原则是教师在道德实践中进行道德教育、道德修养、道德选择和道德评价时必须遵循的基本准则,是教师道德实践活动的行为准则。教师职业道德原则对教师的道德行为具有普遍的约束力和指导意义。

2. 教师职业道德原则具有本质性

教师职业道德原则是教师职业道德社会本质最直接、最集中的反映,是教师职业道德区别于其他各种不同类型道德最根本、最显著的标志。教师职业道德规范是教师职业道德原则在实践中的具体体现,教师职业道德原则是教师职业道德规范的本质。

3. 教师职业道德原则具有稳定性

教师职业道德原则具有较强的抽象性,教师职业道德规范具有相对具体性。具体的往往是复杂多样的、易变的,抽象的往往是概括性的、稳定的。随着社会经济、政治和文化的发展,随着教师职业活动环境的变化,教师职业道德规范中的具体要求应当也必然会有所调整、有所变化,而教师职业道德原则则较为稳定。例如,作为教师,就必须遵循教书育人这一道德原则,这是任何社会、任何时代对教师的共同要求,但在不同的社会、不同的时代、不同的具体环境下,教书育人的具体内容和具体形式、具体的道德规范、具体的行为要求也不完全一样。当然,稳定不是绝对不变。在社会发展的一定阶段,也会产生新的教师职业道德原则。

4. 教师职业道德原则具有自身独特性

虽然具体的教师职业道德规范也从不同的侧面将教师职业道德与其他不同类型的道德相区别,但这区别不具本质性,复杂多样的具体的教师职业道德规范与其他不同类型的道德规范,与其他职业道德规范相同的或重合的要求极多,难以显出教师职业道德的独特性,而教师职业道德原则是调节教师个人与他人,以及与社会间关系的根本的行为准则,集中反映了教师职业道德的本质,具有与其他职业道德不同的独特性,且这种独特性或这种区别具有本质性。

二、确定教师职业道德原则的客观依据

教师职业道德原则绝不是人们主观想象或逻辑推演的产物,而必须依据客观条件确立。

1. 反映教师职业活动的特点

教师在其职业活动中要处理好方方面面的各种各样的关系,核心的关系是师生关系。教师职业道德原则是对正确处理师生关系要求的概括。教师的职业是教书育人,

这是教师职业区别于其他职业的特点，教师职业道德原则必须体现这个特点。在教育过程中，教师不仅要教书，要通过语言向学生传授知识，而且要育人，要运用多种方式培养学生优良的道德品格，因此，有利于育人就应成为教师的行为准则，教师职业道德原则，必须反映这个要求。

2. 符合一般社会道德原则的基本要求

道德作为一种社会意识形态，是由社会存在决定的。社会道德的基本原则是由社会经济关系决定并随着社会经济关系的变化而变化的。教师职业道德是社会道德的一个组成部分，必须要从自身的特定角度来反映社会经济关系的变化。教师职业道德原则既要反映教师职业活动中的特殊利益关系，又要反映社会的一般利益关系，还必须体现一定社会道德原则对教师行为的基本要求。社会主义经济关系决定了社会主义的道德原则，社会主义教师职业道德是社会主义道德的重要组成部分，社会主义教师职业道德原则必须符合社会主义道德原则，反映社会主义道德对教师行为的基本要求。在社会主义条件下，教师职业道德原则必须符合社会主义方向。党的十八大提出，"倡导富强、民主、文明、和谐，倡导自由、平等、公正、法治，倡导爱国、敬业、诚信、友善，积极培育和践行社会主义核心价值观"。分别从国家、社会、公民三个层面，首次用 24 个字凝练出了反映现阶段全国人民"最大公约数"的社会主义核心价值观。社会主义核心价值观在社会的所有价值目标中处于主导地位，体现了社会主义道德的根本要求，是社会主义道德意识的根本体现，引导着社会主义道德建设新实践，对教师职业道德建设具有强大的指导和引导作用。

3. 在教师职业道德规范体系中居主导地位

道德原则以最普遍的形式，表达一定社会最根本的道德要求。教师职业道德原则应当是对教师职业道德行为本质属性的概括，是教师职业道德体系的核心，在教师职业道德体系中居于主导地位，应对教师的职业活动行为具有普遍的指导性和严格的约束性。在社会主义社会，教师职业道德原则体现了社会主义社会教育活动中人与人之间最重要、最基本的道德关系，对教师的思想、言论和行为具有普遍的导向功能。

综上所述：反映教师职业活动的特点，符合一般社会道德原则的基本要求，在教师职业道德体系中居主导地位，构成了教师职业道德原则确立的客观依据。在现阶段社会主义教师职业道德原则中，我们应特别强调教书育人原则、为人师表原则、依法从教原则和教育人道主义原则。这四个原则既反映了教师职业活动的特点对教师道德的特别要求，又体现了社会主义道德原则对教师职业道德行为的一般的基本要求，在教师职业道德规范体系中居主导地位，对教师的职业活动行为具有普遍的指导性和严格的约束性；是我国教师职业活动中必须遵循的最重要的职业道德原则。

第二节　　教师职业道德的基本原则

一、教书育人原则

（一）教书育人原则的确立依据

1. 教书育人是教师的基本职责

任何时代，教育的根本任务都是培养特定社会、特定时代所需要的人才。尽管对人才的要求,在不同社会、不同时代,有许多不同之处,但也有共同的内容。概括地说,不论在哪个社会、哪个时代,对人才的培养都具有两方面的要求:一是要有德,一是要有才。要有德,就是要具备那个社会、那个时代所要求的思想意识和道德品质,要有对社会负责,对他人负责的态度,既要有个人的奋斗精神、奉献精神和牺牲精神,又要有集体意识、整体意识和团队精神。要有才,就是要具备那个社会、那个时代所需要的才能;既包括自然科学知识,又包括社会科学知识;既包括劳动能力,一般的操作技能,又包括管理能力;既包括知识的运用能力,又包括创新能力。教育的目的和任务规定了教师既要教书,又要育人,教书育人是教师的基本职责。教师职业活动的这一特点决定了应把教书育人作为教师职业道德的原则。

古今中外的教育家都把"教书育人"作为教师的基本职责。《礼记》中说:"师也者,教之以事而喻诸德也。"作为教师,既要向学生传授知识,又要让学生明白做人的道理。韩愈在《师说》中说:"师者,所以传道、授业、解惑也。""传道"是指传授为人之道,就是我们所说的育人;"授业"是指讲授文化知识,就是我们所说的教书;"解惑"是指解答学生提出的问题或存在的疑惑,这既包括为人处事方面的困惑,也包括学习文化知识过程中遇到的疑难。韩愈在这里明确把教书和育人两个方面的要求在教师职业实践中统一了起来。美国学者杜威指出:道德目的是各科教学共同的、首要的目的。德国教育家赫尔巴特认为:"教学如果没有进行道德教育,只是一种没有目的的手段;道德教育如果没有教学,就是一种失去了手段的目的。"[1]人民教育家徐特立指出:"教书不仅是传授知识,更重要的是教人,教育后一代成长为具有共产主义思想品质的人。"[2]他们都强调了教书和育人的结合,强调了育人的重要性。

2. 教书育人是遵循教学规律的要求

教书育人原则是依据教学过程的客观规律确立的。首先,教学的过程必然就是育人的过程。教师的主要任务是教学,教学过程是教书和育人紧密结合的过程,教书和育人两者不可分割,古今中外无不如此。任何知识课的教学过程都必然渗透有思想道德教育的因素,只不过有的课程多一些或明显一些,有的课程少一些或隐蔽一些,有的教师较为自觉,有的教师不够自觉。当然,不同的社会、不同的时代、不同的课程,在不同的条件下,不同的教师又存在用什么样的思想观点和道德原则去育人的区别,存在用什么样的具体方式去育人的区别,存在着育人结果的差别。教师应当自觉地把教书和育人结合起来,应注意知识传授和思想道德教育两者的有机结合,应注意探索符合实际的有效的具体的结合方式。

其次,教好书要求育好人,育好人是教好书的保证。教学过程是学生的认识过程,一方面,要求教师运用适宜的教学方式、方法和手段,依据认识规律,提高教学效果,帮助学生掌握知识;另一方面,要求学生发挥主观能动性,充分发挥自己的潜力。学生具有崇高的理想、良好的品德和正确的方法,有利于学生潜力的发挥,有助于学习效果的提高。良好的思想道德素质和个性心理品质作为非智力因素,对一个人潜能的发挥,对

---

① 《上海教育》,1981 年第 10 期。
② 中央教育科学研究所编:《徐特立教育文集》,人民教育出版社,1979 年,第 295 页。

一个人的成才影响重大。热爱祖国、热爱人民,有强烈的责任感和进取心,有坚强的意志,诚实、守信、自信,能吃苦耐劳,可以增强学生的心理自我调节能力、行为自我控制能力、生活自理能力、社会协调能力和挫折承受能力。这些非智力能力,不仅可以保证学生在校期间的学习,而且有利于学生整个一生的发展。因此,教师应自觉地在教学过程中结合知识传授对学生进行思想品德教育,进行人生观和价值观教育。

　　3. 教书育人是培养建设有中国特色社会主义的人才的要求

毛泽东同志指出,在社会主义社会,我们的教育方针应该是使受教育者在德育、智育、体育几方面都得到发展,成为有社会主义觉悟的有文化的劳动者。邓小平同志指出,要把我国的青少年培养成为"有理想、有道德、有文化、有纪律"的新人。为了推进有中国特色社会主义事业的发展,我们必须培养成千上万有社会主义思想觉悟,有社会主义道德品质的各类人才。在社会主义初级阶段,教师的职业活动必须围绕这一目的,既教书,又育人,在向学生传授科学文化知识的同时,又自觉地对学生进行理想教育、品德教育,帮助学生掌握和运用马克思主义的立场、观点和方法。如果教师只教书,不育人,只管传授知识,不问学生的思想政治方向,不注意学生道德品质的修养,不按建设有中国特色社会主义的需要进行教育活动,那就是失职。

当前,大中小学都在强调素质教育,强调学生的全面发展。学生素质包含着心理素质、思想道德素质。对青少年学生来说,面对竞争激烈、关系复杂的社会,健康的心理素质和良好的思想道德素质极为重要。学生应全面发展,但全面总是相对的,有些方面的素质要求可以相对低一些,但心理素质和思想道德素质却必须确保。为此,教师要特别强化育人意识。

(二)贯彻教书育人原则的要求

　　1. 坚持对学生的全面培养

苏霍姆林斯基指出:"不要让上课、评分成为人的精神生活的唯一的、吞没一切的活动领域。如果一个人只是在分数上表现自己,那么就可以毫不夸张地说,他等于根本没有表现自己,而我们教育者,在人的这种片面性表现的情况下,就根本算不得教育者——我们就看到一片花瓣,而没有看到整个花朵。"[1]遵循社会主义的教育目的,教师不仅要向学生传授知识,开发其智力,培养多方面的能力,还要注意组织学生开展有益的文化娱乐活动和体育活动,活跃气氛、锻炼身体,提高身心健康水平,更要注意帮助学生提高思想觉悟水平,形成正确的世界观和人生观,培养良好的道德品质,养成良好的行为习惯,从而促进学生的全面发展。

　　2. 按教育规律教书育人

学生的成长是有其自身规律的,要教好书、育好人,就必须遵循教育规律。现实生活中大量的事实证明,教育方法极为重要,如果方法不妥。其结果往往是事倍功半,甚至是事与愿违。正确的方法,好的方法,就是符合规律的方法。教育规律是个由诸多规律构成的规律体系,教书育人是一个极为复杂的系统工程,教育活动应遵循多种规律,如学生的生理运动规律、心理运动规律、思维运动规律,以及各门学科的学习规律等等。

---

① [苏]苏霍姆林斯基著,杜殿坤编译:《给教师的建议》,教育科学出版社,1984年,第485页。

教师只有按教育规律进行教育活动,才能实现社会主义的教育目的。要遵循规律就要认识规律,就要积极探索、努力学习。不同地区、不同学校、不同专业、不同年龄、不同生活阅历的学生有着不同的特点,每个学生都有自己的个性特征,要遵循规律,就要从学生的实际出发,运用适宜的方法,促进学生的健康成长。案例2-1中的数学老师,面对学生提出的不合规章制度但也有一定情理的要求,不是一拒了之,而是抓住了教育契机,对学生施加了深刻的教育影响,加强了学生对老师的心理认同,加深了学生对自己错误的认知,促进了学生的学习进步,实现了"教书"与"育人"的有机结合。

案例 2-1

借 1 分还 10 分[①]

　　一个学生期中考试数学考了 59 分,而他的父母要求他必须及格,否则就得挨揍,所以他十分着急地找我:"老师,求您给加 1 分。""我可以给你加 1分,"我说,"不过,这 1 分是老师借给你的,还的时候需要加息,借 1 分还 10分,期末考试时我会从你的成绩中扣 10 分,你愿意吗?"他欣喜地答应。期末考试他竟然考了 81 分,我遵守约定扣下 10 分后,又因为他的进步大而奖励他10 分,最终是 81 分。

3. 努力学习,提高自身素质,探索教书育人的规律

　　教师自身的素质直接影响教书育人的效果。1966 年联合国教科文组织在《关于教师地位的建议》中提出,应该把教学工作视为一种专门职业,强调教师是具备经过严格训练和持续不断的研究才能获得并保持专业知识及专门技能的专业人员。20 世纪 80年代以来,在世界范围的教育改革浪潮中,人们愈来愈认识到:只有教师专业水平的不断提高才能保证高质量的教育水平。教师应当努力学习,不断提高自己的综合素质,以适应教书育人的需要。教师要努力学习科学文化知识,要拓宽知识面,要深入研究问题,这是教好书的知识保证;教师要努力提高思想政治觉悟和良好的道德品质,这是育好人的政治思想理论和道德品质的保证;教师要努力学习和研究教育理论,掌握教育教学规律,这是教好书育好人的方法保证。教师要努力学习教育学、心理学和教学法等基本理论知识,要注意研究学生的生理、心理特征和思想、学习状况,要注意分析各种环境因素对学生成长的影响,探索教育教学规律,以遵循教书育人规律。在当前改革深化、开放扩大、科学技术迅猛发展,社会经济关系、社会观念快速变化,不同价值观念冲撞,社会矛盾极为复杂的情况下,学生遇到的问题、存在的困惑多样而复杂,学生的困惑往往也是教师的困惑,教师更需注重自身的学习和研究。以其昏昏,使人昭昭是不可能的,只有以其昭昭,才能使人昭昭。案例 2-2 中的班主任,通过自身教育理念的转化、激发、发现、引导、促进学生自身的力量,使他们在人生的重要时期,学会了自立、自强、刻苦、奋斗;学会了在学习过程中历练成长。

---

① 严育洪著:《这样教书不累人》,教育科学出版社,2009 年,第 149 页。

做一个不再瞎忙的班主任：改变学生先改变自己①

　　一个基本上由各班的学困生重新组合而成的高二班级，一年后居然在全校升旗仪式上发出"100％进本科"的宣言。神奇的是，一年之后，这个宣言竟然成为现实！创造这个"奇迹"的班主任是一位年轻的语文教师，名叫梅洪建。

　　换任何一个人来带这个班，能让学生在原有的基础上有所发展，有所进步，已经不易了。而设定"100％进本科"的目标，对普通教师来说，基本是不可能完成的任务。作为班主任，梅洪建老师究竟有什么魔法？他的举措背后有怎样的教育理念？我们不想借此推出升学率方面的话题，而是想说，一位班主任（当然不可能是他一人之力）能够纵横捭阖整合各种力量，尤其是激发、发现、引导、促进学生自身的力量，使他们在人生的重要时期，学会了自立、自强，刻苦、奋斗；学会了在学习过程中历练成长。这才是最重要的教育！

　　这对教师来说也是最有价值的。

　　梅老师曾经和一名学生发生过冲突，任性而叛逆的学生有许多过激的言行，在深深伤害老师的同时，自己的学习状态也急速下滑。梅老师经过痛苦而理性的思考，决定邀请该生及其父母吃饭，在饭桌上真诚地向学生道歉。这一举动使该生及其父母大为感动，学生也用面貌一新的改变给予了回应。

　　要改变学生，先要改变自己。也只有先改变自己，然后才能影响学生。为学生的健康成长和发展服务，这是班主任的角色定位。一切脱离了这个目标的班主任工作都将走入死胡同。每一位班主任都是凡人，都会面临很多现实的无奈。然而，只要采用正确的方法，每一位班主任都能帮助学生进入良性发展的轨道，使他们发现自己的潜能，实现自己的价值。这种角色定位，梅老师称之为班主任的"本位"。

　　明确了班主任的本位之后，梅老师提出了突围的方向，也就是他提出的"培育—发展"的理念。所谓"培育"，就是为孩子的发展搭建尽可能广阔的、动起来的、可持续发展的平台；而"发展"，则是指孩子在班主任搭建的平台上充分地舒展灵魂、习得知识和发展能力，使每个孩子都获得可持续发展的能力。

　　这样一种本位观明白地告诉我们，学生的成长有其规律，班主任必须顺应这样的规律才能有为。经常提醒自己站在一种客观、理性的角度来看待工作，思考怎样的做法对学生有利，是班主任必须养成的一种思维习惯。班级是一个大平台，班主任可以做并且只能做的就是搭建、运营这个平台。这是学生成长发展的舞台，舞台越宽广，学生的发展就越有多种可能。

　　梅老师开始在班主任工作方面开展深入的实践和研究，一举成为全国新生代班主任中的佼佼者。他的班级管理理念朴实而深刻，受到越来越多青年班主任的认同和追捧。

---

① 摘自《中国教育报》，2014 年 2 月 24 日，第 11 版。

二、为人师表原则

(一) 为人师表原则的确立依据

1. 为人师表是实现教育根本任务的要求

为人师表是指教师用自己的言行做出榜样,成为学生效法的楷模。叶圣陶先生曾说过,教育工作者的全部工作,就是为人师表。为人师表作为教师职业道德原则是由教育的根本任务决定的。教育的根本任务是教书育人。教书可以通过多种教学手段进行,主要是通过语言传授。而育人,虽也可以且必须通过多种手段进行,但其主要方式则是通过教师用自己的言行来影响学生。道德品质的养成是一个长期的复杂的实践过程,教师的言行对学生产生经常性的、直接性的、长期的、潜移默化的影响。学生在校学习,除了向书本学习之外,主要是向教师学习,不仅学习教师传授的知识,学习教师运用的学习方法、研究方法和表述方法,也学习教师的思想品德、行为举止等。虽然青少年学生思想品质和个性心理品质已初步成形,具有一定的稳定性和行为判断能力,但他们的道德素质和心理品质还具有较强的可塑性,他们的行为判断能力还不够强,周围的环境对他们的影响还很大。教师和学生的接触较为频繁、密切,其行为举止仍对学生有较大的影响。

2. 为人师表是教师职业劳动特点的要求

教师的职业劳动需要教师在学生中享有较高的威信,具有较高的威信是教师成功进行教育教学活动的必要条件。一般说来,教师的威信越高,其教育教学的效果就越好。教师的威信是建立在多方面条件之上的,其最基本的是要有高尚的道德品质和精湛的业务能力。如果教师的业务水平不高,难以得到学生的佩服和尊敬,学生的专业学习就难以取得很好的效果。而一个缺乏道德修养的教师,则根本不可能得到学生的敬佩,这不仅影响教书的效果,更影响育人的效果。由于青少年学生已具有一定的行为判断能力,对教师的要求更高,教师的道德品质状况对其威信的影响就更大。因此,每个教师都必须严格要求自己,处处以身作则,以正确的思想、高尚的道德、良好的品格感染学生、熏陶学生、影响学生。教师威信的高低对教育活动能否成功地进行影响极大,而威信又来源于教师的以身作则,因此,古今中外的教育家都把以身作则作为一条教师职业道德原则来加以倡导。孔子常说:"其身正,不令而行;其身不正,虽令不从。"董仲舒认为:"善为师者,既美其道,有慎其行。"韩愈主张:"以身立教。"毛泽东的老师,我国著名的民主主义教育家杨昌济先生指出:"教育者之行为若不违其言,其影响于被教育者必甚大。"伟大的人民教育家陶行知先生,提倡并实践着"以教人者教己"的信条,成为以身作则、身教重于言教的典范。在南京晓庄师范学校时,为了让学生毕业后能尽心为农民服务,他和学生一起开荒种地,担水挑粪。17 世纪捷克教育家夸美纽斯指出:"教师的急务是用自己的榜样来诱导学生。"法国教育家卢梭认为:"真正的教育不在于口训,而在于实行。"苏联著名教育家加里宁说:"教师的世界观,他的品行,他的生活,他对每一现象的态度,都这样那样地影响着学生。"[①]古今中外教育家对教师以身作则的强调是对教育实践经验的总结。坚持为人师表原则是教师职业劳动特点的要求。

---

① 亓子杰、王庆之主编:《教师道德学》,山东人民出版社,1989 年,第 152—153 页。

3. 为人师表是整个社会对教师的要求

青年人是早晨八九点钟的太阳，国家、民族和社会主义事业的希望寄托在他们身上。教师职业工作的任务就是教书育人，就是培养年轻一代。虽然培养年轻一代的工作是一个全社会性的庞大复杂的系统工程，但学校教育工程则是这庞大系统工程中的核心工程，而教师则是学校教育工程中的劳动者主体，这就决定了教师工作的重要性，也就决定了整个社会对教师工作的关注。既然为人师表是实现教师根本任务的要求，是教师职业劳动特点的要求，也就必然成为整个社会对教师的要求。

（二）贯彻为人师表原则的要求

1. 坚持对自己高标准、严要求

对自己高标准、严要求是为人师表的基础。教师在教育实践中，为了做好学生的表率，必须在各方面以较高的标准要求自己，必须严于律己，严格遵守各种法规，严格遵守各方面的道德规范。教师如果只是满足于不求有功，但求无过，只求过得去，不求过得硬，那就有可能误人子弟，造成不良后果。教师严格要求自己，必须从现在做起，从小事做起。"勿以善小而不为，勿以恶小而为之。"要从大处着眼，小处着手，积小德成大德。要防微杜渐。说不清是从哪年开始，教师节送礼成了一种社会风气，且有愈演愈烈之势。我们记忆中的贺卡、鲜花、问候等赋予了真性情的礼物难觅踪迹了，取而代之的是购物卡、信用卡、高档化妆品等数不胜数的"实用"物品。家长多怨言，社会多反响，真可谓：教师过节日，家长过"关"时。2010 年 8 月下旬，中国青年报社会调查中心进行的一项有 4083 人（其中 68.3% 是学生家长）参加的网络调查显示，61.7% 的人支持学校或教育主管部门出台规定，要求教师不能接受学生或家长的礼物。著名评论人士曹景行教授还指出：不妨暂时取消教师节，待今后此类情况得到扭转，时机合适时再恢复为妥。2014 年 7 月，教育部颁布了关于印发《严禁教师违规收受学生及家长礼品礼金等行为的规定》的通知，要求对教师违规收受学生及家长礼品礼金等不正之风予以坚决纠正。

拓展阅读 2-1

教育部关于印发《严禁教师违规收受学生及 家长礼品礼金等行为的规定》的通知①

教监〔2014〕4 号

当前，有些学校存在着教师违规收受学生及家长礼品礼金等不正之风，人民群众对此反映强烈。问题虽然发生在少数学校、教师身上，但严重损害人民教师形象，危害不可小视，必须坚决纠正。为进一步加强师德师风建设，努力办好人民满意教育，现将《严禁教师违规收受学生及家长礼品礼金等行为的规定》印发给你们，请认真贯彻执行。

---

① http://www.moe.gov.cn/publicfiles/business/htmlfiles/moe/s3144/201407/171513.html

严禁教师违规收受学生及家长礼品礼金等行为的规定

为纠正教师利用职务便利违规收受学生及家长礼品礼金等不正之风,特作如下规定:

一、严禁以任何方式索要或接受学生及家长赠送的礼品礼金、有价证券和支付凭证等财物。

二、严禁参加由学生及家长安排的可能影响考试、考核评价的宴请。

三、严禁参加由学生及家长安排支付费用的旅游、健身休闲等娱乐活动。

四、严禁让学生及家长支付或报销应由教师个人或亲属承担的费用。

五、严禁通过向学生推销图书、报刊、生活用品、社会保险等商业服务获取回扣。

六、严禁利用职务之便谋取不正当利益的其他行为。

要严格要求自己,就必须虚心听取别人意见,特别是听取学生的意见,不断发现和克服自己的缺点和不足。要严格要求自己,就必须努力学习。向先进同志学习,学习其他教师的先进之处。教学相长,还应向学生学习。向书本学习,学习马克思主义的立场、观点和方法,并运用其探索做人的道理。在改革开放的进程中,作为教师,这一点尤为重要。教师通过学习和探索,使自己具有更高的觉悟,能够成为学生的榜样。

2. 坚持以身作则,身教重于言教

要坚持以身作则,就是要教师以自身的行为对学生起榜样示范作用。人们常说,榜样的力量是无穷的。教师的榜样示范作用,是教育的一种方法,是不能不用的方法,是不想用也在用的方法,是培养学生成长的重要途径。教育实践证明,如教师善于以身作则,用自己的好思想、好品格、好作风为学生树立学习的榜样,就能对学生产生巨大的积极影响。如教师不能以身作则,则又会对学生产生巨大的消极影响。

要坚持身教重于言教,就必然要求教师把身教置于特别重要的地位。无声的身教胜于有声的言教,这是人类社会长期教育实践得出的结论。叶圣陶先生说过,"教育工作者的全部工作,就是为人师表"。并告诫教师"身教最可贵,行知不可分"。学生从教师的行为举止中可以直接获得实实在在的感受,获得对言教的印证,从而增加教育的说服力和感染力,增强教育的效果。案例2-3中的示范课堂,作为听课者,教师与学生的目的和任务是不同的,但与学生同坐教室听课,听课教师就是课堂的一分子,也应该遵守课堂纪律。由于听课老师的"不拘小节",直接影响了示范课的课堂氛围,让学生"出戏"。同时,听课教师的行为会给学生以很强的人格示范性,其言行就是学生的一部生动教材。因此,听课教师来不得半点特殊,应该比学生更遵守课堂纪律。

课堂中的不和谐"音符"①

这是一节小学语文校本教研课。教师在动情地朗诵《春》,春天的气息在课堂中悠悠流动,一双双痴迷的眼睛在明媚的春光里沉醉,一颗颗激情的心在空中飞翔……这时,一位听课教师的手机响了起来,打破了"春天"的美妙与和谐,学生们从聆听中转过头,充满惊讶、无奈和抱怨,授课老师则只有苦笑。这节课中,不仅手机响了多次,而且还有听课老师当众接听电话。课堂中手机响、接听手机,无疑影响了学生的学习,违反了课堂纪律规定,甚至可以说是教学事故。此外,听课老师还有其他"不雅"行为:学生合作探究时,一些听课老师趁机开小会、讲话;一些听课老师在课堂中抽烟、嚼口香糖;一些听课老师穿着拖鞋进教室,坐姿不文雅……

案例 2 - 3

3. 坚持言行一致,表里如一

言行一致、表里如一,是一种正派的作风,是一种美德。教师要通过自己的人格去感动学生。教师只有言行一致、表里如一,才能对学生产生潜移默化的良好影响,产生积极的作用。如果教师言行不一,表里不一,说一套做一套,当面一套,背后又是一套,只会给学生树立反面的榜样,结果必然是其身虽存其教已废。

4. 坚持以身立教,德识统一

教师的社会角色要求教师必须坚持以身立教,德识统一,教师既要教书,又要育人,两者不可偏废。著名教育家徐特立先生指出,教师应是"人师与经师的合一"。一方面,教师应以德高为人师表,教师教学生做人做事,首先自己应会做人做事,教师教学生为人之道,首先自己应行为人之道。另一方面,教师既要以善教去育人之魂,又要以真才实学去传授知识,传授真理。苏霍姆林斯基说过,每一个孩子就其天性来说都是诗人,但是,要让他心里的诗的琴弦响起来,就要打开他的创作的泉源,就必须教给他观察和发觉各种事物和现象之间的众多的关系。为此,教师就应有坚实的基础知识、精深的专业知识和广博的边缘学科知识,教师还应懂得教育规律,具有良好的教学方法和技能。为此,教师就必须刻苦钻研业务,严谨治学,不教给学生伪科学,不误人子弟。而这些又向学生展示了教师认真负责的工作态度和严谨治学的品格,使教师成为学生学习的榜样。从这个意义上说,教书本身就是育人。遵循为人师表原则,不仅表现在非教学方面,也表现在教学方面,表现在教学过程之中。

三、依法从教原则

(一) 道德和法的关系

道德和法两者之间的关系是非常复杂的。一方面,道德和法有着诸多方面的不同。一般说,两者产生的时期不同,道德产生比法产生早得多;两者社会作用的特点不同,道

---

① 黄佑生:《教师听课要注意的几个细节》,《湖南教育》,2009 年第 1 期(上)。

德是依靠社会舆论、人们的信念、习惯、传统和教育的力量来发挥作用的,而法则是由国家制定并由国家强制执行的,两者同为行为规范,但法具有更强的刚性度;两者作用的范围不同,比较而言,法律具有明确性,法律所干涉的范围有着明确的、具体的规定,而道德具有模糊性,道德对社会生活的一切领域、一切方面人们的关系都起着或多或少、或强或弱的调节作用。

另一方面,作为社会意识形态,道德和法两者又有着极为密切的关系。首先,两者遵循的根本原则同一。道德和法都是人们的行为规范,调节着人与人之间、个人与社会之间的关系。两者都以一定的社会经济关系为基础,并服务于一定的社会经济基础,两者遵循着相同的根本原则。其次,两者在作用上相辅相成。一定的道德要以一定的法律为后盾加以维持,在现实生活中,没有(国家的或非国家的)强制性手段的支持,道德行为的普遍养成和有效维持是不可能的。在某类或某种道德规范形成的初期,或道德体系迅速变动的时期,法律或其他强制性手段的支持特别重要,在原始社会,虽无国家的强制力,却有氏族组织的强制力。而法律的贯彻执行需要公民们普遍具有较高的道德素质,法律干涉范围之外的关系需要有道德来调节。法律和道德相辅相成,构成调节人们之间关系的行为规范体系。第三,两者在多方面大量交叉重合。道德具有抽象模糊性,但抽象中有具体,模糊中有清晰;法律具有具体清晰性,但具体中有抽象,清晰中有模糊。社会道德体系是多层次的统一,一般说,法律是社会规范的最低要求,底线道德往往和法律重合,职业道德和法律规范的重合具有普遍性。法律规范调节的领域,同时也是道德规范调节的领域,两者是包含与被包含的关系。在现代社会,法律规范调节作用的领域正迅速扩大,日趋广泛。第四,两者在一定条件下相互转化。为了强化某些规范的调节作用,国家可以通过一定的程序将道德规范确定为法律规范,而在某些法律规范长期作用下,人们形成了一种道德习惯,成为一种道德传统、道德规范。作为调节人们关系的行为规范,道德的存在具有永恒性,而法律则是和国家一起产生的,并存的,比较而言,具有短暂性,在一定意义上说,法或法律是道德发展到一定阶段而产生的特殊形式。职业道德既具有道德规范的一般特点,又具有与法律规范相同或相似的特点。职业道德具有规范的具体明确性,具有作用过程中一定的权力强制性和较强的利益制约性。职业道德是法律和道德两者的结合点,是法律和道德两者同一性的集中表现。依法治教、依法从教,对于教师来说,既是法律要求、法律义务,又是道德要求、道德义务。

(二) 依法从教原则的确立依据

1. 坚持依法从教是依法治国原则在教育领域贯彻的要求

依法治国是党领导人民治理国家的基本方略。依法治国,就是广大人民群众在党的领导下依照宪法和法律规定,通过各种途径和形式管理国家事务,管理经济文化事业,管理社会事务,保证国家各项工作都依法进行。依法治国是发展社会主义市场经济的客观需要,是社会主义民主制度的基本保证,是社会主义文明的重要标志,是维护社会稳定,构建和谐社会,国家长治久安的重要保证。教育既是国家的文化事业,又对其他国家事务、社会事务,及各项事业的发展具有极大的影响。依法治教、依法从教既是依法治国基本方略在教育领域中的贯彻,又是落实依法治国基本方略的必要保障。一方面,依法治国包含着依法治教,对于教师来说,就要依法从教,依法从教是依法治国的题中之意,是依法治国方略在教育教学过程中的展开。另一方面,依法治国要通过人来贯彻,只有依法治教、依法从教才能保证具有较高知法、懂法、守法和执法素质公民的培养。依法治教、依法从教是依法治国的必然要求。

2. 坚持依法从教是教书育人、为人师表、教育公正和教育人道主义等原则和规范的重要内容和贯彻保证

教育的任务是培养人才,在现代社会,人才应具有一定的法律知识,应具有较强的法治观念,应能自觉地遵纪守法;教师要为人师表,要做遵纪守法的榜样;教育公正要靠依法治教、依法从教来维护,法律公正是教育公正的操作基准之一,以法律法规为准绳是教育公正原则贯彻的基本保证;教育人道主义强调对学生人权的尊重和维护,首先是要保证对宪法和法律所赋予学生的权利的尊重和维护。

3. 依法从教是正确处理教师与教师、教师与学校、教师与家长特别是教师与学生等各方面社会关系的要求

在教育教学活动过程中,教师既要处理好师生之间的关系,教师之间的关系,教师与学校管理部门或其他部门工作人员之间的关系,教师与学生家长之间的关系,又要处理好教师与其他相关人员的关系。教师不仅要处理好直接教育教学过程中的各种人际关系,也要处理好与教育教学活动有间接联系的复杂多样的人际关系。要处理好这些关系,一定要依法办事,特别是在涉及对学生问题的处理时,任何处理方式,任何处理手段都必须在法律允许的范围内。随着科学技术的进步,社会生产力水平的提高,经济社会的全面发展,特别是伴随着经济和政治体制改革而来的整个社会的急速变化,人们所面临的社会关系日益复杂多样,人们的道德价值观念也日趋复杂多样,价值标准多样化、多层次化。教育领域也是这样。因此,按照传统的标准,运用传统的方式,采取传统的手段不仅很难处理好各种关系,而且,稍有不慎就会导致矛盾的激化,甚至酿出严重的后果。

4. 依法从教具有极为重要的现实意义

第一,依法从教是完善社会主义市场经济的需要。市场经济的运行要规范有序,要有法律的保障。这不仅要制定较为完善的和市场经济相适应的法律体系,还需要有各市场主体对法律法规的较为普遍的自觉遵守。不论是培养专业法律人才,还是培养具有较高法律素质的非法律专业人才,教育教学活动都起着重要的作用。第二,依法从教是构建和谐社会,促进经济社会全面发展的需要。和谐社会必然是规范有序的社会,需要有法律的保障。现实社会是一个多元社会,社会阶层在增加,在变动,不同阶层之间存在着复杂的利益矛盾和利益冲突。现实社会中的每个人,都有其各自的特殊利益,往往具有多重角色,不同的角色具有不同的行为准则。不同人之间有利益冲突,同一个人的行为中也会有角色冲突。这些矛盾的缓和或解决单靠一般意义上的道德协调是不行的,还要借助于法律的规范。这就要求学校,特别是高校在法律的制定,法律人才的培养,学生法律素质的普遍提高和法律知识的宣传方面作出更大的贡献,发挥更大的作用。第三,依法从教在转型期具有特别重要的意义。我国社会正处在一个转型时期。新型的社会应是法治社会,应当具有较为健全的合理的法律体系,公民们(包括官员、商人和一般居民)应当普遍具有较高的法律素质,但我国具有长期的人治传统,现代法治

氛围比较淡薄,因此教育部门、教师负有特别重要的普法的责任。教育本身也处在转型期,教育观念和教育管理制度正在发生巨大的变革,依法从教既是变革的重要内容,又是变革稳定有序进行的保证。教师应探索依法治教、依法从教的途径,积极推动这一进程。

(三) 贯彻依法从教原则的要求

1. 教师要做遵规守法的模范,为学生作出好的榜样

作为一个公民,教师在各个场合,都必须把自己的行为约束在宪法和法律、法规限定的范围内。一方面,教师享有法律赋予的权利,应积极地维护自己的权利。另一方面,教师又必须履行应尽的法律义务。教师在处理或协调各方面关系时必须遵守法律法规。当某些问题的处理,面临着不同价值判断,不同道德标准的矛盾时,教师必须以法律法规为问题的处理标准。教师与学生之间、教师与教师之间、教师与教育管理人员之间、教师与教辅人员之间、教师与学生家长之间、教师与学校其他人员之间、教师与社会各个方面人士之间,都可能发生一些矛盾,对矛盾如何解决往往各持己见,在这种情况下,如果不以法律法规为共同的标准,矛盾是无法解决的。教师应在教育教学过程中,在社会生活中,用自己的行为影响学生。作为一名教师,必须严格遵守《中华人民共和国教师法》中要求的"遵守宪法、法律和职业道德,为人师表"、"贯彻国家的教育方针,遵守规章制度,执行学校的教学计划,履行教师聘约,完成教育教学工作任务"。

2. 教师应当尊重和维护宪法、教育法、义务教育法、高等教育法以及其他相关法律所赋予学生的各项权利

教师特别要注意维护学生受教育的权利,以及教育教学过程中所涉及的各项权利。教师应当"不断提高思想政治觉悟和教育教学业务水平",以保证学生能获得较好的教育,贯彻国家的教育方针,完成教育教学工作任务。教师要"关心、爱护全体学生,尊重学生人格,促进学生在品德、智力、体质等方面全面发展"。当前,要特别注意在学生管理过程中对学生权利的尊重和维护。一方面,要改变在长期家长制社会传统中形成的狭隘的师道尊严观念,特别是要改变那种要求学生对教师绝对服从的意识。要尊重学生的人格,特别要尊重学生的隐私。管理的目的不是简单地防止出纰漏,不是只要不出问题就行;管理的目的是为了保障和促进学生的健康成长和全面发展,不能对学生个人的行为选择作出违反法律法规的束缚。另一方面,管理学生又是教师的法律义务。教师必须"制止有害于学生的行为或者其他侵犯学生合法权益的行为,批评和抵制有害于学生健康成长的现象"。对学生的管理决不能放松,更不能放弃,而应是坚持和改进或改善。教师应从(社会的、学校的、学生的和自己的)实际出发,从理论上或实践上对学生管理工作作较为深入地探索。旧的观念是和旧的管理体制、管理方式、管理手段结合在一起的。作为管理者,教师要转变管理观念,要适应新的管理体制,要运用新的管理方式和手段。新观念、新体制、新方式和新手段正处在探索和形成的过程之中,教师要以积极的态度投入到这个过程中去,这是教师应尽的义务。

3. 教师要积极参与法治社会建设

建立法治社会,要有公正的、便于操作的法律法规,要有配套的、健全的法律法规体系。作为教师,必须关注社会现实问题,深入分析其原因,探寻解决问题的方法,探讨法

律手段的合理运用,积极参与法律法规的制定和修改。我国是一个缺乏法治传统的社会,面临着繁重的立法任务。在社会急速转型的过程中,原有法律法规体系已不适应新的社会条件,需要大量修改,由于社会关系发生了巨大的变化,更需要有新的法律法规来加以调节,如没有较为健全的和现实社会关系相适应的法律法规体系,改革的深化和社会各项事业的全面发展就会受到严重阻碍。这些,都要求教师的积极参与。

四、教育人道主义原则

(一)教育人道主义是现代教育的重要特征

长期以来,教育界存在着一个人道主义问题的禁区,也是一个误区。时至今日,仍有一些思想顾虑,还有一些僵化思想。在理论上,对教育人道主义还存在诸多争论,在教育教学实践过程中,还较为普遍地存在着违背,甚至严重违背教育人道主义的行为。我们应对教育人道主义问题予以高度关注。要坚持或贯彻教育人道主义,首先要澄清关于教育人道主义的种种不恰当的认识。

把教育人道主义当作资本主义的专有物,这是在教育人道主义问题上长期存在的错误的观念。教育人道主义最初兴起于文艺复兴时期,是人文主义者对中世纪教育的反抗和变革。维多利诺、拉伯雷、伊拉斯莫斯、莫尔等人文主义者以人性反对神性,揭露封建教育的罪恶,实践人文主义的教育理想,重视发展人的智慧和才能,追求个性解放,形成了最初的教育人道主义形态。夸美纽斯在《大教学论》中,比较系统地表达了人文主义者的教育信念。18 世纪,启蒙思想家们对封建教育发起了彻底的挑战,是教育人道主义的第二大发展形态。卢梭强烈谴责"为了不可靠的将来而牺牲现在"的教育,称其为"野蛮的教育",它使得儿童"欢乐的岁月是在哭泣、惩罚、恐吓和奴役中度过的"[1]。卢梭要求凸现儿童的真实生活,还儿童以自由,实施自然教育,即"在教育方法上要排除人为的、专横的压制和灌输,强调自主、自发的学习生活"[2]。裴斯泰洛齐把全部精力和爱心都献给孤儿院的孩子,教育他们成人,他说:"我自己生活得像乞丐,为的是教乞丐们生活得像一个人。"[3]裴斯泰洛齐为教育人道主义建立了一座精神丰碑! 19 世纪末、20 世纪前期,欧洲出现了"新学校"运动、美国出现了"进步教育"运动,它们都突出了学生的主体地位,强调教育内部的民主,重视儿童的真实生活,丰富了教育人道主义思想。国际新教育协会 1942 年提出了一个"儿童宪章",主张所有儿童都拥有基本的和最低程度的权利。[4] 这是对教育人道主义的具体化,有重大意义。二战之后,一方面,西方以人权为核心来实施教育人道主义原则,另一方面又发展了"人本主义"教育思想,强调开发人的潜能,提高人的价值,丰富人的精神世界,等等。可以说,在整个资本主义教育发展史上,都有教育人道主义思想传统。但是,把教育人道主义归属于资本主义教育,却是错误的,是歪曲历史。作为"教育领域的社会主义者",欧文"从人道主义的立场出发,

---

① [法]卢梭著,李平沤译:《爱弥儿》(上),人民教育出版社,1985 年,第 66 页。
② 梅根・悟:《西洋教育史》,转引自日本筑波大学教育学研究会编,钟启泉译:《现代教育学基础》,上海教育出版社,1986 年,第 29 页。
③ 滕大春主编:《外国近代教育史》,人民教育出版社,1989 年,第 136 页。
④ 王天一等编著:《外国教育史》(下),北京师范大学出版社,1985 年,第 171 页。

对改善工场的劳动条件以及工人及其子女的教育,倾注了异常的热情,并取得了辉煌的成果"①。马克思、恩格斯谴责资本主义教育"对绝大多数人来说不过是把人训练成机器罢了"②,饱含着对人的深切关切! 在苏联,马卡连柯、苏霍姆林斯基、"合作教育学"都提出了深刻的教育人道主义思想,并较为成功地实践了这一理想。在我国,斯霞的"母爱教育"生动地体现了教育人道主义精神。近几年,"愉快教育"在我国迅速兴起并推广,它强调还儿童以快乐的童年,让每个儿童全面发展,同样饱含着教育人道主义精神。这一切都是客观事实,不容篡改或抹杀。资本主义有教育人道主义,社会主义同样有教育人道主义。

在评价资本主义社会的教育人道主义思想和实践时,有这么一种僵化模式:在反封建的斗争中,教育人道主义具有先进性;在资本主义教育制度建立以后,教育人道主义是为资产阶级服务的、是虚伪和欺骗的、是反动的。前一部分结论,无疑有合理性,勿需多议。后一部分结论,则过于简单化了。在资本主义教育制度建立以后,有些教育人道主义的主张,的确具有模糊阶级性和虚伪的一面。但是,它还有积极的、进步的方面。它们是对资本主义教育中不人道的地方加以批判和变革的力量,有利于维护包括劳动人民子女在内的所有受教育者的利益。例如,1942 年,国际新教育协会提出了"儿童宪章",内容包括五种基本权利,其中涉及儿童人格神圣不可侵犯、国家应关心儿童的衣食住、儿童平等就学机会等内容。③ 这些主张都是反动落后的吗?恐怕不能这么说。它代表了儿童的一些要求,内含着对儿童的关怀。再比如,出于教育人道主义的思想,西方提出了两条重要的教育科研伦理规则——无恶行原则和保护隐私原则。无恶行原则主张在教育科研活动中不能有意伤害他人,保护隐私原则要求在科研活动中应保护个人的资料秘密、保护身体免遭侵扰、免遭监视、对私人财产保密。④ 这两条原则,并不是欺骗和虚假的条款,而是对被保护者具有积极意义的条款。不具体分析教育人道主义的针对性和内涵,全盘否定西方教育人道主义的积极意义,这种观点站不住脚。我们体会,在资本主义教育中,同样有先进因素和落后因素的斗争,正是这种斗争使得资本主义教育也在不断调整和完善。西方教育人道主义往往是资本主义教育中先进因素的代表,是变革不合理现实的行动。资本主义的教育人道主义以其阶级的形式表达了现代教育的某些普遍性要求:尊重人权、提高人的价值。这一要求源于现代社会的本质特征:在物的依赖性基础上的人的独立性。正是这一社会根据,使得现代教育中教育人道主义长久不衰。

社会主义的教育人道主义和资本主义的教育人道主义虽有阶级区别,但它们都体现了现代社会人的独立性的追求。教育人道主义,乃是现代教育的重要特征,即现代教育区别于维护人的依赖关系的封建教育的标志之一。不讲人道主义的教育即不尊重人权、不提高人的价值的教育,是封建教育,是维护人的依赖关系的。在现代社会,不讲人

---

① 梅根·悟:《西洋教育史》,转引自日本筑波大学教育学研究会编,钟启泉译:《现代教育学基础》,上海教育出版社,1986 年,第 31 页。

② 《马克思恩格斯选集》(第 1 卷),人民出版社,1972 年,第 268 页。

③ 王天一等编著:《外国教育史》(下),北京师范大学出版社,1985 年,第 171 页。

④ J. M. Rich: *Professional Ethics in Education*, Charles C Thomas Publisher, Illinois, U. S. A, 1984, P81 – 86.

道主义的教育是真正落后的、有害的，是恶的教育！

　　在讨论教育人道主义时，人们还有一种顾忌，提倡教育人道主义是否是反对马克思主义，在教育领域搞资产阶级自由化？很多同志不敢正面谈教育人道主义，症结实在此处。前面已经澄清了"教育人道主义是资本主义专有物"、"教育人道主义是反动落后的"这两种错误认识，事实上已对问题做了一定的回答。下面讨论教育人道主义与马克思主义教育学说的关系问题，将进一步清理批判那种把教育人道主义和马克思主义教育学说对立起来的僵化思想。

　　人道主义有资本主义人道主义和社会主义人道主义两大类型。资本主义人道主义经历了不同的发展阶段，有不同形态，但具有一些共同性的东西：以人性论为理论基础，以自由、平等、博爱为基本原则，以个人主义为核心。[①] 社会主义人道主义或无产阶级人道主义则从社会发展客观规律出发，主张消灭剥削、消灭私有制，促进一切社会成员自由发展，即马克思、恩格斯宣称的："代替那存在着阶级和阶级对立的资产阶级旧社会的，将是这样一个联合体，在那里，每个人的自由发展是一切人的自由发展的条件。"[②]马克思主义反对资本主义人道主义从人出发来说明历史和从抽象人性论来讨论人的解放，但并不一般地反对人道主义，并不否认人道主义所追求的人的解放的理想。马克思主义主张无产阶级人道主义，是对资本主义人道主义的超越，即从社会客观规律、从社会实践（变革）来讨论人的解放，追求、实践全体社会成员的自由发展（克服资本主义人道主义的阶级性）。那种把人道主义和马克思主义对立起来的观点，既没有看到人道主义有资本主义人道主义和社会主义人道主义的区分，又没有看到马克思主义对资本主义人道主义是超越而不是简单否定，更否定了无产阶级人道主义是马克思主义的重要方面，因而是错误的。有一种辩护说：我们主张的是社会主义、共产主义而不是人道主义，提倡人道主义会抹杀社会主义和资本主义的界线。这似乎无可争议。但更加无可争议的是：不重视人，不能使人日益自由、充分、全面发展的社会，绝不是社会主义。正如反对只让资本家富有而劳动者贫穷是对的，但更值得思考的是：贫穷绝不是社会主义。这道理是一样的。社会主义应该高于人道主义而绝不能连人道主义标准还达不到。

　　教育人道主义是人道主义精神在教育中的运用和体现，它强调教育要尊重人的发展需要，要合乎人性，要维护人的权利，提高人的价值。马克思主义主张个人全面发展的教育理想，即劳动者体力和智力和谐发展，个人充分自由独特的发展，包含了深刻的教育人道主义情怀。马克思主义教育学说超越教育人道主义之处在于，它认识到不仅要变革教育，而且要变革制约教育的社会条件，只有这样才能真正促进个人全面发展，弘扬人的价值。单就教育本身而言，教育人道主义是实现个人全面发展的积极探索，是可资借鉴的。在社会主义社会里，人们积极变革社会现实，使个人全面发展的社会条件日益完善，这时，为了促进个人全面发展正常实现，就必须实践社会主义的教育人道主义，变革教育中落后的消极的方面，使教育合乎人性、增强人的价值、维护人的尊严、促

① 魏英敏著：《伦理、道德问题再认识》，北京大学出版社，1990 年，第 118 页。
② 《马克思恩格斯选集》（第 1 卷），人民出版社，1972 年，第 273 页。

进人的身心健康发展。社会主义的教育人道主义,是个人全面发展内含的要求。我们应大力提倡社会主义的教育人道主义,并批判地学习资本主义教育人道主义的成果,为个人全面发展创造良好的教育条件。

综上所述,我们认为:教育人道主义是现代教育的重要特征,是关系着教育善恶好坏的重要领域。因此,必须高度重视教育人道主义问题。

(二) 教育人道主义原则的基本内容

我国教育伦理学研究者明确地提出了教育人道主义原则。认为"教育人道主义原则是社会主义人道主义原则的具体化和职业化,它是调整教育过程中各种人际关系的道德原则"[①],"是一切教育者以及教育过程的参与者应当奉行的道德标准与要求"[②]。这是令人鼓舞的,它冲击了谈人色变的思想禁区,纠正了过去那种连人道主义都不要的观念。但是,这个教育人道主义原则还只是一条教育中的人际交往原则,而不是关于整个教育的伦理规范,这是不够的。教育的整体性质制约着教育中的人际交往的性质。不讲整体教育的人道化而追求教育中人际交往的人道化,乃是无法落实的空想。只有在教育总体上进行人道主义的追求和约束,教育才能真正成为人的世界,成为人的绿洲。我们认为,不仅要为教育中的人际关系确立人道主义原则,而且要为教育的整体及其各个方面(价值观、内容、活动过程等)确立人道主义原则。教育人道主义是对整个教育的约束,是教育崇善的具体原则之一。把教育人道主义原则作为对教育提出的一个整体要求,将有利于从根本着眼、从大处着眼去解决教育的重大善恶问题。

教育人道主义原则有着丰富的内涵。在社会主义初级阶段,这一原则的主要内容有两个方面:一是尊重人权的精神,二是个人全面发展的价值取向。

1. 现代教育应体现尊重人权的精神

人权原则是资产阶级革命的产物。18世纪的启蒙运动,"以人性论为基础,以自然法为根据,以天赋权利为中心,把自由、平等看作是人的价值之所在,把追求个人的利益和财富看作是幸福"[③]。启蒙运动提出的"天赋人权"观念,在美国《独立宣言》(1776年)和法国《人和公民权利宣言》(1789年)中得到了集中的表达。这是资产阶级古典人权观。自20世纪20年代以后特别是第二次世界大战以来,人权得到大多数国家、地区的公认,形成了现代人权观。[④] 有的学者认为:"现代人权观,主要是指以马克思主义为指导的科学社会主义人权观作为主流,与现代国际人权约法、宣言等文献中那些进步人权观相结合,而形成的反映现时代特点、并为大多数国家和人民所接受的人权理论、原则之总和。"[⑤]现代人权涉及人身权利、人格权利、经济权利、社会权利、文化权利、政治权利等各种基本权利,较近代人权更为丰富和深化。

人权原则的确立对现代教育产生了重要影响。"欧美的自由民主主义……倡导自由、平等、博爱的理念,重视人格的尊严,贯穿着珍视个人价值的尊重人的精神。这种尊

① 施修华等主编:《教育伦理学》,上海科学普及出版社,1989年,第77页。
② 李春秋主编:《教育伦理学概论》,北京师范大学出版社,1993年,第153页。
③ 胡乔木:《关于人道主义和异化问题》,载《关于人道主义和异化问题论文集》,人民出版社,1984年,第4页。
④ 宋惠昌著:《现代人权论》,人民出版社,1993年,第51—55页。
⑤ 同上书,第53页。

重人的精神也是近代教育的基调。教育机会均等的理念,不受外力干扰的教育自由的观念,教育方法的个性化原则的主张等等,都是这种精神的具体体现。"①随着现代人权观的形成和广泛传播,人权观念正成为人们解决教育问题的一个重要原则。D·范登伯格说:"人的自由、平等和博爱的权利……在解决教育问题时,为教育提供了一个道德生活的前提。"②教育应体现尊重人权的精神,是现代教育的基本信念之一。

教育尊重人权的具体要求有哪些呢?这在当前是应着重弄清楚的问题。我们的体会,一是保障受教育者的教育权利;二是教育要尊重和保护一般的人权。

在现代社会,教育已被看作是个人不可剥夺的基本权利之一。什么是个人的教育权呢?由塔罗主编的《人权与教育》一书在把教育作为一种人权来讨论时,涉及以下方面:

（1）入学与机会均等的权利;

（2）在教育中免遭歧视的权利;

（3）有关特殊资赋(天才与残疾)的教育权利;

（4）文化学习权利;

（5）为多元文化发展而教育的权利;

（6）为就业和流动而教育的权利;

（7）终身教育的权利;

（8）政治教育的权利;

（9）家长与学生及教师的权利。③

这些项目,除第二项和最后一项外,都属于教育权。国内有学者研究认为,各国对受教育权利的规定,可以归结为两个方面六个层次:义务教育方面的就学权利平等、教育条件平等、教育效果平等;义务教育以上的各级各类教育方面的扩大就学范围、竞争机会均等、成功机会均等。④ 日本筑波大学的松岛钧在其主编的《现代教育学基础》中认为:"教育权本身意味着'受教育之权利'。它超越了均等地享受提供的教育机会的权利,还包括对教育内容与方法的发言权、教育管理的参与权等等。"⑤比较各家观点,我们可以发现:教育权这一概念有着不断丰富的内涵,是多方面、多层次的。在社会主义初级阶段,人民的教育权得到了法律的确认。《中华人民共和国教育法》规定:"中华人民共和国公民有受教育的权利和义务","受教育者在入学、升学、就业等方面依法享有平等权利"⑥。这是教育尊重人的教育权的法律基础。在教育权中,接受义务教育的权利又是最基本的。是否让每个适龄儿童接受基本的义务教育,乃教育合法还是违法、善还是恶的重大问题。在义务教育之上,应尽可能地为人们创造受教育的机会,维护和满足人们的教育需要,这也是教育尊重人的教育权的不可缺少的内容。

---

① [日]筑波大学教育学研究会编,钟启泉译:《现代教育学基础》,上海教育出版社,1986年,第9—10页。
② 瞿葆奎主编:《教育学文集·教育与教育学》,人民教育出版社,1993年,第514页。
③ N. B. Tarrow ed.. *Human Rights and Education*. "Part one". Pergamon Books Ltd, 1987.
④ 劳凯声著:《教育法论》,江苏教育出版社,1993年,第105—113页。
⑤ [日]筑波大学教育学研究会编,钟启泉译:《现代教育学基础》,上海教育出版社,1986年,第53页。
⑥ 《中华人民共和国教育法》,载《人民日报》,1995年3月22日。

拓展阅读
2-2

精英主义还是大众主义?①

　　这是教育的公平与效率问题的另一个基本矛盾,即所谓"普及与提高"的关系。新中国教育在发展之初即面临这样的困难选择:既要迅速普及教育,扩大人民群众受教育的机会,又要为实现工业化和国防建设培养急需的专门人才。我国采取了优先发展高等教育、层层设置中小学重点学校,为高校输送"尖子"的做法,选择了精英主义的发展路线。事实上,战后发展中国家的教育大多采取了这种高重心的发展战略,优先培养高级专门人才。

　　这种突出重点、培养尖子、为升学服务的精英主义路线,导致我国的基础教育具有高度的竞争性、淘汰性,学科知识的难度和深度成为"世界之最",其后果是在筛选出一小批"尖子"之时,造就了大量教育的"失败者",即所谓的"差生"以及辍学流失的学生。如今,低下的国民素质已经成为社会现代化最大的制约因素,这是我们这一选择付出的沉重代价。

　　美国在建国之初也曾经遇到过这一问题。贺拉斯·曼认为,估量科学或文化造福于一个社会,不应过多地着眼于这个社会拥有少数掌握高深知识的人,而在于广大人民掌握足够的知识。他推动了 19 世纪初美国的公立学校运动。2004 年,哈佛大学校长 L·H·萨默斯表达了同样的意见。他说:"在一个精英主义的时代,惠灵顿公爵曾经有句名言:决定胜败的战场在伊顿公学的操场上。今天,决定美国未来成败的战场,就在美国的公立学校。"

　　教育体现尊重人权的精神的另一个含义是教育尊重和保护师生的一般权利。现代人权观确认每个人都有生存、发展的多种权利,诸如人身权利、人格权利、政治权利、经济权利等。在教育中,师生的一般人权也得到法律保证。教育是否尊重和保护师生的一般人权,是教育文明与否的重要标志。教育尊重和保护教育者的一般人权,随着人权得到法律的确认,在原则上已得到认同。至于对学生的一般人权的尊重,进展相对较慢。卢梭早就指出了传统教育"对孩子们只讲他们的责任,而从来不谈他们的权利"②的弊端;但 20 世纪,蒙台梭利"跟踪历史的进程……找不到表明承认儿童权利,或直觉认识儿童重要性的突出事实",她呼吁:"为儿童建设世界,并承认儿童的社会权利。"③只有到了 20 世纪,儿童的权利才得到广泛的承认。陶行知十分关心儿童的人权问题,强调:"我们应该承认儿童的人权……我们要解决儿童痛苦、增进儿童福利,首先要尊重儿童的人权。"④第 14 届联大通过的《儿童权利宣言》(1959 年)可以视为一个新的里程碑,它规定了儿童的各种权利,包括游戏、娱乐的权利,强调儿童应享有特别保护。《中华人民共和国教育法》规定:受教育者享有"对学校、教师侵犯其人身权、财产权等合法

① 杨东平著:《中国教育公平的理想与现实》,北京大学出版社,2006 年,第 21—22 页。
② [法]卢梭著,李平沤译:《爱弥儿》(上),人民教育出版社,1985 年,第 96 页。
③ 华东师范大学教育系、杭州大学教育系编译:《现代西方资产阶级教育思想流派论著选》,人民教育出版社,1980 年,第 85、87 页。
④ 中央教育科学研究所编:《陶行知教育文选》,教育科学出版社,1981 年,第 311 页。

权益,提出申诉或依法提起诉讼"的权利①。这就从法律上确立了在教育中学生人权不容侵犯的原则。教育崇善要求教育把法律规范内化为道德约束,真正把学生作为有独立人格的人来对待,尊重、保护学生的一般人权。是否承认学生的人权,是教育是否人道的关键。尊重和保护学生的人权,是教育人道主义原则的重要内容。确认这一内容,对于克服现实中种种忽视、践踏学生人权的教育现象有积极意义。在我国教育界,学生人权的观念还相当淡薄,我们在教育管理、教育教学中很少考虑到学生的人权问题,这是经常发生侵犯学生人权的丑恶现象的思想根源。在新的历史时期里,教育界提出了学生是主体的观点,这是一大进步;但是,仍局限于学生是认识活动的主体这一层次,没有确认学生是享有各种权利的主体。事实上,不承认学生的种种权利,就没有真正的主体。这正是造成人们天天说学生是主体,学生却又没有主动权这一悖论的原因之一。只有承认学生的权利(人权),才有对学生主体的尊重,教育才会真正符合人道主义原则。

2. 现代教育应努力促进个人全面发展

除应体现尊重人权(教育权、一般人权)的精神外,教育人道主义原则的另一现实内容是教育应坚持个人全面发展的价值取向,努力促进个人全面发展。教育人道主义的各种探索,多突出个人、个性的全面发展。这有必然性和进步性。现代人的发展,虽有依赖物的一面,但有了独立性、主体性。现代教育提高人的价值、促进人的解放,主要是提高人的主体性和独立性,凸现个人发展。

使受教育者德智体全面发展,是我们一贯的教育方针。但是,在工作上,常常把全面发展教育简单化、片面化,以至于和个人全面发展背道而驰。把个人并入整体、虚假的集体中,是简单化、片面化的一种形式。只讲集体、整体,忽视个体、个性,以整体利益取代个人利益、个人需要;在整体中,个人只是工具、部件,没有意志、没有思想、没有独立性;把整体和个体相对立,个体依附于整体,个体绝对服从于整体。这种整体并不是集体,把个人并入整体也不是集体主义!集体是个人、个性的联合体,集体主义是个人利益与集体利益的有机统一。真正的集体不仅不淹没人的个性,反而为个性的成长提供沃土;健康的集体、真正的集体不仅不反对个人的主体性,而且需要并提倡个人主体性的充分发挥。那种以集体为名取消个人、个性的做法,不是坚持集体主义,恰恰是破坏集体主义!教育人道主义原则反对这种虚假的集体主义,主张真正的集体主义。也就是说,承认个人、个性的合理性、重要性,承认个人利益和个人发展的需要;反对把人作为简单的部件、工具来对待,主张个人是真正的主体、集体的主人。没有个人,就没有主体、没有个性,就没有人的全面发展、没有教育人道主义。

对个人全面发展的又一种简单化、片面化做法是搞"一刀切"、拉平补齐。其特点是把全面发展理解为每个学生都获得同样的发展,学生的各个方面都获得同样的发展。这样,全面发展就成了按统一的模子生产物品,活生生的人就被铸造成了呆板的无个性之物,教育的着眼点不再是因材施教、因势利导,而是这削一点、那填一块。这种片面化的认识和行动,以抽象的标准掩盖具体的个人,以平均主义消解个性的多样性,实乃以形式

---

① 《中华人民共和国教育法》,载《人民日报》1995 年 3 月 22 日。

的、抽象的、无差别的、所谓的全面发展取消实质的、具体的、生动的个人全面发展。"一刀切"不会带来每个人各具特点的全面发展,只会限制和阻碍人的生动活泼的个性的全面发展。教育人道主义原则反对这种"一刀切"式的全面发展,主张在人人具有基本素质的前提下,个人选择自己的发展道路,发挥个人的兴趣特长,走多样化的个性发展之路。

此外,割裂人的发展的整体性,也是把个人全面发展简单化、片面化的一个重要的表现。《学会生存》批评说:"目前教育青年人的方式,对于青年人的训练,人们接收的大量信息——这一切都有助于人格的分裂。为了训练的目的,一个人的理智认识方面已经被分割得支离破碎。而其他的方面不是被遗忘,就是被忽视;不是被还原到一种胚胎状态,就是随它在无政府状态下发展。"①这种割裂人的发展的整体性的情况在我国仍然存在。为了强调教育为经济服务,便把人训练成具有某种技能的劳动力,忽视人的一般道德、文化修养;片面强调抽象概括和逻辑思维训练,忽视人的亲身经验、直觉思维、形象思维的培养;片面追求科学知识的掌握和智力的发展,漠视人的情感、体验、感悟、人格和个性发展;把世界还原为互不联络的各门学科,以分科的教育割裂科学的整体性、世界的统一性;把科学和实际生活割裂开来,教育脱离社会,脱离学生生活等。这种种割裂人的发展的整体性的教育,都不是个人全面发展的教育。肢解了的人不是真实的人! 把人肢解,乃机械主义、还原主义的典型弊端,它只见树木,不见森林。这种肢解式的教育,以牺牲人的整体发展为代价换取局部的功效,是和教育人道主义的全面发展追求相矛盾的。教育人道主义主张人的整体教育,发展人的完整的个性。

总之,现代教育应追求并努力促进个人全面发展,这是教育人道主义原则的一个重要现实要求。它认定,那些否定个人和个性的教育,肢解人的整体发展的教育是丑恶的;而注重个人发展、个性发展、整体发展的教育是善的。它要求现代教育尊重个人发展的内在需要和客观规律,尊重人的个性和自主性,尊重人的整体性和真实性,从而生动、活泼、有效地满足个人身心发展的整体要求,促进个人全面提高素质,形成完整的个性。

(三) 教育人道主义确立的客观依据

1. 教育人道主义是社会主义人道主义在教育领域、教育过程中的贯彻

社会主义人道主义要求尊重每个人,关心每个人,当然要求在教育领域,在教育过程中,人们也互相尊重、互相关心。从逻辑上说,社会主义人道主义是调节社会主义社会人与人之间关系的一条基本道德原则,是社会主义人道主义原则的一般,教育人道主义是调节教育领域、教育过程中人与人之间关系的一条基本道德原则,是人道主义原则在教育领域、教育过程中的特殊。坚持教育人道主义原则是社会主义人道主义原则在教育领域、教育过程中的贯彻、表现和具体化。

2. 教育人道主义是处理教育活动过程中特殊人际关系的要求

在教育活动的过程中,作为教育主体的教师处于主导者的地位,在教师和学生的关系中,在教师和其他教育活动参与者的关系中,仅以一般的道德原则和道德规范来加以调节还不够,还必须加上适合教师特殊角色身份的一些道德规范。教育人道主义原则

---

① 联合国教科文组织国际教育发展委员会编著,华东师范大学比较教育研究所译:《学会生存——教育世界的今天和明天》,职工教育出版社,1989 年,第 211 页。

就是教师完成教育任务,实现教育目标必须遵守的职业道德原则。从教育实践看,一方面,作为知识、技能与道德品质的传播者、灌输者,在教育教学过程中,教师对于学生来说往往是居高临下的;另一方面,在调节教育过程中的人际关系时,教师必须高度尊重学生的人格,教师对学生必须有强烈的平等意识。教育人道主义作为一种道德原则与道德规范,就是人道主义要求与这种教育过程特殊要求的结合。

在教育活动中,教师与学生之间的关系是最重要的一种人际关系。如果教师运用教育人道主义原则来调节师生关系,就能对学生的人格与行为产生积极的影响,就可以促进师生关系的健康发展,就可以促进学生之间关系的健康发展,为完成教育任务,实现教育目标提供人际关系保证。教师在教育活动过程中遵循教育人道主义原则可以促进学生人道主义品质的养成。培养学生的社会主义人道主义品质既是学校教育的重要任务,又是整个社会道德建设的重要任务。在教育活动中,教师还必须处理好与其他教育参与者的关系。只有运用教育人道主义原则来调节才能处理好这些方面的关系,从而保证教育任务的完成和教育目标的实现。

3. 教育人道主义在教师职业道德体系中居于特殊地位

教育人道主义渗透于教育活动过程的一切道德规范中,具有广泛的约束力和普遍的导向性。教师在教育教学过程中要遵循教书育人原则,就要向学生传播社会主义人道主义思想,培养学生社会主义人道主义品格。教师在教育教学过程中要遵循以身作则原则,用自己的好思想、好品格、好作风影响学生,这就包括用社会主义人道主义思想,社会主义人道主义品格去影响学生。社会主义人道主义品格影响着教师的作风,社会主义人道主义品格通过多种作风体现出来。教师在教育教学过程中要遵循教育公正原则,坚持真理、办事公道、一视同仁、尊重学生,这些都包含着社会主义人道主义的要求,是教师人道主义品格的表现,只有遵循教育人道主义原则,才能切实做到教育公正。教育人道主义要求尊重学生的权利,促进学生的全面发展。尊重学生的各项权利,是教育教学实践过程中学生主体地位的保证,有利于学生个性的展开,有利于创造性人才的培养,使教育教学活动更能适应或满足经济社会发展对人才的需要。教师对学生权利的尊重和维护,有利于校园和谐,有利于社会和谐,有利于学生和谐人格的养成,维护或提高学生身心和谐的程度,有利于学生的心理健康,保证学生的健康成长。同时,也有利于教师自己的身心和谐,维护教师自己的身心健康。教师职业道德规范作为一个庞大的体系,内容极为丰富,可无论是调节师生关系的规范,调节教师与教师之间关系的规范,调节教学过程和科研过程中人们关系的规范,还是调节社会服务过程中人们关系的规范,都渗透着教育人道主义要求。教育人道主义在教师职业道德体系中居于特别重要的地位,应当把教育人道主义确立为教师职业道德的一条基本原则。

(四) 贯彻教育人道主义原则的要求

1. 尊重学生

教育人道主义是所有教育工作者(包括教育部门的各级管理人员)必须共同遵守的基本道德原则,这里只分析教育人道主义原则对教师的要求。

遵循教育人道主义原则。马斯洛认为,人的归属需要一旦得到满足,他就会产生自我尊重和被他人尊重的需要。教师要尊重学生,把学生视为与自己在人格上完全平等并具有自身的个性特征的人来对待。不能因为学生在某些方面与自己差距较大而轻视他们,忽略其价值。教师对学生的尊重和理解要建立在平等的基础之上,没有平等也就没有尊重和理解。一般来说,相对于教师,学生的年龄较小,知识水平较低,生活阅历较少,但教师和学生在人格上是平等的,求知者和施教者没有高低贵贱之分,做人的权利是平等的。但在现实生活中,许多教师不能平等对待学生,常常是不管学生的感觉如何,不管学生是对是错,一不高兴就训斥、讽刺学生,结果使许多学生对教师敬而远之,师生关系出现障碍,为教育教学活动增加了困难,降低了教育教学的效果和质量。因此,在教育活动过程中居于优势地位的教师不论是在课堂教学过程中,还是在管理工作中都应尊重学生,不要动辄训斥学生、讽刺学生,不要歧视学生。要注意尊重成绩差的同学,应对他们多加鼓励,热情地帮助他们提高学习成绩。对那些缺点较多,组织纪律性较差,不尊重教师的学生,既要严格管理,加强教育,又要尊重他们的人格。教师不仅自己要尊重学生,还要教育学生相互尊重。同样的对学生的奖励措施,案例 2-4 中的老师采取了和案例 2-5 中的老师不同的肢体语言,在学生眼中折射了对待学生的不同尊重程度,收到的激励效果也是不同的。

案例 2-4

亲手为孩子别上"友谊星"①

"哇,你真会帮助人,老师奖励你一颗'友谊星'。"甲老师右掌平伸,邀请这位小朋友到讲台前,她蹲下来亲手为孩子别上了一个"友谊星"的标志。被请到的那位小朋友小胸脯挺得高高的,激动的神情写满了小脸。

案例 2-5

远远地将蝴蝶卡片飞过去②

"接下来我们就来做一个抢答游戏,答对的同学奖一只台湾蝴蝶。"乙老师在执教《祖国的宝岛台湾》一课时,设计了若干个抢答题,让学生更好地了解台湾地区丰富的物产。课堂上,乙老师一手拿话筒,一手拿着蝴蝶标本,在学生答对之后,腾不出手,只好单手将奖品递给学生。也许是因为时间紧迫,当坐在后排的一位孩子答对题目之后,老师只好远远地将蝴蝶卡片飞了过去,结果蝴蝶卡片掉在了地上……乙老师简单地道了个歉,接着马不停蹄地报下一个题目。而那个得到卡片的孩子,则在捡起卡片之后,随手将卡片塞进了抽屉。

理解学生是尊重学生的要求和表现。教师应努力去理解学生。每个人都需要别人的理解,学生们都希望教师能理解他们。理解学生要求教师多和学生交流,增加教师与

---

① 陈红霞:《关注细节,凸显教师的"品德味"》,《小学教学研究》,2008 年第 10 期。
② 同上注。

学生间的相互了解,加深教师与学生的感情沟通。理解学生还要求教师懂得心理学、教育学,把握学生心理活动的规律,按学生的心理活动规律调整自己的教育方法。教师尊重学生,最基本的就是要尊重学生的合法权益,并尽力去维护学生的合法权益,每个学生在其家庭生活、学习活动和社会生活中都有自己的合法权益,如享有受教育的权利,人身安全不受侵犯的权利,以及个人的财产权和隐私权等。在强调依法治国的今天,特别是大学生的法律意识、权利意识不断加强的情况下,尊重学生的合法权益显得特别重要。

2. 关心学生

遵循教育人道主义原则,教师要关心学生。美国国家教育学会主席内尔·诺丁斯在《学会关心:教育的另一种模式》中强调"关心和被关心是人类的基本需要"。教师要关心学生的各个方面,既要关心学生的学习,又要关心学生的物质生活和文化生活。教师要多和学生交流,以加强教师和学生间的相互了解、相互沟通。只有了解学生,才能采取有效的方法帮助学生,才能使学生在遇到困难时能及时得到帮助。教师要关心每一位学生,不能只关心一部分学生,不能只关心那些由于种种原因和自己关系密切的学生,而不关心其他学生。对那些在学习上、物质生活上、文体活动方面和人际关系方面有着特殊困难的学生应予以更多的关心。教师不仅自己要尊重学生,还要教育学生相互关心。

给教师的建议

苏霍姆林斯基提出:"任何一门学科的任何教学大纲只是包含一定范围和一定水平的知识,而没有包含活生生的儿童。不同的儿童要达到这个知识的水平和范围,所走的道路是各不相同的。有的孩子在一年级时就已经能够完全独立地读出和解出应用题,而另外一些孩子直到二年级末甚至三年级末才能做到这一点。教师应当善于确定:要通过怎样的途径,要经历什么样的经历和困难,才能引导儿童接近教学大纲所规定的水平,以及怎样才能在每一个学生的脑力劳动中具体地实现教学大纲的要求。"[①]

3. 同不尊重学生、不关心学生的思想和行为作斗争

遵循教育人道主义原则,教师对于不尊重、不关心学生的其他教师、其他教育活动参与者的思想和行为应予以指出、制止。对严重损害学生物质利益和精神利益,严重侮辱学生人格的行为要作坚决的斗争,以维护学生的尊严,维护学生合法的、正当的、应有的权益。有一个精辟的比喻:要像对待荷叶上的露珠一样,小心翼翼地保护学生幼小的心灵。晶莹透亮的露珠是美丽可爱的,但却十分脆弱,一不小心就会滚落破碎,不复存在。教师对自己有损学生人格、有损学生各方面正当权益的行为,一旦发现,应及时纠正。有些学生有意无意地侮辱了同学,侵犯了同学的正当权益,对这些学生,无意的要及时提醒,有意的要严肃处理,绝不姑息。应当指出,教师在同不尊

---

① ［苏］苏霍姆林斯基著,杜殿坤编译:《给教师的建议》,教育科学出版社,1984年,第2页。

重学生,侵犯学生正当权益的思想和行为作斗争时,要注意对有错误言行的学生、教师和教育活动参与者予以尊重和关心,要坚持实事求是,从实际出发,运用适宜的方式、方法和手段,通过适当的途径有效地解决问题。

于漪:为学生点亮心中明灯

68 年的从教生涯,于漪用"站上讲台就是生命在歌唱"的精神走出了自己的语文教学之路。"教文育人"、"德智融合"等主张在全国产生重大影响,被誉为"全国教书育人楷模"、"育人是一代师表,教改是一面旗帜"。开设公开课近 2000 节、培养三代特级教师、著述数百万字……如今已 90 岁高龄的上海市杨浦高级中学名誉校长、"人民教育家"于漪,依然以奋斗姿态站在教育改革和教师培养最前沿,践行着"让生命与使命同行"的铮铮誓言。

语文教育是工具性与人文性的统一

在她教过的学生中,有人在毕业十几年、几十年后,还能整段背出她当时在课堂上讲过的话、写在黑板上的板书;在她带教过的老师里,有人为了"抢"到前排座位听她上课,竟不惜专门配副眼镜,冒充近视眼……

于漪的语文课,就是有这样的魔力。"流利动听,如诗一般,没有废话,入耳入心。"于漪的学生、原上海闸北区第二中心小学校长葛起裕说。

在于漪看来,语文不仅是教孩子理解和运用语言文字,更是在建设他们的精神家园,塑造其灵魂。上世纪 90 年代初,于漪撰文《改革弊端,弘扬人文》,提出"工具性与人文性的统一是语文学科的基本特点",该观点写入后来的全国语文课程标准,深刻改变了语文教学的模式。

"每天早上走一刻钟的路,就在脑子里过电影,这堂课怎么讲,怎么开头,怎么铺展开来,怎样形成高潮,怎样结尾"——这是于漪对课堂教学的艺术追求;"怎样与学生共建一幢立意高远的精神大厦,启蒙学生独立思考、得体表达,成长为丰富有智慧的人"——这是于漪对语文教育的精神追求。

进入新世纪,于漪提出语文学科要"德智融合",即充分挖掘学科内在的育人价值,将其与知识传授能力的培养相融合,真正将立德树人落实到学科主渠道、课堂主阵地,加强教师的育德能力,获得全国教育界高度认可。

教师要为学生点亮心中明灯

到了耄耋之年,于漪研究起了周杰伦和《还珠格格》。因为她发现,孩子们都被他们"圈粉"了,而自己喜欢的一些比较资深的歌手却很难引起学生共鸣。有学生直言:"周杰伦的歌就是学不像,好就好在学不像。"

这让做了一辈子教师的于漪心头一震。"我们想的和学生想的距离有多大啊!"她认为,一名好老师,就要有能力走进学生的生活世界和心灵世界。"教育绝不能高高在上,一定要'目中有人'。"

走进学生的内心,是为了点亮一盏明灯。"教师的工作应该是'双重奏',不仅自己的人生要奏响中国特色教育的交响曲,还要引领学生走一条正确健康的人生路。""教育是滴灌生命之魂。老师教历史风云、天地人事,目的不是让孩子学会应对考试,而是唤醒他们的生命自觉,点亮生命之火。"于漪说。

在教学中，于漪注重激发学生的创造力，作为教师不是高高在上，而是与学生人格平等，鼓励他们质疑求新。在讲茅盾《白杨礼赞》时，一名女同学提出反对意见，认为白杨树不如楠木好，并用屠格涅夫的《猎人笔记》佐证说白杨树叶子硬得像金属，枝条也不美，只在夕阳西下的时候才给人一点美感。

于漪肯定这名同学课外阅读广泛、能够用具体的材料印证个人观点，同时告诉她："茅盾这篇散文是象征性的手法，客观的景是因主观的情而变化的，你学下去就知道了。"这样既保护学生的质疑精神，又带给他们新的认知期待。

后来，一名男同学也提出质疑，课文中说白杨树"伟岸，正直，朴质，严肃，也不缺乏温和"，他则认为"严肃"与"温和"两个反义词不能放在一起用，茅盾用词有"矛盾"。于漪随即援引《论语·述而》中的话，"子温而厉，威而不猛，恭而安"，由此表明，有些表述用在一个人身上似乎是矛盾的，但部分情况下又可以成为统一体。

"每个学生身上都有闪光点，我更愿意和学生保持一种亦师亦友的关系，尊重并激发他们的创造力，帮助他们实现精神的成长。"于漪说。

在新教师培训中，于漪多次引用英国小说《月亮与六便士》来阐明观点：首先心中要有月亮，也就是理想信念，去真正敬畏专业、尊重孩子，还要有学识，如此才能看透"六个便士"，看透物质的诱惑。"满地都是便士，作为教师，必须抬头看见月亮。"

走进学生的内心，还必须"一辈子学做教师"。"庸医杀人不用刀，教师教学出了错，就像庸医一样，是在误人子弟。"于漪告诉青年教师，最重要的是在实践中不断攀登，这种攀登不只是教育技巧，更是人生态度、情感世界。

"一身正气"站在教改最前沿

于漪家里有一本她专用的挂历，挂历上几乎每一个日子都画上了圈，不少格子里还不止一个圈。她用"来不及"形容自己的工作，因为还有太多事情值得她"较真"。

当教育功利化现象愈演愈烈，家长忙于带孩子参加各种各样的校外补习班，学校只盯着升学率的时候，她呼吁："教育不能只'育分'，更要教学生学会做人。要教在今天，想在明天。"社会上有一些超前学习的培训机构，于漪认为那赚的是家长的钱，害的是孩子的青春，不能出于跟风而盲目送孩子去培训。她说，对于小孩子来说，重要的是习惯的养成，包括专心、对事物保持好奇等，会影响一辈子。对于自己的下一代，她就主张孙女不补课。

当看到小学生写下"祝你成为富婆"、"祝你成为百万富翁"、"祝你成为总裁"这些"毕业赠言"时，于漪感到忧心。"'学生为谁而学、教师为谁而教'这个问题很少人追问，教育工作者应该在学生的学习动机和动力方面多下点功夫。"

"德育课程要直指学生的人心才有用，让他们真体会、真热爱、真正感到有价值，第一立场应当是学生。德育也要耐心等待，心灵的塑造从来不是立竿见影的，一点点的积累才能做到后来的豁然贯通。"

于漪还认为，中国教育必须有自己的话语权。她多次撰文说，任何国家的教育，特别是基础教育，必须传承本民族的优秀文化，弘扬民族精神，培养为本民族、本国建设服务的人才。眼光向内，不是排斥国外，而是立足于本国，以我为主。

（根据新华社吴振东、新民网董少校等报道综合整理）

本章小结

教师职业道德原则以最普遍的形式,反映了教师职业活动的特点对教师道德的特别要求,体现了社会主义道德原则对教师职业道德行为的一般的基本要求,在教师职业道德规范体系中居主导地位,对教师的职业活动具有普遍的指导性和严格的约束性。在现阶段社会主义教师职业道德实践活动中,基于以教育终极目的的实现——人的全面发展为核心、遵循教育劳动的特点和教学规律要求、为师生共同发展和培养建设有中国特色社会主义的人才服务三个层面要求,我们应特别强调教书育人原则、为人师表原则、依法从教原则和教育人道主义原则。让我们在教师职业道德原则指导下深入开展教育实践活动,不断提升自身职业道德素养。

关键术语

教师职业道德原则　教书育人原则　为人师表原则　依法从教原则　教育人道主义原则

讨论与探究

1. 怎样理解教师职业道德原则在教师职业道德体系中居于核心地位?
2. 教师职业道德原则确立的客观依据是什么?
3. 陶行知先生说过,"先生不应该专教书,他的责任是教人做人;学生不应该专读书,他的责任是学习人生之道"。叶圣陶先生指出,"学生应养成良好的习惯,认真做好每一件事情;教是为了不教;学校要教学生做人,学知识在做人的后头"。请探讨怎样在教育实践活动中贯彻教师职业道德教书育人原则。

进一步阅读的文献/网站

1. [苏]苏霍姆林斯基著,杜殿坤编译:《给教师的建议》,教育科学出版社,1984年。
2. 桑新民、陈建翔著:《教育哲学对话》,河北教育出版社,1999年。
3. 杨东平著:《中国教育公平的理想与现实》,北京大学出版社,2006年。
4. 林存华著:《教师行为的50个细节》,福建教育出版社,2011年。
5. 江兴代主编:《天使的翅膀——一百个精彩的班主任工作案例》,安徽教育出版社,2007年。
6. http://www.moe.edu.cn/。
7. 中国教育新闻网:http://www.jyb.cn/。

章前导语

　　教师职业道德范畴概括和反映了教师道德的主要特征，体现一定社会对教师职业道德的根本要求，是教育道德原则和规范发挥作用的必要条件。本章主要就教师职业道德的几个重要范畴——教育爱、教育良心、教育威信和教育公正作一阐述，它也是教师在职业活动中应当具有的教育德性之内核。

通过本章的学习,你能够

- 了解教育爱的内涵、特点及其在教育工作中的作用;
- 理解教育良心的内涵、特征和现实意义,以及形成机制;
- 掌握教育威信的内涵、特征和实践意义,以及形成条件和途径;
- 认识教育公正确立的前提、意义和作用,以及贯彻的要求。

本章内容导引

- 教育爱
  一、教育爱的内涵与特点
    (一)教育爱的内涵
    (二)教育爱的特点
  二、教育爱的作用
- 教育良心
  一、教育良心的内涵和特征
  二、教育良心的道德价值及现实意义
    (一)教育良心对教师的道德行为起着定向作用
    (二)教育良心能增强教师对教育事业的使命感
    (三)教育良心促进教师生命价值的自我实现
  三、教育良心的形成机制
- 教育威信
  一、教育威信的内涵
  二、教育威信对教育劳动所具有的意义
  三、教育威信形成的条件
    (一)教育威信形成的客观条件
    (二)教育威信形成的主观条件
  四、教育威信形成的途径
    (一)学校教育教学实践活动
    (二)日常师生交往
    (三)第一印象的建立
- 教育公正
  一、教育公正范畴的确立
  二、教育公正的意义和作用
  三、教育公正的贯彻
    (一)坚持真理,伸张正义
    (二)一视同仁,爱无差等
    (三)办事公道,赏罚分明

（四）因材施教,长善救失

章导言

一个学科的基本范畴是这一学科知识体系之网上的"纽结",对理解整个学科的逻辑结构和基本内容都有重要的方法论意义。根据这一认识,道德范畴既可以做广义的理解也可以作狭义的理解。广义的道德范畴包括道德原则、道德规范中所有的基本概念,也包括反映个体道德品质的基本概念,还包括道德评价、道德修养和道德教育等方面的基本概念。狭义的道德范畴则专指可以纳入道德规范体系并需要专门研究的基本概念。这里采用了从狭义的角度研究教师职业道德中的范畴,并择其重要者如教育爱、教育良心、教育威信和教育公正进行论述。

第一节　教　育　爱

教育爱作为一个重要的教育伦理范畴,一直是教育这个特殊的领域古老而永恒的话题。作为教育人际关系之应然状态的一种,爱首先表现为对他人存在价值的肯定,并以此为基础表现出的对爱的客体的关切、尊重、了解、珍视等积极的情感和能力,以期使爱的双方相谐相容。从这个意义来说,爱几乎是教育的同生词和同义语。古今中外许多教育家,都非常重视教师的这种情感和能力,并将其视之为教师最重要的美德之一。大教育家孔子就主张教师对学生要"仁爱",要"诲人不倦"。苏霍姆林斯基则把"爱孩子"看作是一个教师最重要的品德。他说:"要成为孩子的真正教育者,就要把自己的心奉献给他们。"[①]而凯兴斯坦纳也明确指出:爱是教师最基本的素质,"凡是不能为爱他的人活着的人,就根本不可能成为真正的教育者"[②]。他们都强调教育活动中爱的重要性,并将其视为教师职业不可或缺的道德要求。

一、教育爱的内涵与特点

夏丏尊先生在《爱的教育》一书的译者序言中曾指出:"学校教育到了现在,真是空虚极了,单从外形的制度上、方法上、走马灯似的更变迎合,而于教育的生命的某物,从未闻有人培养顾及。好像掘池,有人说四方形好,有人说圆形好,朝三暮四改个不休,而于池的所以为池的要素的水,反无人注意。教育上的水是什么,就是情,就是爱。教育没有了情爱,就成了无水的池,任你四方形也罢,圆形也罢,总逃不了一个空虚。"[③]苏霍姆林斯基也把教师对学生的爱视为"教育的奥秘"。认为教师如果不爱学生,那么教育从一开始就已经失败了。爱是教育的出发点,是教育的灵魂,是教育的生命所在。失去了爱的教育,就失去了教育的生命,就是"无水之池",教育也就堕落为一种机械的训练和控

---

① [苏]苏霍姆林斯基著,唐其慈、毕淑芝、赵玮译:《把整个心灵献给孩子》,天津人民出版社,1981年,第9页。
② [德]凯兴斯坦纳著,郑惠卿译:《凯兴斯坦纳教育论著选》,人民教育出版社,1993年,第135页。
③ [意]亚米契斯著,夏丏尊译:《爱的教育》,译林出版社,1998年,译者序言第1页。

制,并最终导致"无人"的教育。教育也就失去了灵魂,成为一种空虚的教育、失败的教育。

(一) 教育爱的内涵

教育要有爱,教育是爱的教育,爱是教育的内在本质的规定性。对于什么是教育爱,虽然不同的学者有不同的理解,但基本上可以从两个方面来进行概括:一种是广义上的理解,认为"教育爱是指充分认识到教育存在的重大意义和价值后整个社会对教育的推崇和重视,包括精神上的支持和物质上的投入,实质是爱教育"①。广义上的教育爱其爱的主体多元,既包括教育者,也包括非教育者,对象泛指整个教育事业。另一种是狭义上的教育爱,其主体主要为教育者,是教育者"基于对职业的理解,为实现职业理想和道德,在教育实践中产生的一种超越血缘关系的爱,它是以受教育群体为对象,在教育过程中表现出来的一种高尚的道德境界、执着的敬业精神,富于人道的教育艺术和对自我职业行为充分肯定的价值取向"②,简言之,教育爱就是教师对学生的爱,这是广义上教育爱的最重要的组成部分,"是教师热爱教育事业的最直接最集中的表现"③。这种爱是在教育这个特殊的领域中,促进教师和学生相互结合的积极的情感和能力,目的是"通过自己的积极努力,使教育的内在价值和外在价值均得以实现,从而提高他人和社会的幸福"④。这种爱,在斯普郎格看来,是"当教师必不可少的,甚至几乎是最重要的品质"⑤。教师只有植根于这种爱的土壤,把自己最真诚的爱献给教育,献给学生,才能实现教师这个崇高职业的价值。

教师对学生的爱是教育活动有效开展的前提。教师和学生是教育活动中最活跃的一对主体,教育爱不仅是教师对教育事业充满敬重和忠诚的特殊象征,而且是激励学生智力及其情感发展的重要条件,直接关系到教育工作的成败。因此,尽管教育爱的内容非常丰富,但教育爱的核心内容是教师对学生的爱。著名教育家苏霍姆林斯基有句名言:"学校是人们之间心灵相互接触的世界。"罗素指出:"凡是教师缺乏爱的地方,无论品格或其智慧都不能充分地或自由地发展。"⑥在一定意义上,爱是教育获得成功最有力的手段。一个教师基于自身的角色关心、爱护学生,使学生被教师尊重和信任的心理需求得到满足,学生就会产生积极的情绪体验,从而转化为一种奋发向上的动力。由于学生心理的不成熟,天然具有"向师性",因此对来自教师对他们的关注、尊重和爱护感受尤为强烈,也格外珍惜。当然,教师对学生的爱不是一种自然情感,而是一种凝结着责任和期待的理性之爱。它不是一味地宠爱,更不是溺爱和纵容放任学生,而是与对学生的严格要求和耐心细致结合在一起的。只有对学生既真诚关心,同时又严格要求的教育爱,才能收到良好的教育效果。这是教师献身教育的决心及其情感的外显,也是推动个体不断进取和焕发热情的不竭动力,它似清冽的甘露在心灵深处流淌,浇灌着教育这片神圣而充满希望的园地。

---

① 樊浩、田海平等著:《教育伦理》,南京大学出版社,2000年,第136页。

② 颜建军:《教育爱的失落》,《天津师范大学学报》(基础教育版),2004年第3期。

③ 樊浩、田海平等著:《教育伦理》,南京大学出版社,2000年,第137页。

④ 同上书,第136页。

⑤ 邹进著:《现代德国文化教育学》,山西教育出版社,1992年,第73页。

⑥ [英]罗素著,杨汉麟译:《教育与美好生活》,河北人民出版社,2001年,第104页。

归结起来说,教育爱是从教师热爱学生这一基本的行为准则中引申出来的一个教育伦理概念,是指教师在教育过程中表现出来的促进教师与学生相互结合的积极的情感和能力,也就是我们通常所说的师爱。由教育爱所折射出的师爱源于教育者的责任和义务,是一种充满责任的、理性的、普遍的、持久而高尚的爱。

(二) 教育爱的特点

与其他人与人之间的爱相比,教育爱存在于教育这个特殊的领域之中,存在于教师和学生这种特殊的人际关系之中,因而具有特殊的内在规定性。

1. 教育爱是教师对学生主动的、无私的亲和

教育作为人类社会的普遍性活动,历来为人们所关注。我们常把教育理解为"教,上所施、下所效也","育,养子使做善也",[1]也就是"上对下、成人对儿童的一种影响,目的是使儿童成善,手段是模仿"[2]。教育是培养人、塑造人、发展人的活动。而教师就是这种活动的最基本的也是最重要的承担者,是"人类社会文化科学发展中承前启后的中介和纽带,是对受教育者的心灵施加特定影响为其职责的人"[3]。教师的这种特定角色,必然决定了教师在教育活动中是学生的积极主动的"引导者",也就决定了教师在教育爱中处于积极、主动的一方,也就是说教育爱是教师"给予"学生的爱,是"给"不是"得",是主动的爱、无私的爱。教育爱不同于一般人的以个人为基础的"私爱",它是教师以崇高的教育理想为指导,从高度的教育责任感出发,对全体学生全身心的关怀和热爱,它同时意味着教师应当无私地对待每一位学生。之所以强调教育爱中教师的主动性,是因为在教育实践领域中,还存在着很多教师在爱中扮演"被动的"角色,将教师的爱沦为"有条件的爱":如有的学生先要努力"讨好"老师、听老师的话,博得老师的欢心,才能得到来自教师的爱;或者教师往往把更多的关注倾注在学业优良的学生身上,而对其他学生或"视而不见",或忽略不管。教育爱作为教师道德的重要表现,不应以个人的好恶,来对学生做爱的取舍。教育爱是一种无私的利他之心。在这个问题上,美国心理学家、教育家罗杰斯也认为教育爱必须保证对学生的无私性。认为只有无私的爱,才能对儿童人格的形成产生十分重要的影响;只有无私的爱,儿童"关怀的需要和自尊的需要就不会同集体评价过程相矛盾,个体就会不断获得心理上的调节,成为完善的人"[4]。

2. 教育爱是一种社会爱、理智爱

根据近代情感主义心理学的观点,爱"产生于需求,是对需求的一种主观反映"[5]。根据人类需求的不同。爱基本上包括两种类型:一是与人的生物性需要相联系而产生的本能的自然情感,即自然爱,主要是主体基于生物性本能而产生的与他人的结合的情感和意愿,主要有两性间的情爱,以及母爱等。这种爱与意识和理性无关,是人无须做出理性思考的、"下意识"的行为,是无须做出伦理努力的自然的需求和表现,如母亲对

---

① 许慎:《说文解字》,转引自叶澜著:《教育概论》,人民教育出版社,1991年,第3页。
② 叶澜著:《教育概论》,人民教育出版社,1991年,第3页。
③ 叶澜等著:《教师角色与教师发展新探》,教育科学出版社,2001年,第32页。
④ 转引自檀传宝著:《教师伦理学专题——教师职业道德范畴研究》,北京师范大学出版社,2000年,第102页。
⑤ 朱小蔓、梅仲荪著:《儿童情感发展与教育》,江苏教育出版社,1998年,第12页。

孩子的关怀通常是自然的、是非伦理的,不能用道德或不道德加以评价。[①] 两性间的爱即爱情也是如此,如张三之所以爱李四而不爱他人,同样不能用道德或非道德进行评价和探源;另外一种是与人的社会性需求相联系产生的社会的爱,如友爱、博爱等。如果说情爱和母爱主要植根于人的自然属性,那么友爱、博爱等则植根于人的社会属性。人是社会性动物,在其生产和生活过程中,总要和其他人发生各种各样的联系。伦理爱就是基于人的这种社会性联系而产生的相互亲和的情感。社会爱事实上是一种非本能的爱,它使自己同家庭(爱人、子女)之外的人和团体联系在一起,是一种自觉性的亲和、是出于对爱的双方之间关系的一种应然判断的"我应当的爱"的爱。因此,与自然爱的非意识性起源相比,社会爱是一种理性的、出于"责任"的爱,是为人者必须负责完成的任务,这也是人之为社会性个体的根本,是我们每一个生活在社会关系中的人对工作、群体和社会应尽义务的自觉状态,具有道德的意义。所以社会爱作为一种积极的道德情感和能力,其实就是一种出于责任的、理智的爱。

显然,教育爱是一种在学校这种特定环境中形成与发展起来的与人的社会性需要相联系的崇高情感,是人类特有的一种深沉、持久、无私的理智之情、责任之爱。教师对学生的这种深厚的情感,不仅仅是出自个人的思想,也是出自社会的需要、教育的需要、是一种包含着深刻社会内容和社会意义的情感。因此,教育爱"是一种无私又崇高的事业爱、理想爱、奉献爱,它凝结着教师对理想的憧憬、对真善美的追求,对自身价值的尊重"[②]。这种爱是稳固的、深厚的,是与教师所肩负的社会责任和事业使命紧密相联的。是教师在充分认识到教育存在的重大意义和价值后对学生本身所怀有的一种深厚、真挚的感情,这种爱具有高度的自觉性、坚定性、持久性和稳定性,是一种事业之爱,是充满社会责任感的爱。

教育爱的理智性首先表现在教育爱更强调被爱者的感受,也就是说教育爱虽是以教师为出发点,但却根植于学生。教育爱是一种被学生认同的爱,教育爱不是教师以一己之热情就能够到达学生心灵的情感。教育爱是不是一种真正的爱,需要学生来评价。因此,教育爱的前提是教师要尊重学生、了解学生、关心学生。假如爱中没有尊重和平等,那么爱就有可能蜕变为支配和占有。尊重和平等是指让学生按其自身的性格意愿和发展规律去成长,而不是按照教师的意志行事,不是为了满足教师的主观愿望。教育爱必须含有尊重和平等的观念。教师对学生的尊重,就是尊重学生的感情和人格,维护学生的自尊。教师对学生必须平等对待,外在的强制性的爱只会使学生产生抗拒心理,只有发自内心的真诚的、平等的、尊重的爱,才能感化学生的心灵。学生也是一个具有独立人格的完整个体,他们有自己的思维方法、生活方式、价值观念、是非好恶的标准,教师不能用自己的想法来"塑造"、"推导"学生的心理和价值观念。相反,教师应该进入到学生的角色中去,"以己之心,推己及人",把对方的情感转化为自身的心灵体验。教师对学生理解,就是与学生心心相印,息息相通,懂得学生的所思所想,所好所求,所做所为。只有这样,才能够针对学生的特点,进行有的放矢的教育。没有理解的爱往往是

① 肖巍著:《女性主义关怀伦理学》,北京出版社,1999 年,第 137 页。
② 朱小蔓、梅仲荪著:《儿童情感发展与教育》,江苏教育出版社,1998 年,第 400 页。

盲目的,而盲目的爱常常无效而有害。

教育爱的理智性还表现在教育爱的结果上,教育爱不仅能够给学生带来幸福,教师在施爱的过程中,也会感到巨大的满足和快乐,这种满足和快乐,也会成为教师教育工作的最强大的动力源之一。爱生之情会激发教育者的潜力和智慧,从而提升教育者的生命质量。一位教师写道:"当我走上讲台时,一种崇高、神圣的感觉,一种光荣、自豪的感觉就会油然而生。我爱讲台,因为讲台给了我一个机会,让我去铸造一个又一个稚嫩的、年轻的灵魂,使他们变得充实,变得成熟,变得伟大;而我,在铸造这些灵魂的同时,也变得充实、成熟、崇高、伟大。"[1]而作为教育爱的客体——学生同样会在教师的爱中得到充分的满足和快乐,并且被爱感染和激励。这种能促进双方幸福和提升的爱,是一种积极的能力,是在保持双方个体自由和完整性基础上的结合,是对爱的双方的一种积极的促进。而不是对被爱者的占有、统治、主宰,或将被爱者沦为一种功利的手段。萨特在《存在与虚无》一书中也认为在教育领域中存在对儿童的剥夺和占有的现象。他说:"教育把孩子当作工具来看待……企图用强力使孩子折服于他没有接受的价值……是在强迫他……是一种对自由的一次践踏。"[2]教师的教育爱中,也不乏这种"以爱的名义"对儿童生命的完整性进行剥夺的现象。高斯泰(Goldstein)在《爱的教育》中也认为,爱这个词背后隐藏着一种危险,这种危险有可能引起强权的侵犯,而这种侵犯会直接导致儿童沦为成人的附庸。因此,教育爱要警醒爱的"尺度",要保持爱的理性、确保爱是对儿童的积极的情感和能力。

二、教育爱的作用

教育爱是开展教育工作的最重要的条件之一,它直接关系到学生的培养和整个教育事业的利益。实践证明,教师热爱学生既是做好教育工作的必要前提,又是取得良好教育成果的重要保证,也是促进受教育者全面发展的重要精神因素。就教育爱对促进学生的发展而言,主要具有以下三个方面的作用:

1. 教育爱是促进儿童身心健康发展的重要力量

心理学研究表明,每个人生活在这个世界上都有被关心、被爱护、被信任、被尊重的需要,这些需要一旦被满足,人就会产生积极的情绪,从而转化为催人奋进的内部动力。对于正处于成长期的儿童来说,成人的爱尤其具有非常重要的意义。医生和精神病学家早就认识到爱会对一个人的身心产生重大影响。蒙太古说:"把一个杀人犯、一个不可救药的刑事犯、一个行为不良的青少年、一个精神变态者或一个冷血的家伙弄到我这里来,在几乎每一种情况里,我都能让你看到童年没有得到适当的爱所造成的悲剧。"[3]而美国一家监狱提供的一份详细的分析报告中也指出,"85%的刑事犯,是因其对于爱的基本需要和个人尊严的感情没有得到满足而导致犯罪的"[4]。事实证明,从小生活在爱的环境中的孩子,大多有健康的个性品质,如活泼、开朗、积极向上等。而那些从小因

① 朱小蔓、梅仲荪著:《儿童情感发展与教育》,江苏教育出版社,1998年,第374页。
② [法]萨特著,陈宣良译:《存在与虚无》,生活·读书·新知三联书店,1987年,第527页。
③ 李跃儿著:《谁拿走了孩子的幸福》,中国电影出版社,2003年,第28页。
④ 同上注。

为各种原因得不到爱的孩子,往往会在其个性上形成某些不良特征,如孤僻、冷漠、粗暴等。在一个家庭中,孩子一般得到正常的父爱母爱,进入学校以后,教师成为他们生活中最重要的人之一,孩子们很自然地把他们与父母交往中产生的各种思想感情、期望、与"爱的需求"转移到自己的教师身上,希望教师能像母亲那样爱护他们、关心他们,渴望能在充满爱心和愉快的环境中成长。教师就成了他们成长的重要影响源。因此,对来自教师的接纳、认同、关注、尊重、爱护等感受强烈,也分外珍惜。教师的每一个关注的眼神、每一份赞许和肯定,即使是微笑的一瞬、鼓励的点头、轻轻的抚摸,在他们眼里都是"爱"的表达,都会使他们感到是来自教师的关心和喜爱,内心就会受到鼓舞,感到充实和愉快,良好的师生关系就越能够迅速地确立起来并得到健康发展,这种爱的情感交流,是学生成长的催化剂,它可以有力地把学生吸引到教育中来,激发学生进行自我教育,推动学生朝着培养目标前进。因此教师对学生的爱能满足学生爱的需求,并成为学生身心健康发展不可缺少的因素。

2. 教育爱是学生接受教育的心理前提

学生是祖国的未来,热爱学生就是热爱教育事业的具体体现。教师只有对学生有爱心,才能精心地去培育学生,教好学生。如果教师对待学生积极热情,关怀备至,充满爱心,学生也会有相应的被爱、被关怀的感受和理解,就会亲近教师,教育效果就会很理想。反之,教师对待学生消极冷漠,不闻不问,学生也会以相应的态度对待教师,疏远教师,这样,就很难取得预期的教育效果。所以,在与学生交往中,教师须以浓厚的感情、诚挚的热爱与学生结成良好的师生友谊,这是教育教学任务得以顺利完成的重要保证。只有学生认为教师的感情是出于真正的关怀和爱护时,他们才会对教师产生接纳、信任、肯定、认同等积极的态度。相反,学生就会产生抵触情绪和行动上的抗拒。可见,教师对学生真诚的爱是赢得学生信任的基础,是学生接受教育的前提。

3. 教育爱是一种积极的教育手段

教育爱不仅仅是要满足儿童对爱的需求,教育爱还有一个非常重要的目的,就是培养学生爱的情感、增强他们爱的能力。李镇西老师曾说:"我们对学生充满真挚的情感,无疑会使学生亲近我们并乐意接受我们的教育,但仅止于此还远远不够。爱的教育,最终目的应该是使学生在感受到老师无私的爱后,再把这种爱自觉地传播给周围的人,进而爱我们的社会,爱我们的民族,爱我们的国家。"[①]弗洛姆也认为:"爱,就是以自己的生命力去激发对方的生命力,以自己全身心的爱的能力去引发另一个人的爱的能力。"这就决定了教育爱的初衷必然是要塑出学生爱的能力来。教育爱所追求的目标就是希望以爱心交换爱心,以心灵赢得心灵。马克思曾完美地表述过:"我们假定人就是人,而人同世界的关系是一种合乎人性的关系,那么,你就只能用爱交换爱,用信任交换信任……如果你的爱没有引起对方的爱,也就是说,如果你的爱作为爱没有造就出爱,如果你作为爱者用自己的生命表现没有使自己成为被爱者,那么你的爱就是无力的,而这种爱就是不幸。"[②]教育爱一方面强调爱的付出,在教育交往中能形成充满爱心的特殊

---

① 李镇西著:《爱心与教育——素质教育手记》,四川少年儿童出版社,1998 年,第 62 页。
② 马克思著:《1844 年经济学哲学手稿》,人民出版社,1995 年,第 108—109 页。

的"情感场",吸引儿童自觉自愿地趋近和认同,产生"春风化雨"、"潜移默化"的情感教育功效;另一方面,教育爱要关注儿童爱的情感的生成,孕育爱心正是爱的教育的追求。而且这两个方面是相辅相成、辩证统一的。檀传宝教授从教师伦理的角度作了专门的论述。他说:"对学生而言,教师的仁慈意义重大。意义之一就是'动机作用',认为教师的仁慈会以积极的情感为中介影响教育对象,教师对学生的友善、亲近和期望,在促进学生的学习积极性和鼓励学生的道德生长等方面起着重要的作用;意义之二则是'榜样效应',认为只有教师的仁慈才能培养学生积极的人生态度,教师公正让学生学会公平,教师仁慈让学生学会友善,通过教师的仁慈,学生能够体验到伦理生活的全面技巧,形成积极的人生态度、对人的信任与关怀品质、对人的友善、慷慨和宽恕。"①教师的爱是"动机"、是"榜样",它能感悟、教化学生,教师对学生多一点爱意、多一分爱心,在学生心灵的深处就多一颗爱的种子。同样的,只要家长、教师以及社会公众用爱心去关心体贴青少年,启迪他们,让他们生活在一个充满爱的环境里,他们会慢慢地学会爱己、爱人,并逐渐形成关心他人、与人为善的习惯。

　　爱是人类生存的不竭动力,没有爱,人类便难以真正存在。教育作为一项神圣的事业、作为活生生的生命与生命之间的对话与交流,是最讲究真爱的。因此,教师要有一颗炽热的爱心,这种爱不仅仅是一种情感,也是一种理智、一种能力、一种艺术、一种境界。苏霍姆林斯基在《帕夫雷什中学》一书中说:"一个好教师意味着什么?首先意味着他热爱孩子!感到跟孩子交往是一种乐趣。相信每个孩子都能成为一个好人,善于跟他们交朋友,关心孩子的快乐和悲伤、了解学生的心灵。"教育爱是一种积极的社会性情感,与教师的理智、道德密切相关,更是教育人道主义的体现。教育是培养生命的事业,教育爱就是一种教育的"圣心",这颗心导引教育向善,这颗心力图使每个孩子都拥有幸福的人生。苏联著名教育家、心理学家赞科夫曾说:"当教师必不可少的、最主要的品质就是热爱学生。"在教育工作中,教师要始终牢记这一点,只有给予学生爱,让学生感受到爱、体会到被爱之乐,他们才会学着去爱别人、爱社会、爱国家。

案例 3-1

以人为本,付出师爱

　　以下是一个农村班主任老师的工作手记,她以自身的切身体会和经历告诉我们:在学生教育中,面对不同类型的"问题学生",需要教育者用心去分析去处理,它不仅需要教师的爱心、耐心与细心,更需要教师的创造力。

　　"从事班主任工作多年,使我感悟到:有时我们老师蹲一下身,弯一下腰,比100句说教好得多!我认为一切教育方法都来源于一点,那就是教师对学生的"爱"。作为教师,没有爱心,便没有教育。爱可以塑造美好的心灵,爱可以诱发美好的行为!爱可以播种美好的语言!如果教师可以在教育中给予学生人文关怀,心中充满爱,那么就能帮助学生形成良好的道德品质,养成良好的

---

① 檀传宝著:《教师伦理学专题——教师职业道德范畴研究》,北京师范大学出版社,2000 年,第 96—97 页。

行为习惯,进而使班级形成一种健康、美好的精神面貌。我想今后更应该做一个有心人,努力做好农村小学班级管理工作,培养更多的优秀人才。

我班有个学生叫张鑫。他平时上课无精打采,要么搞小动作,要么影响别人学习,提不起一点学习的兴趣;下课追逐打闹,喜欢动手动脚;作业不做,即使做了,也做不完整,书写相当潦草……每天不是科任老师就是学生向我告状。为了有针对性地做工作,我决定先让他认识自己的错误,树立做个受人喜欢的人的思想。于是我多次反复找他谈话。谈话中,我了解到他心里的想法、特殊的家境以及对老师的期待,在取得学生的充分信任后,我和这位学生竟然成了无话不谈的好朋友。后来,他无论在纪律上,还是在学习上,都有了明显的进步。当他有一点进步时,我就及时给予表扬,激励他。使他处处感到老师在关心他、爱护他。他也逐渐明确了学习目的,端正了学习态度。

期中考试时,他在一篇作文《阅读人生》中把他的阅读经历和对读书的热爱倾注其间,深深地震撼了我的心灵。我在评讲时非常有激情地朗诵了他的文章,我看到其他同学向他投去美慕的眼光,我看到了他虽低着头但激动得颤动的双肩。后来,我又把他的文章推荐给校刊发表,当他捧着印得非常漂亮的校刊时,我发现了他眼中闪现的自信的光芒。不久,元旦晚会上,他居然跟我提出报名的要求;不久,他居然提出了加入共青团的申请;不久,春节放假时他居然懂得自己打来电话向我问好……接到他的电话,只是简单的几句“春节快乐,新年好”却让我心里甜得到了底,比收到任何礼物还高兴,我分明看到了一个孩子的成长,一个“问题学生”走出“问题”的困扰。所以,我认为:爱,不仅要摆在心里,而且要落到细处,而善于走进学生的心灵世界就是其中重要的一环。

歌德有句名言:“教师如果征服了学生的心,其形象就如天空的星星一样在学生的心中发光。”后进生的转变,作为一个教师,都应“以人为本”,尊重每一位学生。教育是心灵的艺术。我们教育学生,首先要与学生之间建立一座心灵相通的爱心桥梁。对学生来说,师爱是重要的教育因素。因为优等生需要爱,中等生需要爱,后进生更需要爱。常言道:亲其师,信其道。学生一旦体会到师爱,就会自然地快乐地接受教师对他的教育,就会得到满足而产生积极的情绪。所以,要设法了解学生的一切,想法开启他们心灵的天窗,带着一颗真诚的心,走入学生中间,去询问,去了解,倾听学生的意见和心声,点燃他们心灵深处理想的火花,鼓励他们奋发向上。

第二节　教育良心

教育良心作为教育伦理的一个重要范畴,既是教师职业道德的灵魂,又是教师道德自律的最高实现形式。教育良心不仅是教育工作者应有的道德素养,对个体的成长起着积极的推动作用,而且是整个教育事业良性持续发展的潜在动力和内在机制。它对社会及未来的价值意义已超出其一般的功能。在现实生活中,教育良心主要指的是教师的职业良心和职业操守,是教师职业道德的守护神。可以说,教师职业之所以崇高无比,成为太阳底下最光辉的职业,就是因为有教育良心存在于教师内心。没有教育良心也就没有教育伦理,一个教师一旦缺失了教育良心,也就缺失了对教育至善的道德信念和道德追求。在当今的市场经济背景下,教育良心似乎存在一种缺失的危机,其外在的主要表现是:教育思想上的重智轻德,教育管理上的形式主义和主观主义,教育态度上的得过且过,教育方法上的简单粗暴,以及教育行为上的功利主义倾向等。提升教师的道德水平和道德境界,要求我们在新的历史条件下积极探求教育良心的内涵、道德价值及形成机制。

一、教育良心的内涵和特征

良心是人类特有的一种道德心理现象,是和义务、责任密切联系的道德范畴,也是义务内化后的自我升华。黑格尔说:"作为真实的东西,良心是希求自在自为的善和义务这种自我规定。"[①]美国《韦伯斯特大辞典》对良心的定义是:"良心即个人对正当与否的感知,是个人对自己行为、意图或品格的道德上好坏与否的认识,连同一种要正当地行动或做一个正当的人的责任感,这种责任感在做了坏事时常能引起自己有罪或悔恨的感情。"中国最早重视内心道德资源挖掘的先哲孔子,曾经提出观照良心的"仁"的思想。孟子曾以"四端"说来说明人的善良本性。即:"无恻隐之心,非人也;无羞恶之心,非人也;无辞让之心,非人也;无是非之心,非人也";"仁义礼智根于心"。也就是说一般人都应当具有起码的同情心、耻辱感及对人应有的尊重和对事理的理智判断能力等等。与西方相异的是,中国传统心性儒学对良心的理解有一种本体的意义,是有一种人可以在其中安身立命的本然实在意义。然而,在马克思主义看来,良心不过是社会的客观道德义务,经过道德规范从他律向自律的转化过程,而在道德主体的内心深处以自律准则的形式积淀下来的人的道德自制能力。这样,良心并非先验的情感或理性,而是义务的一种内化形式,所以良心是需要自觉要求并精心养护的。

一般良心在教育领域的特殊表现形式即是教育良心。所谓教育良心主要指的是教师个体在教育实践中,对社会向教师提出的道德义务的自觉意识,对履行教育职责的道德责任感的价值认同和情感体认,以及对自我行为进行道德判断、道德调控和道德评价的能力等。马克思指出"良心是由人的知识和全部生活方式来决定的"[②],这意味着,教育良心,作为一种道德意识,无论是教师个体的良心还是教师群体的良心,都是对教师所处的客观的社会关系的自觉反映,是教师在履行教书育人的义务过程中产生和形成起来的;作为一种主观的意识形态,教育良心是以教师对客观的职业道德原则和规范的理性认识为前提,是对自身的道德义务的情感体验与认同;作为一种道德责任感,教育良心是教师对学生、集体和社会义务感的强烈表现,是把外在的道德律令转化为主体的内在律令;作为一种评价能力,教育良心是主体对外在道德必然的充分把握而达到的一种行为自由状态,是主体道德意志和道德信念的积淀。因此,教育良心是教育主体的道德观念、道德情感、道德意志、道德信念和道德行为在教师职业意识中的综合体现。

这种在教育工作中体现出来的崇高德行,实际上就是教师的职业良心。它反映了

---

① [德]黑格尔著,范扬、张企泰译:《法哲学原理》,商务印书馆,1961 年,第 139 页。
② 《马克思恩格斯全集》(第 6 卷),人民出版社,1979 年,第 152 页。

教师与社会、教师与学生、教师与同事以及教师与自身之间的道德关系,是教师对这种道德关系的自觉意识和积极实践。就外在表现而言,首先是教师在工作上恪尽职守,教育良心要求教师遵守职业规范,按照社会和教育事业对教师的要求尽职尽责,做好本职工作;它也要求教师不能误人子弟,竭尽全力取得最佳的教育效果,以使良心受到慰藉。教师的工作具有个体性和自由性的特点,而且在一定意义上没有明显的边界和限度。可以说,教师工作是一种"良心活"。这就要求教师自觉工作、自我监督,来持守教育"慎独"的美德。对教育事业的不懈追求又总是关涉到教育对象,热爱学生不仅是教师的天职,更是教育成功的秘诀。它意味着教师必须对教育对象负责,把教育良心化作对学生真挚而宽大的爱。当然,学生的人格成长、知识增长及心智水平都是教师群体合力劳动的产物,所以团结执教、相互帮助是教师职业道德的本质要求。总之,教师恪尽职守、热爱学生、自觉工作、团结执教、严谨治学是教育良心的具体表现,它们共同反映了教师对教育事业的责任和义务意识。

因此,教师的良心与教育事业有着必然的联系,教育良心是教师对教师职业道德的觉解、认同和笃行。概括地说,教育良心主要有这样几个特征:第一,示范性。教育良心是教师职业道德的内化形式,它的形成标志着教师把社会的道德要求已转化为自我的道德意识,成为一种理性精神。教师的言行时时处处也就接受教育良心的指导和内控,使教师在道德规范前"从心所欲不逾矩"。这种良心对教育对象起到了潜移默化的影响力和感召力。第二,内在性。教育良心是隐藏在个体内心深处的一种真挚情感,是一种高度自觉的精神力量,虽然目不能及,却在教育活动中起着导向性的作用。第三,稳定性。教育良心是以道德信念为基础,一旦形成就会成为一种稳定的品质,能够比较深入持久地对人们的行为发挥积极作用。第四,综合性。教育良心包含着理性,是人的理性的一种深沉积淀;又包含着意志,是人的意志力的突出表现;还内含着一种非理性的东西,如直觉、本能、情商等,它是一个综合因素的结合体。第五,广泛性。教育良心一旦形成,其作用范围十分广泛,可以渗透到教育活动的一切领域之中,左右着个体行为的方方面面。第六,自觉性。教育良心较之一般良心具有更高程度的主体自觉水平。主体的自觉性体现在教师思想上的自我警觉,行为上的自我监控,以及道德上的自育自省。

二、教育良心的道德价值及现实意义

教育良心是教师道德人格的守护神,蕴含着教育的伦理精神。它的形式是主观的,它的内容却是客观的。教育良心的实践力量产生的道德价值,体现在它对教师的道德行为起着定向作用,能够增强教师对教育事业的使命感,进而促进主体生命价值的自我实现,并提升教师的精神境界。

(一)教育良心对教师的道德行为起着定向作用

教育良心的形成成为主体道德生活的一种内部道德环境,是教师选择道德行为的内在根据,对教师的外在行为起着约定作用,进而成为教育主体自身行为的调节器。

首先在教师选择道德行为之前,教育良心成为主体行为的"决策者",对教师行为起到某种鼓励或禁止作用,对出于教育良心的思想和行为,给予鼓励和鞭策,对违背教育良心的念头和行为则给予禁止和否定。这使得教师在行为抉择时,遵循一种善良的教育动机,他的选择必须以有利于教育对象的健康发展为尺度。它肯定合乎教育德性要求的行为选择,否定悖于教育德性要求的动机和行为。

其次,在教育行为的进程中,教育良心成为主体行为的"监察员",对教师行为起到自我监控作用。它随时督促教师按教育良心的旨意行事,一旦发现自己的行为有偏离良心要求轨道的迹象,会立即提醒自己,并迫使自己修改行为方向,朝着教育良心设定的路线行进。由于教师工作大多数情况下是个人性的和自主性的,外部监督的力量相对弱小,这样教育良心的自我督察作用就显得十分重要。这实际上是教师"慎独"品质的一种体现,因此,对于一个真正有教育良心的教师来说,他总是能够听从内在自我的呼声,执行内心的律令,以正当的行为保证学生和教育合法利益的实现。

再次,在教育行为结束后,教育良心又似乎成为教师内心法庭的"审判官",对教师的行为进行道德自我鉴定。对于合乎教育良心的行为,给予安慰或褒扬,使主体产生一种道德崇高感;对于悖离良心的失范行为,则对主体进行良心上的谴责或贬斥,使教育主体对自己的过失行为进行真切的忏悔。由此,教育良心成为教育活动中个体在道德行为上进行自我审视的内在价值标准和自我评价能力,也就成为促使教师自我道德完善的强大的内部动力。

(二) 教育良心能增强教师对教育事业的使命感

教育良心作为一种道德资源和道德影响,对教育事业有着特殊的价值意义。众所周知,教师职业区别于其他职业的最大差异,是劳动对象的不同。教师劳动的对象是有思想有感情的人。教育的目的也就在于培养人。教师工作质量的优劣不仅对学生的一生有着长远的影响,而且对整个社会的发展又是决定性的。所以教师的工作既有神圣性,又有普遍性意义。

教育良心的道德价值就体现在教师对祖国未来前途和命运的深深关切,对自己为现代化建设肩负的巨大使命的自觉意识,以及对学生一生负责的高度责任心之上。从这个意义上说,教育良心是教师确立人生追求的价值目标,以及作为教育活动主体能动追求道德进步的理想的动力因素。而客观上,教师的工作性质是弹性的,很难用一个具体的标准来量化,教师对学生的工作也没有边界和限度,其工作的数量和质量往往是与教育良心的水平成正比的。教育成果大多数情况下又是通过教育良心来认定的。教育良心水平较高的教师,把对教育事业的使命感转化为对教育工作的高度责任感,这种高度自觉的责任意识是教师自觉自愿地为教育对象付出更多的心血和精力。教师收获的往往不是物质和荣誉的回报,而是良心上的宽慰和精神上的满足,这正是教育良心产生道德实效的生动写照。因此,加里宁指出:"为了真正地进行教育,不仅要很好地熟悉自己的业务,而且要有纯洁的灵魂。乌申斯基把'灵魂'这两个字理解为教育者的精神面貌,教育者的道德,或者名之为良心。"[1]

教育良心是推动教师忘我工作,献身教育绿叶事业的精神支柱和道德源泉。需要指出的是,教育良心所呈现的教育使命感在于实行一种蕴涵更多人文科学精神的神圣

---

[1] 王正平、郑百伟著:《教育伦理学:理论与实践》,上海教育出版社,1998 年,第202页。

教育,这种教育的神圣性在于给学生的不仅是知识,而且是智慧,追求的不仅是知识的价值,而且注重学生内在心灵和品格的培养,这种教育理念代表着社会良心,它要求教育肩负的责任向度不仅是对现在和个体负责,更是对未来和整体负责。联合国教科文组织提出由"学会生存"向"学会关心"的转变集中体现了这种教育精神的实质。它使人们不断克服外在的控制而走向内在的自由。这意味着新的历史条件下教育良心依循着一种更高的道德目标和价值追求。因此,教育良心更多的是承受自觉的应尽责任。

(三) 教育良心促进教师生命价值的自我实现

教育良心的本性不是对道德义务的理性自觉,而是实现教育主体道德的个人价值和社会价值。而教师个人价值的实现又是通过社会价值的实现来完成的。

教育工作的特点,决定了教师价值的自我实现需要通过教育对象来体现。教师良心恪守职业道德的内在精神,教师在创造性劳动中塑造学生的德行和心智,学生成为教师劳动对象和劳动产品的同一体。学生成绩的综合评定显现了教师的教育能力和道德水平,教师也在学生的进步中使自身的价值得以提升。然而缺乏教育良心的教师,既无法真正投身于教育事业之中,也不能体验到教育成功所带来的幸福。教师的劳动既是发挥个人才能的形式,也是他们参与历史创造的活动,以至个人达到自我完善的生存方式。因此,教师只有在教育德性中才能向教育神圣接近,只有在教育良心的引领下,方能实现对自我的超越。正如爱因斯坦所说:"不管时代的潮流和社会的风尚怎样,人总是可以凭着自己高尚的品质,超越时代和社会,走自己正确的路。"[1]如日本就极为重视教育职业伦理的研究,在《道德教育之研究》一书中,他们认为,人不仅是现实的,而且还是跨越现实的、创造未来的存在体。人在意识自我现实性的同时,也应自觉意识其本性,而且应在超越现实生活的应有的理想状态下不断地开辟着自我创造的道路。由此推之,作为一名教师,要具有比一般人更优秀的理想人格,他不能以现实性而替自己的弱点辩护,只有自我意识到现实性并试图超越它,不断地努力于真实的自我创造的人,才是真正的人,才是教师。

教师的社会价值的实现一般表现在两个方面:一方面是自我能力展示在教育教学和科研上的成就;另一方面是教师精神人格所产生的社会影响和社会作用。因此,教师的价值选择不仅是做"蜡烛",而且是做"珍珠",珍珠的特点是既照亮别人,又保全自己、实现自己。教育良心的本质要求不是教育德性的内存,而是教育德性价值的外化和现实化。教育良心的道德价值更在于它蕴含一种超越时代的实践理性。这意味着教师需要以一种面向世界和未来的文化品格和文化心灵,去范导学生的精神生活。它鞭策教师在思想和学识上与时俱进,不断进取,而不至于"误人子弟"。这是由教育事业及其教育对象的发展性所决定的。因此,如果没有教育良心,就没有教育的合道德性,也没有教师对自身精神领域的无限拓展和对理想人格的永恒追求。

所以说,教育良心不仅具有社会价值,也具有个体价值;它实际上意味着一种自我评价机制的存在,为教育行为主体进行自我审视确立了内在价值标准,又以强大的内部动力促使个体不断自我更新、自我完善、自我发展。

---

[1] 鲁洁著:《超越与创新》,人民出版社,2001年,第258页。

三、教育良心的形成机制

如上所述,将教育良心视为教师职业道德的本质规定,并非是一种先验的精神存在,相反,它是一种在客观的社会关系及其教育实践基础上产生的主观意识。换言之,教育良心是教师在道德实践的基础上主动建构的产物。因此,教育良心形成机制可以从主客因素和内外因素两个维度来把握。

首先,从客观上看,教育良心的形成受社会存在的客观条件的制约;从主观上看,教育良心又是主体努力实践主动养成的结果。按照系统论的观点,教育作为一种社会现象,不是一个自身封闭的系统,它与外部环境、社会生活的各个领域有着密切的联系。教师既是知识、道德教育的主体,同时又是社会关系的载体。教育活动是整个社会活动的因子。由此教师的良心受社会的文化价值观及其社会生活环境的浸润是自然的。这意味着社会良心影响到教育良心的形成和水平。比如:一个充满正义、道德水平较高的社会,可能对每一位社会成员的职业道德提供涵养上的环境,进而有利于职业良心的形成。一个对教师在物质、精神和政治方面都给予恰当的尊重、人人恪尽职守的社会氛围,显然有利于教师形成较高水平的职业良心。① 需要指出的是教师个体工作的人文环境对教育良心的养成有着直接的影响作用。只有当教师不仅在物质上获得保障,而且在精神和心理上获得尊重、支持和安慰,教育良心的形成才会形成一种强大的精神动力和积极的心理机制。教育良心形成的客观因素的另一个方面是道德的社会评价。社会评价体现了人们对教师的社会地位、整体形象及良心价值的综合判断。积极正确的社会、集体舆论是教师扬善抑恶,尤其是教师群体良心形成和提高的精神武器。

从主观上看,教师个体良心的形成又是与教师在道德义务的自觉践履中的主动建构分不开的。教育良心在一定程度上是教师的道德习惯的养成。离开了教师的道德实践活动,教育行为的善恶既无法产生,也无法改变和升华。因此,教师必须深刻认识社会存在的道德关系,深切体悟自己对学生、社会客观上所肩负的教育责任和使命。

教师也只有在教育教学的实际工作中才能深刻理解教育良心的真正意义,进而自觉自愿地养护教育良心,并发挥其在教育工作中的实践力量。同时,教育良心是教师道德生活的知、情、意、信、行等心理因素综合作用的整体。所谓"知"就是不断提高自己的教育责任和使命等道德意识;所谓"情"就是不断加强自己的职业道德情感的涵养;所谓"意"就是对克服困难、战胜本我、挑战自我、超越自己所需的道德意志力的培养;所谓"信"就是不断增进主体内心稳定持久的道德信念;所谓"行"就是在道德需要中不断养成一种良好的道德行为习惯。这一系统的发展过程是教师道德水平和道德觉悟逐步提升的过程。教育中的许多现实问题,需要教师从动机和效果上考虑,对照教育良心的要求,进行价值的善恶取舍,使行为选择以有利于学生成长为指归,而在方式上又不致产生悖离职业道德精神的行径。这就是说教育良心包含了教育动机和教育效果的统一性,教育目的和教育手段的一致性。教师在教育教学的各个环节中,将会体悟到教育良心存在的必要性和必然性。这样,教育良心的形成就是教育主体在工作中由理性的自觉到不自觉的滋养和积累过程。

---

① 檀传宝:《论教师的良心》,《教育理论与实践》,2000 年第 10 期。

其次,从教育良心形成的内外机制看,师德教育是教育良心形成的外因,师德修养是教育良心形成的内因。唯物辩证法认为:"外因是变化的条件,内因是变化的根据,外因通过内因而起作用。"[1]这样,师德教育就是教育良心形成的重要外在条件,师德修养就是教育良心形成的根本内在保证。

师德教育是按照社会对教师道德原则和规范的要求,有目的有计划地对教师施加特定影响的过程。教师作为道德教育的教育者,理应先接受道德教育。教师有了德才能给学生真理和美德。师德教育旨在使教师从内心深处以对社会和未来负责的精神来领悟教育工作的终极价值。在他们心目中,教育不是一份工作,而是一种事业。企图实现道德义务的自觉内化,没有对职业道德、教育规律及其科学方法的认知,教育主体将是盲目的,其行为可能是出于服从"假言命令"而根本上却是违背良心法则的。

师德教育有益于教师的道德认识从感性上升到理性,由他律转向自律。比如先进模范人物的高尚道德,是师德的理想典范,对教师具有很强的感染力量,能引起教师良心上的触动和震撼。而在道德教育中,给教师的良心表现及其产生的效应予以客观公正的评价和褒扬又是敦促教师的良心净化和升华的有效激励机制。师德教育的另一个目标是帮助教师确立献身教育的道德信念以及超于现实的人生理想。因为只有一个有自己的人生和人格理想并对自己的这一理想负责的教师,才会有较高的道德或良心的境界,教育良心的作用才会发挥得更彻底,其水平也更高。

师德修养指的是教师为了适应教育事业的需要,在道德品质、道德情感、道德意志、道德习惯等方面进行自觉的自我改造、自我陶冶、自我锻炼和自我培养的功夫。师德修养之所以对教育良心的形成有着根本性的意义,首先在于教育良心本质上是一种道德自律,是教育主体一种自觉自愿的活动。教育良心的形成意味着个体达到一种较高的道德境界,其实质是教师教育人格的凝练,也是师德修养成功较为集中的体现。某种意义上说,师德修养的过程,就是教育良心养成的过程。因此,教师应十分重视师德的自我修养和自我教育。正如德国教育家第斯多惠指出的:"教育者和教师必须在他自身和在自己的使命中找到真正的教育的最强烈的刺激;对他来说,把自我教育作为他终身的任务乃是一种双重的和三重的神圣责任。"[2]

其次,教育良心的师德修养之所以重要,其原因还在于教育良心不仅是一种较高的道德觉悟,具有较强的自觉性,而且是一种道德的自制能力和自我评价能力。它需要教师在自我修养过程中,克服个体本然道德与社会职业道德的矛盾、知与行的分离,以及得与失的冲突,实现道德"实然"向道德"应然"的跨越。质言之,教育良心是在教育主体复杂而又艰巨的思想斗争中逐步形成的。

因此,中国传统的尚志、笃学、躬行、慎独、积善、存养、省察克治等修养方法,都值得广大教师在良心修养过程中效仿和借鉴。此外,教师应有知耻心、自尊心、自爱心和自信心,这也是培养和增强教师职业良心意识的重要道德因素。

教育良心的形成在很大程度上取决于个体在教育活动和社会生活中能否自觉地进

① 《毛泽东选集》(第1卷),人民出版社,1995年,第277页。
② 王兰英、闵嘉国主编:《教师伦理学》,武汉工业大学出版社,1988年,第248页。

行道德修养,不断地自我锻炼、自我陶冶、自我教育和自我改造,如此才能把外在的道德律令转化为内在的道德自律,才能形成有效而牢固的教育良心。换言之,真实的教育良心是教师"自家的准则",只有通过养性、养德、养学、养行等良心修养举措来提升自身的道德境界和精神境界,教育良心方能在教师内心深处不断生长、发展和完善。

首先,应该进一步规范自己的言行,为人师表。叶圣陶先生说过:"教师的全部工作就是为人师表",教师的个人修养和形象对于学生发展具有强烈的外在的示范性与内在的感染力。因此,新时期的教师要特别重视自我形象设计,树立崭新的教师职业形象。作为一名教师,他的一般形象首先应是具有教学能力,教书,而且教好书。另外,教师的一般形象还表现在教师的亲和力上。体现在对孩子有亲和力、对家长有亲和力和对同事有亲和力。教师的亲和力是教师人格魅力的集中体现,也是教师良好人际关系的体现。一个好教师是热情亲切的谈论家,但最好的教师知道在学生想用自己的语言表达思想时如何保持镇定和忍耐;一个好教师是谦恭的,尊重他人的感情;一个好教师要教育学生负责任、诚实,使学生成为好公民;一个好教师看中的并不是酬劳而是内心的愉快。恪守职业道德、知行统一,做学生的表率。作为一名教师时刻都要牢记一点:你的学生时刻都在关注你的一言一行,就像你时刻关注你的学生一样。所以作为教师要懂得谨言而慎行,为人师表。

其次,净化自己的心灵,树立崇高的职业理想。教师是人类灵魂的工程师。而要塑造别人的灵魂必须首先净化自己的心灵。教师首先应当是一个大写的人、高尚的人,是照射在学生心灵上的一道灿烂的阳光,时时折射出人性的真、善、美。面对汹涌的商品经济大潮和物欲横流的世界,学校也很难置身事外。于是有些教师的价值天平开始倾斜,急功近利、追求实惠过了头,追名逐利导致了教师道德的缺失。所以,作为教师,应该树立崇高的职业理想,自觉形成自身的职业良心,具有高尚的人格。

再者,用"爱"成就自己美好的教师职业。教师的"爱"理解为"爱自己"、"爱职业"。这两者是不可分割的。一个合格的新时期教师只有懂得劳逸结合,提高休闲的生活质量,珍惜和维持自己的爱情、婚姻和家庭,才能有健康的心态和良好的精神面貌投入到教育工作中去,这就是"爱职业"的基本道德表现。所谓"美"就包括"形象美"和"心情美"。一个新时期的教师不但要在着装打扮上得体,给人以美感,还要有一颗宽容美丽的心,能包容自己和别人的缺点和过失。时刻提醒自己真正做好一名新时期的好教师,做让人民满意的教师。

第三节　教　育　威　信

如何建立教育威信是在师生关系中受到广泛关注的问题。教育威信是教师人格魅力的确证,是教育工作得以顺利开展所不可或缺的要素。所谓教育威信,广义而言,指教育行业特别是整体的学校教育,在社会生活中的道德信誉。就狭义而言,指教师在职业活动中建立起来的众所共仰的道德声望。这里的讨论主要以后者为主,因而教育威信与教师威信两概念可以通用。

一、教育威信的内涵

从伦理学的角度研究教育劳动中教师的道德威信,也就是研究教师在教育环境中,特别是在学生集体中的道德地位、道德尊严和道德影响力。一方面教师的道德威信,是教师人性的光辉,是教师人格的力量,是教师能力的整合。它不是基于教师对学生社会地位上、经济上的优势,也不是建立在学生对教师的畏惧心理上的,而是建立在教师对学生的人道心、对学生的关怀和爱护、对学生人格的尊重,以及自己的丰富的知识和卓越的才能、完善的人格上的。另一方面,它是社会,尤其是教育环境中的人对教师个人在职业实践活动中的道德地位、道德影响力的自觉承认、褒扬、赞赏,是教师社会价值的表征。人们讨论教育威信的内涵,必须与教育威严作一些区别。

人们常将教育威信与教育威严混为一谈,认为威严就是威信,或者认为有了威严才有威信。实际上,教育威信和教育威严是全然不同的。教育威信反映的是教师众所共仰的声望信誉,而教育威严体现的更多的却是威势和严厉。前者是使学生感到信服的精神感召力量,后者则是使学生感到望而生畏的威慑力量。两者反映着师生双方不同的心态和意向,反映着不同性质的师生关系。

教育威信意味着学生对教师的信赖和尊重,是学生愿意去亲近教师,喜欢教师,并对教师怀有钦佩、敬仰之情,是学生对教师的一种心态。威严则是教师动辄对学生扳面孔,摆出一副严肃的、不可侵犯的威势,是教师的自我作态,是教师对学生的心态。威严使学生产生惧怕感,从而对教师敬而远之,畏而避之。

教育威信意味着教师具有正确的学生观。师生关系融洽,教师热爱学生,感到与学生交往是种乐趣,相信每个孩子都能被教育好,教师善于和学生交朋友,关心他们的快乐和悲伤,了解他们的心灵,满腔热情地、真心实意地教育、帮助、鼓励、感染、熏陶学生,使他们不断进步,因而师生关系始终处于情意深浓的良好气氛中。威严则是教师错误学生观的反映,认为学生天生顽劣,不求进学,因而对学生持严厉态度。有时甚至采取粗暴的方式指责、训斥、体罚学生,师生情感对立,心理距离遥远,师生关系呈紧张状态。

教育威信意味着教师以自己良好的个性品质和才能影响学生,使学生产生一种积极而肯定的意向,确信教师影响的正确性,自觉地接受教师的教导,雷厉风行地按照教师的意见行事,在其认识上和行为上的变化是积极的、自愿的、主动的。教育威严则是教师利用其职位、权威,采取高压政策,强迫学生接受自己的意见和要求,学生对此是反感的、怀疑的,但是出于学生角色的无奈只能被迫服从,其行为变化是消极的、被动的。

教育威信和教育威严的区别是十分明显的,它们反映了师生之间关系的不同性质和不同心理状态。教育者不应当将两者等量齐观。教师既不能采用高压手段来建立和保持威信,也不能放弃原则,以降低对学生的要求来建立和保持威信。如何把握两者之间的分寸,做到如孔夫子所言,"威而不猛,温而厉",是许多教师特别是青年教师感到困惑的问题。

教育威信与教育威严的关系实质上反映了教育领域内关于教育权威与权威教育的关系问题。教育不能没有权威,没有教育权威参与的教育就不会是最有效的教育。但是,教育又不能凭借权威实施教育,依仗权威进行的教育是一种窒息学生身心发展的畸形教育,以此而论,教师为了做好教育工作,必须正确地处理好教育权威与权威教育的关系。

　　教育需要权威,需要掌握教育、善于教育的人充当权威,学生也希望自己的老师都是他们心目中的权威,那是一些值得信赖、值得崇拜,可以指点自己成长发展的人。因此,对每个教师来说,不仅应有扎实的教育教学基础理论和丰富的教学艺术,具有强烈的事业心和责任感,而且还应具有积极的人生观、高尚的情操和完美的人格。只有这样,教师才会在学生心目中成为权威。反之,教师的教育便会变得苍白无力。所以,要提高教育效果,首先的一条就是要教师加强自身修养,练就扎实的教育教学基本功,优化自己的思想品格。所谓"以人育人"就是这个道理。

　　从教育论出发,教师又不能以权威自居。学生的心理特点表明,他们希望老师是公认的权威,但在教育教学活动中又不仅仅是教育的长者、智慧的化身,而应是学生生活中的益友和知己,情感上的港湾和寄托。这一特点就要求教师必须拥有一颗永不衰竭的童心和爱心,放下架子,与学生平等相处,顺应学生的身心特点,以童心换童心,以真情换真情,在爱的天地里,让学生接纳自己,认同自己的教育,并进而主动地接纳真善美,为发展自己、完善自己而刻苦、勤奋、创造、拼搏。每一位真正具有教育威信的老师,必定是学生心目中的权威,生活中的朋友。

二、教育威信对教育劳动所具有的意义

　　在教育劳动中,教育威信是一种重要的教育力量,它是教师开展教育教学工作的基础,会直接影响教育教学效果,对于教师工作积极性的进一步发挥和不断自我完善也具有很大的促进作用。

1. 教育威信是教师开展教育教学工作的道德基础

　　教师总是扮演着学生的"导师、父母和年长者"的角色,代表着社会上年长的一代对青年的一代进行教育和培养,处于榜样和为人师表的特殊地位,所以社会上一般人都把教师看成是很有素养的"德高望重者"。特别对教育威信高的教师,人们不仅相信和佩服他们的才智,而且更加崇尚敬仰他们的品德。一个有威信的教师在学生心目中往往是高尚人格的化身,认为他是具有高尚道德品质和高尚道德行为的人,学生常以教师之是为是,以教师之非为非,教师的一切行为都能成为学生模仿的楷模。我们常常在学生身上看到教师的影子,常常发现"威信效应"在学生身上的反映。

　　当前,社会上人们对学校的选择,实质上是对教师的选择,特别是对较高威信教师的选择。人们认为学生在校的进步、成长,关键在于教师的教导,好教师才能教出好学生,教师素质的高低是决定学校教育质量高低和学生未来是否能成材的决定因素。威信高的教师是德才兼备的教师,只有德才兼备的教师才能培养出德智体美全面发展、符合时代需要的人才。在科学技术高度发达的今天,人们不仅看重教师的学识,也越来越看重教师的敬业精神、道德品质等非智力素质。越来越认识到非智力因素、素质教育在成才中的作用。人们更相信威信高的教师有他们所期望的优秀品质和素养,能将他们的子女培养成才,因而也更愿意让孩子接受威信高的教师的教导。

　　实践表明,学生和家长对学校所抱的期望值的大小,与学校有声望的教师多少是成正比的。学校有声望的教师越多越能满足学生求学成才的愿望,学生和家长对学校就

越能持肯定态度,乐意支持学校的各项工作,学校与家长之间也更容易建立共同教育学生的合作关系。一个学校如果大部分教师都具有较高的威信,那么学校教育教学工作的开展,无疑将是顺利的,而且也容易取得成功。因此,教师的教育威信,是开展教育教学工作的道德基础。

2. 教育威信的高低直接影响教育劳动的效果

教育劳动的效果在很大程度上以教师在学生心目中威信的高低为转移。在一般情况下,教师的威信越高,对学生的影响就越大,其教育教学效果就会越好,反之则差。教育威信对学生是一种无形的教育影响力量。

(1)教育威信影响学生的学习效果

学生对有威信教师的爱戴之情所产生的积极向上而又肯定的意向,往往会迁移到学习上。在认识上,学生确信教师所讲授知识的真实性和科学性,对教师讲的课有很大的兴趣,并以认真的态度对待之。教师的教育要求也很容易为学生所接受,并将其内化为主观需要,付诸行动。在情感上,学生希望得到所崇敬教师的关注,乐意接受他们的教诲,希望自己较好地掌握教师所授的课。在这种情况下,学生学习效果一般较好。与之相反,对于威信较低的教师,学生由于心理上的反感和情绪上的抵触,往往对他们持轻蔑和怀疑的态度,不乐意在他们指导下学习,听不进他们所授的知识,学习的积极性主动性调动不起来,只是敷衍了事地完成作业。在这种情况下,学习效果一般较差。据调查,发现威信较高的教师所教的学科,学生的学习平均成绩都高于同年级其他教师所教这门学科的学习平均成绩,而且在原有基础上提高的幅度,一般也要比同年级其他教师所教学科提高的幅度大。[①] 这也证明了教师的威信对于学生的学习效果确实起着重要的促进作用。

(2)教育威信影响学生思想品德的形成

青少年学生是未成熟的、能动的、发展中的社会人,他们具有好动、好奇、好问、好学、好胜、好模仿和求美、求新、求乐等特点,他们的思想品德是在多方面影响下逐步养成的。但不可否认一个很重要的方面,是靠教师的培养和陶冶。实践表明,培养学生良好的思想品德,不仅有赖于教师的正确指导,还有赖于教师的威信。教师的威信直接影响着学生对教师教导的态度以及教导的效果。威信较高的教师与威信较低的教师对学生同样的批评和表扬,会产生不同的效果。

据对100名中学生的抽样问卷调查,学生对高威信教师的教导态度依次分别为:乐于接受＞表面接受＞无所谓＞拒绝接受＞反对。而对低威信教师的教学态度的选择则依次为:无所谓＞表面接受＞反对＞拒绝接受＞乐于接受。

正如调查中证实的那样,高威信教师对学生的表扬和批评能激起学生改正缺点、奋发学习、努力向上的愿望。而低威信的教师对学生的表扬和批评,只会事与愿违。我们在教育实践中常可以看到这样的例子:有的青少年学生由于缺乏社会生活经验,缺乏知识,生理和心理还没有完全成熟,对于是非、好恶、美丑还缺乏应有的判断能力,在思想品德方面还存在缺点和错误。威信较低的教师无论对他进行动之以情、晓之以理的耐

---

① 周作云等主编:《教师心理学概论》,成都科技大学出版社,1988 年,第 153 页。

心教育,还是大发其火声嘶力竭的严厉批评,学生都充耳不闻,若无其事,其教育结果收效甚微。可是,在同样情况下,威信高的教师对学生只是淡淡的一句话,一个眼神,或只是轻微地责备几句,都会使学生感到内疚,引起自责,迅速改正缺点和错误。甚至有些连家长都失去信心的学生,在威信高的教师的帮助下,也会出现"浪子回头"的情况。

以上事例说明,学生对威信高和威信低的教师的教导,所持态度是迥然不同的。他们对威信高的教师的教导之所以能言听计从,乐意接受,是因为他们对这样的教师感到可敬、可亲又可信。"亲其师"才能"信其道",威信高的教师能和学生产生心理相容,感情相融教师的教导才能深入到学生心灵中去,并引起相应的情感体验,变成激励自己前进的动力。威信高的教师的表扬,能引发学生的愉快和自豪,促进学生增强思想修养的积极性。威信高的教师的批评,能唤起学生的悔悟、自责和痛心,促使学生下决心去改正错误和缺点。所以,一个威信高的教师才可能是有效的教育者,他的教导才会使学生铭刻于心,留下深刻的印象。教师较高的威信对学生思想品德修养的形成起着不可估量的作用。

（3）教育威信影响学生行为习惯的养成

学生良好行为习惯的养成,一靠仿效榜样,二靠有意锻炼。教师的榜样,特别是有威信教师的榜样,对学生的影响最大。"教师是学生的镜子,学生是教师的影子",从幼儿园的儿童直到大学生,都有模仿教师行为习惯的倾向,教师的行为习惯总会以微妙的方式潜移默化地作用于学生,其作用力是无形的,巨大的。所谓"言教不如身教"即意味着教师的榜样对学生的行为习惯养成起着举足轻重的影响。

教师的威信不仅具有很强的号召力,而且具有无形的感染力。威信高的教师无疑是具有魅力的,学生会注意观其行,进而模仿之。教师的气质风度,行为举止甚至字体语气都能成为学生模仿的对象。因为在学生心目中,总认为威信高的教师,比之一般的教师具有更多、更突出、更崇高的品质值得学习,因此,总是自觉或不自觉地把他们作为模仿的主要对象而加以效仿。学生模仿这些教师的行为,调节着自己的行为,逐渐养成良好的行为习惯,不少有成就的科学家、劳动模范、战斗英雄,当他们回忆起自己的成长过程时,常常是同他们心中敬爱的老师的名字联系在一起的。

3. 教育威信是教师不断自我完善自我进取的积极精神因素

由于教育威信能够直接影响学生的学习效果、思想品德的形成和行为习惯的养成,它成了教师在学生和教师集体中地位的指示器,教师对教育威信的关注度特别高。因此教育威信还是教师不断自我完善自我进取的积极精神因素。

据周作云对"教育威信在教师中的地位"的调查,641名中小学教师就①学校的教学设备;②学校的生活条件;③教师之间的关系;④学校领导作风;⑤在学生中的威信;⑥学生的基础;⑦一般人对教师职业的看法;⑧工资的高低等八个问题对自己的重要性的判断,其中第5项"在学生中的威信"成为对教师最重要的选项。

同时,社会舆论和同事的尊重和褒扬,学生的爱戴和信任,又成为教师不断自我完善、自我进取的"内驱力"和积极的精神力量。对教师来说,"教师角色"的认同使他们产生一种强烈的职业荣誉感和自尊心,他们把社会、家长对教师劳动的公正评价,把学生对教师的信赖和尊敬,看得比什么都重要比什么都可贵。而当一个教师已经取得并获得了较高的威信,教师角色心理会使他产生一种成就感,这种成就感使他在十分珍惜所取得成绩的同时,对自己提出更高的要求,更加意识到自己的社会责任,更加热爱本职工作,热爱学生,在教育劳动中不断进取,不断自我完善,一步一步向更高的层次攀登。

如果一个教师由于种种原因导致威信下降,他也会从学生和教师集体对自己的评价中反省自己,重新调整自己,在社会责任感、职业道德、知识技能等各方面审视自己,千方百计调动潜能,力求取得新的成绩,从而重新建立教育威信,促进和激励自己不断进取和完善。所以,教育威信是教师不断自我完善与自我进取的积极的精神因素。

三、教育威信形成的条件

教育威信形成的条件是多方面的,概括起来可分为主客观两个方面。

(一)教育威信形成的客观条件

教育威信形成的客观条件是指不以教师的意志为转移的外部因素,它对教育威信的形成具有重大影响。

第一,教师在全社会的政治和经济地位,全民族的道德文化素养和尊师重教的良好社会风气是教育威信形成的重要条件。教师的教育威信如何,与教师在社会上享有的政治和经济地位、与全民族的道德文化素养、与社会上尊师重教的风气,有着直接的关系。教师的政治、经济地位的高低,在很大程度上依赖于社会统治集团对科学文化知识在社会发展、国家富强、民族振兴中的作用的认识,依赖于他们对教师职业的社会价值的看法、态度及其相应的决策。如果社会风气是轻视知识、鄙视人才、忽视教育的,那么,教师职业的地位在一般人的心目中自然就会受到影响。“文革”中将教师当作“臭老九”进行批判,教师也无任何的尊严和威信可言。这种历史教训,是必须记取的。党的十一届三中全会以来,拨乱反正,确立了“科教兴国”的国策,恢复了尊重知识、尊重人才的传统,才有了教师在社会上的政治和经济地位,才有了尊师重教的社会风气。只有当民众都认识到科学文化知识在人类进步、国家强盛、民族繁荣中的意义和作用时,人们对知识的重视,对人才的期待,必然会“移情”于教师,这将会影响青少年对教师的态度,影响他们对教师的信赖和尊敬。教育才能真正受到足够的重视,教师职业才会真正成为人们所敬仰的职业。

第二,教育行政机关和学校领导对教师工作的信任、关心和支持是提高教育威信的另一重要条件。教育行政机关和学校领导代表着一个国家的政府在教育领域内行使其组织、计划、决策、指导等职能活动,他们是直接管理学校的权力机构和人物。教育行政机关和学校领导有权安排、指导、考核教师的工作,具有很高的公信力。一般来说,学生及其家长是比较信任他们的。他们对教师的态度将直接影响学生、家长对教师的信任度。因此,从有利于教育工作的效果出发,教育行政机关和学校领导要十分谨慎地行使权力。因为受他们好评的教师,也会受到学生和家长的尊重;受他们批评的教师,常会造成教师在学生心目中威信的降低。教育行政机关和学校领导要努力维护教师的教育威信,把与教师的行政关系、上下级关系改善成同志加朋友的关系。在政治上信任他们,在生活上关心他们,在工作上支持他们,多肯定教师的业绩,多发挥他们的长处,激励教师的工作积极性,鼓励他们不断进步。当然,教师也会存在这样那样的不足,作为上级领导，应本着与人为善的态度，真诚地向教师指出，切忌滥用职权，居高临下盛气凌人地对教师横加指责和随意批评。教育行政机关和学校领导在安排、检查、考核教师工作中要防止专门挑剔教师毛病和任意传播教师缺点的错误做法，以免损害教师的威信。

第三，家长对教师的态度也是影响教育威信的重要因素。学生家长对教师的态度，取决于他们对教师工作意义的认识及其正确对待子女进步、成长的关心的程度。如果家长仅仅将教师工作看作是管教孩子的"教仆"，就很难在孩子面前传播正确的尊师意识。同时，可能会有更多的抱怨和指责。有的家长对子女期望值过高，由于恨铁不成钢，望子成龙心太切，当子女没有达到他们的要求时，就责怪教师没有教育好他们的子女。当教师和学生之间发生矛盾时，一味地袒护孩子，指责教师。这都会影响学生对教师的正确态度。因此，为了提高教师的教育威信，最终也是为了更有效地教育孩子，应该在家庭中创造尊敬教师、自觉维护教师威信的良好气氛。

（二）教育威信形成的主观条件

教育威信的建立除了需要必须的客观条件外，主要取决于教师本身的主观条件，即教师的自身素质。教师威信是出自学生对教师的评价，是学生对教师的信赖和尊敬。所以，从学生实际出发，教师到底应具备些什么样的素质条件，才有助于教师教育威信的建立呢？从国内外一些研究成果可见，学生对教师素质的认可，有一些共同的规律可循。

据《教师威信形成的条件及其与不同年级学生的关系的调查报告》可见，各年级学生对"教育热情"、"工作态度"和"教育作风"都比较重视，尤其是年级越低，其重视的程度越高。因为这三项条件是比较外显的东西，具有明显表露于外的特点，直接表现师生之间的关系，容易引起学生的注意与关心，也容易被学生认识和体验到。因此，一般来说，教师热爱学生，关心学生，工作负责，细致耐心，办事公正，作风民主，对人和蔼，平易近人，以及能与学生同甘共苦等，对于在低年级学生心目中建立起教师的威信起着重要作用，即使是高年级的学生也喜欢这样的教师。

对"思想品质"、"知识水平"和"教学能力"，学生的重视程度，随年级的升高而逐渐递增。因为这三项条件是比较本质的东西，具有不易为学生直接认识和理解的特点。只有随着学生年龄的增长，知识经验的丰富，认识能力的提高，自我意识的发展，他们对教师有了更高的要求，也有了一定分析评价的能力时，这三项条件才逐渐被学生所重视。因此，一般来说，教师高尚的道德品质、丰富的专业知识以及高超的教学能力，对在年龄较大的学生心目中建立威信，起着越来越重要的作用。

从国外一些研究结果来看，教师的权威主要受专业素质、人格魅力、评价手段、师生关系等四方面因素的制约。其一是教师的专业素质。包括教师的专业知识和专业技能。如果教师在其所教学科方面不具备应有的丰富知识和熟练技能，那么便不能指导学生解决学习中遇到的问题，不能充分满足学生的求知欲望，从而难以得到学生对教师的起码的资格认可，并因此而不能"镇住"学生。因此教师对学生的权威首先是专业权威。所谓"一桶水"和"一杯水"的关系，所谓"技多不压身"，都是对教师专业系统方面的要求。

其二是教师的人格魅力。热情、和蔼、诚实、谦逊、守信、公正等人格特性可以使学生对教师产生信任感，有助于教师威信的树立与提高。而冷漠、粗暴、虚伪、傲慢、失信、偏袒等人格特性则会导致学生对教师产生不信任感。这样的教师即便具备良好的专业素质，也难以被学生认可。从这个意义上说：教师成为学生的权威的一个重要前提是成为"人"。正如但丁所言：一个知识不全的人可以用道德去弥补，一个道德不全的人却难以用知识去弥补。所谓能力不足，责任可补；责任不够，能力不能补。能力有限而责任无限。

其三是教师的评价手段。包括：教师对学生评价的时机是否适当、评价的场合是否适宜、评价的强度是否适中、评价的方式是否合适，这些都关系到评价的效果，影响着学生对教师所做评价的接受程度，并因此而影响到教师权威的建立与巩固。许多教育实践证明：教师有时就因一次评价错误或评价不当而从此在学生面前永久性丧失权威。

其四是师生关系。师生关系良好时，教师所施加的影响，即便是错误的，学生也能乐意接受，尽管这种接受常带有盲目性；师生关系恶化时，教师所施加的影响即便是正确的，学生也难以接受，甚至根本不接受，尽管这种不接受带有反抗性。

如图3-1所示，四因素对教师权威的影响程度随学生就读阶段的不同而呈现出差异。随着学生就读阶段的变化，评价手段对于教师权威的影响程度逐步降低，这反映了学生的自我认识、自我评价能力及独立意识的不断增强。与之相反，教师的专业素质的影响程度则逐渐上升，反映出学生对于教师的知识与技能的要求不断提高。而人格魅力对于教师权威有比较重要的影响，其变化幅度不大，反映出学生对于教师作为"人"所应有的品质的较为恒常的要求。至于师生关系的影响程度则相对较小且变化幅度不大。这是因为，在小学阶段学生过于看重教师的评价手段，在高中阶段，学生则极为强调教师的专业素质，而在初中阶段，教师的评价手段、人格魅力和专业素质受学生重视的程度又都维持在较高水平。

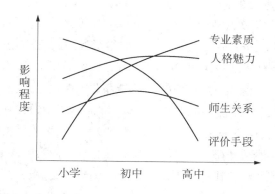

图 3-1

学生不同就读阶段和教师权威的制约因素的关系[①]

国内外的研究成果都表明，建立在教师优良素质之上的教育威信，是教师从制度上、形式上的权威向现实上的、实质上的权威的转变。唯有此，教师才能得到学生的真正认可。

———————————

① 据[日]小川一夫：《班级管理心理学》第一章所示资料作成。转引自《教育社会学》，人民教育出版社，1990年，第442页。

表 3-1	项 目	高效能教师	低效能教师
高效能和低效能教师的特征	个人成就感	认为和学生一起活动是重要的和有意义的;认为自己对学生的学习有积极影响	对于教学工作感到挫折和沮丧
	对学生行为和成就的期望	期望学生进步,而且往往能发现学生达成其期望	预期学生会失败,并对教学产生消极影响,以及不良行为
	对学生学习的个人责任	认为教师对学生应负责:学生学习失败时,会反思自己的教学行为,以使学生获得更多的帮助	认为学生应对自己的学习负责:学生学习失败时,会从学生的能力、家庭背景、动机或态度等因素来解释
	达成目标的策略	为学生制定教学计划,设定师生目标;确立达成目标的教学策略	缺乏特定目标;充满不确定性;没有设计教学策略
	效果	对教学、自己、学生感到胜任愉快	对教学有挫折感,常常表现出沮丧;对工作和学生有消极的情感
	控制感	深信能够影响学生学习	具有教学无力感
	师生对目标的感受	师生共同参与,达成目标	师生目标相对立,而且关注焦点也不一样
	决定方式	允许学生参与有关达成目标和学习策略的决定	教师自行决定要达成的目标和学习策略,不让学生参与

资料来源:P. Ashton (1984). Teacher efficiency: A motivational paradigm for teacher education, Journal of Teacher Education, 19(5):29.

四、教育威信形成的途径

(一)学校教育教学实践活动

教师首先是对学生进行教育教学的积极的组织者,只有在这些活动中才能展示教师的各种素质。教育教学实践活动,既向教师提出了客观要求,又为教师提供了锻炼的机会。据《在学生中享有威信的中学教师的调查报告》,考察 54 名威信较高的中学教师的教龄结构,具有 10—14 年教龄的教师中有威信的占同教龄阶段教师的比例最高。由此即可见教育教学实践活动对教育威信形成的重要性和必要性。按说任何一个教师只要投身于教育教学实践活动,都有可能建立较高的威信,但实际并非如此。问题在于,教师对待教育教学实践活动的态度和抱负水平是不同的,这就决定了他们之间的差异。

据调查,教师对待教育教学的态度有热爱、负责、服从和不安心等类型。

① 热爱型。这类教师热爱教育事业,热爱学生。他们不仅对教育工作的意义价值有较深刻的认识,而且把教育事业视为实现自己理想、信念和施展才华的事业。把能培养学生成才视为人生一大乐事,认为与青少年生活在一起"如饮醇醪"。我国著名的小学特级教师斯霞退休以后离职不离校,还是和过去一样上下班,刮风下雨也不间断。学校领导多次要她保重身体,不一定天天到学校来。斯霞老师说,和孩子们在一起,这是我最好的休息。

②　负责型。具有这一态度的教师,也能认识到教育工作在社会生活中的真实意义。但对教育事业并不十分倾心。可是出于对教育事业、对学生、对祖国未来的一种责任感,他们对工作也是认真负责、兢兢业业的。也有的教师由于教育战线上的多种坎坷与波折,挫伤了他们对教育工作的热爱之情。然而,出于强烈的责任感,他们却可压抑了自己遭遇的不幸,对工作仍一丝不苟、勤勤恳恳,履行自己的职责。

热爱型和负责型这两类教师,自我抱负水平较高,事业心、责任感、成就感较为强烈。他们重视自我激励、善于总结经验教训、进步快、成熟度高、工作成绩显著,能够受到学生欢迎,在学生中享有较高威信。

③　服从型。这类教师以现实的处事态度服从工作安排,能完成所承担的任务。凡是领导布置的,要求完成的都按要求完成。虽然不求有突出的成绩,却希望对上、对下都能过得去,无可非议之处。这些教师抱负水平较弱,工作动机的强度不高,明显处于"被管理者"的心理状态,工作比较被动。他们的工作积极性,主要靠外在的激励。

④　不安心型。目前在教师队伍中有部分教师特别是青年教师对教育工作的意义和作用在理论上有一定的认识。但也时刻准备寻求机会另谋职业。他们把目前的教师职业,作为"暂时栖身之所",工作上"不求有功,但求无过",应付了事;"当一天和尚撞一天钟"得过且过;有的虽有才能,也不愿发挥。这样的教师任教时间较长也不为学生欢迎,甚至还为学生所厌恶。

(二)日常师生交往

日常生活中的师生交往是师生相互作用的一种特殊形式。在此交往中,师生均无较多的拘束,都能坦然表现个人的观点、思想、兴趣、情感,增进相互了解,融洽师生关系。教师的品质和行为习惯,在此过程中能更深刻地影响学生,并使学生产生一种亲近感,增强学生对教师的信赖和尊敬。

在日常师生交往中,"身教"更重于"言教",对学生的陶冶、感染、润物无声的作用更大。但是也有的教师抱着公务式的态度,只是上课和学生照个面,下课后跟学生招呼都不打,很少和学生进行"面对面"的交谈和"心对心"的交流。对学生除了看其成绩,其余一概不了解,有的教师甚至连学生的姓名都叫不出。这样的教师,学生除了对他有个一般的印象外,心目中根本没有他的位置,当然就更谈不上对他有深厚的感情,或对他抱有信赖和尊崇的态度了。

在日常生活中,教师对学生的交往并非一般意义上的青少年和成人的交往,尽管这种交往师生双方均少拘束。但其角色关系——无论他们是否意识到仍然在发生着作用,教师仍会按照自己的"教师角色"行事。在这种交往中,教师能够成为学生真正的良师益友,使学生得到各种需要和满足。学生能从教师那儿学到课堂上、书本上学不到的为人处事的道理和态度,在成长的道路上更快地进步,从而进一步加强了对教师的信赖和崇敬。

(三)第一印象的建立

教师第一次和学生见面时,学生会注意观察教师的仪表、衣着、谈吐、风度、表情及其容易观察到的动作和反应,然后根据观察所得,给教师作出一个初步的评价,这就是对教师的第一印象。社会心理学通过研究认为,人们相互间的第一印象是影响以后人际关系的重要因素。因为人们往往根据第一印象而将他人归类,然后据此对此人进行论证和评价。也就是说,第一印象可以给人造成一种"先入为主"的心理定势,影响以后对别人的看法和态度。学生对某位老师第一印象很好,常将这位老师归入"好老师"一类,对他尚未了解的品质,学生也容易给予肯定的评价。如果这位老师给学生留下的第一印象很差,常将这位老师归入"不好的老师"一类,对他尚未了解的品质,学生也容易给予否定的评价,教师给学生的第一印象如何,影响着他在学生中的威信的状况。

教师和学生初次见面,特别是上第一节课的情况,常常会给学生留下深刻的印象。它对第一印象的建立起着重要的作用。学生都有探求事物的强烈倾向,对新来的教师产生一种新奇感。这时候,课堂秩序特别安静,学生都会聚精会神地注视着教师,对教师的一言一行、一举一动,都会看在眼里、记在心头。尤其是高年级,有的学生为了试探教师的知识水平、教学能力以及性格,还会故意提出一些问题,名为请教,实为摸底,"看老师凶不凶"、"老练不老练"、"有没有本事",以便决定今后对教师采取什么态度。为此,教师与学生初次见面,要做好充分准备,掌握学生心理,熟悉教材,力求表现出较强的教学能力和教育机智。如果缺乏认真准备,一上讲台或遇到学生提问,就表现出心情紧张、语无伦次、举止呆板、信心不足、精神不振,那么就会给学生留下"不高明"或"无能"的印象,不利于威信的形成。当然,第一印象也是可以改变的,教师如果放松了努力,学生对他的好印象就会逐渐消失,学生就会改变对他的态度。而第一印象没建立好,通过长期接触,随着学生对教师长处的深入了解,情况也可以慢慢好转,但这种情况毕竟要花费更大的代价。

"创业难,守业更难。"教师的教育威信建立不易,保持就更难了。教育威信并不是一成不变的,而是处于不断运动变化之中,可能不断提高,也可能逐渐下降,主要取决于教师的思想品德、心理素质、业务能力是处于积极的发展进步状态,还是处于消极的每况愈下的态势。也许有的教师原来威信较高,但随着时间的推移,对教育工作的兴趣、热情逐渐淡漠,业务上不求进取,知识老化陈旧,这样的教师就难以维持原有的威信。因此,教师要保持威信,必须使自己的思想品德、心理素质和业务能力永远处于积极发展状态。要有清醒的"教师的自我意识",时时处处严格要求自己,避免出现有失教师身份的言行。

教育威信的保持如逆水行舟,不进则退,要恢复已失去或降低的原有威信,必须做出更大的努力。在大多数情况下,恢复已失去的威信比获得威信困难得多。因此,教师要百倍珍惜并注意保持和提高自己的教育威信,以利于教育事业和自身的发展。

五种影响教师威信的因素

从社会影响力来看教师的威信,有五种影响力在起作用:(1)专长力量,指教师的知识和技能水平。(2)吸引力量,指师生关系中的密切的程度。(3)法统力量,指学生接受制度、法规、传统习惯的影响力量。(4)奖赏力量,指给予学生表扬和激励因素的能力。(5)强制力量,指利用权力给予制约的能力。

班主任应如何树立自己的威信

一、亮好第一个"相"

1. 根据学生的好奇心理，设计悬念亮相。班主任第一次与学生见面，学生有种种好奇心，观察老师的一举一动、一言一行。尤其是低年级学生，更是如此。班主任就应适应这种心理，制造悬念，如直呼学生的姓名，说出学生的家庭情况，特别是学生的长处、优点等，从而拉近师生间的距离，加速情感的交流与融洽。"亲其师，信其道"，感情相融，学生会很快走进你的"光圈"，听从你的指挥。

2. 根据学生的期望心理，打出特长亮相。学生都期待自己的班主任一定是个好教师：仪表出众，学识渊博，思维敏捷，平易近人等。那么，班主任在第一次亮相时，就应亮出你的拿手好戏，将你的特长亮给学生，给学生一些联想，会收到整体美好印象的效果。当然，教师在亮"特长"时，需掌握分寸，不然会给人以卖弄之感，那样，结果就会适得其反了。

3. 根据学生求上进心理，表露心境亮相。每个学生都想在新班主任心中留下一个好的印象，那些"后进生"更有一种"从头做起"的心理。班主任应借亮相之际，适应学生求上进心理，抛给学生攀援向上的梯绳，鼓励学生顺梯绳而上，登上班主任指定的目标之峰。

二、关心热爱学生

真诚的感情是爱的使者，可以架起师生之间相互信赖的桥梁，使教师能够顺利实现教育的目的。班主任要真诚对待每一个学生，充分信任每一个学生，相信每一个学生都是你潜在的助手，而自己也是每位学生的助手。在学习生活中，学生往往会遇到许许多多的麻烦事，有的学生不在父母身边，无法对父母倾诉，不能及时得到父母的援助，这时，班主任应及时给他们以父母般的体贴与关怀，维护他们的正当利益，使他们在茫然无措中得到慰藉。班主任不仅要关心学生的学习，还要关心他们的衣食住行。只有教师真诚地爱学生，学生才会向教师敞开自己的心扉，用全心来接受教师的爱，师生之间就会心心相印，产生情感的合流。而教师的威信就是建立在这种与学生平等、民主和相互尊重的原则上的。

三、用好评价手段

学生十分看重班主任的评价。班主任对学生的评价是否公正、得当会直接影响到班主任威信的建立和巩固，美国心理学家亚当斯曾提出公平理论。这个理论认为，人总要把自己的努力和所得报酬，与一个和自己条件相当的人的努力与报酬进行比较：如果觉得二者相当，就会产生公平感，感到心情舒畅；反之则引发一系列消极行为。在学校实际生活中，公平感是调动学生积极性的重要心理因素；能否公平地对待每一个学生，则是影响班主任威信的重要因素。许多教育实践证明，班主任有时因一次评价错误或评价不当而从此便在学生面前丧失威信。此外，班主任越严谨，要求越严格（当然，是在合情合理的限度内），也越能提高自己的威信。班主任在学生中的威信一旦形成，不仅有很强的教育作用，而且还有更广泛的意义。它会使学生家长更信任、更支持，会使班主任今后的工作更顺心。

四、塑造完善自我

　　班主任的真正威信,是建立在班主任的学识和人格基础上的威信。教师的知识越多,他的学生掌握基础知识就越容易,他在学生和家长中的威信就越高,学生就越把他当作知识之源而被他所吸引。知识、学识、眼界,这些都是享有高度威信的基础。一个班主任渊博的知识,广泛的兴趣,幽默的谈吐,会令学生由衷钦佩,对学生产生巨大的吸引力,于无形中树立起班主任的威信。同样,一个品行端正、办事公正、心地善良的班主任,会赢得学生发自内心的爱戴,他的人格力量会使他在学生中树立起崇高的威信。我们很难想象,一个知识贫乏、讲课杂乱无章,或者行为懒散、处事不公、作风不正、仪表不端的班主任,能在学生中享有真正的威信。教育威信是在教育实践中逐渐积淀起来的,任何人都不可能迅速获得威信,班主任威信的形成同样需要经过不懈的努力工作,努力学习。

第四节　教　育　公　正

　　教育公正,从广义上说,是指每个人、每个阶层都有公平地接受教育的权利和机会。从狭义上说,是指教师在教育实践活动中,为人正直和处理各种关系符合公认的道德准则。这里的讨论主要以后者为主,因此,在这一意义上,教育公正和教师公正的概念可以同时使用。从其内容上说,教育公正问题包含了社会的教育制度公正和教育者的教育行为公正两个基本维度,教育制度公正与一个社会的经济基础、政治和法律制度以及文化传统具有密切关系,是教育权利和机会的均等,它是一个历史的范畴,也是一个发展的过程;教育行为公正是教育人道主义理想在教育活动中的具体体现,是教师职业道德的内在要求,它要求教师抛开个体性的主观偏好和心理倾向,以正确的态度无私地对待每一个学生,使每个学生在公正的教育环境中获得全面自由的发展,践行"有教无类"的教育伦理观。

一、教育公正范畴的确立

　　教育公正不是一种天赋观念,它的确立是由主客观因素决定的。

1. 教育公正受一定社会历史条件的制约

　　从教育职业活动的历史发展看,人们对教育公正的理解是有社会历史性的。教育公正的内容和要求,本身受一定的社会教育制度和教育职业劳动目的制约。例如,教育公正原则要求教师要公平地对待所有学生。但是,在私有制社会中,虽然有不少教师具有不论学生出生贫富,一律公正平等对待的善良愿望,但是由于社会教育制度不利于劳动人民子弟,教育劳动的目的是为统治阶级培养需要的人才,因而教师的教育公正常常受到限制。在社会主义条件下,建立在公有制经济基础上的社会主义教育事业是为全体劳动人民服务的,社会主义物质文明和精神文明建设的发展,为人民教师公正平等地对待和评价学生创造了良好的社会条件。社会主义教育制度和教育职业劳动的目的,要求人民教师在教育活动中,按照党的教育方针和教师职业道德要求,公正善良地对待每一个学生,把青年一代培养成社会主义新人。所以,教育公正是一个历史性的道德范畴。随着社会历史的发展和全人类教育事业的进步,教育公正的内容和要求将不断得到充实和完善。

2. 教育公正取决于教师对教育规律和每个学生情况的认识水平

与广义上的教育公正追求公平的受教育的权利和机会相比,教师公正更注重教育工作中的"实质公正",它所追求的是最大限度地发展每个学生的智慧、才能和品质。因此,教师应当潜心研究教育规律,深入了解每个学生,选择最为公正合理的教育方法和教育手段。苏霍姆林斯基曾深刻地指出:"所谓公正,就是尊重与严格要求相结合。在学校生活中,没有也不可能有什么抽象的公正。教育上的公正,意味着教师要有足够的精神力量去关心每一个儿童。用一个模式、毫无区别的态度去对待所有的青年,那是漠不关心、不公正的表现。"①例如,教师对学生课堂作业或实验情况的评价,就要考虑学生的能力和个人努力的程度。如果一个学生某门功课成绩不佳,但他的确在这门功课上花了很长时间,试图有所长进,那么教师在评价时,就要考虑这个学生的努力因素并及时地予以鼓励。这将会极大地激发他学习的热情和上进的愿望。如果教师对此视而不见,则会挫伤学生的上进心,最终使学生的发展蒙受损失。所以,在教育劳动中,教师究竟如何恰当掌握教育公正,真实而不是表面地实现教育公正,是一个复杂而重要的问题,需要教师在工作实践中不断探讨摸索。

3. 教育公正信念的确立取决于教师个人道德觉悟的提高

教育公正应当成为教师的一种内在信念。教师公正的职业品质,正直合理的教育行为,是与其高尚的道德觉悟联系在一起的。如果一个教师道德境界不高,私心重重,患得患失,把个人利益得失放在首位,就难免在教育工作中有偏私、不公正,损害学生及其家庭的利益。在教育活动中,一个教师只有时时处处把学生和教育事业的整体利益放在第一位,才能使自己的教育行为公正无私。教师的思想境界高尚,就会在学生无意伤了自己面子、做出了有损自己尊严的行为时,豁达大度,一如既往地爱护他们,耐心地教育他们,帮助他们成长;就会对成绩差、有缺点的学生,一视同仁、热忱教育,帮助他们上进;就会对天资聪慧的学生严格要求,引导他们更上一层楼;就会在学生家长的馈赠、亲友托情"帮忙"时,不徇私情,秉公办事;就会在对待学生态度和行为上,在评价学生的表现、评定学生的成绩上按照教师职业道德的要求办事,不以个人的兴趣、好恶为转移。教育公正,是教师职业道德在对待和评价学生上的生动体现。

二、教育公正的意义和作用

教育公正作为调节教育内外部关系的重要道德范畴,在社会生活和教育活动中具有重要的意义和作用。这些意义和作用具体表现为:

1. 坚持教育公正,有利于促进教育权利平等的实现,代表了人类教育发展的方向

和平与发展是人类面临的主题,对当今世界大多数发展中国家来说,生存权和发展权尤为重要,而教育则是重要的基石。没有教育的普及和全民素质的普遍提高,人类的

---

① [苏]苏霍姆林斯基著,赵玮译:《和青年校长的谈话》,上海教育出版社,1983 年,第 117 页。

发展特别是发展中国家的经济发展,将会受到严重的阻碍。1989年底,第25届联合国教科文大会特别强调了这一点。人类社会教育发展的历史实践的进程充分表明,实施全民教育、促进教育权利平等代表了人类教育发展的总方向,各个国家在社会变革的基础上所实施的教育变革从客观趋势上都不可避免地选择这样一条道路,这不仅是深化各国教育改革的必由之路,也是人类社会发展的基本要求之一。

2. 坚持教育公正,有利于学校教育活动的正常开展

其一,教师履行教育公正,能够创造健康的教学活动的精神背景,调动每个学生的学习积极性,形成良好的教风和学风。在日常教育工作中,教师能否在对待学生的态度上做到公正合理,直接会影响到教学活动的精神背景。这种精神背景是由健康的道德心理起主导作用,还是不健康的道德心理占上风,直接会影响广大学生的学习积极性,影响学习风气。如果教师对成绩好、相貌好、肯听话、有背景关系的学生有意无意地偏爱、祖护,就会使这些学生滋长盲目的"优越感",看不到自己存在的缺点,盲目自负,不肯专心学习,其结果往往妨碍了他们的健康成长。反之,如果教师对那些成绩差、脾气倔、不听话的学生态度冷漠,厌弃歧视,不能实事求是地发现他们身上的积极因素,也会使这些学生内心对教师的不公正感到痛苦和愤怒,感情压抑和心理失衡,从而对学习逐步失去信心。如果教师在处理班级事务时,不能够伸张正义、主持公道,就等于向班集体投放了腐蚀剂。那些被错误奖励的学生会受到嘲笑,被错误处罚的学生会怨恨老师、班干部和"打小报告"的学生。被疏远的学生会冷漠"受宠爱"的学生,"受宠爱"的学生会受到孤立。这样,班集体就会四分五裂,犹如一盘散沙。

许多教育事实表明,教师只有在教育劳动中恪守公正的道德原则,才能为教学劳动创造健康而良好的精神背景,使每个学生认识自己的学习潜力,依靠自己的努力,争取得到良好的评价与成绩。而这一切,都有利于良好的班风的形成。一个优良的班集体,对学生的积极影响力往往是难以估量的。教师要为学生的学习生活创造健康的精神背景,履行教育公正原则至为重要。

其二,教师履行教育公正,是教师树立教育威信的重要条件。教师的教育威信从何而来? 知识水平,教学能力,工作态度固然重要,但教师的思想品德和教育作风更具特殊意义。公正,则是教师思想品德和教育作风的重要表现,是教师职业道德的一种示范。它是教师在行为上证明自己具有高尚的人格。这种行为的示范,会产生榜样的力量。无疑会对学生发挥"为人师表"、"言传身教"的巨大作用。如果教师行为端正,办事公正,学生就会心服口服,更加尊敬老师。相反,如果教师待人处事不公正,有偏心,学生就会对他们产生成见,对他们敬而远之,就会抵制他们的教育影响。如果说他还能指挥一群学生,那也是表面的、暂时的,是学生慑于教师的威严而不得不为之的结果。

其三,教师履行教育公正,有益于养成学生的健康人格。夸美纽斯说:"公正应该给一个人及其周围的人们带来利益。从童年起培养儿童的公正时,在对待他们的态度上也应该是公正的。"[①]教育实践证明,教育公正不仅是社会对教师行为态度的道德要求,

---

① [苏]杰普莉茨卡娅编讲,华东师范大学教育系教育史教研组翻译室译:《教育史讲义》,华东师范大学出版社,1958年,第82页。

也是广大学生对教师行为态度的道德要求。青少年特别渴望公正、友好、人道的社会环境，教师公正与否，会对学生的学习生活造成愉快或不幸等不同的结局。一般情况，学生对教师的不公正和偏爱十分敏感。学生一旦受到不公平的待遇，受到不正常的人际关系的伤害，就会对自己所处环境的公正、友好、人道失去信心。学生最初可能憎恶一个或几个教师，然后就有可能发展到憎恶一般教师，讨厌学校。最后会发展到憎恶一般的人，甚至对社会的公正失去信心，就可能形成反社会的立场，并进而对社会进行报复。相反，教师的公正将会使学生从公正、友好、人道的人际关系中受到感染和教育，模仿自己学习的榜样，并在教师的影响下，逐步培养公正的品格，对社会、对他人采取公正、友好、人道的态度。进而养成亲善社会、友好他人的健康人格。

总之，公正就像一面镜子，能反映出教师的心灵；它又像一把尺子，衡量着教师的行为。教师公正一旦形成，就会在学校生活中起着重大作用。对公正的追求，也是教师实现教育目的的前提条件和提高教育质量的精神动力。

三、教育公正的贯彻

教育活动是教师和学生在特定的教育情景中，围绕一定的内容进行的特殊交往活动。在这种交往活动中，教师对待学生的方式，表现出复杂的公正问题。在教育活动中，教育公正具体体现在以下几个方面。

（一）坚持真理，伸张正义

教师是社会文明的传承者，因此，在学生眼中，理应是真理的化身。他们不但要传播真理，坚持真理，捍卫真理，为学生树立坚持真理，尊重科学的榜样，又要面对现实，伸张正义，主持公道，以自己的道德行为影响学生形成健康的社会情感和态度。

首先，教师要对一切科学文化知识进行严格的审视和鉴别，批判继承，去伪存真，再传授给学生，使学生学到真知实学。特别是在信息畅通、书籍似林、知识如海、思想活跃、各种社会思潮并存的现时代，知识的海洋中有闪光的宝珠，也有带有腐蚀性毒素的文化。这对青少年来说，是一种不易察觉难以对付的干扰。这就要求教师指导学生在比较中鉴别真伪，择善而从，帮助学生在知识的海洋中朝着健康的方向搏击、奋进。

其次，教师还要随时随地修正自己的错误，还真理以本来面目。教师在自己的教育实践活动中，出现错误是难免的。但一旦发现，或经学生指出，就要采取实事求是的态度，公开向学生说明。如果强词夺理，文过饰非，知错不改，不但会以讹传讹，误人子弟，而且还会损害教师自己的威信。一位语文教师在作文评讲课上朗读学生作文时，将文中的"神荼郁垒"（分别是两个降伏恶魔的神）的"荼"读出 tú，并严正板书，强调不能与"茶"混淆。一学生当即指正，说不该读 tú，应读 shū，和"如火如荼"的"荼"读法不同，并说是爷爷教自己的。这位老师脸上一阵发烧，装出若无其事的样子说不可能有这种读法。另一学生连忙查《新华字典》，说上面并无 shū 的读音，为老师解了围。后来这位老师在电视节目中看到了这四个字的正确读法，应是"shēn shū yù lǜ"，四个字自己竟然读错了三个，良心受到强烈震动。第二天就在全班学生面前作了慎重订正，并坦诚叙述了自己从不知到知的经过，检查了怕"输面子"的内心活动。学生对此报以热烈的掌声。事后好几位学生向教师说："我们知道您读错了音，但就是不敢向您讲。"这位老师深有感慨，在《中国教育报》上发表了题为"为教戒装"的体会文章,认为在学生面前千万不能不会装会,不懂装懂,无受窘不安之心,"知之为知之,不知为不知",这是教师对学生负责的科学态度。

最后,教师面对纷繁复杂的社会现实,必须伸张正义,主持公道,以自己的道德行为影响学生形成健康的社会情感和态度。学校是社会的一部分,各种社会问题必然要反映到学校中来。面对纷繁复杂的社会现象,教师要辨别是非,区分善恶,给予公正的评价。这样,学生才能受到正确的启发和教育,形成符合时代要求的健康的社会心理和道德情感,正确对待社会,对待人生。如果教师对社会问题讳莫如深,或恣意抨击或扬恶抑善,采取极不公正的态度,带来的不良后果是可能延长学生心理上和道德上的成熟时间,甚至误导学生。一位语文老师在教授反映雷锋事迹的"路标"这篇课文时,对社会上学习雷锋活动的形式主义、实用主义态度大加批判,并提出"雷锋过时"的观点,甚至要求学生放弃这篇课文的学习。这位教师对这一社会问题的所发议论及采取的方法显然是不妥的。它很容易起到误导的作用,学生很可能由否定学雷锋的一些方法问题,进而否定雷锋精神的全部,这显然是不公正的。几十年来,雷锋之所以能产生如此持久的影响,是因为人们对雷锋精神的理解已由一般的做好事上升为对"友爱与帮助"、"责任与奉献"———一种永恒的人类精神的肯定。教师只有在肯定雷锋精神的基础上对学雷锋的方法作出评价才能避免其失误。

从另一方面说,作为受社会的委托对学生身心发展施加教育影响的"社会代表者",其所言所行应能代表社会的期待。这对教师而言,应是一种常识。因为学校教育机构是实现教育方针的重要条件,学校教育能否按教育方针规定的方向运行,最终取决于学校教育人员对教育的方针持何种态度。几乎所有国家都把"政治上的忠诚"作为录用教职人员的首要标准。我国对教师所承担的政治责任也以立法的形式作了明确规定,如《教师法》第三条规定:"教师是履行教育教学职责的专业人员,承担教书育人,培养社会主义事业建设者和接班人、提高民族素质的使命。"第八条第三款中进一步规定:教师应"对学生进行宪法所规定的基本原则的教育和爱国主义、民族团结的教育,法制教育以及思想品德、文化、科学技术教育"。所以,教师必须遵循或按照社会主义意识形态的要求,按照国家的主导价值观去要求自我,去指导、教育学生。唯有如此,教师才能成为一个真正的社会代表者。

(二) 一视同仁,爱无差等

教师对学生一视同仁,爱无差等,是教育公正的道德要求。它在具体对待学生个体与学生群体方面,有其不同的表现。

首先,在对待学生个体方面。荷兰哲学家斯宾诺莎说过,世界上没有两片相同的树叶,也没有两只相同的手掌。教师所遇到的教育对象,总是有差异的。他们中有的聪明,有的迟钝;有的接受能力强,有的则较弱;有的与老师很亲近,顺从听话,有的则较疏远,个性执拗;有的出身于显要门第,有的是普通家庭子弟;有的眉清目秀,招人喜爱,也有的面容丑陋,甚至有严重缺陷。怎样对待这些参差不齐的学生,教育公正的要求是一视同仁,爱无差等。决不能以个人感情为转移,以成绩好坏定优劣,以智力高低定亲疏,更不能以家庭出身分高下。针对目前教育活动中反映出的情况,教师特别要注意在以下几个方面坚持以公正的态度去处理师生关系。

其一，要注意以公正的态度对待男生与女生，要非常警惕重男轻女的传统封建思想和社会活动中的"性别歧视"出现在学校的教育活动之中。一位女大学生在评价她高三的女班主任时说："女同学考了年级第一，她总是露出意想不到的神情，然后轻描淡写地说一声，'不要骄傲噢'，让人感觉到她的轻蔑。如果是男生考了年级第一，她则眉飞色舞，大谈该生如何优秀，学习方法如何得当，如何聪明通悟，然后很骄傲地来一句：'早该你考第一的，保持下去！'平时，女生请教问题，她则一副勉为其难的样子，让你觉得自己挺笨，觉得自己真不好意思，让她费心不少。要不然干脆不讲。如果是男生，再简单的问题，都微笑作答，亲切得不行。"教师在教育活动中自觉或不自觉地表现出性别歧视，对学生特别是女生的发展极为不利。重男轻女，作为一种观念文化，它是中华民族心理积淀中的糟粕。这种观念，从五四以来就一直受到批判，作为现代社会的人民教师，应自觉地加以摒弃。

其二，要以公正的态度对待成绩好与成绩差的学生。教师偏爱学习成绩出色的学生，歧视或忽视成绩较差的学生的情况，在教育活动过程中并不鲜见。一位学生描绘他的老师说："上课提问，如果学习成绩好的同学答出来，老师就说，我就知道你会答出来的，请坐；如答不出来，老师就说，这个问题有相当的难度，答不出来情有可原，请坐。如若是成绩差的同学答不出来，老师就说，不中用，我就知道你回答不出来。"教师对学习成绩有差异学生的欠公正态度，往往可能导致学习成绩好的学生歧视成绩差的学生，把自己凌驾于班级之上；而成绩差的学生则自认低人一等，逐渐游离于班级集体之外。这样，无论成绩好或差的学生，个性均未得到应有的健康发展。

其三，要以公正的态度对待家庭背景不一的学生。在当今时代，强调这一点很重要。市场经济的发展，使有些教师为了一己利益而对家庭背景不同的学生在态度上逐渐分化而趋于两极。对家庭有背景的学生态度热情，迁就，放任，降低要求或关怀备至照顾过分，提供种种优越的学习条件，反之则冷淡，甚至漠不关心。

教师的偏爱行为，对整个教育活动是极为不利的。被嫌弃的学生由于得不到教师的关心、尊重、信任和鼓励，而越发失去自信，产生自卑心理，引发"破罐子破摔"的行为方式。被偏爱的学生，一方面会因为教师对他们的过分夸奖，对他们的短处纵容包庇而助长其骄傲自满的情绪和不良倾向的发展；另一方面也会招致其他同学的疏远，造成与其他同学之间的隔阂，导致他们在集体中的孤立。"受宠"学生随着年龄的增长，自我意识逐渐增强，也会对教师的偏爱产生情感上的厌恶。一位受教师宠爱的学生得知其老师帮他在试卷上改了一字而获得全年级第一名并得到学校的奖励后，陷入了深深的苦恼之中。一方面，老师的行为打破了他对教师的一贯崇敬感，他觉得连老师都会欺骗，这世界上还有谁可以信任呢？另一方面，他也不敢面对自己，认为自己所受到的奖励是不光彩的，但又不敢公开承认，怕自己在老师和同学面前失去面子，又怕这位老师在学校中威信扫地，无法做人……深深的自责，长久的郁闷，竟使他形成了严重的心理障碍，学习成绩一落千丈。一般学生一旦感觉到教师的冷落，即会对老师采取敬而远之的态度，从而对教师本人和教育工作带来极大的不利。因此，教师对学生的感情只有从职业责任的角度出发，克服个人的好恶，摒弃功利的因素，才能做到对那些天资不够聪慧、学习成绩较差、个性特殊、"不讨喜"的学生给予特别的关切和爱护、特别的尊重和体贴。

这样的教师,就会得到学生的爱戴,家长的欢迎,社会的尊重。这样教师的教育不光有益于知识的传授,也有益于学生人格的塑造。

其次,教师在对待学生群体方面应体现面向全体,照顾多数的原则。作为学校教育在办学目的上,始终应该面向全体学生,追求整体发展和大面积提高教学质量。但在有些学校和教师那里,仅仅把注意力和工作中心集中到少数重点学校,重点班级,重点学生身上。这里说的重点已经不是我们通常理解的抓主要矛盾、工作策略上的重点,而是培养对象、工作目标上的重点,是一个脱离了多数、忽略了全面的重点。这种抓几个点,丢掉一大片的做法显然是违背了教育公正原则的。

有的学校在设重点班的同时,还将同年级各班学习成绩差、行为习惯表现不良的学生集中到一个班,名曰"加强班",实质却敷衍了事,得过且过,采取放弃的态度。结果,教师以学生不认真听课为理由满足于应付,学生则以教师马虎为理由更加放纵,从而形成教与学之间的恶性循环。个别学校与教师甚至为了追求及格率与升学率,强行让学习成绩差的学生去智测门诊,要求医生出具"弱智"证明。这种对学生认识上的歧视和教育上的放弃都是极不公正、极不道德的,应该引起广大教育工作者的警觉。

案例 3-3

公平地爱每一个学生

曾经读过这样一篇文章《坐在最后一排》,文中的主人公叫乔小叶,她个子很矮,却被安排在最后一排,原因是她的学习成绩不好,没有资格坐在前排或中间的位置,那是优等生的专有位置。乔小叶认为自己又丑又笨,没有人喜欢和她交往,她总是躲在不被人注意的角落里,逐渐形成了孤僻的性格,开始自暴自弃。可幸运的是,一位姓白的语文老师改变了她的命运。在一次语文自习课上,这位老师及时表扬了她,从此唤起了这个孩子的自信心。她开始努力,并在一次小测验中取得了第一名的好成绩。

"这世界上有最后一排座位,但不会有永远坐在最后一排的人。"当我读到这句话的时候,我心里一颤。在物欲横流的今天,是不是所有的教师对学生的爱都是公正无私的?因权势而爱、因门第而爱、因金钱而爱、因获得自己的私利而爱,互相利用的爱是不是在我们的教师当中存在着?对于那些差生、后进生,我们是不是给予了他们与优等生同样的爱?教师对学生的爱应是纯洁的、公正的、发自内心的,不能有半点的虚情假意和矫揉造作。特别是对那些差生,教师更应该多关心他们,因为他们受到的斥责、冷遇比较多,亲近他们的同学也很少,在他们的内心深处更渴望得到老师的爱护,得到别人的重视。教师应该努力发现他们身上的闪光点,创造一些表扬他们的机会,多给他们一些温暖。或许,一个鼓励的眼神、一句温暖的话语能激起他们的信心,成为他们前进的起点。如果用数学中的乘法分配律 $(a+b) \times c$ 来描述教师的爱和学生之间的关系,那么教师的爱就好比 c,必须公平地分配给括号中的"每一位学生"。能公正地爱每一个学生是教师心灵美的表现,是具有良好的师德修养的表现。在教师面前,每一个学生都是平等的,没有高低贵贱之分,教师对所有的学生应一视同仁,让每一个学生都沐浴在师爱的阳光下。

(三) 办事公道,赏罚分明

教育劳动虽然总体上来说是集体劳动,但又具有个体分散的特点。这样,公正的原则不但时刻都在发生作用,而且显得相当重要。办事公道,赏罚分明则是教师在处理教育活动各种矛盾的过程中坚持教育公正原则的具体表现。

首先,教师尤其是班主任,要在处理一些与学生利益息息相关的事务时,如选举班干部、批改考卷、评定学习成绩、分配劳动任务、评定助学金等活动中,发扬公正,抑制偏私,做到办事公道。如果徇私情,图报复,就会亵渎公正,不仅直接损害学生的切身利益,而且还会玷污自己的形象。一位师范院校的大学生在讨论教育公正问题时,以自己的切身感受强调了"公正"对于教师的意义。这位同学小学四年级时在学校举办的数学竞赛中,是全校唯一的满分获得者,却不是第一名的获得者。原因是班主任要他发扬风格,把第一名让给校长的女儿。这位一贯把老师的话当圣旨的学生,虽然点头答应了,眼泪却"不争气"地流了出来。因为此事,这位班主任被加了半级工资。当他喜形于色地夸奖让出第一名的学生"懂事"、"听话"时,殊不知这位教师的形象已在学生的心目中遭到否定。以致到大四时这位同学回忆起往事,批评这位教师的言辞仍十分激烈。俄国哲学家杜勃罗留波夫曾说:"有人说:师生之间的最不幸的关系,是学生对教师学问的怀疑。我还要加上一句,如果儿童怀疑涉及教师的道德方面,则教师的地位更为不幸了。"[1]

其次,在教育活动中,为了鼓励先进、树立正气、鞭策后进、抑制歪风,奖赏和处罚都是非常重要的。在把竞争机制引入学校的今天,显得尤其重要。教师如何运用这些手段,以达到正确的目的呢?关键在于坚持公正,做到褒贬得当、赏罚分明则是教师在处理教育活动各种矛盾的过程中坚持教育公正原则的具体表现。

一位小学低年级的学生在题为"老师,我对你说"的作文中反映了要求公正的心理需求:

> 老师,尽管您只教了我们不到一年的时间,可是因为我热爱、信任您才对您说这些话的。从平时的行动里看出来,您对××十分偏爱。比如:有时上课的时候,××插了嘴,您顶多提醒他一下,让他不要插嘴罢了。而您对别的同学呢?轻则提醒提醒,重则让他站起来罚站。有时候××在课间打架,您总是袒护他,把过错加给另一个同学。还有一次,××把教室的玻璃给打碎了。您只让他用纸糊住就算了,我想要是别的同学,您保证会让他的家长买来玻璃,再安上去。当时天正冷,纸被几个调皮的同学戳了好几个大洞,上课的时候风从洞里灌进来,冻得同学直打哆嗦。后来我听同学说,您的爱人是××他爸爸手下的一名官,我真不希望是因为这个,您才偏爱××同学的。老师,您的学生有六十四个,而不是一个呀,我希望您不要偏爱××一个人好吗?

确实,教师在学生的心目中,犹如执法如山的法官。这种权威就是依靠公正树立

---

① 张念宏主编:《教育名言大全》,北京科学技术出版社,1988 年,第336 页。

的。如果老师赏罚不明,就会使学生无所适从,思想混乱,行动无矩,既影响优良学生集体的形成,又伤害学生的自尊心,也必然损害教师的权威。

教师对学生进行表扬和奖励,批评和惩罚时,一方面应有一定的标准。另一方面,教师所采取褒贬和奖惩手段必须与学生取得的成绩,所犯过错的性质相称。褒贬不到位或过分,都可能削弱奖惩的作用。所谓合情合理就体现在教师的教育分寸之中。"教育分寸"来自公正法则的均衡要求。公正法则中蕴含着均衡要求的基本含义是,无论对何种社会关系的调节都要找到对立双方的恰当关系,使社会成员的作用和他们的社会地位之间、恶行与报应之间、贡献与索取之间、权利与义务之间彼此适应,以达到社会生活的井然有序。正如孟德斯鸠所言:"正义是确实存在于两件事物之间的恰当关系:无论谁来考虑这种关系——上帝也好,天使也好,以至于人也好——这种关系始终如一。"①

教师对每个学生的爱和责任总的来说应该是相同的,但对学生却不可能用一种标准生硬地进行评价。几十个学生在学习态度、自觉性,自我要求和自我努力的程度上都是不同的。学生之间存在着各种各样的差距,教师应该准确全面地认识和掌握每一位学生的特点,作出客观的、实事求是的评价。教师职业公正的要求体现在对学生的认识和评价上不是不加区别、千篇一律,而是实事求是、客观准确。学生的知识基础、思维水平、接受能力乃至性格不同,教师在表扬和批评的方式上也应有所不同。如对基础扎实、接受能力强的学生可以单刀直入,而对基础薄弱、接受能力差的学生,则需要旁引博喻、细嚼慢咽;对马马虎虎、什么都无所谓的学生批评可严厉些,没有暴风骤雨般的凌厉,不足以使其震惊和触动,而对谨小慎微、自尊内向的学生的批评则应温和婉转些,有时只需暗示一下即可。只有根据学生实际,客观地、实事求是地评价学生,褒贬得当、赏罚分明,才能起到很好的鼓励先进、帮助落后的教育效果。一个教师在评价学生的过程中,应该关心自己对学生评价所产生的结果。应该有预见教育效果,或者预先为教育效果创造条件的能力。应该了解和顾及孩子们的心理,能够在尊重他们人格的基础上给予孩子们心悦诚服的公正评价。这样的教师,才能称得上是一个有自制力,同时又是一个有分寸的人。

(四)因材施教,长善救失

在广义的教育公正中,我们更多地从学习条件的差异上去探求平等教育权利的真谛。假如说,每个学生都获得了大致相同的学习条件,那么教育公正是否就实现了呢?回答是否定的。现代社会要求每一个人最大限度地发挥其潜能,这对教育公正提出了新的挑战。所谓"人尽其才,才尽其用",应是教育公正的真正含义,也就是教育的实质公正。

实现教育的实质公正,关键在于"因材施教",即根据每个学生的天赋、能力来进行教育,使其能够达到自己的最佳状态。作为一名教师,如果说不可能为每个学生提供大致相同的学习条件,却可以在因材施教方面,为实现真正的教育公正尽我们最大的努力。

---

① 周辅成编:《从文艺复兴到十九世纪资产阶级哲学家政治思想家有关人道主义人性论言论选辑》,商务印书馆,1965 年,第 335 页。

在这一方面,几乎所有的教育工作能手,他们的最大贡献,就在于在较高程度上实现了教育上的实质公正。冯恩洪任上海建平中学校长时创造的"扬长教育系统"克服了传统的"补短教育"的弊病,使每一个建平中学的学生在毕业离校时,都具有自己的"特别优势"。辽宁的教育改革家魏书生,广东特级教师丁有宽等,他们突出的教育成就,也无不体现出因材施教的教育思想。教育家吕型伟不赞成在学习上用"差生"的概念,认为"差生"的确切称呼应当是"其才能未被开发的人",并呼吁所有的教育工作者,包括家长与社会,对所有正常发育的孩子都要树立两条基本的信念:"一要坚信天生其人必有才,天生其材必有用;二要坚信人乏全才,扬长避短,人人成才,发现长处,助其成才。"①

一个教育实践者对德育问题的忧思

(五)确立性别平等意识,公正地对待不同性别的学生

性别意识指的是从性别的角度来观察和分析社会政治、经济、文化生活,对其进行性别分析和性别规划,以防止和克服不利于两性发展的模式和举措,并在思想和行为上做到对两性的平等对待。② 自从1995年在北京召开的联合国第四次世界妇女大会提出将社会性别意识纳入主流以来,性别意识已成为当代人应具备的一种现代观念意识。男女平等已成为我国的基本国策之一。

教师作为学生性别社会化过程中的重要因素,其性别意识正确与否对教育公正的实现与学生的发展有着重要意义。

受到中国传统性别角色观念的影响,教师的性别意识存在偏差,主要表现为:

(1)教师的性别刻板印象

教师的性别刻板印象是教师头脑中普遍存在的有关男性和女性的固定形象,这种固定形象的形成并没有理论支撑,而是基于教师主观经验产生的,而且一旦形成将很难改变。很多研究表明,教师的性别角色观念仍然在延续和复制着传统社会的性别角色观,认为男生应该具备坚强、勇敢、乐观、聪明、有创造力等特质,女生应该具备认真、按部就班、温柔、善良、文雅等特质。这些性格特征的僵化和固化会深刻影响着女生对学业成绩的归因及未来职业的选择,同时也对男生造成更大的心理压力,不利于两性的健康发展。

(2)教师期望的性别差异

当教师潜意识里或多或少地保留着男尊女卑思想时,他的态度和行为往往无意识地通过多种渠道将这种信息传递给学生,其中一个重要的渠道就是教师的期望。教师的期望效应是指由教师对其期望采取的相应行动发生在学生身上的结果。③ 教师的期望有两种效应:自我实现预言效应和维持性期望效应。前者指教师错误的期望会使学生把这个错误期望变成现实;后者指教师对学生形成期望后,学生的行为即使已经发生改变,教师仍按照原有期望对待学生。在教学实践中,教师对男生期望较高,而对女生期望则较低;男生学习成绩优秀,教师将其归因为能力、聪明等不可控因素,而女生学习成绩优秀,教师则将其归因为勤奋、死记硬背等可控性因素。这就使得教师容易忽视女生学习

① 《报刊文摘》,1990年12月11日。
② 陈霞:《教师性别意识现状调查分析》,《黑龙江教育学院学报》,2007年第9期。
③ 〔美〕托马斯·L·古德、J·E·布罗菲著,陶志琼译:《透视课堂》,中国轻工业出版社,2002年,第101页。

成绩优秀的真正原因,女生的进步得不到教师的鼓励,久而久之,自我实现预言效应就产生作用,女生受教师的影响,也会觉得自己学习能力不强,最终导致其成就动机弱化。

(3)师生互动的性别差异

吴康宁等人曾对江苏省7个地区的14个班级进行课堂观察,并得出结论:教师交往对象在性别方面存在差异。在大部分交往类型中,教师与男生的人均交往次数多于女生。① 斯宾塞指出,教师往往没有意识到自己的性别偏差已经在不同程度上影响到了课堂互动,教师实际上与男生互动的时间要比女生多两倍。当教师与女生互动的时间超过三分之一的时候,教师和班里的男生互动的时间已经超过一半。② 史静寰教授认为,教师在课堂中对待不同性别的学生采取的是两种互动方式:与男生进行"自然焦点型互动",与女生进行"礼貌规避型互动"。确实,在课堂上我们普遍可以看到,教师更多地会提问男生,而且提问内容几乎都是难度较大的思考性问题,而对女生提问的内容则大多是需要死记硬背的事实性问题,在提问后等待学生回答的时间上,男生也比女生长。而对于教师而言,他认为造成这种差异的原因在于男生上课会主动要求回答问题,思想活跃,而且回答问题错误后教师不用考虑其"面子";而女生则比较安静,她们上课总是很矜持,一旦回答错误教师会考虑到怎样顾及其"面子",去巧妙地纠正错误。长此以往,女生在课堂互动的过程中成为旁观者,她们的互动过程中的不在场、失语状态会产生累积效应,导致其产生内化的性别自卑感,最终弱化其成就动机。

(4)教师评价的性别差异

教师评价学生的标准往往基于教师本身已有的经验层面的传统性别角色观念。在他们看来,女生顺从、矜持、认真,男生调皮、外向、聪明,于是他们就以此作为判断学生课堂表现及学业成绩的标准。赛德克(Sadker)的研究发现,当男女生同时有违反常规行为时,教师规范男生的次数是女生的三倍。从幼儿园起,男孩就受到教师的注意,教师对男女生的行为表现进行不同的反馈,常常表扬女生的顺从、听话,而男生的淘气和攻击行为常常被教师所宽容。③ 到了小学、初中乃至大学阶段,教师的评价往往对男生的发展更有利。男生倾向于获得教师学业上针对性的指导,同时包括表扬和批评,如"你的观点有想法"、"你很聪明,再想想"、"你要再认真点进步肯定很大";而对女生的反馈基本都是表层的,很少进行有价值的正面的积极的反馈和纠正,如"笔记工整"、"你很认真,知道提前预习"、"回答不出来没关系,这道题确实需要动脑子"。在教师评价的性别差异上最明显的例子就是对于课堂中男女生插嘴现象的反馈。对于男生,教师们更多的是宽容和附和,并给予更多的表达机会,且认为这表明学生上课能积极思考,配合教师的教学,课堂气氛好;而对于女生,教师则话锋一转,变成了"有意见要举手"、"要有女生的样子"。这种区别对待使得女生在举手的安静等待中丧失了理应与男生同等的答题机会,久而久之则会造成女生的"集体无意识"。

因此,纠正教师的教育性别意识偏差,确立性别平等意识,平等地对待不同性别的

① 程晓樵、吴康宁、吴永军、刘云杉:《教师课堂交往行为的对象差异研究》,《教育评论》,1995 年第 2 期。
② 杨宝忠、石燕君:《掩藏在女童教育公平下的不公平——从性别刻板印象角度探讨》,《山西师大学报》(社会科学版),2009 年第 5 期。
③ 杜秀芳:《性别刻板印象在中小学教育中的表现、影响及矫正》,《当代教育科学》,2004 年第 23 期。

学生是教育公正的重要方面。

首先,要在全社会倡导两性平等,建构一种新型的性别文化。

所谓新型的性别文化,指的是以男女平等的思想为核心,尊重女性的价值和独立人格,公平而合理地评价女性对社会生产的参与和知识技能的创造,并承认妇女对于人类再生产的贡献,倡导男女两性平等协调发展。建构新型的性别文化最重要的是发挥教育和传媒这两大渠道的作用,消除教育和传媒中原有的不正确的性别意识。

其次,要加强性别平等教育,增强教师性别敏感意识。

教师在教学中不仅传递着知识,而且其情感态度价值观也会潜移默化地影响着学生的情感态度价值观。如果教师本身就被性别刻板印象束缚,那么教育只是在复制甚至加剧原有的性别刻板印象,造成更广范围、更深层次的性别不公平。这就是布迪厄所说的学校教育的文化再生产功能,即教育通过正面特权的合法性和把贫穷归咎于个人的失败而再生产不平等;个人在这种选优任能的意识形态支配下,接受了不平等,并逐渐把它们看成是自然而然的。[①] 因此,有必要将性别教育的内容纳入师范院校课程体系和师资培训课程体系之中,加强教师对性别平等理论的学习,使之改变性别刻板观念,给予男女生公平的关注和鼓励。目前,北京师范大学教育学院等已率先在本科生中开设了"妇女与性别平等"课程,这门课程的教学目标和基本特征是,培养学生"以社会性别公平为基本的教育原则和理念;以历史唯物主义为方法,分析教育中性别差异的真实原因以及用女性的眼光看教育世界"[②]。此外,教育部门还应设立相应课程,帮助教师理解性别角色社会化、性别角色刻板印象及其在个体的职业和日常行为、价值观念、态度等方面的表现,从而使其具备较强的社会性别敏感意识。

第三,在教育活动中坚持学习和反思,促进两性平等发展。

教学活动开展之前,教师要对教材中存在着的"男强女弱"的传统观念进行主动的反思,以便教学过程中有意识地在恰当时机引入性别话题,对学生进行性别意识教育。教师在教学活动结束后要及时对教学过程进行反思,反思自己是否在教学活动设计、师生互动、班级管理及自身角色榜样等方面做到消除性别偏见,平等对待不同性别的学生。无论是行动前的反思还是行动后的反思,其目的都在于正确使用教师本身所具有的教育资源和权力,把每个学生看成是"有性别的人",给予男女生平等的关注和鼓励、期待与评价。只有将自己作为每个学生发展的促进者,才有利于让男生与女生在各自的智力和非智力因素中发现并发挥各自的特色,克服自身的弱点,寻求相互理解,促进共同发展。

要使每个人在一定程度上都成为成功者,现代教育不能满足于仅仅向学生提供大致相同的学习条件,而且要根据各个学生的特点为他提供最大的发展机会。对于那些天资聪慧和具有高度创造力的青少年固然应该进行强化教育,因势利导,使其将来对国家对人类作出杰出的贡献;对于那些天资平平者同样应该给予恰当的教育,以进一步提

---

① 卢红、敬少丽:《基于社会性别理论的教师性别意识的研究——以若干中学教师个案研究为例》,《教育科学》,2007 年第 2 期。

② 韦禾:《社会性别:教育研究的新视角》,《全球教育展望》,2002 年第 5 期。

升挖掘和培养他们的才能;对于那些有各种缺陷的学生不仅要具有人道主义的同情,而且还要设计必要的补救教育方法,增加他们的发展可能性,减少其对社会造成的负担。这些,都应是因材施教的题中之义,也是在教育活动中公正意义的真正体现和落实。

斯霞:"童心母爱"

斯霞是我国教育名家,南京师范大学附属小学教师。她执教68年,在小学教育教学改革方面独树一帜,创造的"随课文分散识字"教学方法,在全国教育界产生广泛影响。担任国家教委中小学语文教材审查委员会成员10年,为我国小学语文教材和教学建设作出重要贡献。第三、五、六、七届全国人大代表,荣获全国劳动模范、全国三八红旗手等荣誉称号。直至2004年1月在南京病逝,她一直都在教育领域奋斗着。

1910年12月她生于浙江诸暨,1927年,当时17岁的斯霞刚从杭州女子师范学校毕业,来到位于府山脚下的绍兴第五中学附属小学,担任一年级班主任,教国语、算术、常识。当时多数孩子就像鲁迅笔下的闰土那样,一口方言,戴着项圈、手镯。针对这些问题,斯霞相应地采取了一些措施。渐渐地,斯霞班上的学生不但学习好、秩序好,而且穿戴文明、讲究卫生。20世纪50年代后期,斯霞接到南京师范大学附属小学5年制教改试验班的任务。当时的她,既要照顾重病的丈夫,还要照顾四个孩子,生活、工作的重担都落在她一个人的肩上。但这些困难并未影响她的教育和教学研究工作。她白天教书,晚上备课,批改完作业再去医院照顾病人……同事曾形容:"她就像一个陀螺,从早到晚飞快地不停地旋转。"斯霞独自制订了教学大纲、编写了教材,并担任试验班的语文和数学教师。她对班上56名学生挨个家访,坚持"一把钥匙开一把锁",搭起通往每个学生心灵的桥梁。她从不布置课外作业,要求学生的作业全部在课堂上完成。1963年教改试验班结业时,全班同学的学习质量完全达到或者超过了小学6年级水平,一个不落地全部升入中学。

斯霞还在上世纪五十年代初创造出了"字不离词、词不离句、句不离文"识字教学法,试点班学生在短短两年内学习了2000多个汉字,读了174篇课文。

斯霞的公开课总是挤满了前来旁听的教师,有一次公开课上,一位女生头枕着手背趴在桌子上,斯霞一边讲课,一边走过去轻轻摸摸女生额头,发现女生发烧了,就拍拍她的肩膀让她接着睡。听过这堂课的教师至今仍清晰记得这温暖的一幕。

1963年,新华社记者及时捕捉了斯霞关心、爱护、教育学生的点点滴滴,写出了感动一代人的通讯《斯霞和孩子》,刊登于《人民日报》,斯霞的"童心母爱"教学理念由此走向全国。

"与孩子打成一片,这叫有童心;要把学生当作自己的孩子一样看待,这叫对学生的母爱。"斯霞曾这样质朴地解释道。她一生实践着"童心母爱"。系着洁白的小围裙,头发上扎着蝴蝶结,唱着、跳着、调皮地朝孩子们做鬼脸……50多岁的斯霞依然会和孩子们嘻嘻哈哈地玩在一起,孩子们发自内心地喜欢这位和自己一样天真活泼的斯老师。

晚年的斯霞对于孩子的爱，还有另一种更勇敢的表达方式。她对孩子们沉重的课业负担忧心忡忡，每到一处，每见一位学生，都要拎一下他的书包，"小学生的书包怎么可以那么重！而且越来越重！"1989年，南京市举行了斯霞八十寿辰教育思想研讨会。当时由她口授、儿子执笔，写了一篇短文《减轻学生负担，救救孩子们》。斯霞在文中呐喊：中央一再提出要减轻学生负担，现在的负担为何还那么重，孩子做作业到晚上十一二点，比我们大人还辛苦！这样下去怎么行？我希望各级党政领导注意，凡加重学生负担的经验，都不是成功的。

如果说"童心"昭示着教育的儿童立场，那么"母爱"则彰显着对儿童成长的立体关怀，"童心母爱"这一体现斯霞教育人格的教育精神，直到今天依然影响着当代教育工作者，影响着社会转型期的教育精神。

（根据王宏超，《绍兴日报》2019-09-28报道整理）

本章小结

教育爱、教育良心、教育威信和教育公正是教师职业道德中的重要范畴，是教育德性之核心，它们之间相互联系、相互作用、相互影响，构成了相对完整意义上的教育德性体系。教育爱是教师倾心教育事业的一种真挚情感和深沉理性，教师对学生的爱体现了一种凝重的社会历史责任感，是教育走向成功的内在条件和必要手段。教育良心是教育道德义务的内化和升华，是教育道德生命之根本所在，更是教育伦理之应然的善转化成为实然的善的一种不可或缺的内在的精神力量。教育威信意味着教师以自己良好的个性品质和才能影响学生，使学生产生一种积极而肯定的意向，教师要以人格魅力提升影响力，培养亲和力。教育公正是塑造个体高尚人格的首要因素，是保证教育活动正常有序进行的先决条件，教师要消除歧视和偏见，以公正之心对待每一个教育对象，把爱的阳光照向全体受教育者。

关键术语

教育德性　教育爱　教育良心　教育威信　教育公正

讨论与探究

1. 教育爱充盈着"教育关怀"，被称之为社会爱、理智爱、责任爱，教师应当如何实践教育爱？
2. 为什么说教师工作是一种"良心活"？
3. 教师的教育威信靠什么来确立？
4. 作为教师职业道德的一个重要范畴，落实教育公正对教师有着怎样的要求？
5. 案例分析：结合本章内容，请分析下述案例。

案例 3-4

多一分师爱,就多一点进步

教师多一分爱,学生就多一点进步。新学期,我接手了一个新班级,任教五年级(2)班语文兼班主任。进班后,我对学生仔细观察了一阵子,有许多发现,既令我欣喜,又让我担忧……其中之一是,同学们经常嘲笑小董同学,追打他,他急得跳脚,然后乘同学们不注意,他偷偷去打他们。造成这样的局面是因为他实在太胖了,下巴都有三个了,两个小乳房鼓鼓的,走起路来一喘一喘,课后经常是一个人独自玩耍。我想,这样下去对小董的成长极为不利,也不利于团结向上的班集体的形成,我得改变这种状态。

我发现小董虽然胖,但手劲很大。我要好好发掘一下他的这一优势。有一节体育课,我说这节课我们举行掰手腕比赛。此言一出,同学们热情高涨,摩拳擦掌,跃跃欲试。接着我又说,每一组比出的大力士,再和老师比,比出我们班的大力士。很快,四名大力士诞生了。我轻而易举打败了三名大力士,还露出一点骄傲的态度。同学们心里有点受不了了,他们的希望都落在小董的身上,盼望着小董能给他们挣回一点面子。最后轮到我和小董比了,同学们齐声为小董加油,他们表现出前所未有的团结。我用了一点方法:先和小董形成僵持,同学们助威声更高了。接着,我故意让小董处在下风一点,同学们紧张得屏住了呼吸。最后,我输给了小董,这下同学们欣喜若狂。小董成了英雄,有了威信。接着在全校拔河比赛中我们班赢得了年级第一,同学们开心极了。我说:这要归功于你们的团结协作,还要感谢……有的说要感谢老师事前教给我们的方法,有的说要感谢我们班啦啦队的呐喊助威,有的说要感谢小董等大力士的全力以赴……至此,同学们彻底改变了对小董的态度,他自己也变得开朗、好学和自信了。

鲁迅先生说过:"教育是根植于爱的。"爱是教育的源泉,教师有了爱,才会用伯乐的眼光去发现每一个学生的闪光点,善加鼓励,多加呵护,逐步培养学生的自信心。你爱一分,他进一步。

(摘自《中国德育》2010 年第 4 期,作者:赵菊英)

进一步阅读的文献

1. 高建新著:《今天,我们要做怎样的教师》,吉林出版集团有限责任公司,2012 年。

2. [英]苏·考利著,宋旸译:《初为人师:教师职业生涯第一年》,北京师范大学出版社,2006 年。

3. [苏]苏霍姆林斯基著,杜殿坤编译:《给教师的建议》,教育科学出版社,1984 年。

4. 糜海波:《简论教育回归人的生活世界——教育伦理视角的解析》,《教育理论与实践》,2010 年第 12 期。

章前导语

　　作为一名即将走上教师岗位的师范生，你对教师与学生之间的关系怎么看？如何才能相处融洽？如何在师生交往中遵循教师的职业良心？如何避免激烈的冲突？如何调适师生关系中的不当之处？本章节将与你共同探讨。

通过本章的学习,你能够

- 了解师生关系是什么涵义,有什么特征,哪些因素会有影响,师生关系有什么意义;
- 理解师生关系中可能引发冲突的事件和原因,如何有效应对;
- 把握和谐的师生关系要遵循的伦理原则;
- 知晓教育教学实践中师生关系的相处之道,注意警惕易走入的误区;
- 加深对青春期教育的认识,把握与异性学生相处的尺度。

本章内容导引

- 师生关系概述

  一、师生关系的内涵与外延

  二、师生关系的特征

  　　(一)先天制度性

  　　(二)交互作用性

  　　(三)动态生成性

  　　(四)未来指向性

  三、师生关系的影响因素

  　　(一)历史上师生关系的传承

  　　(二)社会及社会人际关系的发展状况

  　　(三)人际交往当事者的个体状况

  四、师生关系的意义

  　　(一)师生关系在思想道德教育中的意义

  　　(二)师生关系在课程教学中的意义

  　　(三)师生关系在制度管理中的意义

- 师生关系中的冲突分析

  一、师生个体差异引发的冲突

  二、利益关系处理不当引发的冲突

  三、管理活动引发的冲突

  四、应试教育引发的冲突

- 师生关系的伦理调适

  一、处理角色关系时要谨记师生双方的社会责任

  二、处理人与人的关系时要恪守师生双方的彼此尊重

  三、处理利益问题时要秉承师生双方利益的道义性

  四、师生交往时要遵循合理的相处之道

  　　(一)树立理性的学生观和教师观

  　　(二)距离上保持远近适宜

  　　(三)要求上宽严有度

章导言

　　教师与学生的关系是学校人际交往中最基本的关系,是教育大厦的基石。了解师生关系的内涵和外延,探究师生关系有别于其他人际关系的特征及发生冲突的深层原因,懂得影响师生关系的因素,理解师生关系的重要意义,掌握调适师生伦理关系的基本方法,对于塑造和谐的师生关系,促进教师与学生的成长和学校教育学活动的开展有着至关重要的作用。

第一节　师生关系概述

　　教师与学生的关系是学校人际交往中的最基本关系,是教育大厦的基石。了解师生关系的内涵和外延,探究师生关系有别于其他人际关系的特征,懂得影响师生关系的因素,理解师生关系的重要意义,对于塑造和谐的师生关系,从而促进教师与学生的成长和学校教育教学活动的开展都有至关重要的作用。

一、师生关系的内涵与外延

　　人之为人,社会属性是人的本质属性,人的本质是社会关系的总和。学校场域中的教师与学生这两部分群体为了同样的发展目标,在相同的学制时间里共处在学校这一共同的空间里,从事同一教育教学的活动,必然会彼此联系、彼此影响、彼此交往,形成某种师生关系。对于师生关系的界定,学界多有论述。师生关系是指教师和学生在教育教学过程中结成的相互关系,包括彼此所处的地位、作用和相互对待的态度等。[①] 它是一种特殊的社会关系和人际关系,是教师和学生为实现教育目标,以各自独特的身份和地位通过教与学的直接交流活动而形成的多性质、多层次的关系体系。[②]

　　师生关系作为多性质、多层次的关系体系体现在:从关系内容上看,师生关系包括

---

① 张东娇:《师生关系新走向:双向式"师道尊严"》,《教育科学》,2007年第1期。
② 全国十二所重点师范大学联合编写:《教育学基础》,教育科学出版社,2002年,第155页。

教师对学生进行教育教学管理的关系和教师为学生身心发展服务的关系,其中前者为后者服务,有效管理更好地促进学生身心发展和教师的专业发展;从关系层次上看,师生关系首先是浅表性的行为关系即教与学的关系,其次还涉及更进一步的感情交流的关系、心理交往的关系以及深层次蕴含的法律关系等;从关系主体上看,师生关系既是教师与学生之间的关系,也是社会人与社会人的关系,也就是说师生关系首先是因为教师与学生各自社会角色规定性的规约,体现为教育工作关系即角色关系,同时教师与学生都是活生生的人,他们之间的关系在本质上来说是社会人际关系即人与人的关系。

师生关系既有作为人际关系的共性,也有为师生角色制约的特殊人际关系的个性。角色是指"与人们的某种社会地位、身份相一致的一整套权利、义务的规范与行为模式,它是人们对具有特定身份的人的行为期望,它构成社会群体或组织的基础"①。教师与学生之间的角色关系即是以权利和义务为基础,渗透社会对教师和学生的角色期待。这种角色期待既有当事者本人的自律,又有社会舆论的监督,还有《中华人民共和国教师法》、《中华人民共和国教育法》、《中华人民共和国义务教育法》等以国家立法的形式对此予以确认的明文规定。

**拓展阅读
4-1**

《中华人民共和国教师法》(1993 年 10 月 31 日第八届全国人民代表大会常务委员会第四次会议通过,1993 年 10 月 31 日中华人民共和国主席令第十五号公布,自 1994 年 1 月 1 日起施行)对教师的权利和义务规定如下:

第七条　教师享有下列权利:

(一)进行教育教学活动,开展教育教学改革和实验;

(二)从事科学研究、学术交流,参加专业的学术团体,在学术活动中充分发表意见;

(三)指导学生的学习和发展,评定学生的品行和学业成绩;

(四)按时获取工资报酬,享受国家规定的福利待遇以及寒暑假期的带薪休假;

(五)对学校教育教学、管理工作和教育行政部门的工作提出意见和建议,通过教职工代表大会或者其他形式,参与学校的民主管理;

(六)参加进修或者其他方式的培训。

第八条　教师应当履行下列义务:

(一)遵守宪法、法律和职业道德,为人师表;

(二)贯彻国家的教育方针,遵守规章制度,执行学校的教学计划,履行教师聘约,完成教育教学工作任务;

(三)对学生进行宪法所确定的基本原则的教育和爱国主义、民族团结的教育,法制教育以及思想品德、文化、科学技术教育,组织、带领学生开展有益的社会活动;

(四)关心、爱护全体学生,尊重学生人格,促进学生在品德、智力、体质等方面全面发展;

(五)制止有害于学生的行为或者其他侵犯学生合法权益的行为,批评和抵制有害于学生健康成长的现象;

(六)不断提高思想政治觉悟和教育教学业务水平。

---

① 郑杭生著:《社会学概论新修》,中国人民大学出版社,1994 年,第 140 页。

《中华人民共和国教育法》(1995年3月18日第八届全国人民代表大会第三次会议通过,1995年3月18日中华人民共和国主席令第四十五号公布,自1995年9月1日起施行)对受教育者的权利和义务规定如下:

第四十二条　受教育者享有下列权利:

(一)参加教育教学计划安排的各种活动,使用教育教学设施、设备、图书资料;

(二)按照国家有关规定获得奖学金、贷学金、助学金;

(三)在学业成绩和品行上获得公正评价,完成规定的学业后获得相应的学业证书、学位证书;

(四)对学校给予的处分不服向有关部门提出申诉,对学校、教师侵犯其人身权、财产权等合法权益,提出申诉或者依法提起诉讼;

(五)法律、法规规定的其他权利。

第四十三条　受教育者应当履行下列义务:

(一)遵守法律、法规;

(二)遵守学生行为规范,尊敬师长,养成良好的思想品德和行为习惯;

(三)努力学习,完成规定的学习任务;

(四)遵守所在学校或者其他教育机构的管理制度。

二、师生关系的特征

师生关系这对特殊的人际关系有其区别于其他人际关系的不同性质,这些特殊性是我们分析、了解、立志于完善师生关系的前提。总的来看,师生关系的特征可概括如下。

(一)先天制度性

现代师生关系的存在囿于学校教育制度的框架之内,这个制度所赋予教师与学生的教育者和被教育者的身份是师生之间开始交往的前提。也正因为此,师生关系在教育教学中的地位是不平等的,学生敬礼,教师还礼;学生主体,教师主导。教师与学生彼此间所展示的也只是教育教学工作方面的职业人角色,都只展示的是"半个人",而非完整的一个人,各自隐藏了在学校之外的生活中的另一面,以致生活中有的学生周末时在菜市场看到本班老师在买菜,都觉得惊讶不已。

(二)交互作用性

从马克思主义哲学的角度来看,教师与学生作为相互联系又相互区别的矛盾双方,共处于教育教学场域的矛盾统一体中,师生之间的互相影响、互相作用、互相促进推动了教育教学活动的进行和发展,推动了师生关系的进步与完善。师生关系由教师群体和学生群体在教育教学的实践中和生活中交往互动所形成和发展起来,在这一过程中,教师与学生的互动对于彼此关系的演变具有决定性作用。

(三)动态生成性

教育教学实践中师生关系是从无到有建立起来的,同时不是一成不变的。教师与学生之间自初始年级开学见第一次面之后,彼此之间关系的走向具有动态的生成性。

师生之间如果交往顺利,教师关心爱护学生,学生尊敬礼待师长,教育教学活动中互动良好、气氛融洽,师生关系就会往友好和谐的态势发展,即使遇到些小问题也能顺利解决;但是如果师生之间教师对学生太漠然或太严苛,甚至简单粗暴,学生对教师不当回事或者积怨深重,甚至爆发激烈冲突,则这样的师生关系会陷入恶性循环的深渊,不仅不利于教育教学活动的开展,对教师与学生的身心发展也是很深的伤害。

(四)未来指向性

教育教学活动是面向未来的,既关注学生的当下表现,更致力于为学生的未来发展做好准备,为教师的生命体验打下基础。师生关系作为教育教学活动中最基本的社会关系,其本身并不是活动目的和最后归宿,它所指向的是未来,是对现实的超越。所谓未来性,是指对现实学校生活和活动的一种超越,即师生关系的存在和联系方式不仅仅是附着于现实的教育教学活动之中,不仅仅是对现实的社会关系的复制和重现,它指向师生的继续发展和未来发展;师生在不断的教学相长的过程中追寻生命与生活的意义,为实现自己的价值而不懈努力。[①] 也正因为此,师生关系的相处中更要用长远的眼光考虑对未来师生发展的影响。

三、师生关系的影响因素

目前学术界都普遍认可在应然状态中,"现代师生关系是建立在民主平等基础上的一种新型师生关系"[②]。从纵向来看,教育作为自古至今传承千年的活动,自身有其不因外界条件转变而转变的发展规律;从横向来看,教育是社会的一个子系统,因此外在社会环境的变化必然对教育的发展有重要影响;从微观上来看,师生关系由教师与学生之间互动形成,当事者的状况会影响彼此交往无疑。因此,现代师生关系的发展受到三方面的规约:一是历史上师生关系的传承,二是师生关系所处的社会及社会人际关系的发展状况,三是教师与学生作为人际交往当事者的个体状况。

(一)历史上师生关系的传承

对历史上师生关系的传承会奠定现代师生关系角色制约性的基调。我国的历史传统对教师的角色定位是"师道尊严",赋予教师无上的权威和作为"道"的化身的极高的道德要求。荀子提出"天地君亲师"的说法,认为"天地者,生之本也;先祖者,类之本也;君师者,治之本也"(《荀子·礼论》),将教师的地位提高到与天地君亲相同的地位尊崇。韩愈在《师说》中所言"师者,所以传道、授业、解惑也",一千多年来一直被人们引为对教师的角色定位。对于学生,则要求他们必须对教师绝对服从,荀子说"言不称师谓之畔(叛),教不称师谓之倍(背)"(《荀子·大略》)。教师与学生的身份彼此互为参照性,师生之间的关系是双方的角色规定性在学校场域中的体现,即由师生双方所处的组织制度决定。因为同在教育场所的场域中,社会对教师与学生的角色期待千百年来具有一定历史的传承性。如我国的法律规定"教师是履行教育教学职责的专业人员,承担教书

---

① 孙俊三、谢丽玲:《我国当代师生关系研究范式的扬弃和超越》,《中国教育学刊》,2004 年第 4 期。

② 张清:《解读现代师生关系的内涵》,《教育与职业》,2007 年第 27 期。

育人,培养社会主义事业建设者和接班人、提高民族素质的使命"①。而学生也应该接受教师的教育,尊敬师长,努力成为合格的社会主义事业的建设者和接班人,社会对学生的期望最简明的概括就是"好好学习,天天向上"。

(二) 社会及社会人际关系的发展状况

师生关系所处的社会及社会人际关系的发展状况对师生关系的影响深刻。首先是现代社会等级性的变迁。我国历史上长期是等级森严的封建社会,导致师生的身份关系也不可避免地受"父父子子、君君臣臣"的纲常伦理的影响,教师处于绝对的权威位置,而学生对教师必须绝对服从。在我国历史上,师生之间传统的等级观念因"一方在年龄、知识和无上权威等方面的有利条件和另一方的低下与顺从的地位而变得根深蒂固"②。然而,当今社会,民主平等是社会发展不可逆转的历史趋势和现实状况,人们的民主意识和权利意识越来越强,因此学校中的师生关系不再具有等级性的社会土壤,师生之间趋于民主平等。其次是信息时代的引领。随着网络技术的发达和普及,各方面的信息处于井喷状态,学生能够获得知识的渠道大为拓展,在这种情况下,教师并不能再成为知识上的权威,师生关系不再仅仅是传授知识和接受知识的关系,教师更重要的工作是引导学生如何学习,帮助他们甄别信息。最后是市场经济的冲击。市场配置资源的自发性所引起的对于物质欲望的追求冲击着人们的思想观念,也冲击着并不处于真空地带、同样存在于当下社会中的教育领域,对身处其中的教师、学生、学生家长,以及普遍的社会舆论都有较大影响,催生出有偿家教、收受礼品等将师生关系利益化的不良甚至违规违纪行为。

(三) 人际交往当事者的个体状况

教师与学生作为人际交往当事者的个体状况会直接地影响师生关系的进程。师生关系是教师与学生两个群体之间的关系,在微观上由每一对单个的师生关系构成,教师的品行与为人处事的风格以及学生的个性和习惯会直接导致现实中的师生关系运行的态势是和谐顺利还是冲突不断。在教育教学的实践活动中,和谐的师生关系往往由有爱负责的教师与懂事礼貌的学生共同组建而成。而冲突不断的师生关系中,可能的情况包括教师对自我职业道德修养要求的懈怠,如对教学工作的不负责任、对学生态度的简单粗暴、对个人负面情绪的肆意发泄、对学生家长索要财物等;还有可能是学生这一方面个性的乖张、思想的偏激、言谈举止的放荡不羁等,当然这背后很大程度上是由于学生家庭教育的不当所引发的恶果。师生关系的培养与发展,需要教师与学生双方的共同努力,不能忽视任何一方的作用,其中教师理应承担主要责任,加强自身道德修养,理性控制自己的所思所行,并且言传身教,引领学生共同致力于和谐师生关系的构建。

四、师生关系的意义

良好的师生关系是教育教学活动顺利进行的助推器,是师生身心愉悦的供氧机,

---

① 《中华人民共和国教师法(1993年10月31日)》第一章第三条。
② 联合国教科文组织国际教育发展委员会编著,华东师范大学比较教育研究所译:《学会生存——教育世界的今天和明天》,教育科学出版社,1996年,第107页。

是学校和谐氛围的润滑剂。师生关系对于教师与学生的专业成长、身心发展、生命体验都有着至关重要的作用,研究表明,亲密性师生关系的学生在学校态度、学业行为和社会行为方面均显著好于一般型和冲突型师生关系的学生。[①] 在具体教育教学实践中,具体表现为师生关系在思想道德教育中,在课程教学中,在制度管理中均有重要的意义。

(一)师生关系在思想道德教育中的意义

古人云:"故安其学而亲其师,乐其友而信其道。"友好的师生关系是思想道德教育获得成效的保证。思想道德教育的过程是师生之间伴随着主体思想、理论、观念灌输的不断交流的过程,其中既有各种信息的发出和反馈,又有情感的相互交流。师生的友好互动则构成了教育、教学的氛围和背景,有利于在师生之间形成"知识场"与"心理场"。为了晓之以理,必须要做到动之以情。情感之弦是人本有的一种心理积淀,调动人本有的心理能量来促成心理的共鸣反应,就会大大提升教育的效果。教师作为教育者,在师生交往中应随时注意和调节双方的心理距离。既要有教师的尊严,又要努力形成自身的凝聚力和向心力。这要求教师必须对学生有至诚至爱的真挚情感和态度,以引起学生理性认同和情感共鸣,从而水到渠成地获得思想教育的理想效果。

师生关系同时是一种道德示范。榜样的力量是无穷的。人的心理适应最主要的就是对于人际关系的适应。而对于广大青少年学生来讲,师生关系就是他们踏入社会的人际关系的第一课。师生关系是学生最为直观的道德教科书。在师生关系中,教师的一言一行都会被学生关注,进而上升为道德命题。比如诚信等。在良好的师生关系中,学生们接受的道德示范是尊重、平等、负责、同情、诚信、友好等。在不良的师生关系中,学生所接受的道德示范是冷漠、仇视、势利、懒散、欺骗等。这种道德示范不管教师和学生的主观意愿如何,总是客观存在的,而且这种道德示范对学生的影响往往大于教师的说教和社会的倡导。

(二)师生关系在课程教学中的意义

良好的师生关系是进行正常教学活动、提高教学效率的保证。和谐的师生关系是课程教学中一种无形的推动力。它不仅能给学生创设宽松愉悦的学习氛围,充分调动学生学习的热情,又能让教师得到学生真诚友好的互动,从而使课程教学高效率地进行。在课程教学中必须注意师生平等。教师和学生在人格和真理面前是平等的。教师要充分相信每个学生具有发展的潜力。教学必须面向全体学生,创设公平公正的学习情境,让每个学生去体验成功。良好的教学氛围,有助于学生产生自信心和责任感,自觉努力来严格要求自己。同时,也有助于教师在课程教学中的身心愉快体验,有助于专业技能的提升,在课堂上更多地关注学生,尊重学生的主体地位,调动学生的积极性和参与度,并且能根据学生的反应及时调整自己的教学策略和教学进程,这对教师的专业成长无疑是非常有帮助的。

(三)师生关系在制度管理中的意义

良好的师生关系是制度管理取得成效的保障。制度是学校各项工作和活动的行为

① 邹泓、屈智勇、叶苑:《中小学生的师生关系与其学校适应》,《心理发展与教育》,2007 年第 4 期。

规范和获得成功的重要条件。学校各项管理都会涉及教师和学生,在学校的大部分管理活动中,教师是管理者,学生是被管理者。师生之间的这种管理关系是一种教师对学生实施的教育、教学、指导等过程中发生的管理和被管理的行政关系。从管理学视角看,根据教师采取的管理方式的不同,师生之间的管理关系可以分为强制型管理模式、民主型管理模式和放任型管理模式。强制型管理模式,就是依据师道尊严,我教你听,唯我独尊的管理形式。这种管理模式在现代各级各类学校里都是行不通的,当然也收不到良好的教育效果。民主型管理模式,就是教师在实施教育、教学和指导等过程中将受教育的对象——学生视为一个平等的教育关系主体,不仅要发挥作为教师的主导作用,而且要发掘学生的主观能动性和潜力,以达到管理与被管理相互协调、配合,共同实现教育目的的管理形式。这种管理模式比较符合现代师生关系的实际,也符合时代的要求。在强调以人为本,尊重人权的今天,以民主型管理模式实施教育管理活动无疑是唯一的正确选择。放任型管理模式,就是教师在实施教育、教学和指导等过程中过分地迁就学生,学生想怎样,教师无原则地任其活动,以求无为而治的管理形式。放任型管理模式实质上是一种教育无能的表现,是对教育工作和学生的不负责任。当然,这种管理模式是完全不可取的。

在教师和学生的管理关系中,要使管理活动取得良好的成效,师生关系的好坏就起着决定性的作用。没有学生有机而积极的配合,是无法获得成功的。尤其在师生关系紧张、情绪对立、心理抵触的情况下,任何一个管理活动都不可能取得理想的结果。另外,良好的师生关系在制度管理中的顺畅表现,也是教师与学生愉悦的心理体验,有助于师生的身心发展。

案例 4-1

"新时期师生关系调查"(中小学篇)

在中小学阶段,除了父母,教师是与学生关系最紧密的人。近日,《南方日报》记者抽选了广州市内不同层次的十余所中小学,随机调查了 160 位在校老师、学生和家长。

沟通方式　六成老师学生都怕打交道

在"学生与班主任的关系"一题中,有 78.6% 的学生选择"和谐",14.3% 选择"亲密",仅有 7.14% 表示"有距离",认为"师生间很疏远"的学生为零。同题作答,这一结果与老师的答案基本吻合:八成老师认为师生间"比较和谐",而认为"亲密"和"有距离"的均占 10%,没有老师认为与学生"很疏远"。

在多数学生眼中,班主任扮演着"师长"(74.3%)和"朋友"(45.7%)角色,仅有 2.7% 的学生认为班主任是"陌生人"。受访学生中有 55.8% 表示与老师打交道偶尔会产生恐惧,过半学生认为,当中最大的原因是"老师很有威严,不敢靠近"。

反观老师的答案,同样有六成的老师表示与学生打交道偶尔会产生恐惧,其中最大的原因是"学生不听话,但不敢太多管教"。有 33.3% 的老师与学生打交道产生恐惧的原因是由于"家长对学生的期望值太高,老师在教学上压力巨大"。

老师们表示,课外与学生交流沟通最常用的沟通方式是通过电话(90%)和QQ、微博、微信等新媒体(85%)。使用传统的"家访"交流的老师有40%,当中,在受访的中学老师中仅23%表示进行过"家访",而小学老师中则有56%与学生的课外交流以"家访"为主。

异性关系　八成老师称会保持适度距离

针对近来发生的一系列校园性侵案,问卷重点设置了有关中小学异性师生的沟通方式和关系现状的问题。

与异性学生交流是否会适当保持距离?有60%的受访教师表示"可能会,要分情况",回答该选项的教师中,女性占受访女教师人数的66.7%,男性占受访男教师人数的40%;而回答"一定会保持距离"和"不会保持距离"的教师人数均占20%。

至于为何要与异性学生保持距离,有43.75%的老师首选"怕异性学生会对自己产生爱慕",其次是"因为与异性学生相处时没有第三者在场"和"怕引起身边人的怀疑和不满",各有25%的受访老师选择。

反观学生,表示可能会与异性老师交流保持适当距离的占了52.8%,持否定态度的有45%,表示一定会保持距离的仅有2.8%。其中,表示会保持距离的女生占比58.7%,男生占比50%。可见,女生对异性老师的防范意识较强。

价值认同　对成绩优等生关注度差异大

对于"老师会多关注怎样的学生"一题排序,在中小学师生间得出了两个截然不同的答案。在学生看来,老师最关注的前五类学生为:"学习成绩好的"、"积极为班级做贡献的"、"学习成绩差的"、"善于表现自己的"、"家庭有困难的,身体不好的"。

但在老师眼中,最关注的学生排序则为:"学习成绩差的"、"善于表现自己的"、"性格孤僻难接近的"、"人际关系不好的"、"有特殊才能的"。而"学习成绩好的"却排在关心程度的倒数第三位,后两位是"有鲜明个性的"和"家庭条件好,有特殊背景的"。

(资料来源:人民网 http://edu. people. com. cn/n/2013/0909/c1053-22854010.html,原载《南方日报》)

第二节　师生关系中的冲突分析

师生关系的延续与发展中,出现矛盾冲突并不鲜见。由于教师个人素质的差异、学生个体品性的不同、旧的教育观念的影响、市场经济所引发的拜金主义的侵蚀等等问题,日常教育教学活动的实践中,师生关系的构建与维护也并不是一帆风顺的,会遇到一些阻碍,近些年来甚至师生之间极端的冲突事件也屡见报端。正视这些矛盾冲突,分析其中冲突产生的缘由及表现,对我们在工作中力图减少这些冲突的努力不无裨益。

一、师生个体差异引发的冲突

教师与学生作为有着自己独特性的个体,在学识、性格、年龄、经历、思想等方面均有差异,同时他们身份的不同、立场的不同、看问题角度的不同,在实践生活中都有可能引发师生关系中的矛盾冲突。

在学识上,教师普遍要更甚于学生,尤其是学科专业领域,师生之间在知识领域"闻道有先后,术业有专攻",这也是师者为师必备的专业资格,但有些教师由此对学生在学习知识时的表现不够尊重,伤害了学生的幼小心灵,造成师生之间的心理隔阂。在性格上,内向型、外向型或兼容型的性格在教师与学生群体中均有分布,不同性格的个体之间在相处时行为方式就会有所不同,也容易制造些误解和矛盾摩擦。在年龄和经历上,教师尤其是中老年教师比学生年长很多,经历事情也丰富得多,容易根深蒂固地认为学生幼稚可爱,与学生产生代沟,而年轻教师与学生年龄差距小,更容易与学生亲近。正因为师生之间在学识、性格、年龄、经历等方面的差异,人与人的很多想法以及想法所带动的行事作风就可能引起矛盾冲突。另外,教师与学生的身份不同从而社会对这两种角色的要求不同,师生的立场不同引起的看问题的角度不同,这些都是正常情况下师生之间发生冲突的可能性源头。例如关于"考试"这件事,师生的认知就会不同,教师认为是检验帮助学生学习的必要手段,学生却未必能对此有正确的认识,害怕考试,尤其是假期结束前的考试,认为是老师在故意让自己假期不好过,由此有些学生就会抱怨老师不理解自己,从而对老师有意见和抵触情绪。

对于师生之间的个体差异所引起的冲突,教师应该积极而认真的予以正确对待。对学识上的差异,教师应该提高自己的专业水准,增强自己在学生中的学术威望,但不能以"高人一等"自居,对学生提出的较浅显的问题或课堂上的不佳表现不能嘲讽挖苦,而应循循善诱,耐心细致地教学。对性格上的差异,教师应该尽力用理性来控制自己在学生面前的性格表现,同时引导学生克服自身的性格缺陷。对年龄和经历的差异,教师不可固守一些老观念,应该多与新的事物接触,紧跟时代的步伐,多了解现在学生的心理和与以往学生的不同,尽量减少代沟和心理差距。而对于身份、立场、看问题角度的不同,教师需要做的:一是确保自己所做的是出于公心,并且对学生是有益处的;二是多换位思考,从学生的角度考虑做事的方式方法对方能否接受;三是多与学生沟通,让学生理解老师的良苦用心和行为处事的科学性。学生尤其是中学生随着身心发展的成熟逐渐有自己的判断和思考,教师切不可把学生当作命令的对象,而应作为有思想的有平等人格的个体,多沟通多互相理解。

二、利益关系处理不当引发的冲突

我国的历史传统向来是耻于谈"利"的,子曰"君子喻于义,小人喻于利"(《论语·里仁》),传统的义利观要求品德高尚的人们洁身自好、重义轻利。所以,传道、授业、解惑的教师只能安贫乐道,做红烛、做春蚕、做人梯,牺牲自己,服务他人,而不能为自己谋私利。然而,人们的交往建立在利益的基础上,这是不以人们主观意志为转移的、无法回避的客观事实,从人道的角度来说,也不应该回避。邓小平说:"革命是在物质利益的基础上产生的,如果只讲牺牲精神,不讲物质利益,那就是唯心论。"

利益可以分为物质利益和精神利益,在师生关系中这两种利益关系同时存在。在物质利益上,各公办学校教师的各项工资待遇来自国家或地方财政的拨款,学生的学费或学生家长作为社会人所缴纳的各项税费都是财政收入的组成部分,更遑论民办学校的人员开支几乎完全依赖学生缴纳的学费。因此可以说教师与学生是有物质利益关系的。而在精神利益上,教师在与学生的交往中,激荡青春,发挥才能,在以学生为事业的教育事业中实现自己的人生价值,这个过程是让人精神愉悦的,孟子即以"得天下之英才而教育之"为人生一大乐事。桃李满天下的教师收到已毕业学生的祝福、探望,心中的幸福感又岂是其他职业者可以感受到的。

而从学生的角度来说,学生求教于教师,在学校中受教育,为毕业后进入社会、在社会中立足积蓄能量,包括知识的储备、道德的发展、社会化水平的提高等,而这些在未来社会中能获得物质利益是毫无疑问的。另外,学生在与教师的交往中,学习知识和启发道德,促进自身的全面发展,这个不断进步的过程也是学生体验成长快乐、陶冶精神的过程。

如果说传统的师生利益关系是轻物质利益、重精神利益的话,现代的师生利益关系则出现了商业化、物质化的特点。这是与当下社会大环境的变化分不开的。在当下社会转型时期,市场经济蓬勃发展,教育产业化盛行,少数教师即把市场经济的等价交换原则、利益最大化原则等运用到教育教学活动中,拜金主义、功利主义泛滥。少数中小学教师有的热衷家教、课外补习班,而在正规教学活动中有所保留,有的在选举学生干部、评选三好学生、参加学校活动甚至编排座位等问题上与学生家长进行权钱交易,有的在遇到私人问题时直接点名要求学生家长提供帮助等相关现象不一而足。

与有的教师主动从学生身上获取不正当利益略有不同的是,当下也有些学生和学生家长为了自己的特殊利益,如能进重点班、重点校、获得教师的特殊关照,而主动对教师投其所好、展开攻势,如送礼、请客等。当然,在利益关系中,教师无疑是处在主导地位的,对家长的"礼"是收还是不收,主动权在教师。

三、管理活动引发的冲突

在现实的教育教学活动中,教师对学生的管理活动是最容易引起冲突的部分。管理活动是教育教学活动能够顺利有效进行的必要保证,其中包括学校对学生的制度管理,教师对学生的课堂管理、学业成绩的监管、学生交往的管理、遵守校纪校规班级规定的执行情况的管理等等。其中虽说所有教师都负有对学生的监管职责,但是实践中班主任老师由于职责所在,几乎是全方位地负责学生,可以说对学生的管理与关心事无巨细,大到学籍信息录入,小到迟到早退、仪容仪表,甚至有学生家长就孩子在家的不良表现跟班主任诉苦,向班主任寻求帮助,所以相较于科任教师,班主任对学生责任最大,与学生接触最多,与学生之间发生冲突的可能性也最大。

教师与学生之间由于管理活动引发的冲突,究其原因有三个方面可能导致:一是制度本身的不合理、不合人性化,导致学生对此有意见,甚至以极端方式表达不满。如因不满学校封闭管理和食堂高菜价,某校就有几百名学生聚集抗议,造成恶劣的社会影响。① 二是个别教师的职业素养有待提高,在从事管理活动时没有注意方式方法,言行态度有不合适的地方,对学生造成一定的负面刺激,从而激化了矛盾。如有的教师在学生犯错时讽刺挖苦,冷嘲热讽,不顾及其在其他学生面前的自尊心,或者采取体罚或变相体罚的方式,对学生身心造成严重的伤害,在这些情况下,师生之间的冲突甚至会演变成家长与教师之间的冲突,家长与学校之间的冲突,后果一发不可收拾。三是个别学生品性的不成熟,自我约束力不强,尤其青春期的学生叛逆性强,容易以自我为中心,一旦教师的管理活动与自己的所想所做不一致,即有可能与教师之间发生冲突。例如当下很多学校会对学生在校使用手机加以严格监管,目的是控制手机对学生学业可能带来的负面影响,如上课玩手机,考试利用手机作弊等,但有些痴迷手机娱乐的学生对此非常抵触,在被教师发现违规使用手机时拒绝接受相关处理,甚至与教师当场爆发激烈冲突。类似的事情在实际学校生活中时有发生。

对于这些管理活动所引发的冲突,首先,学校层面应确保制度的合理性和科学性,在制度试行时多征集教师及学生的意见,力求科学民主决策。其次,教师要提高自身的素质,在实施对学生的管理活动时,理性控制自己的情绪,切实尊重学生的人格,保护学生的自尊心,不可言语行动上有失为人师表的风范。第三,对于学生自身不合情理的因素,过于自我和放纵的想法,教师要多加引导,在平时多注意对学生的相关教育,并且多与学生家长沟通,寻求与学生家庭的教育合力,共同致力于学生的成熟与理性发展。最后,教师切不可为了不与学生起冲突,而对学生的违纪违规行为视若不见,放任不管,这样的不作为既是对自己工作的懈怠,罔顾自己的教师职责,又是对学生的极端不负责任,对学校的正常教育管理活动和学生的身心发展都极为不利。

四、应试教育引发的冲突

应试教育是以应对考试、提高升学率为终极目标,教育教学活动以此目标为指挥棒,各项活动围绕此目标展开的一种教学模式,在教育教学实践中的表现包括以学习成绩作为评价学生和教师的唯一标准,课程安排上所有非中高考科目为中高考科目让课时,划分重点班级并给予优质教育资源的配备,压榨学生所有课余时间用于各门考试学科的学习,甚至劝退可能影响到学校升学率的成绩落后的学生等等。由于现实的显效性和可衡量性、可比性,很多地方学生的考试成绩和升学率关乎到教师的奖金和名望,关乎到学校的社会地位和名声。即使违法违纪的行为有所收敛,但普遍来说当前中小学里应试教育的取向还是很明显的。

应试教育的目标导向和实践操作无疑是对德智体全面发展的教育目标的窄化,造成了一系列的教育不公,不利于和谐师生关系的培养,不利于学生的长远的发展。一方面,应试教育中,学生的学习成绩成为学校考核教师的重要标准,同事之间对学生分数的比较和排名,让教师倍感压力,导致教师对学生学习成绩的唯一看重性,并将这种压力传递给学生。教师在教学中对学生期望过高,压力过大,可能采用些违背教育规律的手段来提高学生成绩,如布置过量作业、题海战术、考试排名等,易激起学生的逆反心

---

① 周红松:《河北廊坊东方职业技术学院回应学生聚集抗议事件》,《中国教育报》,2013年11月2日。

理。而且,当有些学生的学业表现没有达到教师的期望和要求时,教师若采取不理智的态度,如讥讽挖苦或者过激的惩罚方式,都有可能导致师生之间的激烈冲突。另一方面,教师看重的是学生的考试成绩,往往会忽视学生内在的心理需求和精神发展,即使教师会给予学生关怀,关怀的对象往往也是考试成绩优秀的学生,而中等生和学习成绩差的学生通常很难获得教师耐心的关注和关怀。[①] 这易造成成绩优秀学生的自我中心和大部分学生对教师疏离的怨恨,师生之间隔阂加深。另外,学生的所有时间和精力被安排全部放在学习成绩的提高上,对其他方面的发展如生活自理能力、人际交往能力、个人兴趣爱好的培养必然有所欠缺,对师生关系这一人际交往关系的处理未必能成熟,当然更严重的是非常不利于学生以后的发展。

对于应试教育所引发的师生关系的冲突,一方面,我们呼吁全社会对素质教育的重视,能用长远眼光来看待学生的发展,致力于推动中高考制度的改革,教育公平的普及,从制度层面减少分数对教师和学生的压力,削弱师生之间的冲突源。另一方面,即使社会大环境难以改善,应试教育之风横行,教师也不是无能为力、只能无所作为的。在平时的教育教学活动中,教师应理性控制自己的言行举止,把学生当作与自己平等人格的人来看,多换位思考,多互相体谅,多尊重学生,多考虑学生的心理感受和承受力,尽可能在自己的职责范围内保护好学生的身心发展,绝不可以肆意发泄自己的情绪和不满,把社会对自己的压力转嫁到学生身上。正如个体心理学创始人阿德勒指出的,"教师对学校的制度不负有责任,但如果他们能以个人的同情和理解缓和一下这个制度的非人性和苛刻的一面,那就最好不过了。因此,教师要考虑到某个孩子的特殊情况,适当对他宽一点,这样,会起到鼓励这个孩子的作用,而不是把他推向绝路","一句话,一个理想的教师负有一种神圣和激动人心的责任。他铸造孩子的心灵,人类的前途也掌握在他的手里"。[②]

师生冲突事件处理之三忌

一忌处理前以预设代生成。心理学研究已经证实首因效应和近因效应在人际交往中的重要作用,即对某人或某事的最初印象和最近的印象会影响到对其在后续交往中的判断。这警示我们,作为教育者要尽量避免因为以前的印象而对学生产生偏见,以致不能公平公正地就事论事。当师生之间发生冲突时,应调查清楚实际情况,不可以不给学生解释的机会,仅凭以往印象就妄下结论。如教师认为该学生平时一向不尊重老师,故意找茬让老师难堪,而有可能实际情况是学生当时误解了老师的意思以为老师针对他,如果不调查这一生成的情况,双方的误会只能越来越深,师生关系越来越恶化。

① 马多秀:《关怀伦理学视域中的师生关系探究》,《思想理论教育》,2012年第6期。
② 转引自[奥]阿德勒著,韦启昌译:《儿童的人格形成及其培养》,河北人民出版社,2002年,第110、114—115页。

二忌处理中以情绪代理性。人类的基本情绪包括快乐、愤怒、悲哀、恐惧、厌恶等等,当教师遇到师生冲突事件时,尤其是与学生激烈的正面冲突时,往往在第一时间激起的是愤怒和厌恶的基本情绪,这是人之常情,因为通常情绪判断要先于理性判断,在大脑还没反应过来怎么理性处理这件事时,情绪往往抢先一步主导了判断。在这种情况下,如果不能有意识地控制住自己的情绪,往往会做出些过激不理智的反应,使事态进一步恶化。如在我们平常的教育教学工作中有学生顶撞老师或不服从老师管理时,情绪主导大脑就会容易让人应激性地做出些攻击性反应,导致与学生发生激烈冲突。我们的目的不是发泄情绪,而是解决冲突。这警示我们,在处理师生冲突事件时,教师务必先让自己冷静下来,行为表现要避开情绪的应激反应期,等情绪缓和下来,再理性处理该事件。

三忌处理后以惩罚代教导。教育部印发的《中小学班主任工作规定》第十六条:班主任在日常教育教学管理中,有采取适当方式对学生进行批评教育的权利。而这个批评教育权利的行使如果仅仅一罚了事,就未免简单粗暴了。因为惩罚本身不是目的,适当的惩罚只是教育的一种手段和途径。师生冲突事件的处理,如果以简单惩罚学生收场,不仅难以服众,更对学生本身的反思和成长没有成效。在双方都冷静下来后,教师应该与学生进行情与理的交谈,用平等对话的方式解开疙瘩,用谆谆的教导帮助学生成长。

在日常的教育教学工作中,我们力求避免发生师生间的冲突事件,尤其是恶性的激烈冲突。一旦师生冲突事件发生,教师尤其是班主任在处理时应本着平等的态度、公正的立场、理性的思维,以学生的发展作为一切教育行为的出发点和旨归,妥善处理此类事件。同时,在此类事件发生后,师生双方都应该反省自身是否存在让对方误解或本身不当的意会表情、言行举止,有则改之,无则加勉,共同促进师生双方的和谐相处与共同发展。

案例 4-2

润物细无声

我校退休教师刘老师讲过这样一件事:有一天,他正准备去上班会课,班里一位男生在他身后唱起《月亮走,我也走》,其意在暗讽他那光秃秃的头顶,引起同学们哄笑。刘老师没有转身寻找那位调皮的学生,仍迈着轻快的步子走进教室,这堂班会课他没有训人,更没有整人,而是顺着"月亮"话题,从歌曲的修辞讲到社会上的流行现象,从古人"咏月"诗词讲到"嫦娥奔月"的神化,从美国的"阿波罗登月"到中国航天人的理想,最后讲到我们中国人要实现这一理想,同学们要认真学习科学文化知识,将来报效祖国。可以看出这和风细雨、"润物细无声"的班会课:以幽默、微笑、真诚去拨动学生的心灵,化暴风骤雨为和风细雨,通过朋友式的碰撞、交流,打开尴尬局面,使学生感受到老师浓浓的人情味和深厚的人格魅力,这就增加了师生之间的亲近感、信赖感,自然也就使学生"亲其师、信其道",为以后的教育夯实了基础。

(资料来源:初中在线网,作者:盐边中学　雷为湘)

第三节　师生关系的伦理调适

良好师生关系的建立和维护需要教师与学生的共同努力,针对目前师生之间在处理教育工作关系即角色关系和社会人际关系即人与人的关系中出现的问题,以及师生关系中暴露出来的物质化、利益化的不良事件,师生双方有必要从伦理的角度对其进行调适,使师生关系得以调整,回到促进教育教学活动的顺利开展、利于教师和学生双方身心和谐发展的旨归。

一、处理角色关系时要谨记师生双方的社会责任

马克思说"人的本质是社会关系的总和",人不仅是生物人,更是社会人。教师和学生所承担的角色都有其角色的社会规定性,双方的角色关系都必须秉承双方的社会责任。因为教师与学生都是教育场域中的角色,因此首先要明了教育的社会责任。毋庸置疑,教育承担着传承人类文明、培养下一代的重任,国家的希望、民族的未来都系之教育。原始社会,年幼者向年长者学习如何使用劳动工具,教育活动和生产劳动融为一体,这种非形式化教育是人类生存和繁衍的需要。奴隶社会末期,出现专门的教育场所——学校,教育进入形式化阶段,人类文明的积淀开始成为教育内容。近代,社会化大生产对学校培养出来的人的质量和数量都提高了要求,教育进入制度化教育阶段,出现班级授课制,教育场所、教育时间、教育内容、教育者和教育对象都制度化,教育促进了人类文明的传承和生产的发展、社会的进步。从教育、人、社会的关系来看,教育通过推动政治、经济、文化等社会子系统的发展来促进人的全面发展,同时又通过推动人的发展来促进整个社会的不断进步。

因为教育被赋予了重大的社会责任,所以社会期待着教师能够成为学生的道德楷模,能够根据学生的身心特点为社会发展培养出所需的全面发展的人才。社会的期待要求教师扮演着社会的代表者、社会道德的实践者、人类文明的建设者等社会角色以及父母的代言人、知识的传授者、学生的领导者和管理者等育人者角色,代表国家和社会实施教化。学校不能把自己定位为文凭的发放机构,教师也不能把自己的工作等同于社会上的一般职业,以等价交换的原则对待教育事业。教师的身上寄托着学生家长乃至社会、国家、民族的希望,这份沉甸甸的责任不允许教师漫不经心地对待。

而学生,轻者说是一个家庭的希望,重者说是整个国家和民族的希望,受教育既是公民的权利,也是公民的义务。学生有参加教育教学计划安排的各项活动的权利,同时也有努力学习、完成各项学习任务的义务。作为学生,有责任努力完成学业,为社会主义现代化建设积蓄能量,尤其是受了高等教育的大学生。大学生将是我国社会主义现

代化建设的骨干力量，人们对这个群体也寄予了很高的期望。然而我国当今高等教育质量下降却是不争的事实，这一方面是高校扩招所难以避免的，另一方面一些大学生自身的所作所为、对学业和自身定位的混乱状态亦难辞其咎，他们没有以一个大学生的责任感和使命感来要求自己。

现代社会是一个张扬个性的社会，人们对多元文化和思想潮流都很宽容，但是这不能成为教师和学生不顾自己身份和角色肆意妄为的借口，教师与学生的角色关系必须受到双方社会责任的规约。教师在履行自己的社会责任的同时就天然地需要承担起引导学生认识其社会责任的责任。当然，这种引导应当是讲究方法的艺术性很强的引导，若教师在引导的过程中与学生产生言语上甚至肢体上的冲突，做出有违教师素养和身份的事来，这显然是不具备引导的艺术性的。

二、处理人与人的关系时要恪守师生双方的彼此尊重

教师与学生的关系不是高位与低位、权威与平庸框架下的关系，而是真正意义上的人与人的关系。这种真正的人与人的关系，就是相互之间的尊重与被尊重的关系。尊重蕴涵着尊重自己和尊重别人，被尊重蕴涵着在尊重别人的同时也得到别人的尊重。①

而师生双方达成相互尊重的前提是彼此在人格上的平等，这里的"平等"指的是人格、法律、真理面前的平等。而教师"闻道在先"、"术业专攻"，在知识上、能力上比学生强一些，同时在课堂和学校里处于管理者和组织者的地位，这是无法改变、也不能改变的事实。师生双方"人"的地位是相同的，彼此承认对方的个体人格的独立性和平等价值性，是相互尊重的前提和应有之义。

在尊重的相互性上，教师必须付出更多的努力和承担更大的责任，尊重学生作为"人"的存在，而不仅仅是作为其工作对象的对象性存在。作为人，学生之间是有差异的，教师应该了解不同学生的特点和情况，不能把学生当作抽象的存在物；作为人，学生是有情感的，教师应该顾及到学生的自尊和感受；作为人，学生是在不断发展中的，针对学生现有的不足，教师应该帮助学生成长；作为人，学生是多面的复杂的生命体，教师不应该用某一个标准来衡量学生。在认识到学生是和自己一样的人的基础上，教师应该尊重学生，而这还是不够的，在尊重的基础上，教师应该热爱学生。很多教育实践已经证明，爱生是尊师的前提，教师应该首先热爱学生，才能要求学生尊重自己。学生尊重教师是同尊重教师劳动的奉献精神、尊重教师的人格风范等联系在一起的，教师的以身作则、为人师表和对学生深沉的爱是学生尊重教师的动力和源泉。② 所以，教师对学生的尊重是学生对教师尊重的前提。如果教师没能做到这一点，比如用辱骂、体罚代替教导，或者发生其他无视学生生命尊严的事情，那么，教师在学生心目中的个人权威就会荡然无存，教师的制度权威亦得不到保障，学生对教师的尊重就无从谈起，师生之间的矛盾冲突也就在所难免。

而学生，由于其"向师性"和从小所受到的"尊敬师长"的教导，大体在起点上对教师

---

① 杨颖秀：《从教育权与受教育权看师生关系》，《中国教育学刊》，2004 年第 1 期。
② 张清：《解读现代师生关系的内涵》，《教育与职业》，2007 年第 27 期。

还是尊重的。然而现在也有学生出现种种不尊重教师的现象,如扰乱课堂纪律、言行上对教师缺乏礼仪规范等,这种对自身"学生"身份不尊重的行为,既是不尊重自己,同样也不会获得其他人的尊重。尊师重道、尊敬师长是我国千百年来的优良传统,也是我国当下社会所大力提倡的。作为学生,尊重教师,义不容辞,理所应当。

人与人之间的尊重是相互的,教师与学生之间的尊重同样如此。只有在相互尊重的基础上,师生之间才能实现真正意义上的人与人的关系,从而构建民主、平等、和谐的师生关系。

三、处理利益问题时要秉承师生双方利益的道义性

"趋利避害"是人的天性,对利益的追求无可厚非,但是所追求的利益必须正当合法,同时也要平衡义和利的关系,重利轻义、见利忘义仍然是我们应该摒弃的。尤其在学校这一传承文明、教化心灵的场域中,对利益的追求必须坚持教师与学生双方利益的道义性。

教师对利益的追求,一不能违反社会的道德规范,二不能侵害学生的合法权益。教师在传统意义上虽然是精神上的富者,却是物质上的贫者。为改善教师的这一处境,我国政府近年来致力于提高教师的社会地位和改善教师的待遇,提出"百年大计,教育为本;教育大计,教师为本",倡导"科教兴国"。与我国政府的政策相适应,教师个人对改善物质生活的要求是可以理解并得到鼓励支持的。然而这一要求的实现必须以满足道义为前提。作为教师,采取各种不堪的手段向自己的学生和学生家长伸手,以满足自己的私利,这明显是不符合道义的。这样的教师,即使学富五车,也只会被学生从内心鄙视。"道之所存,师之所存也"(韩愈《师说》),教师在某种程度上就是"道"这一被人们广泛认可的行为规范的代表。符合道义性的利益追求,是对文明社会公民的普遍要求,对教师更是最基本的要求。有鉴于此,我们"既不能忽视教师的个人正当利益,也不能迎合某些人见利忘义的倾向;要教育和引导教师树立义利并举、德利合一的利益观,做到见利思义,见义兴利,君子爱财,取之有道"①。

而学生及学生家长也不可为了追求不正当的一己私利,置道义和其他同学的合法权益于不顾。学生的不正当利益的实现,例如通过对教师的贿赂而获得优秀生的资格、进入重点班级或获得教师的特殊照顾,必然以其他学生的正当利益不能满足为代价,有悖公平公正的原则。学生对自己希望获得的各项利益应本着自我奋斗的原则尽力争取,同学之间友谊第一、公平竞争。

因此,无论是教师还是学生,在对利益的追求过程中都必须秉承道义的原则,所追求的利益应该是正当、合法、符合情理的。由于教师的社会责任和社会经验使然,在师生合理利益关系的建立中,教师负有主要和主动的道义调适责任,绝不应该将自己的学生和学生家长当作获得不正当利益的来源。教师的以身作则不仅是教师职业道德的要求,同时对学生的道德养成起到示范性的榜样作用,对整个社会良好风气的形成也有引导作用。

---

① 田秀云、李朝辉:《论现代师德观》,《中国教育学刊》,2004 年第 10 期。

四、师生交往时要遵循合理的相处之道

师生关系中的相处之道,首先在思想层面上,要树立正确的学生观和教师观;其次在实践层面上,教师应了解与学生之间在距离上要远近适宜、在要求上要宽严有度、在方式上要刚柔并济三大要诀。

(一)树立理性的学生观和教师观

教师对学生要有理性的认识,能够认识到学生是完整的人,是发展中的人,是有自己个性的人,是有独立人格的人。从而能够包容学生的不足,认识到这些不足的客观存在性,是学生自身成长的一部分,并且以发展的眼光来看待学生,不给学生贴标签,期待他们的改善和进步;学生之间有个体差异性,与不同的学生相处时要注意不同的方式方法;学生有独立的人格,学生的人格与教师的人格平等,是与学生相处时考虑问题的出发点。同时,教师对自己也要有理性的认识,教师不是一劳永逸的工作,而是需不断学习、寻求专业发展的技术职务,所以不可以躺在过去的功劳簿上,傲慢地看待目前尚不成熟的学生;教师是学生的师长一辈,应提高自己的职业素养,以宽容之心和仁爱之心对待学生;教师是有社会职责的人,与学生的相处和交往应以利于教育教学活动开展、促进学生身心发展、完成自身使命为判断行为是否合适的标准,并且以此为所有职业行为的目的和宗旨。

(二)距离上保持远近适宜

在理性的学生观和教师观的指导下,在实践中教师在与学生的距离上要保持远近适宜,不宜过远也不宜过近。古语云"近则不逊,远则怨",与学生距离太近,学生对教师就少了几分恭敬之心,在需要严加教导时便削弱了管束力;若教师与学生的距离太远,学生怕是要生出老师对自己漠不关心的怨言,亲其师方信其道,师生之间的心理隔阂自然不利于教育教学活动的顺利开展。

与学生关系走得过近、与学生课上课下打成一片是新入职的年轻教师容易走入的一个误区,这在很大程度上由新入职教师的特点所决定。新入职的教师,刚从一所学校毕业走进另一所学校工作,刚刚完成从学生到教师的身份转变。从年龄差距来看,以高中教师为例,新入职教师与高一学生的年龄差一般不到十岁,学生看教师年轻,教师看学生亲切,师生之间从年龄上更像是哥哥姐姐与弟弟妹妹一般。于是有的新教师与学生之间保持着哥哥姐姐与弟弟妹妹一般的交往模式,甚至以兄弟相称,甚至乱开玩笑,甚至走路勾肩搭背。在这种情况下,一旦师生之间遇到学生犯错需要教师进行管理的事情时,学生拒不接受管束、与教师当堂对峙的情况就会时有发生,甚至会有学生对教师前后不一的态度心生怨恨,对学校的教育产生抵触情绪,这种情况在平时与教师交好的学生中尤为突出。

如前所述,师生关系不仅是人与人之间的人际交往关系,更是一种角色关系。在教育教学活动场景中,教师与学生应保持不同角色之间该有的距离,才能更好地承担各自的角色任务;在课堂之外,教师与学生可以亲密一些,形成亦师亦友的关系。但是学生由于自身的心智水平尚未能达到成熟状态,场合意识不强,容易把课下与教师的关系带到课上,所以与学生之间距离的远近主要由教师来把控。师生关系之间距离远近的把控,应以不影响教育教学活动的正常进行为标准。如学生普遍性地不遵从教师的管理,

喜欢自己发表意见,并且以自己的意见为中心,强加于整个集体之上,为所欲为,正常的管理活动无法进行,则距离太近;若学生平时在校园里见到教师退避三舍,教师连学生姓名也不知晓,则距离过远。教师对与学生距离的把握要根据场合,距离适中,不可对学生太过疏远,也不可自弃管理者的角色,方可既有与学生和谐的人际关系,又顺利保障各项教育教学活动的有序进行。

(三)要求上宽严有度

教师在对学生的要求上要宽严有度,不宜过宽也不宜过严。教师对学生的要求往往是学生对自己行为举止和学业要求的标杆,教师对学生的要求过宽,学生就会降低对自己的要求,放纵自己的行为,不利于其长远发展;若要求过严,甚至于苛刻,学生则可能自我评估不可能达到要求而放弃努力,或者严苛到违背了学生身心发展的客观规律,同样不利于其健康发展。

对于新入职的教师而言,对学生要求过宽是容易走入的误区。新入职的教师,刚刚经历由学生到教师身份的转变,往往在内心里对学生的各方面遭遇保持同情心理,或者以己度人以自己的学生经历反观认为学校的某些管理规定没有必要,或者从自己成人的自律角度出发乐观估计了学生的自制力,从而放松了对学生的要求,降低了要求的标准。例如绝大部分学校对学生手机的使用都有所约束和规定,新入职的教师如果认为当今世界使用手机是普遍行为并无不妥,对学生使用手机放任自流,而没有考虑学生的自制力和滥用手机对学生发展和学业的影响,则不仅与学校管理规定冲突,降低了制度的权威性,更是对学生的身心发展和学业发展产生恶劣影响。人有趋利避害的本性,尤其是对自我约束力较弱的学生而言,教师过于放纵的管理,无疑是对学生的不负责任并且会对学生的发展有严重的影响。

另一方面,如果对学生过于严苛,甚至违背了教育教学的客观规律和一般常理,则即使打着"严师出高徒"的名号,恐怕也会被学生和家长广为诟病。例如有的教师要求本班的学生在学校规定的到校时间基础上再提前半个小时到校自习,或者要求班里的女生全部剪掉长发以节省打理头发的时间用于学习,学生恐怕未必会领老师的情,反而觉得这些要求无理以至于加以抵制,造成矛盾的激化。对学生要求的宽严有度,应以是否符合教育教学的客观规律,是否符合常理,是否有利于学生身心的健康发展为标准。

(四)方式上刚柔并济

教师与学生的相处中要注意采取合适的方式,面对不同的学生采取不同的策略,需刚柔并济。刚柔尺度的把握,一是看学生的个性,二是看处理的场合。学生群体由个性鲜明、各有差异的个体构成,学生的个体差异性很明显,对教师的教育接受的方式也各有不同。如学生的性格乖巧柔弱,教师就该以柔和的方式相处;若学生脾气乖张、傲娇不驯,则相处时该适当强硬一些。另外,在对学生的教育中,若是批评学生的错误,可严厉指出;如果鼓励低谷的学生奋进,则态度温和、循循善诱更为合适。当然,这些相处方式也是因人而异,以相处中师生是否和谐为相处方式需要调适的标准。

对于新入职的教师来说,采取或刚或柔的方式,与教师本人的性格有很大的关系,问题在于新教师往往把握不住刚柔的尺度,容易走入两个极端,或者显得过于柔弱,对学生太和风细雨,好言相劝,以致学生可能并不把教师的教导当回事;或者遇事由着自己的情绪发泄,对学生语言上嘲弄讽刺,甚至施以体罚,则不免过于简单粗暴。在教育教学活动中,教师与学生相处的方式最重要的是拿捏好刚柔的尺度,强硬与柔和作为两种方式,应该互相配合,方能促进师生之间的和谐相处,达成教育教学的目标。至于如何配合,除了基本的原则外,更需教师在教育教学的实践中,通过经验加反思,摸索出适合自己以及适合自己所教学生的刚与柔的尺度,以利于师生关系的和谐,减少矛盾冲突。

案例 4-3

记录与一个孩子的"一笑泯恩仇"

2010年笔者从学校毕业走进另一所学校,由学生变成老师,角色的跨度之大让刚参加工作的我一时手忙脚乱。而如今,班主任工作已经三年整,我与我的学生共同经历了一千多个有欢笑也有泪水的日子,其中一个孩子,他叫小阳。

高一学年的9月,刚开学的大扫除,我就注意到小阳,扫地拖地干得满头大汗,对人也笑嘻嘻的,见到老师就立正。一周后的班会课上,我问学生:谁愿意做劳动委员?他高高地举起手,旁边的学生一阵哄笑。

小阳的劳动委员工作做得很出色,每个人做什么事他都安排得很好,自己也身先士卒,捡脏活累活干。他甚至还自己做了个小木盒子放在讲台上专门放粉笔,把讲台收拾得很干净。班上的卫生情况因为有这个劳动委员的操持,我几乎没有操过心。我越发地对这个孩子很欣赏,经常在课下交流沟通,关心爱护有加。

然而,慢慢地,有些问题出现了。有段时间班上男孩子喜欢扎堆玩三国杀,快上课了都还在玩,小阳就是其中一个。我找小阳谈话,跟他说没有在全班面前批评他是在给他机会改正。然而也许正是我这般不温不火的纵容,不交作业的名单上开始有小阳的名字。甚至我在想他是不是"恃宠而骄",以至于有一次我没收了学生上课时看的小说放在讲台上,他也敢趁着当时擦黑板的空档偷拿走。

我开始在全班严厉地批评他,不再给他留情面。可是更严重的事发生了。一次上课的时候,我发现小阳低着头一直玩手机。下课了我把他找到办公室,他昂着头,怒目圆睁,僵着脖子质问我:"你哪只眼睛看到我玩手机了?!"他就这样瞪着我,一副无所畏惧的样子,一副我能奈他何的样子。我被这一幕深深地震惊到了。我觉得很难过,曾经掏心掏肺地对学生好,却换来这样的结果。就这样,我曾经最信任的小阳同学跟我成了"仇人",我们彼此间见面也都躲得远远的。

再后来又过了一段时间,学校组织学生校园大扫除,我们班负责把两块草地清理干净。小阳跑前跑后干得满头大汗,旁边的学生打趣道:小阳这是想再当回劳动委员呢。他嘿嘿笑着,不好意思地看了我一眼。我当时知道,他心里应该早已经认错了。我也冲他笑笑,相逢一笑泯恩仇。

高考后的暑假,小阳在一家牛排馆打工,还来看过我,给了我一张券让我去免费喝茶。还有一回逛街遇到,他穿着牛排馆的工作服,跟几个小伙伴在一起,看到我,兴奋地喊我,很高兴的样子。

　　我想我有何德何能让我的学生这样见到我这么高兴。这个孩子,我欣赏过,同情过,也愤怒过,怨怼过。他犯的一些错误,我有不可推卸的责任,如果不是当初因为信任就一味纵容,不是突然就过于极端地严厉打击,他也不会突然就逆反地走极端。

　　我终于理解了"近则不逊,远则怨",把握好师生之间关系的尺度对于教师工作尤其是班主任工作而言是多么重要啊!想来真诚的善心加上科学的方法才是班主任工作顺利开展的两翼,也才能给学生的成长以更好的帮助吧。

　　　　　　　　　　　　　　　　　　(安徽省铜陵市第五中学　蒋灵慧)

案例 4-4

尊重从课堂开始

　　我是一名中学教师,有次晚自习课时,一个女生跑过来问我:"老师,你每次叫同学回答问题的时候,有些同学不会或者答错了,你还让他说完,这样不是很浪费课堂时间吗?"

　　我解释说:"第一,同学回答问题,即使错了,也不能中途打断人家说话,这是一种很不礼貌的表现,老师要给他机会,给他说话和表现自我的权利;第二,假如不给同学说完,立刻批评同学说,不对,就会给同学留下心理阴影;第三,这次不会回答,老师听他说完,会给他信心,他会去思考,今后回答问题,他就会主动思考,想想为什么;第四,至于课堂时间问题,也不在于这一两分钟,我们要尊重同学,课堂时间把握的关键还在于老师自己。"

　　我们平时对学生说要尊重同学,但是很多时候我们自己都做不到。让学生学会尊重,关键是在于教师自己怎么做。就有名师说过:为人师表,请从课堂开始。

　　(资料来源:K12 教育论坛,http://sq.k12.com.cn/discuz/thread-640033-1-4.html。)

第四节　教师的性道德修养

　　教师的性道德修养是师生伦理中一个特殊的领域,教师教育劳动对象在性生理与性心理方面的特点,教师在教育劳动中所呈现的性道德状况,是教师性道德问题提出的背景。教师的性道德修养对教师职业而言,在教育劳动实践过程中具有特殊的意义。

一、教师职业劳动中性道德问题的提出
(一)青少年在性生理与性心理方面所呈现出的新特点

　　由于社会物质生活水平的逐步提高,经济生活和精神生活的进一步丰富和多元化,当代青少年在性生理方面已呈现出"成长加速现象"。也就是说,青少年的性发育普遍

趋于早熟,性意识的萌发也明显提前。中小学生中的早恋现象也较过去明显增多。

伴随着青少年性发育普遍趋于早熟,青少年性越轨和性犯罪的年龄峰值也在下降。一个人 12 岁左右出现青春期性意识萌动,到结婚之后可以合法进行性行为,按中国的实际国情,最少也需要 10 年以上的时间。在这一期间青少年出现的任何性行为,都可能被当作一种错误。统计资料表明,青少年的性越轨是大量的、普遍的、易于发生的,而性犯罪则是极少数的个别人在特定条件下偶然发生的。我国青少年性犯罪年龄峰值,在 20 世纪 50 至 60 年代,平均年龄为 16—18 岁,年龄最高点为 17 岁;20 世纪末,平均年龄为 13—15 岁,年龄最高点为 14 岁。其中,男性年龄最小值为 12 岁,高峰值为 15—16 岁;女性年龄最小值为 10 岁,高峰值为 14—15 岁。

然而,当前的学校教育对青少年性发育普遍趋于早熟、性意识萌发明显提前的问题缺乏有效的应对。青少年学生的青春期卫生知识和性知识还极为有限。类似于"我从哪里来?""胎儿怎样进入母体?"这样一些基本的常识,还是很多青少年学生私下常常讨论的话题。

(二) 教师在教育劳动中所呈现的性道德状况

从教师在教育劳动过程中的性道德现状来看,广大教师在与学生的交往中,品德高尚,公正无私,体现了高尚的性道德品行。但是,也应当看到,少数教师的性道德修养也有不尽如人意之处。

首先,面对青少年如此特殊的情感世界,有些教师放松了理性的缰绳,在与异性学生相处之时,出现了性意识超越师生意识的倾向。一是偏爱异性学生。某校一教化学的男教师因和女同学接触过多,过分亲密而疏远了男生,为此,男生私下里给他起了个绰号为"偏铝酸钠"("偏女酸男"的谐音)。二是对异性学生的行为举止不甚得体,不太检点。有的女教师穿着过于随便,被学生喻为"路(露)透社记者"。三是个别教师陷于师生之恋不能自拔。四是极个别教师道德沦丧。近年来,教师利用职业之便诱惑、猥亵、强行奸污学生的重大案件屡有发生。

其次,教师对青春期教育的认识存在误区。由于一些传统观念的约束,很多教师对青春期教育在认识上存有一些误区:如认为青春期教育是家庭的事,闹不好落个"教唆"的恶名;认为学生只要表面平安无事就行了,这个"马蜂窝"千万不能捅;认为学生的早熟是由社会造成的,学校对此无更好的办法;认为现在的学生受环境影响,不要人教已经"想入非非"了,如果再让他们进一步了解,那会加剧对他们的不良刺激。因此,一些教师对青春期方面的问题,采取能不问则不问,或听之任之,一推了之的做法。究其深层的原因,还是不少教师头脑中存在着封建意识,认为这些知识登不得"大雅之堂"。

第三,教育教学实践对学生青春期教育重视不够。在实践中,我国青少年青春期教育工作起步较晚,教师力量薄弱,青春期教育专职教师严重不足,科任教师对青少年青春期知识和相关教育知识严重缺乏,学校的课程表中甚至难觅健康教育课的踪迹。课时、师资、教材的全面匮乏,导致青春期教育难以有效展开。另外,由于对青少年青春期教育的研究不够,导致老办法不灵、蛮办法不行、新办法不明,不知如何掌握青春期教育的分寸,也是学生青春期教育难以取得实效的原因之一。

（三）教师的性道德修养对教师职业具有特殊意义

在教育劳动的实践过程中，每一个教师都可能会出现这样或那样的过错。一般说来，只要教师知错能改，都能得到学生及其家长的谅解。但一旦教师在两性问题上出现了过错，舆论则待之十分苛刻。即使教师痛改前非，也很难取得学生与家长的宽容。某师范学校一青年学生，因性过错触犯法律被监禁 2 年。出狱后，该青年埋头苦读，又考上了大学。毕业后在中学从事体育教学。由于他教学认真，吃苦耐劳，获得一片赞誉。但当个别家长了解了他的前科之后，态度发生急剧变化，学生也像躲瘟疫一样躲避他，甚至连正常的课也上不下去。最后家长联名写信到教育局，要求撤换这位教师，说将孩子交给这样的教师"我们不放心"。万般无奈之下，这位非常热爱教育工作的青年教师只能改行了之。

社会舆论对教师性道德状况的高度关注、严格监督，实质上反映了教育劳动特殊性对教师的要求。首先，教师对教育对象实施教育的前提是教师职业在社会中的崇高的道德威信，教师如若以自己的恶劣行径破坏了这种道德威信，那就彻底失去了实施教育的可能。其次，青少年学生在学习过程中，可能会受到来自教师的体罚、歧视、教学方法不当等方面的伤害，如果说教师这些方面的过错还有可能弥补、改正的话，那么对学生的性伤害则是无可弥补，无从改正的。它对学生身心方面的损伤是不可估量的。再次，从公正的角度讲，师生之间发生暧昧关系，教育公正也就无从体现。正如维吉尼亚大学学生会成员史密斯，在评价校方禁止教职员与学生发展不寻常关系的有关规定时说："新规定可以预防教授滥用权力。因为当你的同学与教授发展了不寻常关系之后，你的分数可能永远及不上她。"

综上所述，教师的性品行对于教师职业和教师本人都具有特殊的意义。在这方面，教师必须小心谨慎，洁身自好，注重性道德的修养，培养高尚的性道德品行。

二、教师性道德修养的内容

（一）承担对学生进行青春期教育的责任

在我国，长期以来青春期教育几乎是一个禁区。青少年很难从正规的渠道获得有关青春期和性的知识，使得那些下流的手抄书和低级庸俗的读物、色情网页成为不少青少年这方面求知的"教科书"，因此而走上违法犯罪道路的也不在少数。因此，从青少年学生的性生理与性心理的特点，以及青少年健康成长的最终目标出发，教师必须承担起对学生进行青春期教育的责任。

我国的中小学青春期教育起步较晚，但发展速度较快。早在 20 世纪六七十年代，周恩来总理就一再强调要把青少年性卫生教育搞好。但是，对青少年进行科学的性教育的主张和实践，遭到了种种公开的、隐蔽的非议和抵制。直到 20 世纪 80 年代中期，随着改革开放的深入，国外的性信息逐步渗入，当代青少年的生理发育年龄前移，学校思想品德教育和法制教育相对软弱无力，青少年性失误不断增多，学生早恋现象日趋增加，才使人们逐步认识到开展青春期性教育的重要性和迫切性。

我国青春期教育的内容一般包括两个方面：一是性的知识教育，提供给青少年性的科学解释以及这方面的知识。二是性的道德教育。其目的在于培养青少年在外界的性刺激和自身性冲动之间的自我调节和自制能力,进而促进性的正常发育和健康成长;引导青少年掌握包括自尊、自重、自爱,尊重他人,尊重异性,在遇到性冲动时不莽撞行事等行为规范和道德标准。性道德教育使学生在人格成熟、社会成熟和性成熟方面得到平衡发展,使之迈好青春步伐,为终生幸福奠定坚实的基础。性知识教育与性道德教育在青春期教育中是缺一不可的。在教育的过程中,一般教师特别是班主任应更多地进行性道德方面的教育。对专业教师而言,在进行性知识教育的过程中,也应结合性道德和性法制教育。

　　一些教师在主观上回避青春期教育责任,很重要的原因在于不能客观地面对青少年这一特殊群体在性情感方面所呈现的现实。他们常常将青少年尤其是少年看作是"无性人",青少年只有男女性别之分,而不会涉及两性关系中的"性"。教师的这种错误认识,使青少年在面对青春期困惑时很难得到有效指导,在面对青春期冲动时很难获得有效疏导,以至于产生种种心理和行为问题。因此,教师要以科学的态度正视男女青少年交往的现实,对青少年进行积极的、科学的引导。

　　科学的态度是必须承认男女青年相吸引的事实。据调查,中学生年级越高,向往与异性交往的比例越高,女学生初一向往结交异性的占 10.34%,高二增至 81.5%;男学生初一向往结交异性的占 5%,到高二增至 61.5%。对与异性的交往,中学生自我概括了 12 大好处:增强对异性的了解;获得安全感和稳定感;性格变得活泼开朗;对什么事都感到美好;学会自尊和尊重伙伴;举止行为符合自己的性身份;学会克制不应流露的情感;无话不谈,得到新的信息;在困难挫折面前会得到帮助和力量;学习上能互相帮助,变得更加聪明;能听到在同性伙伴中听不到的事情和意见;掌握社交的技巧。青少年渴望并肯定与异性交往是成长的需要。随着身心的发展,青少年与父母早期联结起来的情感逐渐分离,转而将情感移向朋友,以求得新的感情寄托。强烈的自主意识和较少的社会经验,常使青少年产生波动不安,或陷入暂时的、不可调和的冲突中。此时,他们特别需要友谊的支持和鼓励。在异性交往中,他们有一种稳定感和安全感,因而开始频繁的异性交往。作为教育工作者,必须承认这一客观事实。

　　教师要在承认青少年男女交往相互吸引这一事实的基础上,创造一个健康的、宽松的男女交往环境。日本学者依田新在《青年心理学》一书中说:"男女之间的交际在受到严厉压制的时候,男女相互间对异性的好奇心便会受到不正常的强化,变得对任何异性都会着迷。一旦与异性交往,兴奋之余仍抱着若干的不安和罪恶感。而且,经常对他人的异性交往,投以强烈羡慕和妒忌的眼光。结果,这种青年往往独自秘密阅读色情小说之类的读物,以追求性的满足。"这个观点有一定的道理。现实中一些青少年对异性十分敏感。这种敏感使他们在异性面前脸红心跳,举止异样,或者想入非非、狂热失态,甚至做出过分冲动的事。要避免这种"性紧张"和"性过敏",就必须在青少年中创造一种宽松的男女自由交往的和谐环境。异性交往和异性友谊,有助于青少年在日常生活中积累适度的性刺激,形成微妙的"异性效应"或"镜子效应"。"异性效应"不仅有利于提高青少年自我教育的效率,也有利于提高班级自我教育的效率,可以激发男女学生在异性面前竭尽所能,努力出色地完成任务,充分发挥自己的内在潜力以引起异性的关注与尊重,并对男女学生的言行有一种无形的约束力。男女学生都希望自己在"镜子"中留下一个完美的印象,都觉得在异性面前必须注意自己的言行。如男生蓄长发,女生的评价可能比家长、教师更有效。开展男女同学间的正常交往,发展男女同学间的真诚友谊,既满足了男女青少年的情感需求,也有助于教育目标的实现。教师完全不必视之为洪水猛兽。客观认识、积极引导,是教师对学生进行青春期教育应有的科学态度。

(二) 培养高尚的性道德品行

教师在与学生建立亲密关系时,应遵循在对全体学生一视同仁的基础上,庄重、适度地对待学生的原则。教师对某些学生感情天平的明显倾斜,容易诱发学生的妒嫉心理,引起对教师的非议和责难。而对学生言谈举止过分随便,也可能诱发学生的性敏感,使之想入非非,甚至产生误会,从而将学生的感情引入歧途。因此,在教育过程中,教师必须注意把握分寸。教师与学生特别是异性学生个别交往,在行动上必须有礼、有度,不逾矩、不逾轨,应强化教师的角色形象,保持教师的尊严。

另外,要理智地处理好学生的"恋师情结"。"恋师情结"的产生是一个涉及青少年生理、心理的十分复杂的问题,在不同学生身上又会有不同的表现。青春期性意识的心理发展过程一般分为四个时期。第一个时期是"性的反感期",也有的称之为"三八线时期",表现出对异性的冷淡、粗暴、回避和疏远。经历半年至一年这种较短暂的"性的反感期"以后,进入第二个时期,即"向往年长者时期"。这一时期的少男少女对同龄异性不感兴趣,而迷恋崇拜年长的异性,特别是一些才华横溢、卓有成就、潇洒倜傥的年长者。这种迷恋一般在一两年内会逐渐消失,过渡到把同龄异性作为向往对象,从而进入第三个时期,即对异性的"狂热时期"和第四个时期,即"浪漫的恋爱时期"。

"向往年长者时期"正处在青少年的初高中阶段。这一阶段的学生特别是女中学生,青春的萌动、本能的冲动和社会交往的增多,使他们自然地关注起男女之间的事情。她们常常将爱慕的目光投向影视明星、歌星、体育明星等等,并对其产生无比的崇拜。教师是学生每天都能直接接触到的成年人,他们不但是知识的传授者、思想的教育者,而且是表演者。因此,学生往往将爱慕的目光投向那些知识面广、风度潇洒、具有个性魅力的教师。这种"恋师情结"的表现方式不一。一些自制力强的学生将爱慕之心深深藏匿,而一些缺乏自制力的学生可能会向教师作出某些暗示,也有个别执着苦恋追求教师的"开放型"少女。

面对青少年学生的"恋师情结",一方面教师要在理解、谅解的基础上保护当事人,进行"冷处理"。教育和诱导工作应在和风细雨中进行。急于报告领导,通告家长,以表明自身清白的做法,常常使性萌动之中的少男少女陷入窘境,无法解脱,甚至自暴自弃而误入歧途。另一方面,教师不能丧失理智,陷入"师生恋"而不能自拔。教师与在校学生由于相互的好感发展成相互的爱慕,以至坠入情网的事,时有发生。一旦发生,舆论重压,当事人痛苦不堪,周围人侧目而视,甚至导致行政处分,对学生和教师都会产生极大的消极影响。

教师与在校学生(特别是中学生)建立恋爱关系,虽不违法,但会受到道德的谴责。教师与在校学生建立恋爱关系是一种缺乏理智的、不负责任的行为。为此,教师应注意以下问题:首先,教师应科学地认识青春期性心理发展的几个过程,理智地认识"向往年长者时期"的虚幻本质。教师应着力帮助学生认识这种特殊时期的短暂性、虚幻性,努力帮助其摆脱,而不是自己也深陷进去,成为一个虚幻的主角。其次,青少年的初高中时期是关系到其一生前途的关键时期。过早恋爱,势必精力分散,而一旦遭到波折,身心会受到严重伤害,甚至荒废学业,断送前程。种种事实证明,中学生的所谓爱情追求最终是很难成功的。在多数情况下,它会随着时间的推移及个人所处的社会环境的变迁而流产。这就给青少年学生造成了巨大的心理冲突,即社会、家庭和学校对他们的要求与他们生理、心理急速发展的需要产生了尖锐矛盾。对大部分青少年学生来说,经过社会、学校和家庭的长期教育和自身的调节,是能够克服这一矛盾的。但在有些学生身上,这一矛盾就会给他们带来严重后果。教师只能帮助学生化解矛盾,顺利度过躁动期,而不能参与和加剧这一矛盾。最后,教师陷入"师生恋"会使自己威信受损,影响自己教育教学工作的正常开展。

创造健康、文明、优美的爱情生活是教师高尚性道德品行的直接示范。青少年学生对教师的恋爱、婚姻状态常给予特别的关注。教师的恋爱动机、恋爱方式以及家庭的组织、家庭关系的处理,都将成为教师对学生进行青春期教育和道德教育的注脚。教师不仅在口头上而且在行动上用自己的健康、文明、优美的爱情生活,来教育学生将来如何做合格的丈夫、妻子、父亲、母亲。这对学生是最有说服力的教育榜样。

拓展阅读 4-4

　　怎样跟异性学生个别谈话?怎样才能避免引起一切不必要的麻烦?为了想要收到良好的教育效果,在跟异性学生个别谈话时,必须牢记以下"八项注意"。

　　一、谈话目的要明确。跟学生进行一次个别谈话就像上一堂课,一定要有明确的目的。谈话一开始,就应开宗明义,亮出主旨,切忌转弯抹角,整个谈话过程漫无中心,不得要领。这样,处于青春期的学生就有可能产生疑问:既然无事可谈,老师为何要找我?是不是特别关心我?是不是在表达对我的好感?

　　二、谈话地点要合适。谈话一般应在办公室里进行。办公室是教师工作的地方,而找学生个别谈话是教师的一项常规工作,在办公室里跟异性学生个别谈话,名正言顺。切忌在校园里幽静阴暗的树林、人迹罕至的角落、单身教师宿舍等地方跟异性学生个别谈话,以免引起师生的猜测、怀疑和议论。

　　三、谈话时间要适当。这里所说的"时间要适当"有两个含义:一是指安排在合适的时刻,一般应在中午或放学后,因为这两段时间较充裕,又少有干扰。二是指每次谈话的时间不宜过长,一般应控制在一节课之内。一次谈话只求解决一个问题,只要谈话得法,一节课时间足以解决问题。

　　四、谈话穿戴要整齐。以教师身份找学生谈话,理应注意仪表的修饰,以保持教师的良好形象。找异性学生谈话,更要合乎穿戴规范化。有些教师在这方面过于随便,谈话时衣冠不整,蓬头散发,甚至穿着背心、趿着拖鞋,这种穿戴很不雅观,是对异性学生的失礼,很可能使对方惶恐不安,手足无措。

　　五、谈话距离要注意。师生双方坐着交谈,以隔一张桌子为宜;站着交谈,以相隔一臂之距为最佳。这样的距离,彼此的话都能声声入耳,教师可以从容不迫地教育诱导,学生也能敞开心扉发表意见,既显得很亲切,又不显得过于亲密。

六、谈话态度要庄重。跟异性学生谈话，教师的举止一定要文明，不能随便，更忌轻浮。表情要温和可亲，但亲而有度。嬉皮笑脸、手舞足蹈等不庄重的举止都应避免，因为这些举动都有对异性学生亵渎之嫌。

七、谈话语言要平安。说话平稳，措词妥帖，既要表达关心之意，但又不能表示对异性学生有特别的偏爱。不说半句粗话，不过多询问其身体情况、家庭生活。对异性学生羞于谈及的问题，应一概回避。批评时语言宜中肯，忌尖刻；表扬时语言宜适度，忌过分。

八、谈话次数要控制。对需要重点教育的学生，次数可以适当多些。但是，如果老是找某一位异性学生谈话，那就不妥了，别人会怀疑你对这位学生有特殊的感情，已到欲罢不能的地步。如果某个异性学生实在多事，你不妨跟其他教师一起找其谈几次，就可免去许多麻烦了。

拓展阅读
4-5

"你喜欢她没错，但作为一名男生，还要有一份责任……"2011年6月13日，全国（东北、中南地区）首届班主任专业发展论坛与主题班会展评大会在武汉市第十一中学举行。该校高一(6)班师生在班会上公开探讨高中生如何处理"恋爱"难题，受到评委好评。

昨日，来自东北三省和湖北地区的60多所中小学分别在市十一中、市十一中初中部和崇仁路小学"赛"班会。市十一中高一(6)班班会主题为"雨季不迷茫"。

该班班主任柴轶男介绍，最近她在本班"心灵信箱"中收到不少小纸条，其中一女生匿名诉说烦恼，称她和一男生相互喜欢，但不知怎样把握。

柴轶男没有马上寻找这名女生，而是根据媒体上的一篇报道编了一个小品，请3名学生在班会上表演——一名男生和一名女生"谈恋爱"被"校长"发现，"校长"怒称要开除他们，男生说："这就要开除？我是为了捍卫爱情！"

表演结束，柴轶男请学生们讨论："男生和女生之间、学生和'校长'之间，有哪些是处理不当的？"

女生赵咪认为，高中生正处于叛逆期，"校长"处理问题太极端，不仅不利于解决问题，还容易激化矛盾。她也不赞同小品中男女生的举动："他们之间可能都有好感，但作为学生应该尊重自己、尊重学校。"

男生丁浩然站起来对小品中的男生说："我们都还是高中生，请问你现在能给这个女孩什么？将来怎么养活自己都难说。当你有能力给她幸福时，再去牵她的手。"这番话赢得一阵热烈的掌声。

柴轶男赞赏地拍拍丁浩然的肩，并请他面对全班同学。柴轶男说："他说得真好，这是个好男生！男女生相互欣赏很正常，但这个年龄一定要把握好尺度，应该把这种美好而珍贵的感情藏在心底。"

班会结束后，柴轶男告诉记者："其实我已经发现有的学生出现感情困惑。很多家长对这个问题不是回避就是硬堵，但效果并不好。作为班主任的我应和孩子们一起正视这个问题。"

（资料来源：人民网、中新网等，原载《长江日报》2011-06-14）

本章小结

本章探讨师生关系中的道德问题,在对师生关系的内涵、外延、特征、影响因素、意义等整体了解的基础上,重点探究了在教育教学活动的实践中,师生之间发生矛盾冲突的原因有哪些、如何进行伦理调适,教师与异性学生相处时要注意什么,以使师生之间和谐相处等问题,以期帮助师范生和新任教师能尽快融入良好的师生关系中,顺利完成从学生到教师的角色转化。

关键术语

师生关系   冲突与应对   伦理调适   师生交往   性道德

讨论与探究

1. 教师对学生和自我的理性认知在师生关系中起什么作用?

2. 师生关系中发生矛盾的冲突源有哪些?

3. 你认为教育部《中小学教师职业道德规范》中"关爱学生。关心爱护全体学生,尊重学生人格,平等公正对待学生。对学生严慈相济,做学生良师益友。保护学生安全,关心学生健康,维护学生权益。不讽刺、挖苦、歧视学生,不体罚或变相体罚学生"的规定在实践中应如何贯彻落实?

4. 某校一教师与他班上的女学生坠入爱河,已经发展到每晚必须"个别谈话",上课时眉目传情、神魂颠倒,被学生们议论纷纷的地步。校长找其谈话,劝他立即悬崖勒马。这位青年教师反问校长:"《婚姻法》上有规定教师不能和学生谈恋爱吗? 我是违反了《宪法》还是《婚姻法》?"您对此有何评价?

进一步阅读的文献/网站

1. 佐斌编著:《教师人际关系和谐——师生心理成长丛书》,中国轻工业出版社,2008 年。

2. 史金霞著:《重建师生关系》,中国轻工业出版社,2012 年。

3. 李镇西著:《李镇西给教师的 36 条建议》,长江文艺出版社,2013 年。

4. 李慕南主编:《班级教学管理规范 营造和谐的师生关系》,辽海出版社,2013 年。

5. 龚春燕、向中一、魏文锋编著:《教学艺术:教育专家魏书生谈班主任工作》漓江出版社,2010 年。

6. 教育在线:http://bbs.eduol.cn。

7. 中国中小学教育教学网:http://sq.k12.com.cn/discuz/forum.php。

章前导语

为何有的父母不愿去学校参加家
长会呢？家校关系对孩子的教育到底
意味着什么？目前家校关系中的误区
何在？学校和家庭究竟应该建立一种
什么样的合理关系呢？本章节将与你
共同探讨。

通过本章的学习，你能够

- 了解家校关系对于青少年成长的重要意义；
- 反思引发家校关系冲突的事件和原因；
- 把握和谐的家校关系要遵循的伦理规范。

本章内容导引

- 家校沟通与合作
  一、家校沟通与合作的基础
  二、家校沟通与合作的现状评价与原因分析
- 家校关系的道德调适
  一、家庭和学校具有不同的教育职能
  二、建立学校与家庭平等合作的伦理关系
  三、教师应尊重学生家长
  四、畅通家校之间的沟通渠道
  五、教师与家长沟通的态度与能力

章导言

学校和家庭是青少年成长过程中最重要的环境。教师和学生家长的关系，是教师在教育劳动中面临的又一对重要关系，它对教师教育劳动的成败有着重要的影响。因此，家校关系一直被学校列为教育的重要方面。以下主要讨论家校沟通与合作的基础、现状和问题，以及学校与家庭伦理关系的道德调适。

第一节 家校沟通与合作

一、家校沟通与合作的基础

教师和家长作为两种不同的社会角色，两者之间并不存在必然的联系，是学生（孩子）作为沟通两者的桥梁，使两者之间产生了必然的联系。这种联系在学生接受教师直接的教育教学期间是始终存在的，是不以教师和家长的意志为转移的。教师和家长这两个互不相干的社会角色为了学生（孩子）走到了一起。因此，从一般的意义上说，两者之间在根本利益和教育目标上是一致的。

教师和学生家长在根本利益上的一致性具体表现在以下方面：在政治上，教师与学生家长作为国家的公民，他们的政治和法律地位是平等的，只是由于社会分工不同，才扮演了不同的社会角色，承担着不同的社会责任。在经济上，他们都是社会生产资料的共同所有者,在社会大生产过程中是相互合作的伙伴,有联系密切的利益关系。在文化教育上,教师和学生家长都是在同一种文化传统和教育制度下成长起来的,对学校教育的认识有着相似的现实基础。

　　教师和学生家长在教育目标上,更具有内在的一致性。这种教育目标的一致性或共同性主要表现在以下四个方面:一是思想品德培养上的一致性。青少年学生的思想品德不是先天固有的,也不是自发形成的,而是在学校、家庭和社会各方面的综合影响下,通过他们个人的实践活动形成和发展起来的。教师和学生家长都殷切期望学生形成良好的思想品德,为此他们共同负有教育的责任。他们将根据国家和社会的需要,向学生灌输正确的政治思想意识,用高尚的道德情操熏陶学生,防止、克服社会上不良思想和行为的影响,帮助学生在思想上、政治上健康成长。二是知识才能培养上的一致性。社会需要造就一代掌握现代文化科学知识和技能,能够适应各行各业建设需要的合格的劳动者和各类专门人才。学校教育和社会实践锻炼,要让学生掌握系统的文化科学知识,掌握必要的基本技能,发展他们的智力和能力。这是教师和学生家长共同承担的社会责任。教师和学生家长都希望学生成绩优异、知识丰富、本领高强,并以此为荣。三是身体素质和良好的生活习惯培养上的一致性。青少年学生正处在生理发育逐步成熟的过程中,是否具有良好的生活习惯和健康的体质,既关系到他们能否健康成长、顺利完成学业,也关系到他们今后能否担负起国家建设的重任。因此,保证学生有足够的营养、卫生保健设施以及良好的学习条件和生活条件,引导学生养成良好的生活习惯,也是教师和学生家长的共同心愿。四是审美情趣培养上的一致性。培养学生具有正确的审美观和鉴赏能力,是全面发展教育的必要组成部分。随着社会的发展,广大教师和学生家长日益认识到培养学生正确的审美情趣的重要性,并逐步加大了在学生审美情趣培育上的投入。

　　总之,在教育目标上,教师和学生家长存在着高度的一致性。对教师而言,希望学生得到良好的发展,而给予必要的投入。学生家长也会对孩子的成长给予高度的关注和积极的配合。这种教师和学生家长在根本利益和教育目标上的一致性,决定了两者之间存在着建立良好关系的客观基础。

二、家校沟通与合作的现状评价与原因分析

　　尽管教师和学生家长具有一致的根本利益,有着相同的教育目标,但在现实生活中仍然大量地、经常地发生着教师和学生家长之间的矛盾。有时,这种矛盾还酿成两者之间严重的冲突。教师和学生家长间的矛盾冲突的主要原因,在于两者之间在教育观点、教育思想、教育方法以及所扮演的角色上存在差异。

(一) 家校沟通与合作的现状

1. 家校关系中学生的位置

　　家庭和学校正是为共同培育青少年才走到了一起,学生是家长和教师共同的关注点。那么,在家校关系中,学生的位置是怎样的呢? 他们又如何看待和评价家校关系呢?

据笔者对百余所中学的调研结果的分析①：

59%的学生将自己在家长与教师的关系中定位为"作用对象"，11%的学生将自己的角色定位在了"旁观者"，30%的学生认为自己是"参与者"。由此可见，有70%的学生找不到自己在家校关系中的正确位置。这种现象应该引起教师和家长的重视。在学生忽视自身的位置时，家校合作就失去了它应有的意义。

调查中发现，44.2%的学生希望教师和家长的联系频率为"偶尔"，32.7%的学生希望教师和家长通过电话交流，50%的学生希望每个学期教师家访的次数为"0—1"。这些数据表明：学生大都不希望家长和教师保持密切的联系。

51.6%的学生认为，教师要求见家长的原因是"通报我近期的过失、缺点"，而选择"提出表扬"和"通报我取得的进步"的都比较少，分别占总人数的3%和12%。可见在学生心目中教师与家长联系就意味着自己犯了错误，从而影响了学生对家校联系的态度。这一结果，在对教师和家长的调查中也得到了证实

64%的教师只有当学生犯了错误或者学习发生了很大的困难时，才去联络家长。联络的方式也十分简单生硬。最常见的就是要求学生"叫你家长来"！家长一接到这"最后通牒"式的命令，最直接的反应就是"揪心、闹心、烦心，最后搓手心（体罚）"，与孩子发生激烈冲突的比例高达95%以上。

甚至家长会也变成集中惩罚学生的诱导。每次召开家长会都会有38%的学生感到紧张有压力，15%的学生不愿家长参加，13%的学生会后与教师关系紧张，25%的学生会后与家长关系紧张，35%的学生会后受到严肃批评并被限制活动。家长的心态是既盼望参加家长会，又害怕受到羞辱，心理负担很重。

教师被家庭看作是"带来痛苦的人"，由此而产生的消极情绪和后果也是不言而喻的。而6%的家长认为，"当孩子成绩稳定时"他们"没有必要"和教师保持联系。76%的家长也只有当孩子"犯了过错"或者"学习发生了很大的困难"时，才去联络教师。

来自家长和教师双方的压力让学生觉得很累，他们希望家长能体会他们在学校的辛苦，倾听他们的心声，从而对他们少一些责罚，多一些理解和关爱。他们最希望看到的是，在家长与教师的沟通中教师能将自己的一些进步反馈给家长，让家长看到自己的进步，并能够从中探讨出对自己成长更有帮助的意见和建议，促进自己在各方面的发展，而不单单是为了提高学习分数或改正错误给家长打"小报告"，在家长、学生之间引起冲突，造成不愉快。有近70%的学生指出了在这种"挑错"模式下教师与家长联系的弊端。这种意图让学生屈服的教育方式，给学生的心理造成了很大的伤害。22.18%的学生表示这种联系的结果是造成自己和家长的冲突（挨打、挨骂）；17.54%的学生认为这种方式伤害了自尊，影响了情绪，不利于自己健康成长；14.04%的学生的看法是，这种联系给自己带来了压力，有时会给家长增添许多无谓的烦恼；而12.28%的学生则认为，这将使自己产生逆反心理，以更加消极的态度对待学习；许多学生认为，这样的交流

---

① 笔者于2004年10月8—29日，组织南京师范大学2001级师范专业的1300名学生，在江苏省136所中学开展了"当代学校教育中的道德关系及伦理调适"大型调研活动。调查主要采用了问卷的方式，并辅以部分的座谈与个别访问。本文中使用的资料和数据均为此次调查的结果。张盈盈、张所娟、陈磊、彭晓坤、黄颖、唐洁等参与了此项调研。

方式"形式化,没有多大用处,被教师说得一无是处,觉得教师不信任自己"。

2. 教师片面的家庭教育观对家长产生了误导

"家庭应该是学校教育的延伸","家长应该配合教师完成教学任务"是当下许多教师的家庭教育观。因此,很多教师对家长提出了一些不适当的要求。如要求家长必须每天让孩子口述在学校学习的每门课程,以检查孩子的学习情况。至于在孩子的作业本上签字,给孩子默字,听孩子背书更是家常便饭。家长们戏称这是给教师当"助教"。这样,教师传递给家长的信息就是学生的学习情况。

从调查的结果中可以看出,教师与家长交流的内容主要集中在孩子的学习方面。在家长们最想了解的信息中,"孩子的学习成绩"占了52%;其次是"学习态度"和"思想动态",分别为22.5%和25.5%。没有一位家长表示他最想了解孩子的"情感状态"或者"人际关系"。家长对孩子学业成绩高度重视。有些家长对孩子学习的重视甚至到了非常不正常的程度,为了让孩子上升几个名次,买参考书、布置额外作业,甚至请几门课程的家教,牺牲孩子的休息时间,孩子成绩稍有波动,便十分焦虑。孩子在学校的压力很难从家长那里得到缓解,有时甚至会更进一步强化。

调研中发现,教师和家长也有关于孩子品德培养上的交流,但这种交流大多是孩子遵守纪律方面的,如孩子上课是否认真听讲,是不是常与其他同学闹矛盾,孩子听话不听话、调皮不调皮,等等。这种所谓品德方面的交流,仍是为孩子学习上的情况寻找原因,主要关注的并不是孩子的品德培养。教师和家长间关于孩子身体方面、审美方面、劳动方面的交流更是少见。这说明教师、家长在这些方面不重视,缺乏共育意识。即使有的教师、家长对这些较重视,但却各行其是。总之,从这个调查可以看出,学校和家庭的教育内容极其狭窄和片面。其中,教师对家长的误导是重要的原因之一。

拓展阅读 5-1

家长该陪学校教育跑多远[①]

日前,浙江在线刊文称,某班主任在班级 QQ 群里发了一条消息给家长,说资质相同的孩子,摊上不同的父母,其发展也就不一样。家长分三档:积极行动的、勉强应付的和没能力跟上的。而这就是孩子优秀、良好、及格拉开档次的主要原因。这条看似闲谈的新闻,在网络上却一石激起千层浪。

学校教育切勿"绑架"家长

姚跃林(作者系厦门大学附属实验中学校长)

老师"绑架"家长的事情多半发生在低学段。分析其原因主要有三:一是分数至上以及"绩效主义"沉疴依旧。在"即学即考"的教育评价体系里,家长参与辅导会有立竿见影的效果。同时,教师借助家长的力量,可以更有效地控制学生的课余时间。说到底是应试教育思维作祟。二是低学段中学科少,容量小,内容相对简单,绝大多数家长能够插上手。三是小孩子听老师话,家长

[①]《中国教育报》,2013 年 11 月 15 日。

又拗不过孩子,老师的话往往经由孩子而成为家长不得不听的"圣旨"。中学生或心理逆反或思想渐趋成熟,家长和老师的话未必全听。所以,老师"绑架"家长也好,或者家长、老师"合谋"也好,一概难以奏效。然而,良好的学习习惯正是要从小养成,待其被动学习的坏习惯"生根",学习主动性就很难激发出来。

家长如有能力科学地指导孩子的学习自是好事,但要有限、有度,不能越俎代庖。要意识到学习是孩子的事,教书是学校的事,家长无法替代。家庭教育如果拘囿于具体的课业辅导,随着年级上升,必然是功效递减而副作用倍增。那些没有能力或没有时间督促和辅导孩子学习的家长也不必"辛酸"和焦虑,要相信孩子有自我矫正和修复的能力。如果孩子有好的习惯,所谓的"问题"终究不成其为问题。我们不要剥夺孩子的自由空间,要有长远目光,要学会等待。

对于老师来说,如果要成就良师,就必须坚持立足于课堂解决问题。如果长期依赖家长这个"助教",不仅教学效果好不了,而且人格力量大为削弱。中国的父母大多双双忙于生计,耗费太多精力辅导孩子学习实在勉为其难。老师"不作为"逼迫家长"为",还言之凿凿,家长对老师和学校是不会有好评价的。"亲其师,信其道",家长怨言不断,孩子耳濡目染,老师不可"亲",教学效果必然打折扣。倘若布置给家长的"作业"很重要,老师何不亲为? 以老师一人之力解数十家长之围,此第一等功业,老师为何不做?

人可以选择什么样的未来,但无法选择什么样的出身。人生而有用,生命不因"无知"而丧失其独立价值。教师有责任教导学生尊敬父母懂得感恩。如果当着孩子的面无端指责其父母,或者陷家长于不能自拔的伦理困境,实非明智之举。

总之,学校教育和家庭教育均要恪守各自职责。

3. 教师在交往态度上对家长缺乏尊重

调研中46%的家长认为,一些教师认为在教育问题上自己是"闻道在先、学有专攻",家长应该无条件地接受教师的指导,在态度上对家长缺乏尊重。因此,当家长就孩子的学习问题与教师交流的时候,有些教师很没有耐心,甚至以命令、训斥的方式与家长沟通。这就使很多家长将与老师见面视为苦事,家庭中孩子的父母经常为"谁去见老师"而发生争执。

调研访谈中还发现,部分教师认为父母应该对孩子的教育负主要的责任,所谓"养不教父之过"。"孩子是你的,你不急我急什么?"这是相当多的教师面对家长时的内心独白和潜台词(有时甚至直言以告)。因此,当学生的学习和生活出现问题时,教师就过分地指责和依赖家长。有的教师在家长会上按学生成绩的不同安排家长的座位,这些变相惩罚家长的做法极大地伤害了家长的人格尊严。

那么家长如果因为孩子犯错而遭到老师的批评,将会有什么反应呢? 调查的结果如表5-1所示。

表 5-1	A. 我没教好孩子，应该受到批评	B. 不理解孩子犯错为什么家长挨批评	C. 我不乐于接受，犯错的是孩子而不是我	D. 我会反过来指责老师没把我的孩子教好	E. 老师一般不会因此而批评家长的
如果您因为孩子犯错而遭到老师的批评，您怎样看待呢？	15%	36.6%	38%	1.6%	8.8%

从表 5-1 中可以看出，心甘情愿地接受教师批评的家长仅为 15%。76.2% 的家长对此表示不满。

(二) 家校沟通与合作中存在问题的原因分析

学生(孩子)是把家庭和学校联系在一起的枢纽，家校关系围绕对学生(孩子)的教育展开，家校关系中的矛盾同样与双方对学生(孩子)的教育活动紧密相连。当前家校关系中存在的矛盾，这些矛盾一部分是家庭与学校这两个不同的教育机构与生俱来的，还有一部分则是随着时代和社会的发展而新产生的。具体分析如下：

1. 学校教育的独立性与学生学校教育中家庭参与不可或缺性之间的矛盾

原始社会，年幼者向年长者学习如何使用劳动工具进行生产劳动，教育活动与生产劳动融合在一起，尚未分化出来，此时教育活动处在"非形式化"教育阶段，教育的权威主体是家庭和社会。奴隶社会末期，学校作为专门的教育机构出现，教育活动进入"形式化"教育阶段。近代，由于社会化大生产的发展对培养的人的质量和数量的要求大大提高，教育场所、教育内容、教育时间、教育者和被教育者都固定为制度，教育活动进入"制度化"教育阶段。

在学校教育发展的这一历程中，可以明显看到学校教育的独立性逐步发展。"学校代替家庭成了教育的权威，学校教育制度也相应地从其他社会制度中独立出来，相对独立地制约着学校教育的运行。久而久之，学校教育自然地产生了自我封闭性，削弱了与社会的联系。学校教育排斥来自社会和家长等的参与也就不难理解了。"[①]

然而，即使学校似乎已经将教育的权力在制度上全部"收入囊中"，学校对学生的教育却不能就此拒绝家庭的参与。学生并不是生活在学校的"真空"里，学校教育与家庭教育也并不是截然能分开的。当学生来到学校时，他必然带着从家庭所受到的影响：家庭教育中德育、美育、劳动教育、体育，甚至也有智育的成果。而当学生回到家庭中，学生在学校中所受到的教育也必然要与家庭中受到的影响相互作用。暂不论家庭教育的重要性，即使在学校教育中，家长的参与也是不可或缺的。学校对学生采取的种种教育措施都必须考虑到家长的意愿，大量实践表明，如果遭遇到大多数家长的反对，学校原定的教育措施就不得不宣告取消。正因为学校教育的对象学生同时还有另一个身份即家庭的孩子，所以学校教育必须要对学生的家庭负责，学校教育的独立性与学生学校教育中家庭参与的不可或缺性之间的矛盾就是必然存在的。

2. 教师和家长由于社会角色的差异产生矛盾冲突

家长和教师是两种不同的社会角色。对家长而言，在大部分家庭，一对夫妇只有一

---

① 安卓：《主角与配角：中小学教师与学生家长关系之分析》，《当代教育科学》，2005 年第 1 期。

个孩子,在这个孩子身上,不仅寄托了父母未竟的理想和梦想,也寄托了父母的希望。许多父母将自己晚年的幸福和子女目前的发展状况自然地联系在一起。特别是在我国还不可能普及高等教育,以及人们收入的水平和生活的质量越来越决定于受教育程度的情况下,家长对自己孩子的学习状况更是具有一种发自内心深处的关切,以至于孩子在学习上的任何波动,都牵动着家长脆弱而敏感的神经。家长对子女的这种心理和期望,决定了他们希望教师也能如此关注自己的孩子。当教师对学生的关切程度未如家长之愿时,家长就可能认为教师对自己的子女不关心而心存怨意。再者,家长和教师对学生的成才状况的不同态度也可能会导致矛盾冲突。以升学为例,假设成功率达到99%,而失误率只占1%,教师认为个别学生的落榜完全是自然的,因此是可以理解的。但这种1%的失误却被落榜学生的家长看作是100%的失败。所以,学生家长对教师这种公务式的态度往往心存不满。反过来,教师对学生家长过分要求教师关注自己孩子的做法亦有反感,从而引起两者间的矛盾冲突。

教师和学生家长扮演的社会角色的差异,决定了两者看问题的角度不同。特别是当教育的过程发生了困难,或者教育教学效果不佳时,如果双方不是冷静地先从自身查找原因,而是轻率地指责对方,将责任一股脑儿地推向对方,就可能会引起矛盾。家长认为,学校是专门教育人的地方,教师是专门教育人的人,孩子被教育得不好是教师的责任。因此,有的家长在心理上对教师产生较强的依赖性,有时会对教师提出脱离实际的要求,不谅解教师工作的甘苦、艰难,不理解教育过程的复杂性。而教师常常也会产生这样的想法:为什么同在一个班上,我对有的学生稍做教育就能明显奏效,而对有的学生花了九牛二虎之力也很难见效呢?这也许是家庭教育的失误,是家长素质不高所导致的。因此,有的教师也简单地把学生各方面素质的高低,视为衡量家庭教育好坏和家长素质高下的标准。教师和学生家长的这种相互抱怨,有时使得两者之间的矛盾一触即发。

教师和家长作为两种不同的社会角色,两者之间存在不同的教育学修养水平,这是很自然的事。这种差异并不必然导致两者的矛盾冲突。但如果教师和学生家长存在着不同的教育理念和教育方法,双方又缺乏必要的沟通,甚至对对方的理念和方法持否定态度,当对学生的教育过程发生困难时,两者之间的矛盾冲突就将不可避免。

3. 传统意义上教师在教育领域的权威性与现代社会家长挑战教师权威性之间的矛盾

教师权威主要取决于制度性因素和个人因素两方面。制度性因素形成教师的制度性权威,包括传统权威和法定权威。传统权威指社会的文化传统赋予的权威,法定权威指社会制度和法律法规等因素赋予的权威。个人因素形成教师的个人权威,包括知识权威和感召权威。知识权威由教师个人的学识、专长等产生,感召权威则源自教师本人的人格魅力、爱心、同情心等。[①] 正是这两方面的因素,尤其是我国尊师重道的历史传统、当下的教育制度以及教师的教育学和本学科专业知识,赋予了教师在教育领域传统

---

① 吴康宁著:《教育社会学》,人民教育出版社,1998年。

意义上的绝对权威。

然而,现代社会教师在教育领域的权威性正受到来自家长的挑战。挑战主要集中在教师的个人权威上。一方面在知识权威上,教育学知识并不是教师所专有的,而是作为教育者(包括为人父母者)都应该具有的通识性知识。随着现代社会的发展,家长们的文化素质也越来越高,很多家长有自己对教育的理解,也有一定的教育学的素养,所以对于教师的一些教育行为并不认为是合适的。另一方面在感召权威上,有的教师的师德也是难以应对家长的质疑的。当家长在教师个人权威上持怀疑态度时,往往会通过行为表现出来,如通过给学校施加压力要求更换教师或解雇教师。这种现象在现代社会已经并不鲜见。另外,不仅是教师的个人权威,现代社会家长对教师权威的挑战甚至也会涉及教师的制度权威。有些自身素质和思想都比较前卫的家长认为当下我国的学校教育问题多多,直接质疑教育制度。如我国著名童话作家郑渊洁就让自己的儿子游离于我国学校教育之外,"郑渊洁的儿子也是郑渊洁一手创造出的神话,不忍教育制度的摧残,亚旗小学毕业之后郑渊洁就没让他再继续学业,郑渊洁在家亲自教他。为此郑渊洁还编了一整套的教材"[①]。

第二节　家校关系的道德调适

反观历史,自从学校问世以来,家庭同学校的关系问题始终是人们关注的课题。在现代,由于家庭和学校双方的职能都发生了种种变化,家庭与学校关系问题更为引人注目。家校关系的调适有多种角度,以下将从伦理关系的层面提出道德调适的可能。

一、家庭和学校具有不同的教育职能

当前,家庭教育科学化已成为社会普遍关注的问题。而父母教育又是家庭教育科学化的基础。父母教育的任务需要学校和社会共同来承担。从学校所承担的社会角色和责任而言,学校应当扮演主动和主要的角色。目前,我国依托各级学校举办的"家长学校",基本上承担了父母教育的任务。家长学校在普及教育学知识的过程中发挥了积极作用,但也暴露出了"家庭教育学校化"的倾向。这一倾向在很大程度上造成了家庭教育的异化。因此,学校开展父母教育需要建立科学的家庭教育观。

家庭和学校分别作为一种社会组织,在培养青少年的过程中所承担的教育职能应该是有明显区别的。前者主要是自我教育,以个别的方式进行;后者是以智育为主体的给予教育,以集体的方式进行。可见学校教育的优点也正是它的缺点,但是学校教育的缺点可以由家庭教育来弥补。

家庭作为人降生后归属的第一个社会群体,能使儿童初步掌握母语,形成生活习惯,自然地接受爱和主动地去爱,从而奠定人格与个体社会化的初步基础。因此,家庭应该成为孩子道德教育的基地、心理关怀的港湾。这应该是家庭教育职能的实然状态。

---

① 郭小寒,者婧:《郑渊洁换个姿势,继续童话》,《北京青年周刊》,2005 年 1 月 29 日。

家庭关系虽然也属于社会关系,但这种社会关系属于人和人之间最自然的关系。"家庭教育倘若过于理想地刻意追求,反会招致种种破绽","它是在现实的日常生活中自然而然地进行的","与其说它是教育,毋宁说是一种社会化更为贴切"。① 如果学校教育和家庭教育各司其职,青少年的成长将保持一种和谐的平衡。青少年在集体教育中所承受的压力,可以在家庭生活中得到自然的释放。而学校教育又可有效地促进青少年的社会化进程。但随着社会的发展,学校教育地位日益强大,家庭教育的功能逐渐削弱。家庭教育的任务被定义为:"在儿童入学前,主要是使儿童的身心得到健全的发展,为接受学校教育打好基础;在儿童入学后,主要是配合学校教育使其品德、智力和健康得到正常发展,将来能成为国家的建设者。"②这一定义反映了"以学校为中心"的强烈意向,忽视了家庭作为初级社会群体的特点。当家庭教育放弃了本来的职能而成了学校教育的"承包机构",承担它难以胜任的那种教育职能时,就扭曲了本应是"最自然"的家庭关系。儿童也因而受到挫伤,被剥夺了多样的发展可能性。为此,家校关系的调适首先要关注两者关系是否有越俎代庖之嫌。学校和家庭不恰当地履行各自的职能,必定打破和谐,制造出无数的畸形教育的"怪胎"。

拓展阅读
5-2

中国家庭教育十大败笔③

多数家长不会"爱孩子"成为家庭教育主要问题

第一,过分溺爱,忽视非智力因素的培养

教育家马卡连柯说过一段经典的话:"一切都给孩子,牺牲一切,甚至牺牲自己的幸福,这是父母给孩子的最可怕的礼物。"孩子是父母的爱情结晶,爱孩子是天性使然,但溺爱孩子却是人类独创的一种另类之爱。在世界各国的家庭教育中,中国父母对孩子的溺爱程度当仁不让地名列前茅。

除了溺爱,严格的中国父母们对孩子非智力因素的忽视也相当可怕。在这方面,很多父母按照他们的思维方式,严重扼杀幼小孩子的心理、情感、意志和兴趣等非智力因素,从三四岁甚至更早,父母们便开始命令孩子们学汉字、念唐诗、背宋词、练算术,而不去顾及孩子爱玩的天性,一味地学死知识,一味地命令式教育,将孩子的自尊心、自信心、坚持性和创新能力等非智力因素抛之脑后。

第二,心灵施暴,扼杀独立人格的树立

有一个关于教育的小故事很有意思,说的就是中国家庭教育和国外的区别:一个中国儿童拿着自己画的图画让父母鉴赏,他会说,你看,我画得像不像? 同样,国外的孩子会向父母说,你看,我画得好不好? 这一"像"一"好",仅一字之差,却有天壤之别。

① [日]筑波大学教育学研究会编,钟启泉译:《现代教育学基础》,上海教育出版社,1986 年,第 148 页。
② 《中国大百科全书·教育》,中国大百科全书出版社,1985 年,第 140—141 页。
③ 《扬子晚报》,2010 年 11 月 24 日。

自古至今,中国人从来不缺乏智慧,但我们对于创新能力、应变能力和竞争能力的缺乏,却是毫无疑问的。父母是孩子的第一任老师,但如果我们的老师从小就遭受着一种心灵施暴的教育方式,而陈旧的理念并没有随着社会的发展而更新,等到教育的重大责任依次落到他们身上时,我们所享受的待遇将是多么可怕呀!

第三,物质刺激,变相拜金主义的诱导

在中国家庭教育下长大的孩子,对于物质刺激这个词语一定不陌生。这好像是中国父母们独有的杀手锏:考试成绩全部85分以上,给孩子买飞机玩具和酸奶;要是能在全班排名中进入前三,奖励100块钱。凡此种种,力度不同,但方式却惊人地相似。

第四,动辄体罚,应试教育的最好帮凶

体罚对于中国的孩子来说,是最熟悉不过的,特别是在农村和教育欠发达地区的一些学校里。中国家长们理由万千,什么"不打不成才",什么"棍棒之下出孝子"等,于是一个崭新的轮回继续着:被棍棒打出来的父母们依然棍棒着自己的孩子,被棍棒打出来的老师们依然棍棒着自己的学生。

第五,朝令夕改,缺乏教育目标的远景性和阶段性

这大概不能全怪中国家长,因为很多家长还在为生存奔波。但有一点可以肯定,就是今天他们觉得当官好,就对孩子说好好学习,争取以后做大官;明天他们如果觉得写书赚钱,就会买来一堆文学作品,让孩子发奋读书。

当然,家长自身的素质也大不相同,相应的做法也会不同程度地出现差别。

第六,精神方面,孩子是家长最熟悉的陌生人

经常可以听到家长们说这样的话:"终于轻松了,我儿子住校了;学校老师会教育好孩子的,咱该歇着啦;孩子一个月甚至半年才回家一次,我上哪儿去教育他呀?"家庭教育和学校教育在这里没有达成完整的默契,分歧便诞生了。

第七,事业方面,孩子沦为家长实现未泯理想的工具

"我们那时候条件差,都没机会念大学,所以你要好好学习,争取上大学深造!"大部分中国家长都是这么想的,至少在孩子小的时候是这样:好好学习,以高分考个好大学。这似乎是中国家长们对孩子唯一的期待。

中国式家庭教育的恶果是:由孩子被动地听家长吩咐,逐渐深化,趋向同化,最后到向家长询问,终于沦为家长实现他们未泯理想的工具。

第八,道德方面,家长和学校教育一起超级空白

这也是非智力因素的一个表现。中国家庭教育里,最被重视的是智力因素。至于其他的德、体、美、劳等方面的发展,甚至连学校教育都是一纸超级空文,那又怎么去要求家长呢?小时候发的红奖状里写得清楚:该生在本学期之内,德智体美劳全面发展,成绩优秀,特此奖励,以兹鼓励。但实际是什么?不过只是因为我的试卷被打了95分,仅此而已。

第九,生活方面,近乎泛滥的物质支持

这与溺爱有关,但又不完全相同。当孩子长大成人,独自在外地念书时,近乎泛滥的物质支持就开始了。

　　孩子从小所接受的金钱等物质来源大概有以下几种：一是成绩达标后的"奖金"；二是帮父母买东西找回的零钱；三是家长每天给的饭钱和坐车费用；四是亲戚朋友给的奖励，特别是过年时的压岁钱；五是节假期间打的小零工。物质支持无可厚非，可一旦泛滥，被金钱左右头脑的人，行为往往是可怕的。

　　第十，性教育方面，孩子顺利成长的绊脚石

　　中国教育直到现在，也没有找到一条合适的性教育方案。从很小的时候，很多孩子就问妈妈，我是从哪儿来的？但很多母亲会不假思索地回答：你是我在大街上捡的！或者还会有很多种答案，但总结起来只有一个目的，就是变着法地回避性教育问题。

　　在这样的前提和基础下，面对一些性知识几乎为零的孩子，以至于发生未婚妈妈、青少年性暴力犯罪等现象时，除了深刻思考我们教育的失败之外，已经没有必要去讨论它们带来的危害了。

二、建立学校与家庭平等合作的伦理关系

　　学校和家庭由于学生（孩子）这个中介、桥梁、纽带走到了一起，两者之间构成了一种不以任何一方的意志为转移的客观关系。对这种关系的准确把握，或者使两者在关系中进行准确的定位，对于教师与家长的和谐相处是十分必要的。

　　一般认为，在师生交往中，应该以教师为主导，学生为主体。那么，教师在与学生家长相处时，是否也应该占主导地位？实际上，教师与学生家长有着相同的教育对象、共同的愿望、一致的社会责任。面对学生（孩子），教师和学生家长作为教育者，所肩负的责任是同等重要的，不存在谁轻谁重、谁主谁次的区别。因此，教师和学生家长的关系是一种合作关系，是一种为了使学生（孩子）成才而确立的相互协作关系。但是，在不少教师和学生家长之间，却常常表现出一种不合作的状态：一是教师与学生家长之间既缺乏合作教育的意识，更缺乏合作教育的行动；二是"合"而不"作"，教师与学生家长之间表面上和睦相处，实际上各行其是，有的只是等学生出了问题时才"合作"一两回；三是"作"而不"合"，教师与学生家长由于在教育思想和目标上的不一致，导致了教育内容和方法上的差异，难免产生"内耗"；四是合而欠当，虽然双方对学生（孩子）都有良好的愿望，但极少数教师在与学生家长的交往过程中，做出了有悖教师道德的事情，也使得学生家长从内心瞧不起教师。这突出表现为有的教师利用某些学生家长的地位、权力谋求私利，或者公开向学生家长索要好处，等等。

　　上述种种现象，都不利于学生的健康成长。现代教育科学告诉我们，教师和学生家长必须建立起正常、和谐的合作关系、伙伴关系，协调一致地教育学生。如果双方配合不当，非但不能增添教育的力量，而且还会使双方的力量相互抵消，甚至起相反的作用。正如苏霍姆林斯基所说："我们和家庭作为并肩工作的两个雕塑家，有着相同的理想和观念，并朝一个方向行动。要知道，在创造人的工作上，两个雕塑家没有相互对立的立场是极为重要的。"对此，教师应该有足够的认识，注意在和学生家长的交往中建立一种平等合作的教育伦理关系。

要建立平等合作的伦理关系,教师首先要树立正确的"家长观"。正确的"家长观"的核心,就是双方关系的平等性。在教育学修养方面,教师有时确实比家长高一些,但这也不是绝对的。特别是随着我国人口中接受高等教育的比例快速上升和教育学知识的普及,学生家长的知识层次和教育学修养也在不断提高。这一变化在我国的大中城市表现得尤为突出。同时,教师和学生家长都是社会的职业劳动者,都具有一定的社会地位,人格上是平等的,不存在领导与被领导、支配与被支配的关系。不应该出现一方高高在上,另一方唯唯诺诺的局面,任何一方都没有权利贬低另一方的平等地位和人格。因此在家校的联系和交往中,教师和家长应该互相尊重,在对学生的教育过程中,互相配合、共同协商。

教师和家长在人格上的完全平等,决定了教师和家长的关系具有一些基本特点:一是教师除了道德上的威望,对学生家长无任何权力可言;二是由于教育学生是教师必负的社会责任,因此教师要和所教学生的家长建立合理的伦理关系,不管学生家长的社会背景如何;三是在交往的过程中,教师要以主动协调的态度促进与家长平等合作伦理关系的形成,因为教育的主动权掌握在教师手中。

这种平等合作的关系,具体表现为双方社会地位的平等性、双方联系交往的互尊性和双方在教育过程中的配合性。学校和教师在家校关系的指导观念上要实现三个转变:一是要从把家长放在从属地位,转变为以学校为指导、以家长为主体的双向合作关系,家长在家校关系中要由被动转变为主动;二是要从学校、教师单向的居高临下的指导,转变为教师、家长双向互动、相互学习,教师在家校关系中由绝对权威转变为相对权威;三是要从单纯从学校和教师出发要求家长配合的社会性目的,转变为从孩子出发的个体性教育目的。

在家校合作过程中,学校由于负有专业优势和社会、历史使命,因此承担主要的责任:不仅应积极主动地吸纳家长参与学校教育的监督和管理,而且对家庭教育有辅导的责任和义务。学校应转变办学理念,主动加强与家长之间的联系,沟通学生在校和在家的情况。另外,学校义不容辞地应该在家长中普及教育学知识,对家长在家庭教育中的困惑给予解答,并且对学生与家长之间的沟通障碍(如青春期学生对家长的叛逆等)提供帮助。当然在这个过程中,学校不能以"教育专家"自居,应该给予家长的是伙伴式、朋友式的帮助和指导。

在家校双方共同构建平等的伙伴关系中,家长也是不可或缺、相当重要的"当事人"。一方面,家长与教师都是平等的学生(孩子)的教育者,因此在对教育学生(孩子)的问题上产生分歧,家长应该与教师平等协商,而不能对教师一味逢迎、不敢提出自己的意见。另一方面,家长也不能走向另一个极端,即把学校和教师当作为自己服务、给自己打工的,而看低学校和教师在孩子教育中的重要作用和贡献。

人与人之间在人格上都是平等的,家校之间当然也不例外。同是为了学生(孩子),家校之间在平等的伙伴关系的基础上,互相配合、通力合作所形成的家校的教育合力无疑对学生(孩子)的身心和谐发展是最有利的。

关于出台《中华人民共和国家庭教育法》的议案

案由：

跨入二十一世纪的中国，教育方面的建设已经取得了巨大成就，从普及义务教育、特殊教育、职业教育，到发展远程教育、民办教育、教育国际合作与交流，以及教育理论研究、教育法制建设等方面，中国教育正在全面、精细、高速地发展着。但是，与前面各方面均有所建树的教育成就相比，不相称的还存在着一个巨大的教育空白，它不仅在过去、现在，还将在未来，随着全球科技、经济的飞速发展，愈来愈严重地阻碍教育事业的继续发展，影响现有教育成就的实际功效，成为中国教育走向现代化的一个瓶颈。它就是中国的家庭教育。

有人说，现在什么事都可以选择，但谁做父母没法选择；做什么工作都要进行岗前培训，但是父母不需要培训就可以上岗；做任何工作不合格都可能下岗，但父母从来不担心下岗。虽然每个人都有结婚生子的权利，但是在他们享受权利之前，也有学习为人父母知识的义务。历史发展到今天，家庭教育也应面向现代化、面向世界、面向未来。如果说今天的各行各业都进入了精密的数控时代，那么我们的家教行业还停留在比较落后的手工作坊时代。

如果说，目前的教育措施对社会的作用是锦上添花，那么推广和普及科学的家庭教育对社会来说便是雪中送炭。因此，改革现有家庭教育局面已到了刻不容缓的地步。

案据：

家庭是孩子的第一环境，是孩子身心健康成长的摇篮，家庭对孩子的健康成长有着十分重要和不可替代的作用。良好的家庭教育是儿童健康成长、家庭和谐幸福、中华民族优秀文化传承的重要基石，是国家培养合格建设者与可靠接班人的重要途径。

伴随依法治国方略的实施，我国有关家庭教育的法律政策不断制定和完善，为家庭教育在促进未成年人健康成长中发挥独特作用提供了法律依据。但是，目前我国家庭教育的立法状况与其在现代国民教育和终身教育体系中的重要地位不相适应。有关家庭教育的法律条款散见于多部法律之中，缺乏系统、专门的家庭教育法，与学校教育和社会教育的法制建设相比，家庭教育的法制建设明显滞后。

到目前为止，世界各国还没有出现专门的"家庭教育法"，西方发达国家普遍把促进家庭教育健康发展当作政府的责任和义务，美国、德国等国通过制定相关法律或成立"家庭问题委员会"等形式，建立了完备的家庭教育体系，如果父母被指控对孩子"严重忽视"，则等同于虐待罪将受严惩。只有我国台湾于2003年2月6日颁行了《家庭教育法》，并于2004年2月13日公布实施了《家庭教育法施行细则》。就我国而言，由于人口众多，各地发展不均衡，制定"家庭教育法"对确立家庭教育的法律地位、提升家长素质、加强对家庭教育的指导、优化未成年人成长的家庭环境、保障未成年人全面健康地发展，显得尤为重要。

对家庭教育进行国家干预，不是要控制家庭，而是要立足于为家庭提供系统专业科学的指导和全面充分多元的保障，一方面为家庭特别是留守儿童家庭等特殊家庭提供未成年人接受教育的必要支持，用法律手段规范家长和教育服务机构的行为,一方面提高女性素质,女性强则国强。

随着中国社会经济的发展,家庭教育中不断出现新情况、新问题。很多家长"重知轻德",过度娇惯、保护、放任,忽视对孩子良好个性品质和行为习惯的培养,青少年违法犯罪案件呈上升趋势,且向低龄化发展;不少家长缺乏教育子女的经验,特别是在引导孩子的心理健康上没有良好的办法;随着二孩制度放开,随着老龄化社会的到来,老人的赡养问题日益突出,除了对独生子女的家庭教育,还有留守儿童、流浪儿童、农村贫困儿童、单亲儿童、重组等特殊家庭儿童的家庭教育的忽视和严重缺失;等等。上述诸多问题,在我省都有不同程度的反映。因此,家庭教育必须引起高度重视,家庭教育的立法应该及时提上议事日程!

方案:

第一,有明确的执行机构。在教育行政部门下设家教中心来指导家庭教育活动,或者成立专门机构,另外把学校也列为家庭教育的主体,学校必须要设置家庭教育课程,这样家庭教育法的执行主体问题就能到位。

第二,加强教育体制改革,构建立体化的教育体系,将家庭教育真正纳入其中,建立相关机构,配备专业人员;并吸纳与家庭教育相关的文化、宣传、卫生、民政、公安等政府部门,和妇联、工会女职工委员会等群团组织形成合力,构建起家庭教育社会支持网络系统。同时,顺应形势变化,坚持问题导向,应形势发展对出现的新情况、新问题开展理论研究,更好地指导家庭教育工作实践与时俱进地顺利进展。

第三,确立家庭教育的法律地位和原则,让它在现代国民教育体系和终生教育体系中发挥其应有的先导作用和支撑作用。还应明确规定家庭教育主体的权利、责任和义务。强化政府在促进家庭教育事业发展中的责任,明确家庭教育主管部门及各相关部门的职责范围,以提高家庭教育工作的绩效。应对农村地区的家庭教育给予更多的支持与投入;对于留守流动儿童、残疾儿童等家庭教育问题,应有专门的条款对其给予特殊关照。

此外,家庭教育经费应列入各级政府的财政预算。在中央以及各省、市、县财政中设立家庭教育的专项经费,并确立农村和城市等地区不同的家庭教育投入体制和筹资办法,以保障各地家庭教育工作获得必需的财力支持。进一步强化对家庭教育市场的管理,重视发展培育有资质的社会组织,为家长和孩子提供切实有效的指导和服务。

(来源:中国农工民主党中央网站 2016-03 郭新志)

三、教师应尊重学生家长

在与人交往时应该尊重对方,这是对一般社会成员普遍的、起码的要求,也是衡量一个人社会化程度的标志之一。学生家长是教师在教育学生过程中不可缺少的合作者,教师必须给予他们以应有的尊重。这既是社会对教师的一般要求,也是教育伦理基于教育劳动的特点对教师的特殊要求。

1. 当教育过程中发生困难时,教师要耐心和克制

一般说来,教育活动比较顺利时,教师和学生家长发生矛盾的可能性比较小。因为在这种状况下,一般较少发生教师不尊重学生家长的事。而当学生犯错误时,尤其是当学生反复犯同一错误或相似的错误,教育过程不是很顺利时,教师如果不注意控制自己

的情绪,就很容易发生不尊重家长的言行,从而导致家长对教师心生怨意,甚至导致两者间的矛盾冲突。遇到此类情况时,教师为避免自己的不当言行给家长带来伤害,应该在以下方面多加注意:其一,要反思学生所犯的"错误"是否是一种错误,还是学生心理需求的自然表露,抑或是学生身心发展过程中的正常现象。其二,要探讨学生犯错误的原因究竟是什么。有的情况下,错误是学生犯的,但原因可能不在学生本人,而是在其他同学,或者在家庭和社会,甚至在教师。只有找准了导致学生犯错误的原因,才能有效地纠正和杜绝学生的错误。其三,即使是由于学生本人的原因犯了不小的错误甚至是严重的错误,也不能将学生犯错的账记到家长头上。在这种情况下,教师必须格外注意自身的言行,以免由于自己对学生家长的不尊重造成不愉快。

2. 教师要虚心听取学生家长的意见

教师虚心听取学生家长的意见,并对正确的意见加以积极的采纳,是教师职业道德对教师的必然要求,也有利于教师教育教学质量的提高。这其中的原因在于:其一,由于家长与孩子朝夕相处,即使孩子上中学,也有将近三分之二的时间在家里度过,家长对孩子的爱好、兴趣、性格、脾气了如指掌。而孩子的言谈举止在家中表现得最自然、真切。因此,一般来说,家长能真实地反映学生在校外的情况,教师要虚心听取家长的意见和建议。其二,学生家长的知识层次在不断提高,很多家长也比较注意教育学知识的进修和教育学修养的提高。因此,学生家长对教师的教育教学往往能提出一些到位的意见和建议。教师如能虚心地加以听取并吸收,对学校教育肯定是大有裨益的。从这层意义上讲,教师也应该听取学生家长的意见。虽然,在时间上,教师工作比较辛苦,抽不出更多的时间去了解家长的看法;在心理上,教师亦不是很愿意听到家长的批评意见;在价值观上,教师都想努力体现自身在教育事业中的价值,不想自己被"抹黑"。但由于教育的需要,教师要虔诚而耐心地倾听家长的意见。教师这样做,不仅不会影响教师在家长心目中的威信,反而会密切两者之间的关系。

3. 教师必须一视同仁地对待每一位家长

教师一视同仁地对待每一位家长,是教育公正的必要延伸。教师必须爱所有的学生,不仅要爱那些学习成绩优秀、听从自己教导的学生,也要爱那些学习成绩差、喜欢调皮捣蛋的学生,并倾其全力做好转化工作。这是教育公正原则对教师的要求。作为教师还应意识到,正像教师不能随意淘汰差生一样,教师也无权拒绝和任何一位家长的合作。现代学校教育是以班级为基本教学单位的,师生相互之间一般没有选择余地,这就使教师对家长一般也没有选择的余地。所以教师不仅不应该拒绝和学生家长的合作,而且还应该主动协调和他们的关系,充分发挥他们在教育学生活动中的作用和积极性。一般来说,作为教师,他们对优秀学生的家长和素质比较高的家长较为尊重。事实上,教师和这样的家长也比较容易沟通。但对那些暂时处于后进状态学生的家长和素质不是很高的学生家长,教师往往缺乏应有的尊重,也缺乏主动沟通的意识。这种状况是不符合教师职业道德的要求的。至于有一些教师对具有一定身份、社会地位比较高的学生家长显示出过分的热情,而对贫困学生的家长则爱理不理,甚至冷眼相对,则更为教师职业道德所不容。教师职业道德要求教师一视同仁地对待每一位家长,而不管家长的素质、身份和社会地位究竟如何。

对于家长对教师的不正当迎合,应该理解家长的目的也是为了自己的孩子能在学校有更多的机会、发展得更好,主观意图是为孩子着想,但采取的手段和客观效果是有违道义的。在这一现象的应对上,教师必须承担起主要的和主导性的责任。首先,教师应该坚守教师的职业操守,绝不能把学生和学生家长作为获得私人不正当利益的来源,对家长的不正当迎合应该而且必须婉拒,这是对这一不良现象的"治标"工作。其次,"治本"工作是教师必须公平公正地对待每一位学生,即使客观上教师不能对每一位学生都爱护有加,教师在主观上绝不能对学生存有偏见,不能因为分数的高低和家境的好坏而在平时的教育教学活动中给予学生不同的待遇。教师的"爱无差等"、公平公正是教师职业道德的要求,是对学生的负责,也是对学生家长后顾之忧的解除。再次,如果教师接受了家长的不正当迎合,教师在学生心目中的美好形象和教育威信荡然无存,教师对学生的教育实效将大打折扣。子曰:"其身正,不令而行;其身不正,虽令不从。"[1]难以想象,一位教师如果接受了一位学生家长的礼品而对这位学生有所倾斜,这位教师该怎样去面对班级的其他同学,又该如何教育学生,以何教育学生?

当然,家长也应该自律,须知学生唯有通过自身的努力才能获得最后的成功,而不应该寄希望于对教师的不正当迎合而获得的"特殊照顾",这种行为本身对学生也是不良的教育。家校之间的联系不应该建立在不正当利益交换的基础上,而应该立足于促进学生全面发展的旨归。

四、畅通家校之间的沟通渠道

沟通是合作的前提,家校关系中同样如此。

1. 家校双方需要增强沟通的强烈意识

学校方面应该充分认识家长参与学校教育的重大意义,这是学校从封闭式办学走向开放式民主办学的重要举措。通过与家庭的沟通,学校可以更好地了解每一位学生的情况,从而为因材施教创造条件,为促进学生的全面发展创造条件。而家长方面也应该积极地与学校取得联系,沟通孩子的各方面表现情况,就孩子的教育问题向学校寻求帮助。同时家长对学校的教育教学情况的了解和监督,也是对自己的孩子受教育权和学习权的重视和维护。

2. 畅通家校之间的沟通渠道必须要有制度上的保证

学校应该将家校之间的沟通作为学校的一项日常工作,纳入学校的管理体制,摒弃"问题型"家校关系。对传统的沟通渠道如家长会、电话联系、家访等,一是改良其中的单向灌输为双向交流,不仅双方都应该主动而且要有另一方的反馈,形成沟通的回路;二是要形成制度化,将其作为制度确定下来,定期执行,不能随意、涣散。而且,应该充分利用信息化社会的便利条件,开拓新的家校沟通方式,如建立网络平台。另外,最重要的是,学校应该成立由家长代表和分管校领导共同参加的家长委员会,作为具体落实和执行这一制度的固定机构,制定相应的家校联系的运行原则和方式方法并组织落实。学校不仅要成立家长委员会,更重要的是将家长委员会的工作列入学校的发展规划之中,并制定

---

[1] 《论语·子路》。

详实可行的工作方案,同时学校必须提供必要的工作条件以保障各项工作的顺利实施。

3. 坚持充满道德意蕴的家庭访问

在电话、电子邮件普及的信息时代,家校沟通的途径是多样化的。那么,作为传统的家访形式是否需要继续坚持? 从表5-2所示的调研结果中可以看出,教师和家长的选择是有差异的。

期望方式(教师)	选择次数	占比(%)	期望方式(家长)	选择次数	占比(%)
电话联系	51	54.3	电话联系	11	12.2
家访	13	13.8	家访	46	51.1
家长会	17	18.1	家长会	18	20
其他	13	13.8	让家长签字	15	16.7

表 5-2

教师与家长的主要联系方式

从表5-2中可见,在教师选择的教师与家长的主要联系方式中,排于第一位的是"电话联系",第二位的是"家长会",而家访被列于最后。在家长期望的方式中,"家访"则被排在第一位,51.1%的家长期望采用这种方式;而"电话联系"则排在末位,仅有12.2%的家长愿意采用这种方式。教师选择"电话联系"主要是出于省时和便捷的考虑,而家长却认为电话很难说清孩子的情况,希望与教师能够在家中面谈。

信息时代家校沟通的途径虽然已多样化,但传统的教师家访必须坚持,因为其中内涵着诸多的伦理意蕴。教师走进学生家庭、走近家长这一行为,本身就传递给孩子如何处理人际关系的诸多信息,这也是在用身教告诉孩子如何处理人际关系。电话、微信虽然缩短了家校的时空距离,但也滤掉了许多当面沟通才能传达的信息。这不利于教师与家长、教师与学生之间的相互了解和感情交流。电话、微信之所以无法取代家访的作用,是因为在"家"的环境里,容易营造一种特殊的亲切氛围,有些很难解决的问题,在这种氛围中能够迎刃而解。

教师家访的伦理意蕴更多的在于因材施教。从教育公正这一教育伦理的重要原则而言,因材施教被认为是教育的实质公正。而因材施教的前提是对学生全面深入的了解。正如朱小蔓所言:"现在的孩子生存状况比几十年前复杂得多,每一个孩子都会有一些校外的故事,都会有一部家庭成长史。通过家访,了解学生的这一侧面,对于教师因材施教的工作太重要了。"

案例 5-1

卓老师的短信[1]

我的小孩在北京四中上学,在初一八班。班主任姓卓,是一位30岁上下的女教师,眼睛明亮,说话很干脆。据了解,这位年轻的老师当班主任还是第一次。

---

[1] 《光明日报》,2013年9月25日。

平时,我和卓老师见面的机会不多,主要是通过短信交流。每天傍晚时分,我的手机响起,卓老师的短信就会如期而至。在短信里,卓老师会讲一讲当天的情况:学校有什么要求、班级发生了什么事情、孩子的表现如何、需要家长做些什么工作等等。按照短信的要求,我们会在家里督促孩子写作业、做预习、改错误。比如:"下周一将安排英语口语测试,请提醒孩子务必对3篇课文进行认真准备(具体要求详见下发的纸质通知);请您关注孩子的复习计划和完成情况,谢谢!"于是,我们在家里督促孩子重点复习英语课文,为即将来临的英语口语测试做准备。

儿子个子不高,性格偏内向,我想他在班里大概是一个不起眼的小家伙。他的优点是对人平和友善,愿意为班集体做事情。卓老师关注到了孩子的这些特点,让他担任了班级电教委员、小组长、班级记者,让孩子通过自己的努力更好地融入集体。遇到班级的重要活动,卓老师就会发来短信,提醒二三:"明天孩子负责诗朗诵活动的拍照和资料收集工作。请您提醒他明天带相机,多谢!"儿子对承担的班级工作尽心尽力,乐此不疲。到了期末,他的表现得到了同学们的认可,被评为优秀少先队员。说心里话,这是我没有想到的。

在卓老师的短信中,除了在学习方面指出重点、提出要求外,还对孩子们的身体健康、情绪调整、交通安全等方面多有嘱咐。比如:"各位家长,这几天持续高温,请提醒孩子注意防暑,劳逸结合。""这是考试前的最后一个周末,请提醒孩子们调整好状态,放松心情,不要压力过大。加油!""明天孩子在家对期末考试进行总结。"等等,关切之情,溢于信中。慢慢地,我已经习惯于在每天的傍晚时分看卓老师的短信。孩子也会经常问:"老师在短信里说什么了?"

放暑假了。炎炎烈日里,我又收到卓老师发来的短信,对孩子们的暑假生活谆谆告诫:"暑假期间一定注意外出和饮食安全,安排好学习和娱乐节奏;部分同学需要补考,请有关同学做好准备,届时会短信通知补考时间。愿大家珍惜和享受美好的暑假时光!"卓老师无微不至地呵护,让人感觉她把学生都当成了自己的孩子!

今年秋季开学,儿子升到了初二年级,班主任还是卓老师。在上学期的期末考试中,八班学生的平均分数排在全年级第一,在学校组织的合唱节上还拿了一等奖。我觉得,这些成绩的取得,其实都与卓老师的短信有关。在这些短信里,凝聚着一名人民教师的敬业和辛劳,也成了孩子们成长历程中一道美丽的风景!

五、教师与家长沟通的态度与能力

教师与家长是否有良好的沟通,在很大程度上还取决于教师的态度与沟通能力,而这种沟通能力是需要培养的。目前,在我国的教师教育课程体系中,并未见到相应的培训内容。笔者访问德国的教师教育了解到,在教师教育课程中,"与家长的关系"和"教学原理"、"教育原理"、"学校法规"一起成为教育理论培训的重要内容之一。而学习"与家长的关系"的关键内容是怎样与家长和谐相处,达到密切合作培养儿童的目的。具体要求有三项:一是教师要热爱学生,了解学生的家庭情景、家庭的教育状况以及家长作为教育者的任务;二是通过宣传教育学的方法,使家长们获得有关教育的主导政策和以教育学、心理学为主的知识,提高家长进行教育活动的能力;三是充分依靠家长的知识、能力和经验,为家庭和学校教育,特别是课外活动提供支持。其研究的专题十分具体,有"怎样召开家长会"、"怎样进行家访"、"怎样与家长交谈",等等。学校通过家长委员会、教师家长理事会、班级的教师家长委员会等组织,沟通家校关系。

　　我国的教师教育,迫切需要加强对教师与家庭沟通态度和能力的培养。如在与家长的具体沟通过程中,首先,要创造与家长对话的友好气氛,学会倾听学生家长对孩子情况的分析,这是尊重家长的基本表现;以理解的态度评价学生家长的意见,有利于沟通家校双方的教育理念;以建议的方式对家长提出要求,共商家"事",将提高学校对家庭教育指导的有效性。其次,要与学生家长建立经常而认真的联系,改变学生犯错后才与家长联系的做法。再次,在与家长讨论学生问题时,不妨先评价学生的优点,再指出孩子存在的问题。这样既能让家长看到教育孩子的艰巨性,也能使家长增强教育孩子的信心。在家长会上不告状、不点名、不批评,以保护家长的自尊心。学生的问题与家长个别交流为好。家长会也要改变教师讲、家长听、学生等着挨批的陈旧模式。许多老师创造了诸如交流、对话讨论、展示(学生成长历程)、专家报告、联谊、参观游览等多种方式,使家长会真正成为家校合作的有效平台,成为沟通学生、家长和教师情感的渠道。当三者都乐意相会的时候,学校和家庭才会有真诚和有效的交流。

案例 5-2

班主任的实践个案[①]

　　1. 给家长一个惊喜

　　有一天,班主任自己去分发试卷,因为班上每次发卷子总是乱糟糟的,前面的学生总要选好的卷子,后面的学生就故意多拿,造成混乱。有个学生毛病很多,学习缺乏自觉性,见班主任来发卷子,说:"老师,我帮你发。"班主任也不相信他会做好这件事情,但突然灵机一动,把试卷交给他,果然做得很不错。下午将要放学的时候,班主任电话请来这个学生的家长,让他坐在讲台上,班主任说:"现在我们请今天发卷子的同学介绍他的经验。"那个学生有些不好意思,平时的坏脾气没有了,说:"我先把试卷一份一份地整理好,然后一份一份地发给每个同学,如果有不清楚的,我就给他调一张,我自己的试卷最后发。"班主任带头鼓掌,学生一起鼓掌。班主任说:"我们班现在成立试卷分发组……"并由那个学生任组长,他去组织三个学生。之后,班主任对这位家长说:"今天我请你来,就是这件事情,辛苦你了,放学。"过了几周,家长来感谢班主任说,孩子从那之后,在家里学习自觉了许多,有次回家向妈妈要了三块钱,说他发卷子发错了,他要去复印几张。班主任很感动,第二天,表扬了这个学生的责任心,叫班委研究后给他发一个责任奖。

　　这样的惊喜不仅让家长满意,而且会改变孩子的一生。

---

① 转引自李朴初主编:《从成熟到优秀——成熟期教师工具箱》,中国青年出版社,2008 年。原引自网上的来源文本,如数学教育教学资源中心,2006 年 10 月 7 日。

2. 给家长一个面子

有一次,语文老师在批改作文的时候,知道一个学生的爸爸妈妈喜欢打麻将,根本不管她的学习。班主任知道后,找这个学生了解了一些情况,晚上和这个学生一起去她家,发现家里有两桌麻将正在进行,见老师来了,两个家长忙松了手。班主任把家长请到另一个屋里,也请来学生。班主任首先说:"我们中年人其实是最辛苦的,上有老人,下有孩子,工作上也常常不顺心,生活上也有许多苦恼,一天累得呀,简直没法说。但是,我们都大半辈子了,我们的希望在哪里?"妈妈说:"我们这辈人是完了,我们的希望,就是孩子能有点出息。"班主任叫孩子去做功课,把作文交给家长说:"这篇作文,很多老师读着读着都感动得流眼泪,我们准备送到一个比较大的刊物去发表,现在请你们两位帮忙改改。"两位家长一起读了近半个小时,女的都哭出了声。男的说:"老师,你没有批评我们,但我们知道错了,我们不是称职的家长。老师,我们把作文留下来,每当我们手痒的时候,只要看看这个作文,我们就会克制的。"班主任说:"我的意思是希望你们少玩一点麻将,三亲四友在一起了,偶尔打几次是没有关系的,我也希望你们能和孩子心平气和地谈谈心,孩子会理解你们的。"

给家长一个面子一个台阶,让家长自己去改正的效果比批评和责备要有效些。

3. 给家长一点宽容

班主任在去开讨论会的公交车上,听到几个人正在议论学校乱收费的问题,一个人说她的孩子班上收了些什么费用,牢骚很多。这个班主任慢慢听明白了,就是他班上一个学生的家长,他听完了才说:"这位家长,你一定是误会了,我们班上的财务是三个学生在管理,也许是我没有讲清楚,也许是学生回家没有说清楚,这是我的责任,今天晚上,我请三个管理财务的学生去你家里,让他们算给你听,我想你就明白了。你放心,我不会怪你,你给我提了个醒,家长交了钱就有权利知道钱的开支情况。是我的工作没有做好,孩子没有责任,家长也没有责任。"

之后,这个家长很愧疚,孩子也很害怕,班主任没有责怪孩子,谈了两次心,孩子就不再恐惧了。对孩子、对家长多一点宽容,对班主任是很重要的。

4. 给家长一条短信

班主任在周班会总结前向全班收集了学生各方面进步的材料,除了班会上肯定之外,还以班委会的名义给家长发了短信。其中一个学生成绩一直不好,但是在解答一个数学题的时候,向老师谈了该题的四种思路,老师和班委会学生在讨论短信时,一个班委提议这样写:"尊敬的家长:你的孩子在解答一个数学题时,给出了四种方法,全体老师和学生都认为她的将来就是个数学家或者有数学专长的工程师。"

反馈:这个孩子不仅对数学产生了浓厚的兴趣,而且其他学科也有不同的进步,学习方面逐渐走向自觉,行为方面也面目全新。

5. 给家长一点帮助

一个学生在家里很没有礼貌,对爷爷、奶奶、父母都不尊重,常常出言不逊,有一次还骂了爷爷。班主任知道后,做了家访。在家里,要孩子给爷爷赔礼,并定了几条尊重老人的规矩。孩子因为很怕失去班主任的信任,勉强接受了。几次追踪家访后,班主任主动请这个学生在班上谈尊敬家长的问题,孩子有些害羞,但还是说得很有道理。

反馈：家里反映，这个孩子在家里慢慢改变了，变得对老人有礼貌了。

6. 给家长一份信心

一个学生属于双差，家长每每见到老师就没有精神，好像已经失去了教育的信心。班主任苦思了很久，有天放学时，给大家布置了一个任务：找这个学生的优点，第二天收集起来，还真是不少。于是班主任把家长请到学校，在班上花了十分钟，让同学们给这个学生找优点。

反馈：学生自己感动得眼泪在眼眶里打转，家长也说："从来就没有想到自己的孩子还有这么多的优点。"这个学生后来反省了自己，在班上请同学们给自己找毛病，也找了一大堆。这个学生在反省中这样写道："我从来就不知道同学们还这样看得起我，我决心一点一点地改，我要对得起同学们对我的信任。"

案例 5-3

厦门市教育局出台《中小学教师家访工作规范》[①]

《中小学教师家访工作规范》（以下简称《规范》）明确要求，班主任每学期家访数量原则上应达到所任班级学生数的 1/3，两年内要对全班学生普访一遍；新接班级应于当年对全班学生普访一遍；特殊学生家庭要常访、多访。科任教师每学期对所教学生家访不少于 10 人次。

《规范》特别关注特殊家庭和弱势群体家庭，规定七种家庭教师必访：父母离异的单亲家庭，生活有特殊困难的学生家庭，残疾学生家庭，行为偏差的学生家庭，思想、学业有重大变化的学生家庭，学习困难的学生家庭，外来务工人员家庭。

《规范》还规定了教师家访时的行为准则，如家访要以表扬为主，多鼓励学生；讲学生缺点，要注意语气，以建议方式表达；尊重家长，切忌训斥学生与家长。同时，规定教师在家访中不得接受学生家长的宴请和赠礼，不得托家长为个人办私事，不得发表有损学校和其他教师形象的言论。

《规范》要求，在家访的基础上，教师还可以根据学校条件和学生家庭实际，利用电子邮件、电话、短信、信函等形式与家长保持联系，但不能以这些形式代替家访，也不能随意地通过这些形式通知家长来校。同时，每所学校和各个班级都要制订每学期实施家访的方案。家访过程要有记录，建立家访档案和定期检查考核，每学期结束，学校组织检查考核，以此作为教师考评考核、评优、评职称的重要内容。

本章小结

本章探讨家校关系中的道德问题。在对家校关系根本利益与教育目标上的一致性论述的基础上，重点探究了在教育教学活动的实践中，家校之间沟通与合作的状况，以

[①]《中国教育报》，2007 年 6 月 21 日。

及学校与家庭伦理关系的道德调适的方方面面。

关键术语

家校关系　沟通与合作　平等合作　家庭教育观　伦理关系　道德调适

讨论与探究

1. 目前家校合作方面存在的主要问题是什么？

2. 在学校与家庭合理的伦理关系的建立中教师应发挥何种作用？

3. 家庭教育学校化的危害何在？学校为什么不能替代家庭的教育功能？

进一步阅读的文献

1. 李琦：《小学家校合作教育问题研究》，东北师范大学，2011 年。

2. 梁霞：《家校合作——青少年社会化的有效途径》，上海师范大学，2005 年。

3. 王艳玲：《英国家校合作的新形式——家长担任"教学助手"现象述评》，《比较教育研究》，2004 年第 7 期。

4. 陈峥：《中美中小学家校合作的比较研究》，华中师范大学，2004 年。

5. 朱赛红：《教师与家长互动关系的研究》，湖南师范大学，2004 年。

6. 陈礼勤、钱焕琦主编：《走进母亲学堂》，南京出版社，2008 年。

7. 全国妇联、教育部等九部门：《全国家庭教育指导大纲》，2019 年。

8. 魏书生：《好父母，好家教——魏书生谈家庭教育》，漓江出版社，2017 年。

章前导语

请你设想一下,如果你作为一名教师,正在参加学校的"教师集体道德建设之我见"的大讨论,你将会如何阐释教师集体中道德的价值,将如何实践教师集体中的道德。请你花 5—8 分钟时间浏览一遍本章的内容,并在空白处写下你的发言要点。

通过本章的学习，你能够

- 认识教师集体在教育中的意义；
- 把握教师集体人际矛盾的原因；
- 正确进行教师集体关系中的道德调节。

本章内容导引

- 教师集体在教育中的意义
  一、教师劳动的形式决定了教师集体在教育中具有重要意义
  二、教育劳动本身的复杂性特点决定了教师集体在教育中的重要意义
  三、教师个体的局限性决定了教师集体在教育中的意义
  四、教师集体的固有特点决定了教师集体在教育中的意义
- 教师集体人际矛盾的原因分析
  一、由于教育劳动的分工所导致的矛盾冲突
  二、由于个体差异所产生的矛盾冲突
  三、作为不同的利益主体所导致的矛盾冲突
  四、传统自然经济的影响所导致的矛盾冲突
  五、社会转型时期某些特点的过度强化所导致的矛盾冲突
- 教师集体关系的道德调节
  一、尊重同事
  （一）尊重同事的道德意义
  （二）尊重同事道德规范的具体要求
  二、团结协作，有益竞争
  （一）在教师集体中开展竞争的必要性
  （二）以道德的手段在教师集体中开展有益竞争

章导言

　　和其他形式的劳动相比，教育劳动是建立在集体协作基础之上的教师个体的脑力劳动。教师集体作为教育劳动的必要形式，其对于教育活动具有极为重要的意义。由于教师集体是各个不同个体的组合，而从哲学的意义而言差异就是矛盾，因此教师集体中矛盾的客观存在乃是教育活动中的常态。为了构建和谐的教师集体，从而为教育劳动的有效进行提供必要的条件，就必须从道德的视角认识和调节好教师集体中的各类人际关系。

第一节　教师集体在教育中的意义

作为教育劳动的必要形式，教师集体对于教育活动具有极为重要的意义。这一重

要意义主要是由以下原因决定的。

一、教师劳动的形式决定了教师集体在教育中具有重要意义

教师劳动是建立在集体协作基础之上的个体脑力劳动。诚然,教育劳动首先表现为各个教师个体的活动,各个教师是学校教育活动的承担者。但这种劳动依然是以集体协作为基础的,这种教育劳动的集体性主要表现在以下两个方面:一是对学生进行教育的任务是由从事德、智、体、美等各门课程教学的教师承担的。就是说,现代教育以班级为基本教学单位,而承担某一个班级教学任务的是多名任课教师而并非某一个教师。并且,在有些学校,一门课程还往往需要由几个教师来完成。所有这些特点表明了现代学校教育和古代私塾式教育的鲜明区别。从学校的教育目标而言,是要将学生造就成为素质全面的社会主义的合格建设者和可靠接班人,是为了帮助学生充分实现自身的人生价值。但在实现这一教育目标的过程中,无论是旨在培养学生科学的世界观、人生观和价值观的思想政治教育,还是向学生传授知识和技能的科学教育,抑或是为了养成学生强健体魄的体育教学,都不可能是个别教师的单独行为,而是由各个教师所构成的教师集体的群体行为。二是无论在哪一所学校,其所有教师都是作为一个整体而对学生发生各种影响的,这种影响同样也是一种教育。就我国而言,一所大学有几百名乃至数千名教师,一所中学和小学有十几名、几十名乃至数百名教师,其素养往往形成一种特有的校园文化氛围而对学生发生着潜移默化的作用。只不过具体承担学生教学教育任务教师的影响作用更为直接,而其他教师的影响较为间接罢了。上述两个方面所表现出来的教育劳动的集体性,表明了教师集体对于教育劳动的重要意义。同样,这种教师劳动的集体性质,决定了教师集体中各成员之间的相互依赖性。教师的劳动绩效,要通过对学生的塑造得以体现。而学生能否养成良好的素质,和各个教师之间的相互配合也不无关系。这种教师集体中各成员之间的相互依存性,决定了教师集体中确立和谐人际关系的重要性。苏联教育家马卡连柯曾经说过:如果有五个能力较弱的教师团结在一个集体里,受着一种作风的鼓舞,能够齐心协力地工作,那就比十个各随己愿的单独行动的优良教师好得多。马卡连柯的这一观点,也为我们加强学校教师集体中成员之间的团结协作提供了依据。①

案例 6-1

　　李老师在单位里应该算是一位比较优秀的教师,教学成绩年年排在同科年级的第一名,每年的业绩考核都是优秀,每年都能领到奖金并且外出旅游。但是他说:"我的成绩是令人羡慕的,但是我却一点儿也高兴不起来。在平时的工作中,我感觉得到同事对我是敬而远之,同事之间关系淡薄,几乎看不到老师凑在一起讨论问题的场面。很多教师因为担心成绩落后,整天忧心忡忡,心理压力过大,有的甚至采取不正当的竞争手段来拉高成绩。没有竞争就没有进步,但是过于强化竞争,而忽视了对教师的人文关怀,这也是我们所不愿看到的。"

---

① 王正平主编:《教育伦理学》,上海人民出版社,1988 年,第 124 页。

二、教育劳动本身的复杂性特点决定了教师集体在教育中的重要意义

教育劳动具有复杂性的特点。这种复杂性主要表现为教育过程的复杂性和教育对象的复杂性。首先,教育劳动的过程,是一个运用智力进行学习、消化、积累、传递和转换知识的过程,也是一个既运用知识智能又运用思想觉悟和道德意识的复杂过程。教师要向学生传授知识,就需要不断积累和转换知识,而积累、转换知识同传授知识一样也是一个极其复杂的脑力劳动过程。而开发智力和培养能力就更是一项艰巨复杂的工程了。教育过程的这一特点表明,在教育教学活动中,包含了无限的复杂性。其次,从教育劳动的对象来看,在教育过程中,教师要使学生形成良好的素质,需要对其进行诸如知识传授、情感激励、意志磨炼、信念确立以及行为习惯养成等各方面的复杂工作。教育活动是一种和与物打交道截然不同的活动,它的劳动对象是价值观各异、个性有别、人生阅历和家庭背景不同的人,其中的每一个人都是一个单独的世界。由于每个学生的具体情况不同,教师就更需要做到具体问题具体分析,"一把钥匙开一把锁"。在这其中需要所有参与的教师一起形成合力。同时,教育劳动的过程是在开放的环境中进行的,学生在接受教师教育的同时还要受环境因素的影响,家庭环境和社会环境都会对学生的成长起重要作用。特别是在家庭环境和社会环境对学生的影响与学校教育在价值观上产生不一致的时候,往往会抵消学校教育的影响,从而增加学校教育的难度,使教师的教育劳动更为复杂。此外,在教育劳动过程中,学生不仅是劳动的对象、教育的客体,而且可以通过自我教育的形式转换为教育的主体。教育劳动对象的这种双重特性,也使得教育劳动的过程更加复杂。教育劳动过程的上述复杂性,固然要求教师个体必须以高度的责任感潜心探究学生的心智特点及其接受规律和教学规律,以实现教育劳动的良好效益。但教育劳动的复杂性特点更需要教师集体的共同努力。要求在教师集体中广开言路、集思广益,集中群众的聪明才智。教育活动中出现的新特点需要人们去认识,内在的规律需要人们去探索,新出现的问题需要人们去解决,存在的疑难问题需要人们去破解。而只有教师集体才可能担当起这些重任。

尤其需要指出的是,当前,世界格局和国际形势以及国内社会生活都处在不断的变动之中。这种变动,不仅意味着教育环境的变化,而且也对教育提出了新的课题,使教育面临着前所未有的挑战。面对这一境况,教育必须改革,积极探寻新形势下实现教育本然使命的合理路径。不改革教育就没有出路。然而,教育的改革不可能是仅凭几句口号和某些"时髦"的做法来装点门面,也不能仅凭教育行政部门和少数人的决策,它必须最大程度地发挥全体教育工作者的积极性和聪明才智。现行教育中问题的症结需要教师去把握,解决教育问题的出路需要教师去探寻,具体教育改革的措施需要教师去实施,教育改革的成效需要通过教师的实践去检验。所有这一切都表明,目前全社会所面临的教育改革的重任的完成仅仅依靠教师个体的力量是远远不够的,它必须依靠教师集体的协同。

三、教师个体的局限性决定了教师集体在教育中的意义

教师集体是由各个个人组成的,教育劳动也是通过各个教师个人的具体活动而进行的。因此,教师个体在教育劳动中具有逻辑起点的意义。要提高教育劳动的效益,必

须首先致力于教师个体素质的提升。然而,就教育者个人而言,不管其具有多么渊博的专业知识和深刻的理性认识能力,也不管其教育实践经验是如何的丰富,由于其年龄、经历、知识专业背景、思维方式、心理因素等方面的局限性,当他面对不断发展变化的社会生活中具有差异性和发展变化性的学生时,即使他十分注重学习以提高自身的素质,也难免认识上的失误和实践能力的局限,这就需要借助教师集体中其他成员的优势以弥补其不足。例如,年轻教师思想敏锐,容易接受新的知识和教育理念。但由于受年龄和人生阅历的限制,其思考问题可能缺乏周密性,可能会表现为过于情绪化而缺少理性,这一局限性恐怕更多的应该通过向中老年教师的学习来加以克服。而中老年教师为了避免自身知识结构的老化和教育思想、教育理念上的落伍,也应该更多地和年轻教师接触交往,从而使自身在思想上不断充满活力。再例如,在一个学校中,从事数理化等理科课程教学的教师思维往往比较周密,办事比较严谨,但对问题的总体把握和宏观上的思考往往有所欠缺,对社会问题也往往缺少应有的关注度和热情。相反,从事文、史、地、艺术和政治课程教学的文科教师对问题的把握可能会有一定的深度,但在认识和处理问题的周密性和严谨性上可能又不如从事理科教学的教师。他们对社会的发展可能比较关注,有较高的热情,但往往也会表现为激情有余而理性不足。因之,文理科教师的互补互学对于教师素质的提高,以及教师这一群体社会价值的实现就显得极为必要。这是社会发展和教师自身发展所发出的双重呼唤。

四、教师集体的固有特点决定了教师集体在教育中的意义

就社会历史的发展来说,人民群众是历史的创造者,是社会发展的推动力量。具体到教育领域,广大的教育工作者就是教育事业的推动力量。众多教育者组成的集体中往往藏龙卧虎、英杰荟萃,他们各自的人生阅历和实践经验,认识问题的不同视角、处理问题的独特方式,将起到优势互补的作用。教师集体的这一特点决定了教师集体在教育工作上具有极为重要的意义。

首先,教师集体是人才的高密度积聚之地,这为各个教师的发展提供了良好的背景和高层次的平台。在教师集体中,各个教师在专业背景、价值观念、个性气质、人生阅历以及年龄等方面客观上存在着差异。固然,如前所论,这种差异往往蕴含着他们相互之间产生矛盾的可能性。但从另外一个视角来看,教师个体间的这种差异对于各个教师来说又是一种极为可贵的财富:在教师集体中,不同年龄的教师可以相互学习,优势互补;不同价值观念的教师可以相互砥砺,以达到更高层次的统一;不同专业和学科的教师可以切磋探讨从而迸发出思想的火花;各种不同个性气质教师的存在可以使教师在处理各种疑难问题时各显所长。总之,上述各个教师之间的互动,无论对于教师个体还是教师集体都是一种积极的提高。

其次,教师集体对于其个体而言是一种积极的支持力量。在教师的教育劳动过程中,每个人经过努力都可能取得不俗的成绩,也可能会遇到挫折和困难,这些对于教育者来说都是极为正常的,问题是当教师面对这种境况往往需要获得一种支持性的力量。对此,就要求教师集体能够担此重任。当教师取得成绩时,需要集体的承认、肯定和激励,这对教师是一种积极的正面强化,有利于增强其工作的信心和激情,从而有利于其

在今后的工作中取得更大的成绩；当教师苦于没有行之有效的教育方法时，需要从集体中得到智慧和力量；当教师面对教学中的疑难问题时，需要从集体中得到启迪和帮助；当教师感到自己势单力薄时，需要从集体中得到支持和协助；当教师遇到挫折时，教师集体所给予的信心、勇气、鼓励，对当事人而言就显得弥足珍贵。

上述的各个教师努力基础上所形成的团结和谐的集体对教师个人的重要意义，实际上暗合了马克思和恩格斯关于集体对于个人所具有的重要意义的言说。马克思和恩格斯指出："只有在共同体中，个人才能获得全面的发展其才能的手段，也就是说，只有在共同体中才可能有个人自由。"[①]教师集体对于教师个体的重要意义，实际上是集体对于个体意义的具体表征。我国著名教育家叶圣陶在庆祝我国第一个教师节时指出：教育工作不是一个人所能搞好的，需要全体教师的共同努力，教育工作者一定要能够与志向相同的人合作。理论和实践都证明，教师只有把个人置于集体之中，与集体融为一体，聪明才智才能得到发挥。

这种团结和谐的教师集体对于教师个人的意义，还表现在教师集体能够产生强大的内聚力和向心力，这是保证教师完成教育任务的必要条件，也是教师能够充分发挥聪明才智的保证。因此，在教学实践中，要建立一个良好的集体。有了良好的集体，教师之间互相帮助、团结协作，才有利于每个教师业务能力的增强；有了良好的集体，教师之间以诚相见、互相砥砺、共同前进，才有利于每个教师思想水平的提高；有了良好的集体，教师心情舒畅、工作愉快，更加有益于身心健康。总之，良好的教师集体，是每个教师智慧和力量的源泉。其对于教师教育劳动的成功和自身价值的实现具有不可替代的意义。

> 教研组长准备推行新的教学方式，新入组的杨老师觉得这种方法不适合本班级学生的水平。在集体备课时，杨老师向教研组长提出了自己的意见，希望能够先选择一个班试点，然后总结经验教训再全面推行。组长认为杨老师刚来不了解情况，否决了她的意见。杨老师感到组长不尊重同事，作风武断，在执行工作时难免有情绪，连学生都感觉到教研组长和杨老师关系微妙。组长觉得杨老师有"单干风"，不能和组里教师团结协作，让教务主任帮忙做做思想工作。你觉得这个案例中的核心问题是什么？

案例 6-2

第二节　教师集体人际矛盾的原因分析

就一般意义而言，教师集体中各成员之间具有价值目标和根本利益上的一致性。从价值目标来说，各个教师的教育活动所追求的是将被教育者培养成德智体美全面发展的社会主义的合格建设者和可靠接班人。从根本利益来说，只有当教师集体成为一个团结和谐的整体时，广大教师才可能具有舒心宽松的工作环境；只有教师集体的劳动

---

① 《马克思恩格斯选集》（第1卷），人民出版社，2012年，第199页。

效益达到最大值时,广大教师才可能充分体现和实现自身的价值。然而,教师集体中各成员之间的矛盾乃是一种客观存在,这种矛盾主要表现为两大类:一类是教师和学校领导之间的矛盾,另一类是教师之间的矛盾。而在后一类矛盾中,又具体表现为同一学科教师之间的矛盾、不同学科教师之间的矛盾、一般教师和优秀教师以及暂时处于后进状态教师的矛盾、不同学术观点和教育思想教师之间的矛盾,以及不同年龄和人生阅历教师之间的矛盾,等等。所有这些矛盾将程度不同地影响到教育劳动的成效。例如,教师和领导之间矛盾的存在,将不仅使得群众的真知灼见难以通过正常的途径转化为学校建设的有效举措,也使得领导的决策难以通行无阻地得到贯彻实施。又例如,教师之间矛盾的存在,将不仅使得各个教师的工作难以顺利展开,而且还极有可能因内耗而使教师的劳动效益大打折扣。正是由于教师集体中这种矛盾及其负面效应的客观存在,在教师职业道德建设中,分析教师集体人际矛盾产生的原因,寻找化解这一矛盾的办法,设定教师处理同事关系时行为之应然,就成为非常紧迫的重要课题。

一、由于教育劳动的分工所导致的矛盾冲突

教育劳动必须以教师之间必要的分工为前提,但如果有的教师不能以必要的德性参与分工,就可能导致教师集体中的矛盾冲突。比如,有的教师过分强调自己所教授的课程的重要性,并出现和其他教师争自习和辅导时间、争留作业等现象,这就很有可能产生和其他教师的矛盾冲突。再比如,一些教师为了使学生能对自己所教授的课程更感兴趣,往往片面夸大自己所教授的课程的作用而贬低其他课程的意义,而这也蕴含着教师集体产生矛盾冲突的可能性。从教育劳动的分工和目的来看,学校所开设的各门课程都是培养和造就全面合格人才所必不可少的,各门学科都有存在的依据和价值。如果教师不恰当地抬高自己所在学科而贬低其他学科,不仅说明自己的无知,而且还会对学生的全面发展带来不利影响,更会为不同学科教师之间的协作沟通造成麻烦以至于障碍。在教学实践中,人们往往还会看到一些教师不负责任地在学生面前议论甚至贬损其他任课教师,这种做法常常会使后者在学生面前失去威信而导致其教学工作难以有效开展,最终有可能导致教师之间在感情上的严重对立和工作中的相互拆台。

二、由于个体差异所产生的矛盾冲突

作为教师集体,一般是由不同年龄、不同个性、不同专业、不同阅历和工作经验以及不同思想觉悟的教师组成的。这种个体差异,虽然并不必然导致相互之间的矛盾冲突,但却存在着产生矛盾冲突的可能性。例如,不同年龄的教师对新事物、新观念的接受认同程度和速度可能不同;不同个性(如性格、情感、意志、兴趣等)和不同专业(如文史哲、数理化、体育、艺术等)的教师对问题的关注点也有差异;不同阅历和工作经验的教师对于具体问题或现象的思考剖析的广度和深度未必相同;不同思想觉悟的教师往往有不同的世界观、人生观和价值观。教师的个体差异往往导致他们在教育教学实践中产生教育思想、教学手段和教学方法方面的分歧。特别是在教育改革的宏观背景下,教师对新旧观念和新旧思想的认识程度往往不同,更难免产生行动上的不一致乃至分歧,从而产生教师集体中的矛盾冲突。

三、作为不同的利益主体所导致的矛盾冲突

在教师集体中,各个教师个体都是具体的利益主体。虽然前已论及,教师集体中的成员在根本利益上是一致的,但在实际生活中仍然会面临着各种具体利益上的矛盾。例如,学校制度性、经常性的总结考核、评选先进、职称评聘、晋升工资、外出进修等工作,都把看得见的切身利益摆到了教师面前,能否获得这种利益直接决定了教师的生活水平。而这种利益需求旺盛与供给相对不足的矛盾便使广大教师面临着实实在在的考验。特别是在利益分配机制不完善的情况下,教师的谦让精神和协作道德自然成为教师集体升华为奋发向上、和谐协调整体的重要因素。在市场经济条件下,在人们的自主意识、利益意识普遍受到催发和强化的情况下,这一问题的有效解决面临着新的难度。在实际工作中,我们固然可以看到在利益面前推辞谦让的教师,但确实也不乏毫不相让之人。这一现象的存在,不仅造成了人际关系的紧张,而且直接影响到工作的正常开展。

四、传统自然经济的影响所导致的矛盾冲突

就人类文明的发展历程而言,中国现代社会是从延续两千多年的传统社会走过来的。而众所周知的是,中国传统社会的经济形态是自给自足的自然经济,这种自然经济决定了人们生活资料的获得主要的是依靠同自然进行交换,而不是靠与社会进行交换。这种和他人及社会的交换并不是人们生存发展的必要条件的状况,往往使得人们缺少对于社会交往必要性的认识,缺乏对良好人际关系重要作用的感悟,从而也使得人们在交往技巧和交往道德方面存在缺憾。因此,受这种自然经济形态的影响,整个社会往往是一盘散沙,社会成员缺少一种对共同交往规则的认同,缺乏协作的传统,即使当这些社会成员由于某种社会需要而结成为某种集体时,往往也很难形成一个团结一致的有机整体。这种状况,在不同的社会阶层或群体中都有相应的表征。在教育领域,就表现为人们不无感受的"文人相轻"。尽管,多少年来,我们非常重视在教育领域进行集体主义意识和观念的教育,并且在教师队伍中也曾涌现出许多主动为他人和集体利益着想的德性崇高的教师,但在教师集体的人际交往中,确实也存在不少为了个人的一己私利而发生矛盾冲突的例证。当然,出现这种现象的原因可能是多方面的,但由于传统的自然经济的影响所导致的部分教师交往规则意识和交往道德的阙如,应该是不可忽视的深层次原因。

五、社会转型时期某些特点的过度强化所导致的矛盾冲突

人们普遍认为,当代中国正处在由传统社会向现代社会的转型之中。这一转型,是由在经济形态方面从计划经济向市场经济转轨、政治形态方面由人治社会向法治社会转变所导致和推动的。这种经济和政治形态的变化,必然要反映到社会生活的方方面面中来,从而对人们价值观念和行为方式产生极为重要的影响。例如,市场经济运行过程中经济行为主体自主决策、自主经营、自负盈亏的固有特点正催发人们的主体意识和自由意识,法治进程中法律价值取向以权利为本位的特点正在培育和不断强化人们的权利意识、利益意识。这些伴随着市场经济进程和法治进程的主体意识、自由意识、权

利意识和利益意识,相对于计划经济和人治社会对人的主体性和应有权利的无视是一种极为重要的矫正,有着革命性的意义。但是,任何事物都有一个限度,如果超越了这一限度甚至走向极端,就有可能会使事物走向反面。例如,如果过分强调人的主体性、自由和权利意识,而忽视或弱化了集体的意义、人应有的责任意识和义务意识的养成,人际和谐的目标将难以实现,个人的主体性、自由和权利的实现也可能因各个个体的自行其是而流于空想。具体到教育领域,广大教师伴随着社会转型而日益增长的自主、权利和利益意识,既具有法律上的合法性,在道德上也是无可厚非的。但是,如果这些意识过度强化,并相应地导致对教师集体必要性的忽视甚至否定,只主张自身的权利而不考虑如何履行应有的义务,只追求自由而回避责任,那么,和谐的教师集体的确立就只能是一句空话。总而言之,上述社会转型时期的这些特点虽然并非必然导致社会成员对集体离心离德和相互之间难以合作的情形发生,但是如果这些特点过度强化与膨胀,则必然对人际和谐关系的建立带来负面影响。这种情形如果出现在教育领域,将逻辑地引起教师集体中的矛盾冲突,从而不利于良好教师集体的建立。

案例 6-3

如何恰当地向前辈表达意见

　　张老师是一位科研能力很强的教师。不久前他参加了由教研组长主持的科研课题研究工作。但他发现教研组长无论在课题的研究上还是在基本学术观点方面都存有明显不足。张老师本想与其进行一下交流,但面对性格上极为自信和颇具知名度的教研组长,他实在没有把握其是否会采纳自己的意见。要不要和教研组长进行一次交谈,张老师颇感为难。他究竟应该怎么办呢?

第三节　教师集体关系的道德调节

　　教师集体中客观存在的人际矛盾,需要通过各种有效的手段加以消解和调节。从道德的视角而言,由于和谐教师集体的形成必须以教师之间的相互尊重为前提,所以必须对广大教师提出尊重同事这一道德要求;又由于教师集体应该是一个持久地充满活力的集体,而这种活力又源于教师之间既能相互协作,又能友好竞争,所以必须对广大教师提出团结协作、开展有益的工作竞争的道德要求。

一、尊重同事

　　尊重同事是调节教师集体中人际关系的重要道德规范。在处理教师集体中人际关系的过程中,能否做到尊重同事,对于形成团结和谐的教师集体至为重要。因此,充分认识尊重同事这一道德规范的意义,探讨尊重同事的具体内容,是教师职业道德建设所面临的重要课题。

（一）尊重同事的道德意义

第一，尊重同事是尊重人的道德要求在教育劳动中的具体体现。在社会生活中，每一个个体作为生命有机体都有其生存的权利，都有其在不违背国家法律和社会伦理道德的前提下发展自身的权利。个人的这种权利，要求社会给予应有的保障，也要求其他社会成员给予应有的尊重。要求个人的这种应有权利得到他人的尊重，是每个人正常的心理需求。在人的需要体系中，既有物质方面的需要，也有包括要求受到尊重在内的心理方面的需求。给予个人权利以应有的尊重，不仅是其所处的社会合法性和合道德性的重要标志，也是衡量一个人德性高下的不可缺少的指标。一个具有良好道德素质的教师，必然会给教师集体中的其他成员以应有的尊重。

第二，尊重同事有利于良好的教师集体的形成。形成良好的教师集体，可以说是教师集体中每一个成员的真实愿望。而能否形成良好的教师集体，又受制于诸多因素。其中，教师之间能否互相尊重，应当说是一个重要的不可或缺的因素。在教师集体中，同一学科的教师能多看到对方的优点和长处；不同学科的教师之间能互相尊重，多看到对方所在学科的重要价值；新老教师之间能相互尊重，老教师多看到新教师身上的锐气和朝气，而新教师则视老教师的经验为宝贵财富；教师之间发生矛盾时能多做换位思考，设身处地地多为他人着想，那么，这些教师必然也会得到对方积极的反应，享受到对方的真情回报。这样，教师人际关系就将处在良性的互动过程之中，形成良好的教师集体就不仅是一种良好的愿望，而且还是一种可喜的活生生的现实。

（二）尊重同事道德规范的具体要求

尊重同事作为一种道德规范，其目的在于调整教育劳动中教师和同事之间的关系。而教师和同事的关系又可具体化为和同一学科中其他教师之间的关系、和不同学科教师之间的关系、和新老教师之间的关系、和优秀教师以及暂时处于后进状态教师之间的关系、和不同个性及不同价值观教师之间的关系、和领导之间的关系，等等。所以，作为一个教师，要妥善处理和同事的关系，就体现在要处理好以上各种人际关系；要尊重同事，就体现在尊重上述教育劳动中所面对的各类同事。

1. 尊重同一学科的教师

由同一学科的教师所组成的教研室或教研组，是一个重要的基层教学组织。同一学科的教师可能毕业于不同的学校，学历层次有高有低，科研指向各有不同，教学时间有长有短，教学方法存有差异，但每一个教师都会有自己的特点和长处。俗话说"尺有所短，寸有所长"，因此就需要互相学习，共同研究、探讨教学经验和科研感受，彼此之间取长补短。在和同一学科教师的相处过程中，教师是否能做到尊重对方，虚心向对方学习，对于自身的提高也是不无裨益的。如果在尊重对方的同时虚心向对方学习，那么对方的经验就可能转化为自身的经验，对方的教训就可能转化为自身的借鉴，在和对方学术交流、思维碰撞的过程中就可能会产生单凭个人冥思苦想难以出现的思想火花和灵感。所以，尊重同一学科的教师，不仅是教师道德的内在要求，对行为者本人也是极为有利的。

在和同一学科教师的相处过程中，还必须具有一种宽容意识。同一学科的教师相处的机会比较多，时间一长甚至能达到知根知底的地步。相互了解增多，一方面固然能使我们更多地看到对方的优点，但另一方面对方的弱点、不足甚至是以前在我们看来难以忍受的缺点都暴露无遗地展示出来。在这种情况下,如何看待和对待对方的不足,关系到我们如何与之相处。一是要意识到,"金无足赤,人无完人"。社会生活中的每一个成员,都会存有自身的不足。二是这些不足只要不属于个人品质方面的缺陷,都不应该成为影响我们与其交往的理由。三是能以与人为善的初衷耐心地帮助对方克服这些不足,当我们能以如此宽容的态度对待当事人时,也必然会使当事人以同样的态度对待自身,从而,就会出现同事之间相互宽容、共同进步的良好局面。

2. 尊重不同学科的教师

在学校内部,还存在着不同学科之间的分工。这种学科分工的事实自然地引出了作为教师应该如何处理和不同学科教师之间关系的问题。尤其是最近十几年来,由于社会对各种专业人才需求的不同而导致的回报的差异,社会上出现了热门专业和冷门专业之分,吃香专业和不吃香专业之别,这种由于社会对各种专业价值评价的不同以及实际上存在的各专业回报的差异,使得如何看待各学科的价值,如何处理不同学科教师之间关系的问题在教育伦理学中凸现了出来。作为学校教师应有的素质修养,要求我们必须处理好和不同学科教师之间的关系,必须尊重不同学科的教师。要从理论上认识到各门学科存在的价值。每一门学科都是社会需要的产物,都是完善学生的素质所必不可少的。尽管由于不同的学科在满足社会发展的当下需要和长远需要方面的差异而有所谓的热门专业和冷门之分,但从总体上而言,从长远的角度来看,各门学科并不存在价值上的孰轻孰重之分,它们都对社会发展具有不可或缺的价值。例如,在哲学社会科学领域,目前经济学、法学等学科比较热门,而哲学、史学等学科则相对受冷落。但是,如果没有哲学界的推动而导致的1978年全国上下的关于真理标准的大讨论,就没有全民族的思想大解放,也就没有随之而来的改革开放以及建设社会主义法治国家的局面。如果我们工作重心不从以阶级斗争为中心转移到以经济建设为中心上来,经济学教学研究人员就不会像现在这样被重视。如果没有依法治国方略的具体实施,法学家们就不会像现在这样"吃香"。再如,目前计算机信息产业等工科专业比较紧俏,但从事工科的人员如果没有良好的人文素养,最终也很难在本学科领域有卓著的成就。所以,每一学科都有自身存在的依据和价值,必须给予从事各学科教学研究的教师应有的尊重。

由于学科分工,每个教师都有自己的专业,长期实践所形成的专业偏好,很容易产生某些教师片面抬高自己所在学科作用的现象。而目前社会对各门学科需求量的不同而导致的价值评价上的差异,无疑又使这种偏见得到了不正常的强化。当然,每一个教师都希望自己所从事的学科对社会发展起到更多的作用,为社会所倚重;每一个任课教师总希望学生能喜欢自己教授的课程,这是可以理解的正常心理状态。但是,肯定自己所在学科的价值不应以贬低别的学科的价值以及对别的学科的教师应有的尊重为代价,希望学生喜欢自己所教授的课程不应该以降低学生对其他学科的重视为代价来达到这个目的。即不允许以贬低、轻视其他学科来提高自己学科威信的做法。教师有责任维护其他学科在学生心目中应有的地位,公正地把各门学科摆在适当的位置上。如果一个教师缺乏对其他学科教师应有的尊重,不仅是有违教师职业伦理的不道德行为,也是一种无知的表现。

3. 尊重优秀的和暂时处于后进状态的同事

教师集体是由具有不同的教学水平、科研素养、价值观念和工作精神的个体所组成的整体。由于教师原有的资质和努力程度的不同,教师之间呈现出优秀的、一般的和暂时处于后进状态的,这是不足为怪的极为正常的现象。既然这是一种普遍的客观现象,就要求教师思考一下如何对待这些处在不同水平层次的教师,特别是如何对待优秀同事和暂时处于后进状态的同事。

对于优秀的同事,毫无疑问应该给予充分的尊重。这种尊重,有利于推广他们的先进经验,以提高教师集体的水平;这种尊重,可以成为一面"镜子",以映照出自身的不足,从而有利于自身的提高;这种尊重,也有利于优秀同事本人更加发奋努力,倍加珍惜和谐的集体氛围,努力为集体作出更多的贡献。因此,尊重优秀的同事,是利己、利对方、利集体的三全其美之事。在和优秀的同事相处时,应注意克服两种不良的心理状态。一是对其抱有嫉妒之心。这种嫉妒之心将使得自己陷入深深的不良心理的煎熬之中。二是对其过于苛求。优秀的同事,也仅仅是在某一方面或在某几个方面优于常人,他也有平常之处,甚至有不如一般教师之处,他不可能是在任何时候、任何方面超过任何人的这样一个角色。所以,在和优秀的同事相处时,要宽容其不足。这里,有一个思维方面的问题,即我们在和优秀的同事相处时,是以欣赏的眼光去发现其身上的闪光点,还是以挑剔的眼光专门去寻找其不足之处。在这里,尊重同事就具体化为肯定和学习其优点,而宽容其身上存在的不足。

如果说,尊重优秀的同事对于一般的教师还比较容易做到的话,那么,尊重暂时处于后进状态的同事则可能具有相当的难度。但是,尊重暂时处在后进状态的同事确实应该是尊重同事的道德要求的题中应有之义。而要真正从情感上接受尊重这一类同事的道德要求,并能在实际行动中确实能尊重他们,关键应注意以下方面:一是从人格上给他们以应有的尊重。即使是暂时处于后进状态的同事,他们也是学校中的教师,也有其要求得到他人尊重的人格尊严。对他们的尊重,是社会主义人道主义尊重人的要求的具体体现。二是要努力发现其身上的闪光点。犹如优秀的同事身上同样存在不足一样,暂时处于后进状态的教师不可能没有值得肯定和值得其他教师学习的地方,只不过是人们平时缺少对这方面的发现罢了。三是要用发展的眼光去看待他们,并给予其必要的帮助。一些教师之所以暂时处于后进状态,总是由一定的原因导致的。当那些导致他们暂时处于后进状态的问题解决后,他们的转化就是非常自然的事情了。所以教师集体中的道德要求我们寻找导致其后进的原因,并努力帮助其解决问题。总之,就像在学校中不可能存在一无是处的教师一样,也同样不可能存在永远不可改变的教师。

4. 尊重持不同学术观点和教育思想的同事

教师之间持不同的学术观点和教育思想,是极为正常的现象,是教师学术思想活跃的明证,也是学校充满生机的重要根源。有鉴于此,对于广大教师而言,就有一个是否应该尊重持不同学术观点和教育思想的同事的道德问题。

教师的职业道德,内在地要求教师将尊重持不同学术观点和教育思想的同事作为自身应有的行为规范。这主要是基于以下原因:一是尊重持不同学术观点和教育思想的同事,是办好学校的必然要求。学校不仅是教学单位,而且也是科学研究的基地;不仅是传授真理的地方,而且也应该是追求真理和发现真理的地方。所以,不能没有不同学术观点和教育思想之间的碰撞。持不同学术观点和教育思想同事的存在,是办好学校的要件之一。二是尊重持不同学术观点和教育思想的同事,有利于教师自身素质的提高。教学活动和科学研究作为一种特殊的劳动,不可缺少的就是不同观点和思想之间的交流碰撞。只有这种交流碰撞,才会发现研究中的错谬,才会形成科学的共识,才可能出现思想的火花,才会突现科研的灵感。经常性的交流碰撞,有利于教师形成科学的思维方式,有利于教师长期地保持敏锐的学术眼光。三是尊重持不同学术观点和教育思想的同事,也是科学事业发展的需要。科学的使命之一就在于不断有效地解读和回应社会发展所提出的现实课题。目前,国际国内社会生活的变化日新月异,这种无止境的社会发展提出了一系列要求求证的科研课题。所以从逻辑上来说,社会发展的无止境要求科学研究也应该是无止境的,而在这种无止境的科学研究中应该允许人们做出各具特色的探索。片面地认为只有自己的学术观点才可取、自己的教育思想才可行的观点,往往不利于良好的学术氛围的形成,不利于科学研究的创新。而不同的学术观点和教育思想的碰撞往往会达到导致科研问题最终解决和发展学术的效果。

5. 不同年龄教师之间要相互尊重

前已论及,一般来说,老教师知识渊博,人生阅历丰富;年轻教师思想敏锐、较少保守,但不足之处是缺少实践经验,因此工作中常常是一厢情愿,带有理想主义色彩。在这种情况下,年轻教师应当虚心向老教师学习,老教师则应当热情地传、帮、带,同时也要随时吸取青年教师的长处。应当看到知名度很高的教师开始都是默默无闻的,所有的老教师都是从年轻时代走过来的。年轻教师是学校的希望所在,老教师应当发扬“人梯”精神,帮助他们脱颖而出,茁壮成长。

6. 领导与教师的相互尊重

在教师的教育劳动中,每一位教师都不可避免地要和自己的领导打交道。这里的领导,既包括学校领导,也包括教研室、年级组的领导。如何和领导相处,是处理好教师集体中人际关系的题中应有之义,因为领导也是教师集体中的一员。从而,在和领导相处时给予其以应有的尊重,也是教师道德的内在要求。而要做到尊重领导,关键应注意以下方面:一是服从正确领导,支持领导工作。教育过程是一个有计划、有目的、有组织、有领导的活动过程,领导在整个教育过程中起着组织者、指挥者的作用。所以教师必须正确对待领导,支持领导工作。在这里,人们对服从领导往往存有这样的误区,即认为服从领导就是降低自己的人格,是一种“奴隶主义”。事实上,领导的决定是建立在集体利益基础之上的,领导意志实质上是集体意志的体现,领导行为是学校各项工作得以正常进行的一种必要的需求。从这一意义上讲,服从领导是服从集体的特殊表现形式。当然,领导在整合群众意愿的过程中毕竟掺入了个人的价值取向,所以对领导而言有一个科学合理地反映群众意愿的问题,和一个如何对每一位教师做到客观公正的要求。二是体谅领导,为领导分忧解愁。由于教育劳动的复杂性,作为学校的各级领导,工作中也会有许多实际困难,也有领导难以办成的事情。教师要体谅领导,为领导分忧解愁。教师对领导提出一定的要求,是事业发展的需要,但如果要求太高、太急,就会脱离实际。任何人的能力都是有限的,十全十美的人并不存在。领导作为一个特定的社会角色,也和常人一样具有自己的局限性。更何况,有时候工作搞不上去亦并非全是领导者主观上的原因,客观条件不具备或种种外界因素的影响,也是不可忽视的。因此,对学校工作中存在的问题,一定要平心静气地做出实事求是的分析,给予公正的评价。要真心诚意地支持领导,发现领导工作中的缺点或失误,要通过正常的途径,抱着对工作负责、与人为善的态度帮助领导加以克服,改进工作。三是要维护领导的威信。将维护领导的威信作为处理教师集体中人际关系的道德要求,并非是出于满足领导之个人欲望,而是学校事业发展大局的内在要求。因为任何一个单位要搞好工作必须有较强的凝聚力,而领导又是处在凝聚力的中心位置。一个单位领导有威信,这个单位凝聚力就强,工作就得以有效展开。从这一意义上讲,维护领导的威信是维护集体利益的内在需要。

作为教师,尊重领导是其在和领导相处时应该信守的道德规范。但广大教师能否真正自觉而有效地遵循这一道德规范,还取决于领导在和广大教师相处时所采取的态度和行为模式。所以,为了营造领导和广大教师和谐相处的氛围,同样必须对领导提出应该尊重广大教师的道德要求。基于教育劳动的特殊性,以及和其他职业劳动者相比学校教师自身的特点,领导尤其应在以下方面尊重教师。

一是要尊重教师价值选择的权利。和其他职业劳动者相比,教师由于知识层次比较高,对时代发展趋势和世界变化走向的感悟较一般人更为敏锐,因而往往思想比较深刻,对问题有独到的见解和价值观,从而遇事他们往往有自身的价值选择。作为领导,应该充分尊重教师的这种权利。如果教师的价值选择与社会的法律和道德要求并不相悖,即使它和领导者的价值观存有不一致,领导者也应该尊重其价值选择。如果教师的价值不符合社会的法律和道德要求,有必要使教师放弃或提升自身价值选择的层次时,也应该在充分尊重其人格尊严的前提下做耐心细致的说服教育工作。教师一般而言都有较深刻的知识理性和道德理性,只要领导者的教育方式得当,要他们接受科学的价值观并非是一件难事。

二是要尊重教师的个性。教师较高的知识层次和所从事的教育劳动的个体性质,决定了他们比其他职业劳动者更具有个性。这种个性,对于学校的事业发展极为可贵,是学校充满活力的重要体现之一。教师缺乏个性,或者个性受到压抑,则不仅教师难以充分实现其价值,整个学校也就难有生机,必将失去发展的后劲。所以,作为领导,应该充分尊重教师的个性。只要他们的个性不违反国家的法律和社会伦理要求,都应该在对其尊重的前提下将其保护好、发展好。在某种意义上可以这样说,对教师个性的尊重、保护和发展,就是对教师自身的尊重,就是对学校事业的促进。

三是尊重教师的事业心。近年来,由于广大教师物质生活水平的明显提高,许多人不仅要求教师这一职业能满足其谋生的需要,而且还能成为他们实现人生价值的主要手段,这突出地表现在他们将教育劳动作为事业来追求。所以,要求学校能够为他们事业的成功创造良好的条件,正在成为越来越多的教师对领导的厚望。这一追求和厚望,对学校的发展极为重要,也极为可贵。作为领导,就不仅要通过各种努力进一步提高教师的物质生活水平,还应关注教师的事业发展,努力为他们的进修提高和进入学科前沿创造条件,力求使教师的事业跃上更高的平台。目前,一些学校提出不仅要以待遇和情感凝聚人心,而且更应以支持教师事业的成功凝聚人心的思路,不失为从更高层次调动教师积极性的明智之举,已经产生了非常明显的效益。

四是尊重教师的民主权利。教师的民主权利包括对领导工作中的失误提出批评的权利,对学校的建设和发展提出建议和参与决策的权利等。教师的民主权利,是一种法定的权利;对教师民主权利的尊重和维护,是学校事业发展的需要。作为领导,应该从学校发展的大局认识尊重教师民主权利的重要意义。群众是真正的英雄。在教师群体中,确实是"藏龙卧虎"。他们对关于学校事业发展的议论和主张,不乏真知灼见和远见卓识。如果能够充分调动教师于学校发展的积极性,汇集他们的智慧,那不仅可以从方向上保证学校的发展依循正确的路径,而且也为学校的发展提供了强大的"动力源"和"潜能库"。所以,作为领导,不仅应该从机制上保证教师对学校发展建议权和决策权落实到位,而且应以宽广、豁达的胸襟欢迎教师对自己工作中的失误提出批评。应该看到,即使是对领导批评性的意见,都是促进学校发展的可贵财富。这种对教师民主权利的尊重,丝毫不会降低领导者的威信,只会赢得广大教师更进一步的尊敬。从而,它不仅利于学校的发展,而且对于融洽领导和教师之间的关系都是极为重要的。

二、团结协作,有益竞争

尽管前已论及,从根本目的指向和最终意义上而言,教师集体中各成员之间的价值目标是一致的,不存在根本利益的冲突。但是,这并不等于各个教师在利益的获取上没有时间的先后之分、没有量的多寡之别。事实上,由于社会经济发展水平所限,和社会发展的大背景和教育事业发展的内在规律所决定,教师之间在利益的实现上会存有差异。而既然"人们奋斗所争取的一切,都是同他们的利益有关"[①],这就自然导致了教师之间在利益实现方面的相互竞争。因此,广大教师一方面应关心集体,尊重同事,同时又应认识到相互之间竞争的意义和必要性,并以合乎社会伦理要求的手段积极参与竞争。

(一) 在教师集体中开展竞争的必要性

1. 在教师集体中开展有益竞争是我国社会经济发展的内在需要

当前,我国正处在完善社会主义市场经济体制的历史阶段。市场经济作为商品经济发展的高级阶段,内在地包含着竞争,它只遵循价值法则,优胜劣汰。这种机制无疑对每一个企业、每一个商品生产者和每一个人都是一种压力和动力。竞争将促进经济的发展和社会的进步。市场经济的竞争规律,会大大强化人们的竞争意识,会使每个企业和个人都焕发生机和活力。它有利于促使职工群众奋发向上,积极进取,大胆创新,提高素质。市场经济的竞争特点,必然会在社会生活的其他方面表现出来。或者说,由于市场经济的发展,社会生活的方方面面都将呈现出竞争的态势。目前,职工竞争上岗,公务员竞聘职位等频频出现在社会生活中,并日渐为人们所认同、所接受。同样,在教育领域,教师集体中的竞争以及必要性也正在为人们所接受,得到了人们价值观上的认同。我国现行的分配制度是以按劳分配为主体、多种分配方式并存的制度。在学校,利益分配的依据应该是劳动的绩效。教师的聘用、晋升是以其贡献大小为依据的。这

---

① 《马克思恩格斯全集》(第 1 卷),人民出版社,1995 年,第 187 页。

种客观的利益关系反映到人们的意识中,就是以拼搏、进取、贡献为荣,以甘居落后、平庸无能为耻,这样势必在教师之间形成人人争先进、个个比贡献的有益竞争。通过这种竞争,使先进的更能发挥才能,处于中间状态的争取先进,后进的经过努力迎头赶上。

2. 在教师集体中开展有益竞争是我国教育事业发展的内在需要

自1978年改革开放以来,我国的教育事业得到了长足的发展。教育之所以能取得如此成就,重要原因之一就在于学校之间和学校内部教师之间的相互竞争。而我国的教育事业要进一步发展,要赶上国际先进水平,依然要靠我们努力去竞争。随着国际、校际和人际竞争的加剧,各个教师集体对教师的要求也会越来越高,客观上将出现这种情况:能够出色地完成教学工作、科研成绩突出、受到学生好评的教师,将受到重用和奖励;不能适应教学工作、科研成绩不理想的人,将被调到其他工作岗位或被淘汰,这是教育事业发展的趋势。这就从客观上要求教师敢于进取、敢于攀登科学高峰,在教学中争取优秀,在科研上争取领先。教师之间、教师集体之间只有开展有益竞争,才能提高国家的教育水平,从而才能使我国的教育事业赶上国际先进水平。

3. 在教师集体中开展有益竞争是促使教师个体奋发向上的内在动力

在教师集体中,人固有的进取心、好胜心以及对利益的追求,往往会促使人们相互之间开展积极的竞争。但是,另一方面我们也不应否认,人往往又是有惰性的。特别是当人们长期生活工作在一个缺乏竞争机制的群体中,人们的进取心、竞争意识会受到可怕的消蚀。我国改革开放前人们长期吃"大锅饭"的条件下所形成的进取心、竞争意识的普遍缺乏就充分说明了这一点。社会要进步,教育事业要发展,就必须确立行之有效的竞争机制去激励人们奋发向上。近年来,许多学校实行的旨在破除平均主义的各项改革措施,如职称实现评聘分开,分配实行绩效考核、不搞"大锅饭",收入拉开档次等做法,极大地调动了广大教师的工作积极性,出现了教师努力完成教学工作定额,科研意识普遍增强的喜人景象。当然,从实践的情况来看,竞争激励机制有一个如何进一步完善和科学化的过程,但无论如何,在教师集体中开展有益竞争促使教师个体的奋发向上已成为不争的事实。

(二) 以道德的手段在教师集体中开展有益竞争

从道德价值评价的角度来看,在教师集体中开展有益竞争有利于推进学校教育事业的发展和激励教师个体的奋发向上。因此,这种竞争从其效果或后果而言是符合道德的。但是,各个教师抱着何种动机、采取何种手段参与竞争,却有道德和不道德之分。因此,在这里有必要提出以道德的手段参与教师集体中的竞争这一要求。

1. 竞争的手段必须符合道德

虽然从最终意义而言,教师集体中竞争的结果是各个成员的共同提高,但就个人而言,他所追求的目标是在最终结果上强于他人。这一点,在道德价值上是无可指责的。但是,如何去达到强于他人的这一结果,其所采用的手段必须是符合道德的。在现实中,我们经常可以发现这种现象:为了使得自己在教学上强于别人,不仅无原则地迁就学生,而且在学生中有意识地诋毁其他任课教师;为了使自己在科研上强于别人,不惜违背最起码的科研道德,近年来一些教师剽窃事件频频被曝光就是极好的说明;为了使自己所申报的科研课题获准立项,所申报的奖项能够获奖,竟无中生有地中伤其他申报人;在科学研究中编造虚假数据,等等。这种通过种种不道德的手段来达到使自己最终强于他人的目的,实在是竞争中的一大祸害,应该予以唾弃和彻底否定。

2. 应妥善处理好教师集体中竞争和协作的关系

教师集体的活力、发展的动力以及总体价值的实现,固然首先在于竞争机制激励下各个教师主观能动性的发挥,同样也离不开教师集体良好的协作氛围。甚至可以这样说,良好的协作氛围是开展良好竞争的必要条件。没有良好的协作氛围,教师之间的竞争就可能背离社会基本的伦理价值体系,最终的结果可能是无论对于教师个体还是教师集体都是极为不利的。因此,应该将能否和他人进行有效协作作为道德的内在要求。因为,在学校教育中,不仅对学生素质的培养必须依赖于教师集体,而且科学研究工作本身也需要一定数量的教师形成一个群体进行集体攻关。而在这个集体中,就有如何和他人相处,即如何进行协作的道德要求。不可否认,在教师集体中,确实不乏具有良好协作精神的教师,但有违协作精神的人和事也并非鲜见。例如,有的人以自我为中心,事事考虑个人得失,处处夸大个人作用;有的人一味追求个人荣誉,追求学生对个人的爱戴;有的人为了保持在竞争中的"优势地位",对同事搞资料封锁;有的人自己不努力,在竞争中处于不利地位,却对竞争中涌现的先进教师讽刺挖苦,任意夸大他们的缺点和弱点,甚至"攻其一点,不及其余",抹杀他们的成绩和贡献;有的人嫉妒同事的成绩,损害同事的荣誉,等等。因此,对广大教师提出应该处理好竞争和协作的关系,不仅是形成一个充满活力和充满凝聚力的教师集体所需求的,也是由目前学校教师集体中的协作道德现状所决定的。

3. 教师要有一种开拓进取、敢于创新的精神

开拓进取、敢于创新是处于社会转型时期的职业劳动者的应有素质,而这对于教师而言,则有其更为重要的意义。第一,当前的学校教育和我们所处的社会一样,正处在改革的进程之中。学校教育如何进行改革,前人没有留下具体的方案,其他国家也不具有现成的模式可供我们借鉴,它只能依靠我们在充分论证的基础上大胆地进行探索,而这必须要有一种开拓进取、敢于创新的精神。第二,学校是培养新人的场所,而伴随着社会的变化发展,当今学生也具有和以往的学生许多不同的特点。如何全面认识当今学生,从而有针对性地采用行之有效的教育模式,这是摆在我们面前的紧迫任务。要有效地完成这一任务,没有开拓进取、敢于创新的精神显然是不行的。第三,学校是研究的重要基地,而科学研究作为一种对未知世界的探索活动,所需要的正是这种开拓进取、敢于创新的精神。总之,作为学校教师,要有开拓进取、不畏艰难的个人气质。如果在一个教师集体中,人人都不敢突破传统观念和思维方式的束缚,怕担风险,怕别人讽刺打击,那么这个集体只能是保持现状,停滞不前。相反,如果每个教师都能发挥自己的创造才能,集体便可以得到又好又快的发展。作为学校教师,还应该敢于创新,敢于走前人没有走过的道路。如果只是一味地照着前人的经验去做,便没有突破,没有创新,教育事业就无从发展,社会就难以大步前进。从这一意义上而言,开拓进取、敢于创新应是教师必须履行的道德使命。

如何打造教师团队精神呢？

一、要有一个卓越的领导

领导要有个人魅力，有感召力，巨人集团的总裁史玉柱便是一个这样的领导。在巨人集团面临倒闭的困境下好几个月没给员工发工资了，但是，史玉柱的核心干部竟然没有一个人因此离开。史玉柱在忠诚团队的支持下，终于东山再起。史玉柱靠的就是个人魅力，才使其属下愿意为他卖力。

领导者要有眼光、魄力和胸怀。1989年索尼公司的总裁盛田昭夫让索尼斥资48亿美元并购哥伦比亚电影公司及关联公司，最初人们都不支持，甚至有人反对，但盛田昭夫的这一决策却成为索尼公司日后赖以生存的支柱，盛田昭夫以其超人的眼光和企业家过人的魄力，让索尼五十年后发展顺利。

二、让所有教师都明白学校发展的共同目标

一条猎狗将兔子赶出了窝，一直追赶他，追了很久仍没有抓到。一牧羊人看到此种情景停下来，讥笑猎狗说："你们两个之间小的反而跑得快很多。"猎狗回答说："你们不知道我们两个跑的是完全不同的！我仅仅为了一餐饮而跑，而他却为了性命而跑呀。"这个寓言揭示了：兔子与猎狗做一样的事情，都拼命地跑，然而，他们的目标是不一致的，其目标不一致导致其动力也会不一样。在团队管理中，不同角色的成员的目标是不一致的。这是一点也不奇怪的事情。但好的领导者善于捕捉成员间不同的心态，理解他们的需求，帮助他们树立共同的奋斗目标。有了共同的目标才能让团队成员知道他们应该干什么，才能让团队成员同心同德，为达到共同的目标而齐心努力。

三、公正与公平是团队精神的最大动力

坚持公正的管理和处事原则，是每一个人都要履行的责任和义务。在学校管理中，会遇到用人、晋级、评优、奖励、处罚等问题，而这些问题又恰恰关系到每一个教职工的切身利益。为此，公正、公平地对待和处理这些问题，尽可能地保护教职工的积极性，避免"怨声载道"很重要。一个怨声载道的组织绝不可能形成凝聚力与向心力。

四、沟通与交流

沟通是合作的基础，沟通的困难会使成员间难以达成默契，缺乏共识，彼此之间产生感情裂痕，感情裂痕使人们无法合作，无法合作又会影响发展，可见沟通是团队发展的润滑剂，也是提升教师能量的有效途径。优质学校的基本理念是强调学校全体成员之间的合作，并试图通过合作来提升教师的能量。在教师之间以多种形式进行交流合作。或小组合作、跨科组交流，或以师带徒、以老带新、以新促老，实现优势互补、扬长避短。通过构建合作性的教学文化，使教师学会反思、学会正确认识自己的力量，改进自己在教学实践方面的弱点，从而提高自身能量。

五、了解教师的需求

"没有爱就没有教育。"对此我们应该有个全面的理解，它不仅是教师对学生而言，父母对孩子而言，而且是校长对教职工而言。教职工们需要什么？渴望什么？欠缺什么？身体状况如何？精神状态怎样？可通过问卷调查召开座谈会或个别谈话等方式,进行深入了解,然后根据实际情况,有针对性地开展工作。这就是所谓的人文关怀。可以想象,缺乏人文关怀的学校,其教师之间不可能形成一种向心力。

六、广泛搭建教师成长平台,运用多种方式培训教师

1. 开展本校主题工作坊,通过工作坊向教师介绍和实践各种教与学的新理念、新策略,发展学校自己的特色,提升教学质量。鼓动和支持教师通过伙伴合作形式开展各类教学活动,共同设计课程,从而优化课堂教学。

2. 鼓励教师参加各种培训和学历进修。

3. 开展教师沙龙活动。教师沙龙主要是一种自由主题式的教育问题讨论会。由于该活动的形式与主题较为自由,可以缓解权威和固定主题所带来的压力,使更多的教师敢于积极发言和参与讨论。在教师沙龙活动中,教师不是被动的受训者,而是积极主动的参与者。专家和教师的合作研究,使培训发生了实质性的变化,即不再单纯讲理论,而是分析案例,在案例中让教师潜移默化地接受理论。这种全新的培训方式,构建了一种全新的学校文化,让教师的实践与研究、在职培训融为一体,从而促进教师的教学能力的不断提高。

4. 开设课程研制工作坊,增强教师课程意识和课程开发能力。教师的课程意识与课程开发能力是教师专业素质的一个重要方面。通过开设课程研制工作坊,能够有效地培养教师的课程观,增强教师的课程开发能力。在我国目前的课程管理模式下,有必要超越传统课程的定位,开发有关学习策略的课程,挖掘某些隐性课程,丰富教师的教学模式库,拓展教学内容,强化教师的课程意识和课程开发能力,真正地把教材理解为一种课程资源而不是教学的唯一内容。

5. 开展"三课"活动。公开课目前已成为学校教育研究的一种主要方式,以公开课作为研究的载体,更易于创设平等对话的平台。公开课是教育教学智慧的发祥地,既有缄默性的知识,又有直观可感的程序性知识。这些知识恰恰是教师最需要的,也是教师最感兴趣的,因而对教师的帮助也是最大的。听课的必要环节就是评课。评课是一种帮助教师成长的好方式。通过评课,对课的设计与课的基本理念展开平等的对话,一方面可以帮助上课教师认真分析和反思自己的教学,另一方面可以使课堂内隐的理念显性化,同时也是生成、传播和理解新理论的好方式。在教师中间能起到取长补短的作用。此项活动可分为三个层面进行:第一个层面即在同科组教师之间进行;第二层面是在跨科组教师之间进行;第三个层面是由学校组成的听课小组不定时地进入课堂随堂听课。这个小组由校长任组长,各学科带头人为组员。

七、开展课外活动

学校应该利用如"五一""七一""十一"等有纪念意义的节日,以学科组或年级组为单位,开展一系列有益的课外活动,诸如各种球类、书画、演讲、拔河、棋艺、歌咏等比赛。这些活动,一能丰富校园文化生活;二能培养教职工之间的协作精神;三能增强教职工之间的沟通、理解和友谊,从而培养团结向上的团队精神,形成强大的凝聚力和向心力。

本章小结

教育劳动作为教师在集体协作基础之上进行的个体脑力劳动,决定了其所处的集体对于教育活动具有至关重要的意义。这一意义由教师劳动的形式、教育劳动本身的复杂性、教师个体的局限性和教师集体的固有特点等要素所决定。然而,在教师集体中,由于教育劳动的分工不同,个体差异的客观存在,不同的利益诉求,以及传统自然经济的影响和社会转型时期某些特点的过度强化,都将可能导致教师集体中的矛盾冲突。因之,要求和引领教师重视集体关系的道德调节,在教师集体中营造一种相互尊重的氛围,形成一种团结协作、开展有益工作竞争的良好氛围,就成为教师职业道德建设的重要课题。

关键术语

教育劳动   教师集体   教师道德   相互尊重   团结协作   有益竞争

讨论与探究

1. 新时代教师集体道德的新特点。

2. 教师之间"以道德的手段开展有益竞争"主要体现在哪些方面?

3. 你认为教师应如何处理自身合理的利益诉求和充分尊重对方的关系?

4. 如何从道德建设的视角确保实现教师个体和教师集体工作效益的最大化?

5. 结合本章内容,分析下述案例。

> 小李是一位刚参加工作不久的年轻教师。他潜心探究教学规律,对如何搞好教学有独到的见解,针对当今教学中存在的弊端,小李进行了大刀阔斧的改革,其教学方法深受学生的欢迎,他自己也颇有成就感。但在一次教研组教学研讨会上,有的老师明确表示了对小李教改的不同观点甚至是反对意见,有的希望他不要倾心于标新立异,也有的劝他要多考虑其他教师的感受和接受程度,和小李私交不错的王老师也劝他不要因为教改而弄僵了和其他老师的关系,搞糟了自己的工作环境。对此,小李认定自己的教改不仅有科学的依据,而且也极有价值,但其他教师对他的改革难以接受甚至持否定态度,使他颇感茫然和苦恼,小李该怎么办呢?

进一步阅读的文献/网站

1. 教育部师范教育司组织编写:《教师职业道德》(新编版),高等教育出版社,2008 年。

2. 钱焕琦等著:《学校教育伦理》,南京师范大学出版社,2005 年。

3. http://edu. china. com/zh_cn/ZTmenu/2011/lengbao/lengbao. html.

4. http://www. teacherclub. com. cn/tresearch/channel/china/index. html.

章前导语

  教学是教师工作的核心与基础，教
学能力也是考察和衡量一个教师职业
能力的重要标准。教学究竟应当如何
进行？一堂"好"课除了要加强知识环
节的设计、重视技术和方法的应用外，
还需要注意哪些方面？请在本页的空
白处写下你理想中"好"的教学是什么
样子的。然后，认真阅读本章的内容，
补充和完善自己的教学观。

通过本章的学习，你能够

- 理解教学是一项求真崇善的事业；
- 掌握教学工作中的具体道德要求；
- 明晰并深刻领会我国新基础教育课程改革的价值追求。

本章内容导引

- 教学的道德特性
  一、教学是师生主体之间交互影响和作用的活动过程
  二、教学是求真、向善、趋美的活动
  三、教学是心灵交往和情感互动的活动
- 教学活动的道德意义
  一、教学是促进学生全面发展的基本途径
  （一）通过教学，对学生进行智力、伦理和审美的综合教育
  （二）在教学中激起学生的生命活动
  （三）通过教学完善学生的道德人格
  二、对待教学的态度体现教师的道德水平
  三、做好教学工作是教师良好素质的展现
- 教学工作中的具体道德要求
  一、树立科学的教学责任观和师表人格，让教学成为道德的事业
  二、确立科学的教学理念，拓展教学追求新视野
  三、形成合理的知识结构，创造教学的理想境界
  （一）教师要有扎实的学科专业知识
  （二）教师要有广博的科学文化素养
  （三）教师要掌握教育和心理科学知识
  四、提升教学专业能力，全面提高教学成效
  （一）教师的语言表达能力
  （二）教师把握教材的能力
  （三）教师的教育教学组织能力
- 我国新基础教育课程改革的价值追求
  一、课程与课程价值
  二、我国传统基础教育课程价值取向解读
  三、新基础教育课程改革的价值追求
  （一）课程目标的根本转型——生命整体性的确认
  （二）课程结构的均衡性、综合性和选择性——面向全体学生的全面和谐发展
  （三）课程内容的生活化——向学生生活世界靠拢
  （四）课程实施的人性化——关注师生共同的生命历程
  （五）课程评价的发展性、全面性和过程性——"以人为本"的评价观

章导言

　　教学既是求真也是求善、向善的活动。教学理念、教学目标、教学内容、教学方法、教学评价、教学管理等任何一个具体的环节都具有丰富的道德内涵。长期以来,教育工作者过于关注教学的技术性层面,忽略了教学本身的道德特性,致使课堂教学中道德问题日渐凸显。教师是课堂教学的具体实施者,必须深刻理解教学的道德意义,自觉地约束和反省自己的教学活动,使教学的各个具体环节既具科学性又具正当性。

第一节　教学的道德特性

　　从一般意义上来说,教学是在教育目的的规范下,教师的"教"和学生的"学"共同组成的一种教育活动。它以人的未定性和发展性为基础,内蕴着"学知识"与"做人"的统一性,具有促进学生德、智、体全面发展和开发学生生命价值的意义。因此教学是智慧的、人道的、进步的活动,是凝聚了人类崇高的道德理想、道德精神和人类文明结晶的活动。教学工作具有鲜明的道德特性,教学本身就是一项道德实践活动。教学的道德特性体现的是教学的价值维度,是教育的崇善本性对教学工作的必然要求。从过度关注教学的技术层面转向教学的道德层面,既显示了人类对教学本质认识的不断深化,也是扭转当前教学道德困境的迫切要求。

一、教学是师生主体之间交互影响和作用的活动过程

　　在教学过程中,教师和学生都以各自的经验、情感、个性投入教学活动中,自由、充分地展现自己的丰富性,相互影响,相互促进。交流、对话、模仿、感染是教学活动发生发展的基本方式,知识传授、智力培养和个性塑造,是教学活动的基本内容。

　　教学是教师的主导作用和学生的主体精神共同发挥的活动。教学以学生的特点、能力状况以及兴趣、爱好、动机、需要为逻辑起点,创设有利于丰富学生经验系统的教学情境,激活学生的现有经验,在人类文化的广阔知识背景中建构学生的知识体系,发展学生的身心素质和潜在智力。在知识教学活动中充分发挥学生的学习主动性和积极性,把人类积累的文化知识简捷迅速地转化为学生个人有价值的精神财富。因此,教学总是在学生"想学"的基础上展开的,总是有明确的目标和具体的内容,总是要采用学生能够理解的方式进行的。通过教学,学生可以找到攀登智慧高峰的捷径,从而获得走向生活、创造生活的底蕴和勇气。教师的智慧和人格在辛勤耕耘、潜心研究、锐意改革中,也同样会得到滋养和提升,对知识和人生形成一种全新的感受和深层次的把握,使自己的人生境界更加崇高。

　　教学是教与学、教师与学生共同"在场"的活动。在教学过程中,教师的一举一动都处在学生敏锐的洞察之中,并成为显在或潜在的教育因素。教师的思想情感、人格特征等都能通过教学活动表现出来,给学生以巨大的教育力量,使教育达到高于并超过教材的境界。

二、教学是求真、向善、趋美的活动

教学的使命就是向学生揭示人间的"真、善、美",发展学生运用规律进行自由创造的意识和能力,培养德智体美全面发展的人才。教学担负的这一使命表明,学校所开设的各门学科是人类文化的积淀,是集体智慧的结晶,是人间真、善、美的体现。教学的过程就是求真、向善、趋美的过程。

教学过程的"求真",一方面指教学的内容要揭示事物的发展规律,要符合科学性、真理性的要求;另一方面教学要采取合理的认知活动,以及与科学认识活动相一致的方法进行科学知识的学习,要符合学生身心发展的规律和要求。

教学过程的"向善",是指学生在掌握知识和联系实际过程中,要提高自己的思想认识、道德修养、审美情趣,奠定科学世界观的基础。一方面教师通过自身的言传身教对学生进行思想道德教育;另一方面揭示教学内容本身丰富的情操教育、理想教育和人格教育的内容,使教学永远具有教育性。

教学过程的"趋美",是指教学活动的生动形象,使学生获得"如临其境,如闻其声,如见其形"的体验。教学的目的是使学生掌握系统的知识并得到思维的训练。教师当然要以学科的理论体系为基本教学内容,包括抽象的定义、深奥的道理、艰涩的论点、繁杂的推演。但是教学终归是教师在某一情景下用某种特定的形式通过上课而实施的。这其中,教师需要各种感性形式的参与,如清晰的语言、生动的表情、形象的教具、新颖的方式,它使教学充满了令人心旷神怡的感染力。案例 7-1 是特级教师严丽萍老师的一节拼音课,她根据小学低年级学生的特点,通过编童话故事的方式讲授汉语拼音。在生动有趣的课堂教学中,学生们既巩固了拼音,又联系了语言,还丰富了想象力。知识性教学也可以通过教师的探索变得美丽而富有吸引力。

案例 7-1

让拼音教学美起来

严老师是这样教学"an en in un ün"一课的。课一开始,严老师就讲了一个小故事:有一天,天气很好,小 n 出去散散心,他走着走着,迷了路,怎么办呢?正当小 n 犯愁的时候,他看到了 a、e、i、u、ü 这 5 个韵母朋友,他们很热情地把小 n 请到了自己家(老师边说边在五个单韵母后面加上小 n)。于是,小 n 就在这里安了一个新家,它还有一个新的名字"-n"。让我们一起跟"-n"打招呼吧!孩子们就兴致勃勃地跟着老师一起读起来。尾音"-n"是发前鼻韵母的关键,严老师的这个故事直接切入难点。怎么记住这些新朋友,于是老师就带着大家一起续编儿歌,如:天安门 an an an,a 加 n 就是 an。根据低年级学生想象力丰富的特点安排了续编童话故事的环节:小 n 来到天安门,看见(　　),听到(　　),想到(　　)。孩子们兴趣盎然,在童话故事情节引领下,不断创生出新的童话人物、童话情境。①

---

① 选编自叶燕芬著:《语文教育的审美视野》,宁波出版社,2010 年,第 62 页。

三、教学是心灵交往和情感互动的活动

在教学过程中,教师和学生都是作为完整的精神个体参与其中的。教学是师生之间心灵交往和情感互动的过程。它以师生之间的心灵沟通为前提,以彼此间的爱连接起双方心灵的桥梁。教育能量、信息从主体势能发展水平较高的教师一方流向水平较低的学生一方。学生纯朴的思想情感、独特的个性也不同程度地影响着教师思想发展和行为选择。教学过程是师生分享感情和经验的过程。他们相互敞开、相互接纳,每个人的精神正如马丁·布贝尔所言:"不寓于自我之中,而寓于'我'和'你'之间。精神不像在你周身循环的血液,而像你所呼吸的空气。"①

教学过程的心灵交流集中体现为一种教育爱。教育爱是教学过程中的一种真挚、深厚的情感氛围,教育爱的核心内容是教师对学生的爱。教师对学生的爱是教师热爱教育事业的最直接最集中的表现,是激励学生智力和情感发展的重要条件。伟大的教育家苏霍姆林斯基认为他教育成功的秘诀在于"教育爱"。他从18岁担任乡村小学教师起,终生没有离开过教育岗位,他曾先后为3700名学生做观察记录。他说:"在笔记本的3700多页上,我记载了我的全部教师生涯,每一页都奉献给一个人——我的学生。""我的生活中什么是最重要的呢? 我可以毫不犹豫地回答:热爱孩子。"②

教师对学生的爱是教学活动有效开展的前提。教学活动作为一种培养人的社会实践活动,其本身就是一次"情感"的旅行。教学是教师在爱的情感的支配下播种爱的种子。挚爱情感使教学渠道更加畅通,使教学效能更加优化。教师从内心深处产生一种悦纳学生的情感体验,爱学生之所爱,想学生之所想,对学生怀有诚挚的友善之情,才能赢得学生对教师的崇敬、信任和亲近。学生内心就会受到鼓舞,感到充实而愉快,激发出学生的进取精神。教师对学生的爱是教学最有力的手段,是推动学生进步的重要力量。教师对学生的爱是一种超越的情感,和父母对子女基于自然的血亲之爱有着根本的不同。它不求回报,饱含宽容、尊重和期待,体现了一种凝重的社会历史责任感。

拓展阅读
7-1

作为"交往"的教学

教学的首要任务是引导学生掌握科学文化基础知识和基本技能。当代心理学、认识论以及哲学研究表明,这个任务不可能离开交往而完成。离开交往,学生对知识和技能的认识与掌握是不可理解的。因此,教学是人类交往的一种特殊形式。交往与教学活动同在,没有交往就没有教学。只要有人群的地方就会存在交往,教学交往不同于一般社会交往的最大区别就在于它的教育性。教育性贯穿教学活动的始终,体现在教学活动的各个方面。课堂教学中的交往关系以师生交往为主,还包括生生交往、(教师与学生的)自我交往等。

以师生交往为例,教学是师生一起求"真"的过程。师与生之间的交往不掺杂功利性,但具有互惠性。在这里,充满着师生相互的关怀、理解和尊重,体现

---

① 陈友松主编:《当代西方教育哲学》,教育科学出版社,1982年,第115页。
② 胡斌武著:《教学伦理探究》,四川教育出版社,2005年,第115页。

出秩序与和谐。在现实的课堂教学实践中,不合理甚至是会产生负效能的师生交往主要表现为:

1. 交往内容单一,仅限于知识性教学,缺乏情感的交流。

2. 交往形式化、程式化,尤其是在"公开课"中,看似有问有答、有说有笑、热热闹闹,实则是教师和学生一起为听课者(如同行、领导)所做的表演。

3. 交往范围偏狭。师生交往主要固定在教师与少数优等生之间。

4. 交往主体不对等。教师按自己设计的模式和程序与学生进行交往,以自己的思维、语言代替学生的思维与语言,忽视学生内在的体验与感受。[①]

第二节   教学活动的道德意义

教学是一项求真崇善的事业。在学校教育实施的多种教育形式中,教学是严密组织起来的传授系统知识、促进学生全面发展的最基本、最有效的形式。对待教学的态度以及教学能力是一个教师师德水平和业务素质的重要体现。

一、教学是促进学生全面发展的基本途径

学生在教学活动中有着强烈的伦理追求和敏感的道德体验,他们热切希望课堂能洋溢清新的空气,学校能充满创造的活力,教师是可亲可敬的师长,学习能为他们自由发展插上翅膀。教师在教学活动中回应学生的伦理期待,在教学成长相处中和学生共同进行智慧与情感、人格与意志的激荡共振,完成铸造新人的教学理想。

(一)通过教学,对学生进行智力、伦理和审美的综合教育

"把一个人的体力、智力、情绪、伦理,各方面的因素综合起来,使他成为一个完善的人"[②]是自古以来人类追求的理想教育。教学能够有目的、有计划地进行德育、智育、体育、美育等各式的教育,促进学生在德、智、体、美等方面按预期的要求发展。不同学科的教学活动的核心就是对学生进行智力、情感、伦理和审美的综合教育。教师正是在教学过程中点燃了学生热爱知识、追求真理、陶冶情操、修身养性的热情,挖掘出学生内心对自身全面发展的渴望。

(二)在教学中激起学生的生命活力

学生正处在一生中充满活力和潜力等多方面都需要发展和具有多种发展可能的重要时期。这时最需要珍爱生命,懂得生命的整体性在青少年时期对于生命的独特价值,关键在于开发学生生命潜力的教师。能否激发学生的生命活力,取决于教师知识的多寡、能力的强弱,以及对待教学工作的态度、思想、情感状况。

在教学中要激起学生的生命活力,首先要培养学生健康、丰富的个性。其次教师要善于发现学生的长处,使其焕发出学习的热情,产生克服困难的勇气,寻得努力奋斗的

---

① 参考田汉族著:《交往教学论》,湖南师范大学出版社,2002年,第22—23页。

② 联合国教科文组织国际教育发展委员会编著,华东师范大学比较教育研究所译:《学会生存——教育世界的今天和明天》,教育科学出版社,1996年,第195页。

力量。最后,教师要有民主意识。当教师以民主的精神、开放的态度、合作的方式、宽松的环境进行教学活动时,就能使教学活动真正成为激发学生的生命活力、促进学生发展的有力手段。

(三) 通过教学完善学生的道德人格

教学的目的是育人,育人的核心是塑造道德人格。通过教学不仅要让学生系统地掌握科学文化知识,发展运用知识的能力,而且还要塑造学生的道德人格,使其超越屈从于外在物质的实用主义、功利主义的层面,追求人的自由、心灵的神圣。对教师来说,如果希望自己的学生成长为有义务感和责任心的、善良而坚定的、温存而严格的、热爱美好事物而化解丑恶行为的真正的公民,就应该在教学中真诚地教育他们,引导他们。因此,如赫尔巴特所言,教学的最高的以及最终的目的存在于德行这个概念之中[①]。

塑造学生的道德人格,一个重要手段就是要重视教师道德人格的师表作用。乌申斯基认为,只有人格才能够影响到人格发展和规定。在教学中教师的人格会对学生的心灵产生震撼力量。教师的思想感情、理想追求、言行举止、气质性格、工作态度和业务能力,对学生都具有熏陶诱导和潜移默化的影响,这种影响和体验会像种子一样在学生心中生根发芽。

二、对待教学的态度体现教师的道德水平

"师者,所以传道、授业、解惑也",也就是说教师的职责有三方面内容,即以传道为主旨,授业为效果,解惑为手段。教师通过教育教学劳动,培养全面发展的学生,为社会造就有用的人才。教师对待教学的态度与学校培养目标的实现和学生的健康成长有着密切的联系。教师严谨治学、善于钻研、勤于进取、学识渊博、热忱教学、精心施教,才能培养出优秀的学生。反之,教师若治学马虎、不思进取、敷衍塞责,必然误人子弟,在根本上损害教育事业的发展。因此,教师对待教学工作的态度是一个重要的职业道德问题。案例7-2中的那位老教师之所以仅用十五分钟的准备时间就能讲授出一节如此精彩的课,就源于日常生活中的点滴积累,他时刻都在为教学准备着。

案例 7-2

十五分钟与一辈子

苏霍姆林斯基在《给教师的一百条建议》中谈到这样一件事:区训练班的学员和区教育处视导员一起听一位老教师上课。这堂课上得非常出色,原来教师们和视导员打算在上课的过程中做一些笔记以便课后提意见,但他们都忘记做笔记,他们和学生一样,屏息坐着,听得入了迷。课后,有人问这位教师花了多少时间来备这节课。他回答说:"这节课我准备了一辈子。而且,一般地说,每堂课我都准备了一辈子。但是,直接针对这个课题的准备,也可以说是实验室的准备。则仅花了约十五分钟。"

---

① [德]赫尔巴特:《赫尔巴特文集3 教育学卷1》,李其龙、郭官义等译,浙江教育出版社,2002年,第217页。原文见《教育学讲授纲要》(1835)。

在中外教育史上，人们总是把教师对待教学劳动和科学文化知识的态度看成是教师职业道德的重要问题。捷克教育家夸美纽斯说："教师职业本身就是指一个教师孜孜不倦地提高自己，随时补充自己的知识储备量。"[①]我国古代教育家孔子认为，教师要"学而不厌"、"诲人不倦"。随着社会的发展和教育自身的变革，对教师的知识素质和教学能力的要求越来越高，对提高教学质量的呼声也越来越高。但是，由于教学工作的自身特点和教师个人道德觉悟方面的问题，目前教学工作中还有一些不尽如人意的地方：

一是教师的业务素质跟不上越来越高的教学要求。随着现代科技的突飞猛进，知识经济社会的到来，教学过程不再是传授固定化、结构化的知识的过程，而是要求有与时俱进的，拥有创造性知识的教师去开启学生的心智，帮助学生掌握探求知识的方法。但教师现有的知识素质和能力水平具有一定的滞后性。如果教师不能以教育事业的根本利益为主，克服困难，积极进取，就会因教师知识陈旧、方法单一、观念落后而影响教学质量。

二是教师自律精神有待加强。教学工作是一项艰苦而又复杂的劳动。教师从备课、上课到批改作业、课后辅导，都需要高度自律的教育良心来支撑。外界常常难以用统一的硬性指标尺度来衡量。如果教师教学责任心不强，得过且过，就会造成"课堂浪费"，降低教学质量，直接损害学生的切身利益。

三是社会的"浮躁"之风侵入校园，成为学校教学质量下降的重要原因。在新旧体制的冲突不断加剧、社会价值观多元的情况下，工具主义和实用主义已成为个别教师的主导思想，教学活动也变得浮躁起来。他们只关心眼前的现实利益，或热衷于课后的有偿家教，或者"一本教案上到老"，直接导致学校教学质量的下降。

三、做好教学工作是教师良好素质的展现

美国学者柯林·博尔曾提出教育的三本护照理论。他认为，未来的人都应掌握三本"教育护照"，即三个方面的造诣和素质准备：一本是学术性的，一本是职业性的，第三本是证明一个人的事业心和进取精神的。对教师而言，学术性的素质就是科学文化知识；职业性的素质就是某一领域的专业知识以及从事教学活动必备的知识和能力。学术性素质和职业性素质就是教师的业务素质。第三方面则是教师的思想道德素质。教师的业务素质和思想道德素质在整体素质结构中占据重要地位。这是因为，教师的业务、思想道德素质和教学活动有着直接的相关性。没有工作本领就不能做好工作，没有特定的专业素质就不可能顺利完成教学任务，尤其是专业性很强的学科教学工作。而且，课堂教学质量的好坏，学生素质发展水平的高低，在其他教学条件基本相同的情况下，最终是由教师的业务素质和思想道德素质所决定的。

知识经济社会是一个"学习型"和"知识型"经济，迫切地需要大量创造性的知识，这种知识不再仅仅是一个客观化了的、明晰化了的、"真理"化了的知识。人和知识之间的互动关系越来越密切，人在知识中的作用越来越强，人对知识的解释也会不断地扩展、

---

① ［苏］杰普莉茨卡娅编讲，华东师范大学教育系教育史教研组翻译室译：《教育史讲义》，华东师范大学出版社，1958 年，第 84 页。

升华。因此,教师本人作为一本"活"的"教科书",不仅要较为系统地掌握基本的教育规律和从事教育教学的基本技能,还必须掌握教育科研的基本理论和方法,积极投身于教育科研实践,由"教书匠"向科研型、学者型教师转变。

案例 7-3

一位"学者型"教师

著名儿童教育家李吉林老师(1938—),江苏南通人,女,1956 年毕业于南通女子师范学校。历任南通师范学校第二附属小学教师、全国小学语文教学研究会第一届副理事长、江苏省教育学会第二届副会长。特级教师。曾任江苏省情境教育研究所所长兼任中国教育学会副会长、教育部教材审定委员会审查委员、中央教科所兼职研究员等职。李吉林老师出版的专著有《训练语言与发展智力》、《关于重点的教学》、《情境教学实验与研究》、《李吉林情境教学详案精选》、《情境教学理论与实践》、《小学语文情境教学》、《情境教学——情境教育》等。她的专著、论文及散文,先后在全国获"金钥匙"奖、教育部举办的全国首届和第二届教育科学优秀成果一等奖、全国优秀教育图书一等奖、《中国教育报》优秀散文一等奖、《人民教育》征文一等奖等九项全国一等奖。"情境教育",以学生为本,为儿童发展拓宽了思维空间、想象空间、活动空间,在儿童发展创新精神、实践能力方面,具有独特的优势。

总之,现代教育理论的发展、教学内容的变化、教育技术手段的更新、评价体系的改革,赋予了教师业务素质的新内涵,更显示出其重要性和不断充实提高的必要性。提高业务素质应该成为教师胜任现代条件下的教学工作,适应教学改革需要的自觉要求。离开了具体业务,教师道德就失去了载体,没有较高的业务水平,教学就会落入"心有余而力不足"的窘境。马卡连柯曾说过:"不论你是多么亲切,你的话说得多么动听,态度多么和蔼,不论你在日常生活中和休息的时候是多么可爱,但是假如你的工作总是一事无成,总是失败,假如处处都可以看出你不通业务,假如你做出来的成绩都是废品和'一场空'——除了蔑视以外,你永远不配得到什么。这种蔑视有时是宽大的,含有讽刺;有时是暴怒的,含着无比的憎恨;有时是执拗的,含着侮辱。"[①]教师要教给学生丰富的、有用的科学知识,自己必须具有真知灼见、真才实学,有高超的教学艺术和本领。教师应该锐意进取,在实践中刻苦钻研业务,自觉投身教学改革,不断提高教学艺术,开展创造性的教学活动,坚决克服和反对那种鄙视知识、草率浮夸、不负责任、误人子弟的不良风气。

第三节　教学工作中的具体道德要求

教师的教学行为既是规范性行为,也是自主选择性行为。教师在上一节课或组织

[①] [苏]马卡连柯著,许磊然译:《马卡连柯全集》(第一卷),人民教育出版社,1958 年,第 231 页。

一次教学活动时,都要独立自主地进行设计或选择,包括确定教学内容、制定教学目标、设计教学方案、拟定教学程序、选择教学方法和对待学生的态度等。这些设计或选择虽是自主进行的,但却不是任意的。优良的教学,应该既符合科学正确性标准,又符合道德正当性标准。① 教师只有使自己拥有高尚的品德、科学的理念、优良的知识和能力修养,才能合乎优良教学的客观要求。

一、树立科学的教学责任观和师表人格,让教学成为道德的事业

教学从本质上说是一种需要有高度的责任感、使命感的活动。教师的教学责任担当是有效的、善的教学得以实现的必要条件与关键性保障。在一般意义上,教学责任是教师在教学过程中应做的分内之事,以及因做不好而承担的后果。它内在地包含着教师的教学义务和教学良心。教学责任是教师自觉意识到的教学义务,不仅包含"必须"更表达了"应该",体现了教师对专业规范的最高的自觉和理性,是外在的教学规范与个人内在的教学理想、抱负统一的形式。教学良心是教学责任发挥作用的基础,是教师行为隐蔽的却最有力量的调节器。在现实的教育实践中,教师对教学责任的认识通常局限于"上好课"、"教出好成绩"、"教会学生"等层面,将教学义务作为全部的教学责任。新的教学责任观认为,教学不仅是引导学生完成特殊认知的活动,更是激发个体潜能、提升生命价值的过程。教学目标、课程知识,只是构成教学过程的暂时性事件,相比师生间的心灵激荡,以及同伴间的观念分享等鲜活的生命历程体验来说,远不是最重要的。由此,教师真正应该做的分内之事是提升教学的自身价值,诸如教会学生学习,在教学中使人人体验快乐和成功。② 这才是成功的教师应担当的教学责任,只有这样的教学才是有效的、善的教学,才能让教学成为道德的事业。

但在现实的教学实践中,一些教师对教学的道德性没有形成自觉的意识,案例 7-4 中的那位新教师对待钢钢的做法看似认真负责,却也发人深思。每位教师在进入课堂时,都必须要意识到:教师与学生之间不仅仅是知识传授与接受的关系,更是道德关系。如雅斯贝尔斯所说:"以正确的方式传授知识和技能,其本身就已经是一种对整个人的精神教育。"③自觉的教师对教学应当时时展开"伦理上的考虑",在教学中努力完善自己的师表人格,充分彰显教学本身的教育性和道德性。

> 晓红刚刚当上教师,现在某小学担任语文教师。晓红上课非常认真,但她班上有一位叫钢钢的小朋友很喜欢上课说话,晓红管了好几次都没有效果。最后,晓红在上课时把钢钢的桌子和椅子搬到了教室的角落处,那里离其他同学很远,钢钢坐在那里,落寞了许多。④

案例 7-4

---

① 欧阳超著:《教学伦理学》,四川大学出版社,2008 年,第 31 页。
② 刘万海、李倩:《"有效教学"中教师的教学责任》,《中小学教育》,2009 年第 12 期。
③ [德]雅斯贝尔斯著,邹进译:《什么是教育》,生活·读书·新知三联书店,1991 年,第 149 页。
④ 选自李黎、吕鸿主编:《师德与教师礼仪》,高等教育出版社,2011 年,第 83 页。

二、确立科学的教学理念,拓宽教学追求新视野

教师应该具有与时代要求相一致的教学理念,并以此作为自己教学行为的基本理性支点。教学理念是指教师在理解教学工作本质的基础上形成的关于教学的观念和理性信念。有没有对自己所从事教学工作的理念,是专业教师与其他人员的重要差别,也是教师专业素养的重要体现。教学理念是影响教师成长的深层心理因素,它在教师选择教学目标和认知策略的过程中起着导向作用。可以说,教学理念决定了教师的教学行为,是教师不断成长、发展的支撑性品质。教师的教学理念具体包括教学价值观、目标观、学生观、课堂观等,其主要内容有:

第一,教学对象的主体性。教学活动的主体是复合主体,教师和学生都是这个复合主体中的重要一半。学生作为教学活动的对象,在教学中不是被动地接受"塑造",而是以主体的身份参与"塑造"自我的过程。教师与学生的双边活动或互动构成了整个的教学过程,教学的目标指向是促进每个人的全面而自由的发展。

第二,教学目标的发展性。教学活动是一种有目的、有计划的活动,其目的性和计划性在很大程度上是通过教学目标来体现的。教学目标就是预期的教学成果。传统教学目标的制定多停留在认知层面,即把系统掌握客观的、现成的、标准化的知识技能体系作为教学最重要,甚至唯一的目标。在这种"知识本位"的目标导向下,教学过程对学生的情感、态度、价值观等方面的忽视甚至遗忘就不足为怪了。现代教学目标观认为:作为人才培养的重要途径,教学的根本目标是促进学生的未来发展,知识传授并非教学的唯一任务,教学目标的设计应立足于人、服务于人的全面发展的现实需要,体现开放性和动态性。案例7-5中的那位教师显然没有按正常的或预定的语文学科教学目标去教学,把鲜活的报刊文章作为文本教材去使用,既使学生们得到了读、说、议、写的语文学习历练,在这一过程中伴随着文明行为习惯的养成又使学生道德认识得到提高。既似语文课,又似"思品"课,还似活动课,这看似"不伦不类"的课恰恰体现了"人的发展是教育教学追求的终极目标与核心"的教学目标观。

案例 7-5

2003年5月20日,《参考消息》刊登一篇标题为《反思"非典"肆虐 革除十大陋习》的文章。我一口气读完这篇文章,心里久久不能平静……便复印此文,决定第二天课堂上就用这份材料。于是课堂教学经历"读文——议文——写文——赏文"的过程,在赏文环节,那洋溢着童真的习作中竟然有两篇把批评的矛头指向了老师。面对这一课堂生成资源,在接下来的第二课教学中,我引导学生给有陋习的教师"写建议书"。在随后的"后继"学习里,变为连续近两月的系列综合实践活动:写日记,向全校写一份"告别陋习"倡议书,举办以"陋习"为主题的演讲比赛,以"文明生活在我身边"为主题,开展语文综合实践活动,制作"野生动物与传染病知多少"知识卡片等。[①]

第三,教学要求的全面性。教师在学科教学过程中要时刻不忘认知、情感、技能三

---

① 周成平主编:《新课程名师教学100条建议》,中国科学技术出版社,2005年,第67页。

个领域教学目标的达成,通过各科知识的教学,发展学生的兴趣、爱好、特长,激发学生的自尊心、自信心,形成学习信念,丰富学生精神世界。

三、形成合理的知识结构,创造教学的理想境界

适应教育的未来发展,从"三个面向"和全面实施素质教育的要求出发,教师的知识结构应具有复合性,应超越单纯的"学科知识＋教育学知识"模式,代之以全面的更符合职业需要的知识结构。教师知识的理想结构应包括三个层面:一般的、较宽广的科学和人文素养,当代重要的工具性学科的知识与技能(如外语、计算机知识与技能)构成基础层;具备一到两门所任学科的专业知识和技能是核心层;第三层面是认识教育对象、开展教育活动的教育科学知识和技能。三个层面的知识相互支撑,有机结合,它们的整合力量作用于教育实践和教师的成长,将体现为教师教育行为的科学性和艺术性,体现为教师精神生活的丰富性和发展性。显然,合理的知识结构是教师教育工作成功的保证,是创造理想教学境界的基础。

(一)教师要有扎实的学科专业知识

教师在所教学科专业上的造诣,直接影响到具体教学活动中教师对所教授的知识的组织处理水平,影响学生能力的发展和智慧的培养。教师只有精通学科专业基础知识和基本理论,才能在更深广的背景下高屋建瓴、运筹帷幄地处理教材,并运用自如地引导学生积极思维,促进学生的知识和能力、认知和情感的协调发展,从而使学生从教师那里得到比书本多得多的收获。在教学实践中常常可以发现,优秀教师在讲授过程中精彩的一点、一拨,信手拈来的实例,看似不经意,实际上这是专业知识积淀到一定厚度才会有的一种自然流露。

作为一名有造诣的教师,在专业知识上应该向纵、横两个维度拓展和延伸。横向即要掌握本专业各主要领域的知识,了解整个知识体系和各知识之间的联系,并准确地把握知识的重点、难点和关键部分,能把所要教授的知识纳入整个专业知识体系。纵向即要把握本专业的历史、现状,探求其未来的发展,因为科学和社会的迅速发展使得各专业知识增长和更新的速度加快,将不断会有新的东西进入学校课程领域,原有的一些思想、观念、概念体系也日益充实着时代内涵。教师只有注意专业的发展,才不致落伍,才能常教常新。只有学有专长的教师群体,才能培养出"合格＋特长"的学生。

(二)教师要有广博的科学文化素养

教师的专业成就与其综合素养有关。教师不仅在专业上要过得硬,还必须以较高的科学文化素养为背景来支撑其学科教学和其他教育工作,这是丰富和提升教师的教育境界、增长教师的教学智慧的重要方面。不同学科的知识是有横向联系的,善于接纳各方面知识的教师,在思维品质上往往表现出较强的迁移性和概括性,能够多侧面、多角度地提出解决问题的方法,举示出丰富的例证,进行知识的类比和移植,帮助学生理解。

教师必须具备广泛的科学文化知识,以适应教学内容的多元化和教育对象特点的需要。各科教学作为一个体系,触及的知识领域是广泛的,需要教师用平时积累的各科知识加以充实和补充,还要根据新的科学研究成果对教学内容作适当的处理和补充说明。另一方面,学生具有强烈的好奇心和求知欲,现代大众传播媒介的迅速发展更是拓

展了他们的视野,教师经常会面临学生提出的各种问题,甚至是对教师知识视野和思维能力的挑战。教师如果没有广博的科学文化知识,就难以满足学生的求知要求。

教师要保持对知识的兴趣,对信息的敏感,就要养成阅读的习惯。在教学之余,多看一些书籍,阅读报纸杂志,了解文学的、艺术的、新闻的、科学技术的甚至是生活的知识和信息,培养一种审美的眼光和情趣,对于提高教师的自身素养是很有好处的。教师如果有某一方面健康的业余爱好,如集邮、摄影、绘画、书法、音乐欣赏等,也是值得肯定的。外语和计算机是当代重要的工具性基础学科。随着教育的改革和发展,外语和计算机应成为教师新的教学基本功。教师要意识到这方面的新要求,努力掌握外语和计算机的知识和技能。

(三) 教师要掌握教育和心理科学知识

"学者未必是良师",某一学科领域内的专家未必就能够扮演好教师的角色。其中一个重要因素,就是真正出色的教师对教学要有切实的理解,应该善于运用教育和心理科学的知识和原理,以某种恰当的方式传授知识,有效地促进学生的身心发展。不懂什么是教育、如何教育人,就无法教书育人。教育实践离不开教育理论的指导和规范,教师不能没有教育理论的武装。

与教育理论的发展及其日益彰显的重要作用形成反差的是,教育理论的学习和运用并没有引起广泛的重视,相当一部分人还受着"教育理论无用论"的影响,认为教育理论"说起来重要,做起来不要","凭着感觉和经验一样可以教好书"等。这样的观点是错误的、有害的。长此以往,将影响教师教育品格的形成,阻碍教师从"经验型"向"理智型"的进步。苏霍姆林斯基认为,教师不掌握教育学知识,教育工作就会像在黑夜里走路一样;教师不懂心理学,而且在自己全部创造性的生活过程中也不去丰富自己的心理学知识,这就如同一个心脏病专科医生不了解心脏的构造,眼科医生不懂得眼睛和脑半球皮层的神经联系的最细微的机制一样。

学习和掌握教育理论,可以加深对教师教育的理解,培养教师的理论思维能力,能够对各种教育现象、教育行为做出价值判断,提高对教育教学工作的目的性和合理性的自我意识水平,在经常性的审视中使自己的教育教学工作更符合科学规范更富于艺术性。

学习和掌握教育理论,有助于教师更新教育观念。教师现代教育观念的确立,既需要感性体验,更需要正确理论的引导。比如,只有认真学习素质教育理论,才能正确全面地理解素质教育,把握素质教育的目标、内涵、实施途径和具体措施。学习主体教育理论,有助于确立以学生为主体的教学观和承认学生有无限发展潜能的学生观。不了解现代教育观念,教学改革和教师发展就失去了目标。

学习和掌握教育理论,尤其是与教育实践关联密切、操作性较强的应用理论和知识,将其以潜隐的方式渗透在教学设计、教学过程和教学机智中,有助于提高教师教学活动的质量。

四、提升教学专业能力,全面提高教学成效

教师能否把自己掌握的专业知识和技能有效地传授给学生,能否把自己的综合科学文化素养转化为对学生的教育力量,能否把教育理论学习成果变成教育的科学实践,

关键还在于教师是否具备较强的专业能力,即顺利完成教育教学任务所必需的本领。

教学专业能力是由教育教学工作的特殊要求所决定的。它是一个由若干层次的要素构成的复合体。其中,观察力、记忆力、想象力、思维力等一般能力是基础。从事教育教学工作必备的特殊能力是专业能力的主体,包括职业性的语言表达能力、组织能力、处理教学内容的能力、观察和研究学生的能力、操作教学流程的能力等。教师的专业能力水平和教育教学成效有着极为显著的相关性,因而是教师业务素质优劣最为显著的表征。

（一）教师的语言表达能力

语言表达能力是教师的主要基本功,是教育教学活动必不可少的认识媒介。教学过程作为一种"有准备的即兴发言"的活动,教师语言表达能力的强弱,直接关系到教育教学工作的成效。美国学者所罗门等人的研究成果表明,学生的知识学习同教师表述的清晰度有明显的相关性。教师最初呈现的知识和随后提供的反馈都必须表述清楚和流畅,才能促进学生对知识的理解。

对教师语言表达的要求,除了使用普通话、语言正确、语汇丰富、表达连贯、合乎学生的理解水平等一般要求外,还应达到以下几方面的要求:(1)科学性和准确性。是指要确切地使用概念,科学地进行判断,合乎逻辑地推理;能确切地表情达意,阐发得体,简洁明白,通俗易懂。(2)启发性。是指教师的语言要能配合教学进程,激起学生的积极思维,解疑释惑。只有启发性的语言,才能传导启发性的教学。(3)形象性。是指教师能够用形象的语言把教学内容勾画成鲜明的形象,有艺术性和感染力,使学生处于良好的情绪状态之中,为教学的魅力所吸引。(4)教育性和道德性。是指教师要使用文明健康的语言,力戒一切低级、庸俗、下流的污言秽语。坚决杜绝讽刺、挖苦、侮辱、鄙视性的词语出现,更不能根据学生的一些缺陷和过失给他们"封赠"带有侮辱性的绰号。要善于控制情绪,不说气话,更不能不加分辨地对全体学生进行歇斯底里式的破口谩骂。总之,教师语言是教师职业道德修养的重要体现,言语不当不仅有损教师自身的形象,还会给学生心灵带来污痕和创伤。每一个立志奉献于教育事业的教师,都应当加强课堂用语的修养,以更好地实现"传道、授业、解惑"的目的。

（二）教师把握教材的能力

深刻地理解教材、准确地把握教材、恰当地处理教材是上好课的前提,也是教师教学水平高低的重要标志。许多优秀教师甚至把深刻分析和理解教材的能力放在教师基本功的首位。

教师提高把握教材的能力应从以下几方面努力:(1)养成认真钻研教材的习惯。完成任务式的马虎了事,照搬现成教学资料的投机取巧,或满足于已有经验的浅尝辄止等做法,都不可能使教学达到应有的深度和广度。钻研教材不同于一般的理解性或鉴赏性阅读,而是一种以教学准备为目标的深透的分析性阅读,需要精细地揣摩,需要考虑教材本身之外的其他教学因素,需一而再再而三地反复推究,甚至要为几个字、一两个要领而苦苦思索,只有这样才可能真正理解和把握教材。(2)从整体性、准确性和教育性方面去把握教材。整体性就是指要了解教学大纲(课程标准)对教材内容的指导性要求,掌握教材的编写意图、编排体系,各章或各课的教学重点、难点、前后知识的联系等;

准确性就是对知识的理解要准确,不产生错误和偏颇,对重点、难点的确定要准确;教育性就是在弄懂教材本身知识的同时,深刻认识教材内容的教育意义。(3)把握教材要步步升华,先要读懂教材,小至一道题、一句话、一个字词,都要做到丝屑不遗,全部弄懂。在熟知教材的基础上,分析知识的深层意蕴和教学意义,以及内容的逻辑顺序、内在关系。在此基础上,把教材的知识领悟成教师自己的知识,把教材的语言化成教师的口头语言,在思维中完成对教材创造性的加工。(4)要善于利用相关的最新研究成果和教学资料补充教材。教科书具有相对的稳定性,其内容落后于科学和社会发展是常有的事实。教师要关注本学科发展的前沿,及时把学科的新成果补充进去,对教科书中的教学内容进行再加工和再创造,从而保证教学内容的先进性,用最先进的知识和观念武装自己、教育学生。

(三)教师的教育教学组织能力

教育教学是一个系统,教师只有把教育内容、教育对象、教育媒介和教育环境等要素有机地连贯和组织起来,才能使它们产生教育功能。教师要使教育教学活动有条理、有系统地顺利展开,必须具有较强的组织能力。其中最主要的能力有:(1)对教材的组织加工能力。教师要把教材内容转化为学生的知识、能力,必须按照科学知识的逻辑结构和学生认知过程的逻辑顺序对已有的信息进行加工处理。要认真考虑好"三路",即分析学生掌握知识最迅捷的路子、据此重组教材知识发展的路子、然后设计教学的路子。教师对教材加工处理,实际上是对教学内容的最优化处理。(2)组织课堂教学的能力。课堂教学要组织成在教师指导下指向多元目标的、学生主动的、充满情趣的学习过程。教学程序的安排,教学方法的选择,练习的穿插,多媒体课件和板书的运用都要以此为依据。课堂组织能力比较典型的体现,就是教师能有效地吸引学生的注意力,激发学习积极性,使不同知识水平、不同学习能力的学生都能参与到教学活动中,并根据课堂教学实际,灵活调整教学进程,控制好教学节奏,妥善处理偶发事件,营造良好的心理氛围,使课堂教学始终处于和谐状态。(3)组织学生集体的能力。在学生集体的组织上,教师要善于协调班内各种关系,帮助集体确立奋斗目标,组织选拔好学生干部,使每个学生的积极性和各种才能都得到调动和提高,使班级成为坚强、友爱、进取的集体。每一位任课教师都有必要参与集体组织的活动,并不断提高组织能力。

拓展阅读
7-2

教师课堂用语十忌

一、忌粗言。教师若是不注意加强自身的道德修养,在课堂教学时讲粗话,潜移默化下,学生也难有什么礼貌语言。而且,在学生心目中,教师神圣的形象必然会蒙上一层污垢。

二、忌俗言。在课堂上,教师切忌片面地、过分地追求课堂气氛热烈而大讲特讲俗言俚语。如果俗言讲得过多过滥,则让人觉得俗不可耐,不但收不到应有的效果,反而会带来不少负面的影响。

三、忌冷言。有些教师偏爱那些品学兼优的学生,歧视所谓的"双差生"。他们对"双差生"不但不热情教导和耐心辅导,反而当着他们的面冷言冷语,嘲讽有加。有些"双差生"就因受不了教师的冷言冷语而辍学。教师的这种行为,既有违师德,又会挫伤学生的自尊心,易使其破罐破摔,甚至产生对立情绪。

四、忌恶言。一些教师,由于性情暴躁,或是年轻气盛,对自己的教学水平自视甚高,容不得他人(特别是学生)批评指责。当学生提出不同的意见便恼羞成怒,继而恶言相对。这样会降低自己在学生心目中的地位,损害自己的形象,而且,今后与学生沟通的难度也会因此而加大。

五、忌无言。少数教师,心胸狭窄,对个别学生曾"有意"或"无意"顶撞自己或令自己"出丑"之旧事,往往耿耿于怀。于是采取"冷战"之态度,不理睬这些学生,上课时不提问他们,甚至在课后也不批改他们的作业,以此"惩罚"学生。其实,学生毕竟还是未成年人,教师怎能与他们斤斤计较呢!

六、忌胡言。有些教师,特别容易情绪化,往往把课堂当作个人在工作、生活中遇到不顺心、不如意之事的发泄场所,将自己的不满情绪借讲课之机发泄,更有个别教师,自以为无所不知,无所不能,感慨个人怀才不遇,进而胡言妄语。这样只会引起学生的反感。

七、忌戏言。教师在课堂上对学生讲过的话一定要算数,承诺的事情一定要尽力兑现。如确实有困难而难以兑现承诺,应主动对学生讲清楚,及时解释。否则,言出不行,何来诚信?又让学生如何遵守诺言,讲求信用?

八、忌怨言。对学生没按时完成作业,或是学校、班科任教师工作协调得不够的地方,或者是个人工作、生活上的问题,教师本人应该在课外积极想法解决,而不应在课堂上有过多怨言。不然,既会影响学生听课的情绪,又会使教师的讲课效果大打折扣。

九、忌秽言。教师若是不注意加强自身的道德修养,有时候,哪怕是一句秽言,恐怕也会让学生大为惊讶——原来老师也讲秽言啊! 也许,在他们幼小纯洁的心灵中,教师神圣的形象会就此倒塌。

十、忌赘言。课堂教学用语,特别强调简明扼要,清楚明白。如果教师习惯重复啰嗦,不仅浪费时间,也让人生厌。[1]

第四节　我国新基础教育课程改革的价值追求

课程改革是我国当前基础教育改革的核心内容,这是一项关系数亿人、几代人生命质量的宏大工程。任何类型的课程改革都或隐或显地传递并体现着改革者特定的价值追求,这是比技术完善更为根本的东西。教师是课程改革的具体实施者,是新课程的建设者和开发者。新基础教育课程改革既要改变千百万教师每天都在进行着的习以为常的教学方式和教学行为,还要改变他们头脑中固有的教育观念,其艰难性是不言而喻的。因此,让全体教师了解并掌握新基础教育课程改革的价值追求,力争成为新课改的

---

[1] 关国强:《教师课堂用语十忌》,《教学与管理》,2003 年第 13 期。

积极参与者与推动者,这既是课程改革取得成功的重要保障,也是新时期教师职业道德的必然要求。

一、课程与课程价值

课程概念的界定是教育领域里最复杂的现象之一,美国学者斯考特(Scotter,R. D. V)认为:"课程是一个用得最普遍但却定义最差的教育术语。"[①]在英语世界中,"课程"一词最早出现在英国教育家斯宾塞(H. Spencer)《什么知识最有价值?》(1859 年)一文中,意为"跑道(race-course)",它是从拉丁语"currere"一词派生出来的。对"跑道"的理解,如果重点放在"道"上,我们可以把课程解释为学科或教育内容;如果重点放在"跑"上,则主要为经历或体验。因此,完整的课程既包括各级各类学校为了实现培养目标而开设的学科及其内容、范围等文本的总和,又包括主体获取、占有这些文本的经历和体验。文本是外在于主体的客观实在的东西,只有纳入到主体的经历或体验的视野中去,才能真正成为其自身不可分割的一部分,课程才真正存在。因此,前者是课程赖以存在的物质载体,后者是课程生命力的依托。这二者的有机结合才是人们孜孜以求的理想课程。

课程作为教育的下位概念,无论是在理论探究层面,还是在实践操作层面,其指导思想和价值取向都必然要受制于教育的理念与逻辑。因此,与教育价值相适应,个体与社会也是课程价值关系的主体,课程价值就是课程对个体(教师与学生)和社会发展的意义,是个体价值和社会价值的有机统一。当价值被主体所选定、假设或期待时,价值就成为主体的取向。课程价值取向实际就是主体在特定价值观的支配下,对课程价值的有意识地选择和取舍。它是主体作为目标或期望来追求的课程价值,反映了主体对课程这一客观事物及自己需求和利益的认识水平。

二、我国传统基础教育课程价值取向解读

新基础教育课程改革是对传统课程价值取向进行理性反思的结果。因此,通过对我国基础教育课程建设的历史回顾,解读并分析以往基础教育课程价值取向的得与失,对于我们深刻理解和把握新课改的价值追求是大有裨益的。

建国以来,在此次课程改革之前,我国曾先后进行过七次课程改革。虽然历次改革在课程内容、课程管理、课程结构等方面都较以前有一定的进展,但从课程价值理念的层面来看,在价值主体的选择上,传统基础教育课程一直是以社会为指向和核心的,目的是培养社会所需的人才。如 1992 年颁布的国家义务教育课程计划的指导思想是"课程设置要体现教育应以经济建设为中心、为社会主义建设服务的原则"、"为社会主义建设培养各级各类人才奠定基础"。[②] 尽管我们也强调课程"设计必须面向全体学生,注重全面打好基础,同时也要充分体现因材施教的原则,促进学生个性的健康发展"[③],但

① Scotter,R. D. V and others, Foundations of Education, Social Perspective, 1979, p.272.

② 国家教委基教司编:《九年义务教育课程计划(试行)学习指导》,人民教育出版社,1992 年,第 121 页。

③ 同上书,第 22 页。

这些是依附于课程的社会价值而存在的。以这种价值取向为指导,各门学科都将诠释自己与政治经济的关系作为主要的甚至是唯一的任务,忽略、代替甚至放弃了对自身规律的探索和思考。当然,强调课程为社会政治经济服务是合情合理的,但问题过于片面。当我们把这种价值追求推向极端的时候,就不可避免地造成了课程个体价值的迷失。

就学生而言,传统课程使我国的中小学生在基础教育阶段掌握了较为扎实的基础知识和基本技能(即"双基"),在系统传授科学文化知识、提高学生的理性认知能力方面作出了积极的贡献。例如,在数学教育上,我们在使学生深刻理解数学基础知识、牢固掌握数学基本技能、提高学生运算能力、思维能力和空间想象能力等方面都有非常成功的经验。我国中学生在国际数学奥林匹克竞赛中连年取得佳绩,在国际数学教育水平测试中名列前茅。但是,在这些成绩的背后我们所看到的是:繁琐而庞大的知识体系使课程内容过于艰深、抽象,沉重的课业负担架空了学生的全面发展;过分注重推理能力的训练和理智的培养,使精神形态的目标和内容难以在课程中得到充分反映,导致学生的精神世界残缺不全;课程规划和设计着眼于为学生的未来生活做准备,对其当下的现实生活置若罔闻,这种缺乏生活意义和生命体验的课程充斥着单调、枯燥和乏味,致使学生普遍缺乏学习的内在动力,学习成了一项束缚身心的"苦役"。

就教师而言,我国基础教育课程研发体制一直沿袭中央集权制的模式,课程决策、课程设计和评价由政府和课程专家控制与操作,实行"上所定,下所行"的研究思路,位于教学第一线的教师被排除在课程开发之外,其权利仅仅局限在"怎样教"这样的技术性环节上,主要"承担技术人员的角色(teacher as technician),是用别人设计好的课程达到别人设计好的目标的知识传授者,是手段——目的的中介人"。无条件地完全执行指令性的课程计划,致使教师的工作方式变得过于依赖和顺从,其独立批判和创造精神逐渐萎缩,自我发展的意识十分淡薄,即使是在专业知识的发展上也不尽如人意。

尽管传统基础教育课程一直致力于满足社会发展的需要,但"人和社会是个永动的齿轮",只有在相互咬合中才能向前发展。课程对个体的疏离必然会影响其社会价值的实现,最终的结果是既阻碍了个体生活的幸福与圆满,又不能让社会持续健全地发展。

三、新基础教育课程改革的价值追求

新基础教育课程改革是对传统课程价值理念进行审慎分析的结果,它旨在构建一个培养具有现代意识和创造才能、有良好的个性修养和健全的心理品质、感情丰富、充满人性的"现代化的未来人"的基础教育课程体系。它不是对原有课程体系的细枝末节的修补,而是涉及课程目标、课程结构、课程内容、课程实施、课程管理、课程评价等诸多层面的变革,其广度和深度在我国历史上是前所未有的,是一个由课程改革所牵动的整个基础教育的全面改革。

课程价值理念的更新是此次课程改革取得突破的先决条件。课程价值理念的转向并不是主体纯粹的心灵创造,而是一种带有时代印记的自觉的历史的选择。人们只能在社会历史所提供的条件下考虑并提出自己对课程的价值需求。当今社会已经进入了一个以人为中心的发展时代,人自身的发展受到了前所未有的关注。因此,"人的回归"

是我国新基础教育课程改革在价值追求上最显著的变革。这种转变不是巧合或偶然，而是时代发展对基础教育提出的必然要求。但是，关照人并不意味着对社会发展需求的忽视。"为了每一个学生的发展，为了中华民族的振兴"是此次课程改革的响亮口号。在个体与社会的动态平衡中，以个体为核心，谋求受教育者的全面和谐发展，这才是新基础教育课程改革价值追求的完整表述。

(一) 课程目标的根本转型——生命整体性的确认

课程目标是课程的第一要素，也是课程改革的基础和首要问题，指的是特定阶段的学校课程所要达到的预期结果。课程目标本身就是一种价值体系，它反映了社会政治、经济、科技文化等对学校课程的客观要求，是对学生身心发展目标和方向的规定，实际上是国家的价值宣言。课程目标是丰富的、全面的、生气勃勃的，培育出来的学生就有可能拥有广博的精神世界、美好高尚的修养和情操；而贫乏、狭隘的课程目标只能使学生的未来发展带上畸形、片面的色彩。

我国基础教育课程目标长期指向单一的认知领域。我们所关注的是学习者是否掌握了知识，掌握了多少知识，怎样使他们尽可能快、尽可能多地记住知识等，而学习知识的方法、不同学习方法的价值以及"学习的生涯"是否快乐幸福则居于次要的地位。它们是服从于知识的学习的，或者说只是知识与技能学习过程中的"副产品"。至于学生的情感需要、学习态度的养成则极少考虑，价值观的培养更是失落的一环。案例7-6中的数据表明，传统教材中存在着明显的性别偏见。学生在学习显著性课程知识的同时，"自觉地"接受感染和暗示，并对其进行模仿，潜移默化中使部分女性学生丧失了远大的志向。因此，传统基础教育课程不仅不能使学生形成正确的价值观念，反而是一种"误导"。

案例 7-6

教科书中的性别

1995年至1996年人民出版社新版的小学语文课文分配给男女两性扮演主角的数量，男性为女性的4.3倍。写中外革命领袖的课文有32篇，只有宋庆龄和邓颖超两位女性；写中外文学家和艺术家的课文有14篇，只有海伦·凯勒一位女性；以古今中外科学家、工程技术专家为主的课文有11篇，没有一位女性；以历史上著名人物为主角的课文有6篇，也没有一位女性。在出现女性的课文中，她们经常扮演的是无知、低能的角色，而男性则是知识丰富渊博、能力高强的象征。①

学生是一个完整的生命体。任何一种活动他都是以一个完整生命体的方式参与和投入的，而不只是局部的、孤立的某一方面的参与和投入。诚如美国教育家、心理学家罗杰斯(Carl Ransom Rogers)曾诙谐地指出的那样："儿童的教育完全不纯粹是颈部以

① 佐斌：《小学语文课文内容的社会心理思考》，《教育研究与实验》，1998年第2期。

上的教育,而是一种全身心的活动。"要想让学生个体真实地成长起来,课程目标就要顾及到生命整体的各个层次和各个方面。而传统课程目标把认知从整体的生命活动中抽象、隔离出来,把完整的生命体当作认知体来对待,由此造成的必然是学生发展的片面和畸形。

《基础教育课程改革纲要(试行)》中明确指出,要"改变课程过于注重知识传授的倾向,强调形成积极主动的学习态度,使获得知识与技能的过程成为学生学会学习和形成正确价值观的过程"。在这里,知识与技能、过程与方法、情感态度与价值观共同构成了新课程目标的三个层次,其范围涉及一个完整个体发展的三个领域。基础知识的掌握和基本技能的养成是基础学历的核心,是学生适应社会、开展终身学习的基础。这不仅对学生个体的发展至关重要,而且对一个民族的发展也意义重大。因此,让学生掌握基础知识、基本技能应该是基础教育阶段学校课程的基本目标。但是,作为结果的知识和技能是不断发展更新的,更重要的是让学生在探究和体验的学习过程中,掌握获取知识和技能的方法。新课程强调要使获得知识与技能的过程成为学生学会学习的过程。"情感态度与价值观"是人的精神领域的重要组成部分,课程目标对"情感态度与价值观"的重视充分体现了新课程对人的深层次的关怀,极大地拓展了原有课程目标的阈限。

在新课程目标的三个层次中,"知识与技能"是可以结果化的显性的课程目标,指向人的认知和理性的发展;"过程与方法"、"情感态度与价值观"是无须结果化或难以结果化的隐性的课程目标,指向人的非理性的精神领域,旨在培养完善的人格。这两者的结合实现了我国课程目标的根本转型。它意味着学习的过程是学生个体完整生命的投入过程。在这个过程中,他不仅要经受认知的挑战,获得理智上的满足,还要形成正确的态度和价值观,从而在情感和心灵的丰腴中获得精神的体验。

(二)课程结构的均衡性、综合性和选择性——面向全体学生的全面和谐发展

课程结构是课程目标得以体现并最终实现的重要方式与途径,指的是在学校课程的设计与开发过程中将所有课程类型或具体科目组织在一起形成的课程体系的结构形态。课程结构的设计影响着学生的发展机会、发展程度和最终的发展状况,它以"缄默"的方式预设着学生在教育中的生活方式和生命历程。[1] 课程结构的调整实质上就是重新认识和确立各种课程类型以及具体科目在学校课程体系中的价值、地位、作用和相互关系。新基础教育课程改革着眼于全体学生的和谐发展,强调课程结构的均衡性、综合性和选择性。

课程结构的"均衡性"是依据全面发展的理论和素质教育的精神而提出来的,即我们要培养的是德智体全面、和谐、均衡发展的人,或者说,我们需要培养的是"全人"或"一个完整的人",而不是培养只得到某一方面发展的人。[2] 这样的目标不是哪一种课程类型或哪一个具体科目所能单独承担的,不同类型的课程以及具体科目对学生的发

① 郭元祥著:《生活与教育——回归生活世界的基础教育论纲》,华中师范大学出版社,2002年,第20页。
② 钟启泉等:《为了每一个学生的发展——新世纪中国基础教育课程改革刍议》,《全球教育展望》,2001年第2期。

展都具有各不相同的价值。面向全体学生全面发展的课程体系在课程结构上应当使各种课程类型以及具体科目之间能够保持一种恰当、合理的比重。传统课程结构在课程类型上是学科课程居于绝对的主导地位,课程门类繁多,且各具体学科课时比例的分配也缺乏科学性和合理性。新的基础教育课程试图要建立起一个由学科课程与活动课程、分科课程与综合课程、必修课程与选修课程、显性课程与隐性课程、自然科学课程与人文科学课程等各种不同类型的课程构成的完整互补的课程结构体系。新课程在义务教育阶段九年一贯整体设置课程门类,由低年级到高年级逐渐增加。同时,为了改变长期以来我国基础教育课程结构中语文和数学等优势科目比重过大,从而造成了学校课程体系中科目结构失衡的状况,新的课程计划分别将语文所占的比重由原来的24%(1992年)降至20%—22%,将数学所占的比重由原来的16%(1992年)降至13%—15%。将下调后积累下来的时间分配给其他科目,这就使每一门科目都有了发挥"育人"价值的余地和空间。

课程结构的综合性是对传统课程结构分科绝对化、极端化的否定。分科主义课程体系所追求的是让学生掌握不同门类的理论知识及其系统,它的出现曾经是课程发展史上的一大进步。但20世纪以来,知识呈几何级数增长,今天的中小学生需要学习的内容的广度和深度都是前所未有的,但学习时间是个常数。如果我们还是固守着原有的分科课程体系的话,基础教育课程要在有限的时间内让学生掌握大量类型多样而且最有价值的基本知识的任务,几乎无法完成。因此,要解决知识增长的无限性和学生学习时间的有限性之间的矛盾,就必须向综合化的方向发展。而且,分科过细不仅造成各学科之间的相互隔膜和相互封闭,而且把一个原本完整统一的世界弄的"支离破碎"。分科课程不仅使学生接受了各自分离的知识体系,而且使学生的思维也带有很强的定势,习惯于从各种学科的特定角度出发去提出问题和观察思考。但人类面临的各种困扰却总是综合的,几乎没有哪一个是能够凭借一门或两门科学给予解决的。它需要多种科学的联合与协作,需要超越于各门学科的视野和思路。因此,将分科极端化、固定化会造成人们解决这些问题的阻力和障碍,无助于整个人类社会的生存和发展。

当时代要求人与其生活于其中的世界和谐共生的时候,当时代要求人格整体发展的时候,课程综合化就成为必然。但分科和综合是完整课程结构不可分割的两个方面,它们各有其独立的价值和自身存在的依据。几乎没有一边倒的分科课程体系或是综合课程体系,而总是"你中有我、我中有你"。因此,新课程根据不同年级学生发展的特点,小学以综合为主,初中实行分科与综合相结合,高中则以分科为主。案例7-7显示,在新的基础教育课程结构中,作为新生事物的综合课程已经成为学校课程体系中的重要组成部分。通过这些综合课程的学习,学生的收益和发展也必将是综合的。

案例 7-7　　　三至九年级设置的科学课是我国首次将自然科学作为一个整体为中小学生设计的国家课程,涵盖了分科课程中物理、化学、生物和自然地理的内容,旨在从学生的生活经验出发,体验科学探究的过程,学习科学方法,发展科学精神;一至九年级设置的艺术课,包括原来的音乐、美术两门课内容,引导学生体验、感受多种艺术,提高审美情趣。而且自小学三年级开始设置综合实践活动课为必修课,内容包括信息技术教育、研究性学习、社区服务与社会实践以及劳动技术教育等。它是一种基于学生的直接经验,密切联系学生自身生活和社会生活,体现对知识的综合运用的课程形态。它把学生的兴趣、爱好、需要、动机等置于课程开发和实施的核心。在综合实践活动课中,通过认识、体验、发现、探究、操作等多种学习和活动方式,使学生个体的认识倾向、社会态度、价值观念、行为规范、思维方式、感情世界等都可以在较为宽松、自由的情景中得到充分地锻炼和展示的机会,发展其实践能力、对知识的综合运用能力和创新能力,形成对自然、社会、自我之间的内在联系的整体认识,进而形成良好的个性品质。

课程结构的选择性是教育民主化、个性化的必然要求,它是针对地方、学校与学生的差异提出来的。在传统基础教育课程结构中,国家课程居于主导地位。尽管我们在1992年义务教育课程计划中已经提出开设地方课程的要求,但它在整个课程结构中所占的比例是极小的。"五·四"学制九年中安排地方课程966课时,占课时总量的9.3%;"六·三"学制九年中安排地方课程704课时,占课时总量的6.9%。用统一的要求和标准来规范全国各地,很难适应普遍存在的地方差异,也很难适应不同类型学校和学生个体的差异,其结果必然是束缚地方、教师和学生,以及参与课程决策和自主开发课程的积极性和创造性的。新课程倡导课程结构的选择性就是要使学校课程以充分的灵活性适应于地方社会发展的现实需要,以显著的特色适应于学校的办学宗旨和方向,以选择性适应于学生的个性发展。[①] 为此,在新的基础教育课程结构中,适当减少了国家课程在学校课程体系中所占的比重,将10%—12%的课时量给予了地方课程和校本课程的开发与实施,从而形成了国家课程、地方课程和校本课程三级课程并行的类型结构。国家课程是由国家决定,在全国范围内实施的课程。它是整个基础教育课程体系中的主体部分,关注的是对学生发展的统一要求。地方课程是一种为突出地方特色与地方文化,满足本地发展需要而设置的课程,具有区域性、本土性的特点。校本课程是由学校自行决定的,以满足学生和学校发展需要为目的的课程,侧重于学生的兴趣和学校特色。它是由学校教师负责承担的,是"促进学校拥有真正自主权"的重要体现。由学校自主开设的校本课程与国家课程同样在基础教育课程结构中占据一席之地,自建国以来,这是头一回。它极大地调动了学校和广大教师参与课程改革的积极性。

(三) 课程内容的生活化——向学生生活世界靠拢

课程内容指各门学科中特定的事实、观点、原理和问题,以及处理它们的方式。[②] 在课程编制的过程中,课程内容的选择和组织是一项最基本的工作,也是许多课程问题

---

① 钟启泉等主编:《为了中华民族的复兴,为了每位学生的发展——〈基础教育课程改革纲要(试行)〉解读》,华东师范大学出版社,2001年,第67页。

② 施良方著:《课程理论——课程的基础、原理和问题》,人民出版社,1996年,第74页。

的集结点。

从根本上来说,任何课程内容都源于生活,并存在于我们每个人的生活周围。人们生活中的许多问题都可以抽象转化为课程中的知识内容或某一学科的理论问题,或者说课程内容中的很多知识、原理、规则都可以在生活中找到原型。因此,课程内容不应该是单一的、理论化、体系化的书本知识,而要面向学生的真实的生活情境,给学生呈现人类群体的生活经验,并把它纳入到学生的生活世界中加以组织,给学生提供接触生活和解决生活中各种实际问题的必要空间。只有以"生活世界"作为课程内容的背景和来源,课程才真正能够成为沟通学生的现实生活和可能性生活的桥梁。但是,传统基础教育课程却恰恰将书本知识当成了课程内容的唯一,与学生丰富的世俗生活相脱节。

书本知识是从生动丰富、多彩多姿的生活世界中抽象概括出来的前人认识成果的精华。通过学习这样的内容,受教育者的知识和思想可以突破个人生活经验的狭隘范畴,在时间上,超越个体生命的周期;在空间上,超越个体生活的地理限制,从而得以在短短数年内走过人类几百、上千年的艰难求知之路,并为进一步深造打下了基础。但是,书本知识一旦确定即具有相对的稳定性,这使得课程内容极易落后于社会的发展和时代的需求。例如,在语文教材中,古汉语部分仍然占有相当大的比例,而反映人类社会和我国所面临的一些重大问题等内容的课文实在太少(如和平、人口、能源、环保、民主、法律、交通、信息、宗教等)。学生希望学习过程中能够回馈现实生活,但陈旧的课程内容无法满足他们的要求。另外,书本知识是运用科学的逻辑系统地组织起来的,它往往忽视学生的认知规律和身心发展的特点,远离学生的兴趣和需要。又由于缺乏直接经验的支持,相当一部分学生在对课程内容的理解上存在困难。这不仅极大地增加了学生的课业负担,而且使他们学习的热情和信心不断受到打击和摧残,原有的好奇心和求知欲逐渐减弱。除了少量的升学者,大批学生将带着几个抽象的公式符号,在毫无生活能力和生存本领的情况下走向社会。正是这种"非人性化"的知识使学生开始冷淡和疏远学校,最终远离书本甚至"反书本",这是教育的悲哀。

为了从根本上扭转传统基础教育课程内容过于注重书本知识的现状,新一轮的课程改革倡导课程内容的生活化,向学生的生活世界靠拢。通过生活、来自生活的课程才是给人印象最深刻、理解最容易也最具有吸引力的课程。当然,课程内容以学生现实生活为基础并不是对现实生活的简单翻版,它是高于生活的,是对学生现实生活的锤炼。以数学课程为例,数学新课程立足从学生的生活经验和已有的知识体验开始,从直观的和容易引起想象的问题出发,让数学背景含在学生熟悉的事物和具体情景之中并与学生已经了解或学习过的数学知识相关联,特别是与学生生活中积累的常识性知识和那些学生已经具有的、但未经训练或不那么严格的数学知识体系相关联。这使学生在数学世界里有可供他们尝试的空间,从而更好地帮助学生认识自然和人类社会,更好地适应日常生活。

吴正宪的一节
数学课

案例 7-8

在学习"生活中的数据"一节时,教师让学生统计一个调查表,记录自己家庭一周内每天丢弃的塑料袋数量、一年内丢弃的塑料袋的数量。让学生计算,如果将全班同学的家庭在一周内丢弃的塑料袋全部铺开,大约占有多大面积?可以铺满一间教室吗? 这样的数学学习既贴近学生的生活,又增强了数学的适应性。使数学教育从过去的尖子生教育转向面向全体学生的大众教育,真正体现了"mathematics for all"(数学为大众)的理念。

(四) 课程实施的人性化——关注师生共同的生命历程

课程实施是一个将课程计划付诸实践的过程,是实现预期课程理想的手段。课程改革的核心环节是课程实施,而课程实施的基本途径是课堂教学。因此,当课程方案一确定,课堂教学改革就成了课程改革的重头戏。课堂教学是师生人生中一段重要的生命经历,是他们生命的有意义的构成部分。对于学生而言,课堂教学是其学校生活的最基本构成,它的质量直接影响学生当下及今后的多方面发展和成长。对于教师而言,课堂教学是其职业生活的最基本构成,它的质量直接影响教师对职业的感受与态度、专业水平的发展和生命价值的体现。总之,课堂教学对于参与者具有个体生命的价值。[1] 在课堂教学中,师生关系的建构、教学方法与学习方式的选择、教学内容的处理以及教学组织形式的设计都与个体的发展有着密切的联系。

1. 师生关系:由两个互不相干的"孤独者"到平等的参与和对话

师生关系是人与人的关系,其本身就具有伦理或道德的意义。它是课堂教学中影响学生精神生活的最重要的人际关系。在传统的课程体系下,我国长期以来形成的是一种有着尊卑差异的不平等的师生关系。教师不仅是教学过程的控制者、教学活动的组织者、教学内容的制定者和学生学习成绩的评判者,而且是绝对的权威。在教师面前,学生"只不过是未成熟而有待于成熟的人;是知识浅薄而有待于加深的人;他的经验狭隘而有待于扩大。他的本分是被动的容纳或接受。当他是驯良的服从的时候,他的职责便完成了"[2]。教师已经习惯于根据自己的思路将学生进行"格式化"。在课堂上,师生之间的交流仅仅是知识和技能,较少有情感的沟通。师生双方都不是作为一个完整的精神个体而相遇。新课程强调,教学过程是"师生交往、共同发展的互动过程"。这意味着课堂中不允许有旁观者,教师和学生都没有缺席的权利。学生作为课程实施的另一个重要的维度,与教师在人格上是平等的,他们是言说的主体,而非沉默的他者。他们与教师是能够进行对话与沟通的"我—你"。[3] 因此,教师将由居高临下的权威转向"平等中的首席"(first among equals)——是师生共生共存、共同建构过程中居于"首席地位的人",他更多的是以指导者和协调者的身份出现的。在这里,师生双方不再是两个互不相干的"孤独者",平等的参与和对话既消除了师生之间的心理紧张气氛,又拓展了彼此精神生活的空间。和谐融洽的师生关系使孩子们在一种愉悦、放松的精神状

---

① 叶澜:《让课堂焕发出生命活力——论中小学教学改革的深化》,《教育研究》,1997 年第 9 期。
② 赵祥麟、王承绪编译:《杜威教育论著选》,华东师范大学出版社,1981 年,第 79 页。
③ 代建军:《课程运作中的教师权利》,《教育理论与实践》,2001 年第 6 期。

态下学习,他们敢于质疑、敢于争论,个性化的思维、情趣、爱好、特点有了张扬的空间,自我满足得以实现。

2. 教学方法:由教师"独唱"到师生"合唱"

教学方法是在教学过程中,教师和学生为实现教学目的、完成教学任务而采取的教与学的相互作用的活动方式的总称。[①] 自有课程以来,教师讲、学生听就是教师最容易采用的教学方式。课堂成了教师的"讲堂",学生如同"沉默的羔羊",很少有提问和异议。传统教学方式所培养出来的学生总是长于记忆而拙于发现,长于应试而拙于实践,乐于接受现成结论而不会质疑,只知被动完成老师下达的学习任务而不知主动地学习,创新精神和实践能力根本无从谈起。古罗马教育家普鲁塔克曾经说过:"学生的头脑不是用来填充知识的容器,而是用来点燃的火种。"要点燃这个火种必须从根本上突破原有的教学方式。新课程强调,课堂不是教师单极表演和学生被动静听的场所,而应该成为师生间进行交往、对话、沟通和探究学问的互动舞台。教师不仅仅是好的讲解人,更是学生学习的合作者、引导者和参与者,是学生创造力的激发者和学生潜能的唤醒者。作为平等中的"首席",教师的作用"从外在于这一情景转化为与这一情景并存",他要主动倾听学生的内心世界,积极地与学生的想法"共舞",使师生之间形成一个真正的"学习共同体"(learning community)。在课改实验区,教师教学方法的改变使课堂发生了明显的变化,师生互动多了,学生活动的机会也多了。"你再想想!""让我们来帮助他!"这些鼓励性的语言在课堂上频频出现。新课程让我们的课堂变得更加温馨而富有"人情味"。

3. 学习方式:由被动接受到主动求索

发展不是外部的追求,而是主体内部呈现出的自发的主动的运动状态。因此,培养学生的主体性,使其具有自我发现课题、自我学习、自我思考、自我判断和行动的资质与能力是课程实施的重要目的之一。而学生主体性的形成主要依赖于学习方式的变革。接受学习是传统课程规定的,学生的基本学习方式,长期处于这种被动的接受地位使学生的主体性被逐渐消蚀。为了改变这种状况,新课程倡导自主式、探究式、合作式的学习方式。

自主式学习就是让学生参与学习目标、学习进度的制定,在一个有内在动力支持和情感投入的过程中获得积极的学习体验。它是一种把学习的主动权交给学生的高品质的学习方式,是促进学生自主发展的重要途径。所有能够有效地促进学生发展的学习都一定是自主式学习。喜好探究是每个学生的天性。正如苏霍姆林斯基所言:"在人的心灵深处,都有一种根深蒂固的需要,这就是希望感到自己是一个发现者、研究者、探索者,而在儿童的精神世界中,这种需要特别强烈。"[②]探究性学习是根植于儿童的本性并面向全体学生的。它尊重每一个学生的独特人格和具体生活,尊重每一个学生在探究中涌现出的奇思妙想,力求把学生生命中探索的欲望燃烧起来,创造的潜能开发出来,让他们拥有一个充满信心、勇于开拓的积极人生。合作式学习就是通过分组活动形式,

---

① 袁振国主编:《中国教育政策评论(2001)》,教育科学出版社,2001年,第150页。
② [苏]苏霍姆林斯基著,杜殿坤编译:《给教师的建议》,教育科学出版社,1984年,第59页。

让每一个学习者平等参与学习过程,在合作互动中发现知识、发展智慧、获得探究能力、养成主体精神的一种学习实践形式。在合作学习的过程中,由于有学习者的积极参与,使教学过程不仅仅是一个认知过程,同时还是一个交往的过程。随着学生之间不同程度的交往和互相配合、互相帮助,集体的荣誉感、责任感、领导意识以及与他人的交际能力、合作能力、平等意识都会悄无声息地得到增强。这些品质在教材中并没有明显的要求,在考试中也不会涉及,但却是现代社会所必需的基本素质。

4. 教学内容的处理:从"教案剧"到"创造剧"

传统课堂将教材当成教学内容的全部,教师对教材和教学参考书的依赖程度很高。在选择教学内容时,他们都倾向于和教材上所呈现的内容范围和结构保持一致。几乎所有的教师在教学计划中选用的例题完全是教材上的,这些例题在课堂教学中呈现的次序也基本不变。为了把教材讲深讲透,他们把教材中的每一篇文章,每一个知识点,都掰开揉碎,繁说细讲,生怕有半点遗漏。在这种僵化的模式中,曾经撼动人的心灵的那些智慧经过长时间的无智慧的解释已经磨损、变质。诚如雅斯贝尔斯所言,"知识由于被合理化地处理到让一切浅薄的理解力均能接受的程度而贫困化了"。"于是,我们见到这样的景象:'死'的教案成了'看不见的手',支配、牵动着'活'的教师与学生,让他们围绕着它转。课堂成了'教案剧'出演的'舞台',教师是主角,好学生是配角中的'主角',大多数学生只是不起眼的'群众演员',很多情况下只是'观众'与'听众'"①。师生宛如被针钉住的蝴蝶,被牢牢地束缚在教材上。事实上,"教材无非是个例子",而不是课堂内容的全部。在课堂教学内容的处理上,新课程认为,教师不是课程的被动执行者,而是课程的积极促进者和开发者,鼓励教师凭借自己的学识、经验和个性来分析处理教材。新教材不配备教师专用的教辅书,也没有准确的答案。每一位教师都面临挑战。他们必须别具匠心地"肢解"教材,"重组"教学内容,努力创设情景让学生与知识牵手。要利用教材唤起学生的表达欲望,放飞他们想象的翅膀,给予他们自由表达的空间,还学生一个美丽、新奇、富有童真和灵性的世界。

5. 教学组织形式:由"整齐划一"到"像生活一样的自然"

在教学组织形式上,传统课堂采用的是"插秧式",追求整齐划一:上课双手背后,发言先举手,作业要按规定格式写,这众多的规矩和要求在某种程度上只是训练学生的盲目依从性,降低他们对生活的敏感性和自信心,剥夺了学生作为学习主体的地位和权利。在这种氛围中长大的儿童"死气沉沉、朝气不足、暮气有余",他们所理解的责任就是听话,满足成人的所有要求。尽管"没有规矩,不成方圆",可"假如管教到了极度严酷的地步,也可以治好目前任性的毛病,但是接着来的将是更恶劣的更危险的、心情颓废的毛病,那时,你便算是用一个放荡不羁的青年,换来了一个心神沮丧的家伙"②。新课程似一股清新的风,给我们带来了一个充满人性的课堂。在这里,教师不再追求课堂的绝对安静和学生的绝对服从,学生的座位也可根据需要安排成不同的形式。在江苏无锡市锡山区巴士中心小学一年级《有趣的拼搭》数学课上,学生没有课桌、书本,只有地

---

① 叶澜:《让课堂焕发出生命活力——论中小学教学改革的深化》,《教育研究》,1997 年第 9 期。
② [英]约翰·洛克著,杨汉麟译:《教育漫话》,人民教育出版社,1985 年,第 53 页。

毯与积木,他们分成小组,互相商量,彼此协助,利用各种形状不同的积木,拼呀、搭呀、不一会儿,形状各异的图形出现在孩子们手中,在无比宽松、愉悦的情景中,获取了数学的拼搭知识。教学成了一个像生活一样自然的过程。

(五) 课程评价的发展性、全面性和过程性——"以人为本"的评价观

从本质上说,评价(evaluate)是一种价值判断的活动,是对客体满足主体需要程度的判断。课程评价是教育评价的重要组成部分,它是在系统调查与描述的基础上对学校课程满足社会与个体需要的程度做出判断的活动,是对学校课程现实的(已经取得的)或潜在的(还未取得的但有可能取得的)价值做出判断,以期不断完善课程、使课程价值增值的过程。

从理论上讲,一个完整的课程评价至少应该包括三个方面的内容,即课程编制(内容的选择、组织、实施等)的评价、学生学业成绩的评价、课程决策与管理成效的评价。但是,我国传统的课程评价对象在实际操作上已经局限化为学生的学业成绩。至于课程中那些具有丰富意义和教育价值但却不易量化的内容以及学生学习的动机、态度、坚毅力、兴趣等无形之中都被排除了。而对学生学业成绩的评价又以中考和高考成绩的评价为主。因此,在传统基础教育课程体系中,与考试有关的"智育"课程备受重视,而与德育、体育、美育和劳动教育有关的课程则无一例外地受到排挤。为了追求考试的高分,学生们活跃的思维、追求真理的强烈的欲望,被禁锢在"标准答案"之中。于是,兴趣、爱好、想象、创造、能力等统统成了对现成的固定的"标准答案"的追逐。多少创造的灵感就在对"标准答案"的过分拘泥中默默夭折了。而且,分数不仅在衡量着学生,也在衡量着教师。"不管白猫黑猫,抓出分来就是好猫",这种不公平的评价使分数成了教师全部工作的轴心。许多学校将升学率与教师的职称评定、年终考核、住房分配等直接挂钩,这种利益的驱动又人为地加重了教师之间的竞争,迫使广大教师对工作投入更多的时间和精力,处于高负荷运转之中。"两眼一睁,忙到熄灯"是许多中小学教师生活的真实写照。繁重的教学任务、过大的升学压力和超负荷的工作量导致教师的心理空间严重扭曲。

毫无疑问,以考试作为课程评价的唯一手段、把学生的学业成绩当成课程评价的唯一对象的评价取向忽略了人的主体性、创造性和不可预测性,使教师和学生的身心都受到了严重的摧残。学校是培养人、发展人的殿堂,而不是戕害人性的场所。新课程倡导"以人为本"的课程评价理念,强调课程评价的发展性、全面性和过程性。

课程评价具有诊断、反馈、导向、激励、甄别等功能,这些功能都可以服务于教师的成长和学生的发展。但传统课程评价过分强调了其甄别与选拔的功能。基础教育的任务是发展人,而不是挑选人。我们要创造适合儿童的教育,而不是选拔适合教育的儿童。为此,新课程强调课程评价的发展性,即建立旨在促进教师成长与学生发展的课程评价体系。对于教师来说,客观的课程评价能够真实地反映教师的教学效果和教学状况,使其看到自己的成果,认清自身的价值,自尊的需要和成就动机得到满足和进一步激发,从而产生积极的情绪体验,进一步调动教师的工作积极性,激励教师不断努力提高自身素质。同时,通过评价也能使教师客观地明了自身的不足,以利于及时调整和作出进一步的努力。同样的道理,对于学生个体来说,客观的课程也能够真实地反映自我在前一阶段的发展状况,在肯定成绩、明确不足的同时获得继续向前发展的动力。即,"以人为本"的课程评价最终指向个体的发展和完善。

课程评价的全面性是指评价不仅要关注教师能够被人观察到的演示教学知识和技能的能力,还要关注教师的情感、人格和自我意识;不仅要关注学生知识的掌握情况,还要评价学生的道德品行、人际关系、学习态度、兴趣特长、方法和习惯等方面的发展。在新的课程评价体系中,评价不等于考试,考试也不等于书面测试。一次不行还有下次,这方面不行还有别的方面,留给学生们渴望成功、追求进步的机会和空间。

> 在地理课程标准中,新的课程评价重点不在于学生记忆的准确性和使用技能的熟练程度,而在于学生实地考察与观测、调查、实验、讨论、解决问题等活动的质量,以及在活动中表现出来的兴趣、好奇心、投入程度、合作态度、意志、毅力和探索精神。同时,还注重评价学生在地理学习中所生成的热爱祖国的情感和行为、关心和爱护人类的意识和行为以及对社会和自然的责任感。数学课程标准还特别强调为每一个学生建立"成长记录"。在成长记录中,可以收录"自己特有的解题方法、印象最深刻的学习体验、最满意的作业、探究性活动记录、单元知识总结、提出的有挑战性的问题、最喜欢的一本书、自我评价与他人评价"等。
>
> 案例 7-9

课程评价的过程性是指评价不仅要关注最终的结果,还要关注师生(尤其是学生)在与课程接触过程中所体验和经历的一切。这是课程评价的"双重关注","即不仅意识到结果的价值,而且尤其要意识到通向结果的行动的价值"。从一定的意义来讲,过程比结论更有价值。它能唤起探索与创造的欢乐,激发认识的兴趣和学习的动机。新课程提倡采用"档案夹"的形式记录学生的发展,其目的就是对学生学习的全过程进行综合评价。它关注学生在整个过程中是否获得了足够的体验?是否自始至终全面地参与和投入?经历了哪些困难?遇到了哪些问题?是否得到了解决?如何解决的?等等。当然,对于直接结果还是要评价的,但这已经不是最主要的了。结果可能不是最好的,但他可能是全班收获最大的。对于合理的课程评价而言,直接结果的高水平并不等于课程的成功,学生在整个过程中所走的每一步才是最重要的。

课程是学校教育系统的心脏,学校教育对人的培养和提升主要是以课程为轴心展开的。学校课程不仅集中体现了人类关于教育的目的和追求,而且从总体上制约着学校教育功能的发挥以及理想的实现,它是学校教育"达到至善目的的手段"。[①] 如果手段本身就已经偏离了善的轨道,教育是不可能达到理想的彼岸的。全体教师是新课程的具体实施者、促进者和开发者,认真学习新的课程价值理念,并尽可能地在我们的教育实践中予以实践和体现,使我们的新课改不仅求真,而且达善,这是每一位教师不可推卸的道德责任。

---

① 南京师范大学"课程的社会学研究"课题组:《简论课程研究的学科方式》,《课程·教材·教法》,1997 年第 7 期。

教学改革的三个伦理向度

人本性:把学生放在教学第一位

所谓人本性,就是必须把学生放在课堂教学的第一位,必须把学生的发展放在第一位,如此方能体现教育和教学的本质。把学生放在第一位的课堂教学意味着相信学生,相信学生的潜能,相信学生的自主学习能力,从而把课堂学习权真正交给学生。我认为,以学生为本的课堂教学改革不是空洞的,而应当创造适当条件将之落到实处。其一是课堂教学要创造民主的氛围。传统课堂教学中学生单向接受知识,教师作为教学的权威,学生充其量只是教学活动的参与者,只是一味地听讲、记忆。在民主化教学中,师生关系得到改善,师生变成了追求真理的同路人与合作者,成了同一目标的追求者,从而真正实现了教学相长。我校的"271课堂教学"改革即从一个信念出发:学生的潜力无穷,弟子不必不如师,师不必贤于弟子。教师不可主观臆测学生的知识储备、学习经验、生活经验和思维方式。此种前提下进行的课堂教学,尊重学生,也信任学生。教师在学生学习的过程中,只是引导者和陪伴者。其二是课堂教学要真正解放学生。陶行知先生曾提出过"六大解放",解放学生的本质是解放学生的创造力。所以课堂教学改革也必须从教师独白走向师生对话与生生对话。课堂教学应是一门对话的艺术,一门创造"生成"的艺术,通过对话实现引领,通过引领生成创造。在师生平等的对话中,学生的创造力得到完全释放。其三是课堂教学要具有较高的生活品质和生命品质。课堂教学不是以专门的时间和空间让学生去学一些与生活无关的事情,也不是独立于生活之外做一些无益的事情。一些著名教育大师曾强调,教育应是生活的准备,教育即生活。这些观点无一例外地强调教育和教学必须具有生活品质。课堂教学不仅以求知为目的,还是公民生活体验的场所,也是学生体悟其生存意义和价值的场所。在课堂教学中,应鼓励学生主动将新学知识与已有生活经验结合起来。鼓励学生自我设计,自我管理,自我实现,形成合作共赢的学习团队。让有相近学习、生活经验的学习伙伴,进行对话,让课堂学习成为一种快乐学习的体验。课堂教学只有真正具有了民主性、解放性与生活性,才能真正体现以人为本,以学生的发展为本,以学生的幸福生活为本。

高效性:把课堂教学效率视为生命线

所谓高效性,就是必须要把课堂教学效率视为生命线。以专制的方式进行知识灌输也可能有高效率,但这并不是真正意义上的高效课堂。课堂高效本质上应是意义生成的高效,它要在单位时间内高效地生成意义。

真正的高效课堂教学必须满足如下条件:一是注重所有学生的发展,不放弃任何一个学生,这有别于只是小部分学生有发展的教育。如果想让所有学生都能够通过课堂教学得到发展,学校就必须创新课堂教学理念,改革教学组织形式,让所有学生都有机会表达自己,都有机会展示自己。二是注重学生的全面发展。健全的人格,包括身体与心灵两方面。人的心灵世界也具有完整性,包括人的理性、情感和欲望。课堂教学作为培育人心灵的重要途径,只有关注到学生的全面发展,才能真正具有伦理意义。三是真正高效的课堂教学应当让学生真正"学到"。课堂教学目标有三种:教师预设的目标、实际达到的目标以及学生的潜力目标。教师的教必须为了学生的学,学生能"学到"才是教学的最终目的。所有的教学改革都应为了能让学生"学到",让学生学得更好。我校的"271课堂教学"导学案的目的不是让教师教得更顺手,而是让学生能学有所得。在这种高效学习中,考试成绩已经变成了教育的副产品。这种以学生全面发展为目的的"高效",才是值得追求的高效。

创新性:应落实到教学行为的转变

所谓创新性,就是在遵守教学规律的前提下,创造新的教学方式与教学形态。时下课堂教学改革有一种不良的倾向,即为了创新而创新,甚至仅仅为了使学校文化有特色或者课堂教学有特色而打出创新旗号。创新的要义在于理念的创新,理念创新则必须落实到教师教学行为和学生学习行为的改变。我校的教学改革经验表明,课堂教学理念创新的确改变了师生的行为。在我们的课堂教学中,教师自觉地走向"幕后",学生则被推向"台前"。教师不再是表演者,他们必须以更高的智慧来引导课堂教学的节奏,启发学生主动思考。对教师课堂教学行为评价的标准是学生能否"学到"和学生相关的知识、能力以及德性有无得到实质性发展,这也是教师课堂教学成效的唯一指标。课堂教学的创新性还在于组织形式和活动方式的创新,创新课堂中所有的问题都让学生自主解决,真正地让学生动起来。

课堂教学改革的人本性、高效性和创新性是回归本真的课堂教学的理性自觉。课堂教学改革是教的方式与学的方式、教育与教学理念的综合变革,它的目的不仅在于改变课堂教学的形式,而是要从根本上实现从传统的"知识第一"思维方式向以人为本、以人的发展为核心的战略转变。这也是涉及教育观、教学观、学生观、教师观、师生关系观、教学目标观、教学组织观、教学过程观、教学评价观等方方面面的观念革命,是教育观念的转变。课堂教学改革的这三个伦理向度缺一不可,它们共同构成了良性课堂教学改革的整体特征。

（赵丰平,山东省昌乐二中校长,《中国教育报》2014年2月27日）

本章小结

教学是一项求真崇善的活动。道德性贯穿教学活动的始终,体现在教学活动的方方面面。教学是促进学生全面发展的基本途径,对待教学的态度和教学能力是衡量一个教师师德水平和职业素质高低的重要依据。每一位教师都要树立科学的教学责任观,健全知识结构,提升教学专业能力,积极投身教育改革的实践,努力学习和自觉践行新课改的价值追求,让教学真正成为一项道德的事业。

关键术语

教学　道德　交往　新课改　价值追求

讨论与探究

1. 教学的科学性与道德性之间的关系。

2. 教学活动的道德意义主要体现在哪些方面?

3. 根据新课改的价值理念,结合你自己的学科教学,设计一节课,并说明在这节课中你是如何体现新课改的价值追求的?

4. "经过刚才的学习讨论,大家对我们所在城市或农村存在的环境污染问题,一定有许多的话想说吧,现在就让我们拿起笔写下来,课后老师将选择写得最好的寄给市长或县长。"听了老师的话,学生认真思考后,纷纷动笔。随着下课铃声响起,一堂课结束了。寄信的事情也跟着不了了之。——请问:对于这节课的教学设计,你如何评价?

5. 请结合本章所学内容,分析案例 7-10。

案例 7-10

　　上课了。由于是新教师,学生颇感新鲜,课堂上呈现出前所未有的安静。教师向学生宣布学习的内容为《动物怎样吃食物》。第一个内容即分析哺乳动物怎样吃东西。教师提问:"什么是哺乳动物呢?"学生迫不及待地答:"胎生,吃母奶长大。"(一个十分恰当的回答)教师满意地笑,正欲讲:"那它们长大了吃什么?"不料学生小手依然林立。教师不明白了:"我还没提问,你们干吗举手?""老师,我们有问题!"教师微皱眉,只得让一名学生来提问。"请问人是哺乳动物吗?"教师肯定了他的意见,可举手的同学有增无减。无奈只得再叫一个。"听说鸭嘴兽也是哺乳动物,它也是吃奶长大的吗?"教师的脸开始泛白:"这节课不讨论这个。""可我们想知道……"学生"不屈不挠"地问。教师原先安排的程序全被学生的提问所打扰。显然,最后老师是生气了:"人坐在座位上不会随便乱问的,只有小动物才会这样.现在我看谁变成小动物。"课堂上一下子安静了下来……①

进一步阅读的文献/网站

1. 钟启泉等主编:《为了中华民族的复兴,为了每位学生的发展——〈基础教育课程改革纲要(试行)〉解读》,华东师范大学出版社,2001 年。

2. 周建平著:《追寻教学道德——当代中国教学道德价值问题研究》,教育科学出版社,2006 年。

3. 叶澜:《让课堂焕发出生命活力——论中小学教学改革的深化》,《教育研究》,1997 年第 9 期。

4. 吕世虎等:《新课程实施带来的变化》,《课程·教材·教法》,2002 年第 8 期。

5. 班华:《让教学成为道德事业》,《教育研究》,2007 年第 2 期。

6. 李树培:《教学道德性的偏失与回归》,《教育发展研究》,2009 年第 10 期。

7. 网站:http://www.jyb.cn/gb/jybzt/today/kcgg.htm。

---

① 摘自华长慧主编:《创新教育百例、创新教育百忌》,浙江人民出版社,2000 年,第 377 页。

章前导语

　　学校管理与企业管理是否相似呢？
为什么说学校管理和伦理具有内在的
一致性？你对所在学校的管理工作有
何评价呢？

通过本章的学习,你能够

- 明确学校管理伦理化对师生发展的意义;
- 了解当前学校管理中存在的道德问题;
- 理解学校管理的伦理基础及其功能;
- 掌握学校管理伦理化的实现路径。

本章内容导引

- 学校管理伦理化对师生发展的意义
  - 一、相关概念界定
    - (一)管理与道德
    - (二)学校管理与学校管理伦理
  - 二、学校管理伦理化对师生发展的意义
    - (一)有利于调动师生的积极性
    - (二)有利于增强团体凝聚力
    - (三)有利于师生良好道德品质和心理素质的形成
- 当前我国学校管理中存在的道德问题
  - 一、学校管理范式过分工具化和物化
    - (一)管理目标过分注重功利而忽视育人
    - (二)组织机构过分注重科层化而忽视民主化
    - (三)管理方法过分注重物质奖惩而忽视精神激励
    - (四)管理制度过分注重严格管理而忽视人文关怀
  - 二、学校管理者的道德失范现象
- 学校管理的伦理基础及其功能
  - 一、学校管理的伦理基础
    - (一)学校共同体必须是伦理共同体
    - (二)学校管理以人性假设为价值前提
    - (三)学校管理依赖伦理规范和准则
    - (四)学校管理离不开伦理评价标准
  - 二、伦理特有的学校管理功能
    - (一)价值导向功能
    - (二)情感凝聚功能
    - (三)精神激励功能
- 学校管理伦理化的实现路径
  - 一、树立以人为本的管理理念
    - (一)人本教育观
    - (二)主体意识的唤醒

章导言

　　学校管理工作与教职工个体和群体以及学生个体和群体的利益息息相关,对师生的发展具有重要意义。21世纪的学校管理主要从制度、技术和行为的视角进行,其间所产生的伦理问题要求人们必须从道德的角度进行反思和调适。

第一节　学校管理伦理化对师生发展的意义

一、相关概念界定

（一）管理与道德

　　从文字本身的意义来看,《词源》将"管理"解释为"经理其事曰管","治事曰理"。"理者条理也","凡事物归其处置者皆谓之管"。从中可以看出,管理意味着对于事物和活动的管辖、处理和条理化。"管理"一词被人们主要用作甚至专门当作经济学、管理学的概念来使用是从近代开始的。纵观近现代管理学对管理概念的认识,不同的学科、不同的学派分别从不同的角度提出了各自的定义,至今尚无统一的定义。但一般认为,管理是人类的一种基本活动,是管理者按照一定目标,运用一定职能和手段,对管理对象施加影响,并最终实现组织目标的过程。目前,管理是人类各种活动中最重要的活动之一。每个行业、每个部门,都有管理在其中发挥作用。人们已将管理、科学和技术一道,列为现代文明的三大支柱,管理已经成为经济腾飞和社会发展的一只巨大的车轮。

　　而道德是社会意识形式之一,它是依靠社会舆论、人们的内心信念和传统习惯,以善恶评价的方式来调节人与人、个人与社会和自然、人与自身之间的伦理关系的行为准则、规范的综合。伦理一词,许慎在《说文解字》中说:"伦,从人,辈也,明道也;理,从玉,治玉也。"伦是指可区分的人的辈分,理则是指玉石的纹理,以后引申开去,伦含有类、序等意,而理则有了道理的意思。意思是说不同阶层、不同人之间只有建立某种伦次关系、恰当处理好人际关系,才能达到某种和谐。以后,"伦理"一词大多被用来指处理人们之间相互关系时应当遵循的道理和规则。一般来讲,人们认为伦理和道德在一定意义上是相通的,甚至将两者连为一个概念"伦理道德"。故本文所指的"伦理"就沿用一般意义上的"伦理道德",即成为一个内含了道德本质的表述和意义的概念。

(二) 学校管理与学校管理伦理

我们可以按照上述"管理"的概念来理解学校管理的概念,即学校管理者在学校范围内,设计和保持一种良好的环境,按照一定的原则,采用有效的管理手段,通过计划、组织、指挥和协调学校各方面人员的活动,充分利用校内外的办学资源条件,从而有效地制定和实现学校工作目标的活动。

而学校管理伦理侧重于研究学校管理自身蕴涵的伦理精神和自我发展过程中存在的伦理问题及学校管理者如何加强自身道德修养和如何实现学校管理伦理化等问题。其实,学校管理与伦理道德具有内在的一致性,因为学校管理的出发点和终极目标是人的发展,整个管理活动是为人的发展开辟道路。而表现为人的存在的精神状态的伦理道德,则以善为指向,为人的发展构筑现实的根据,目的在于使人将德行美好视为自我统一的表征形态,使个体能将内在的精神结构和外在的行为过程统一起来,为个体的道德实践提供内在的基础,实现道德主体的动态培养,有效解决人我之间的对立关系,完成个体与他人互相认可的伦理道德的重建。[①] 所以,作为育人职责的学校管理,在学校行政管理活动的每一过程中不可忽视伦理道德的基础作用和价值导向作用。

二、学校管理伦理化对师生发展的意义

在学校管理工作中,如果没有建立健全的规章制度,没有合理的组织结构,学校的管理就会流于无序,但学校管理仅有完善的规章制度、合理的组织结构等也并非就能够提高管理效率。其实,学校管理的最高境界是人本管理,所谓人本管理就是"以人为本"的管理思想,是指在管理活动中把"人"作为管理的核心,把人作为管理的主要对象和管理的重要资源,尊重人的价值,全面开发人的潜能,以谋求人的全面自由发展为最终目的的管理。在学校管理工作中,实施人本管理对师生的发展有如下意义:

(一) 有利于调动师生的积极性

生命有限,智慧无穷,人们通常都潜藏着大量的才智和能力。管理的任务在于如何最大限度地调动人们的积极性,释放其潜藏的能量,让人们以极大的热情和创造力投身于事业和学习之中。实施人本管理,学校方针政策的制定、计划的实施都要以人为基点,一切管理活动都要围绕人展开。师生有机会参与学校的各项工作,参与政策的制定,自由民主的发表意见,体现其主人翁地位和主体意识。这样就可以充分调动他们的积极性和主动性,使他们以最佳的状态投入到教育教学和学习中。

---

① 陈之芥:《伦理管理与提高学校竞争力》,《理论经纬》,2003 年第 8 期。

(二) 有利于增强团体凝聚力

学校组织本身是一个生命体,组织中的每一个人不过是这个有机生命体中的一分子,所以,管理不仅要研究每一成员的积极性、创造力和素质,还要研究整个组织的凝聚力与向心力,形成整体的强大合力。以人为本的学校管理,重视协调个人与他人,个人与群体之间的关系。协调的人际关系有利于提高管理效率,减少矛盾与冲突;有利于增强合作力和向心力,增强以人为中心的管理思想,从内心激发每位教师、学生的归属感,创造一种有良好的和谐的组织氛围的管理活动。这是管理理论的巨大进步,也是人性化管理理论的核心思想。

(三) 有利于师生良好道德品质和心理素质的形成

人本管理其实可以最大限度地发掘师生的情感和矫正其心理行为。因为实施人本管理,是以师生的人格得到充分尊重为前提的。师生不再是消极接受管理的个体或群体,而是积极参与管理的具有主人地位的个体或群体,他们感情世界里的渴望、困惑等,都有机会外化出来并得到合理的保护,都可以在平等的交流中实现情感的交流,得到必要的支持、理解、同情,而不至于无端受到斥责。这样,师生的感情世界的心扉就会洞开。另外,人本化管理,强调的是在管理中以人为本,发扬人道主义和人文精神,充分尊重被管理者的人格,这就从根本上保证了被管理者的自尊心和人格尊严不受侵害,管理者针对被管理者的心理及行为问题,对他们动之以情,晓之以理,喻之以义,以帮助他们回到正确的感情和理性的轨道上来,使他们克服不健康的心理,改正不良的行为。无数教育教学管理的个案证明,教育过程中的管压也好,惩罚也好,都不是矫正师生心理和行为的最好方法,反而会导致部分师生的逆反心理和偏激行为。尤其是对那些有心理障碍、行为习惯不好的人。其实,教师和学生良好的道德品质和心理素质只有在人性化的氛围中才能健康地发展起来。

案例 8-1

如何管理才高效

　　某校校长很注重用情管理,用校长自己的话说,他们学校的所有东西都是活的,包括墙上的字画,院里的花草,更包括学校的各种规章制度。他们的校长很少召开全体教师会议,但却几乎走遍了每个教师的家;他们学校没有签到簿,但教师们没有迟到现象;他们学校没有安排教师值日,但却总有教师自觉地把该干的干了。你如果稍微延误了做什么事,那么最不安稳的是自己的良心,总得想办法弥补才能安心。教师遇到了什么事情,学校总是第一个了解到,为什么?⋯⋯

　　另一校,是市里一所校规严、校风正、教学成绩突出、师资条件好的名校。学校的规章制度装订成厚厚的一册,奖惩分明,从早5:00起床到晚21:30学生熄灯,从周日晚返校到周六午放学,一天4次签到,天天有人查岗、每周有全体教师参加的周前会,班主任还有专题会、晚自习无论如何必须坐班到近21:00。这还不算,请事假每课时5元,按每天13课时计算,请病假每课时2元,甚至连亲人病丧也按事假处理……这些都还好说，千万别遇上孩子生病，孩子得管，班也得坐，真是"身在曹营心在汉"。教师们想着法儿干自己的私事，为什么？他们没有自己的时间！教师们牢骚满腹，这样的高消耗低效率的挨时间，竟然使不少教师萌生了想换个工作环境的想法。教师们被迫在高压下埋头工作，他们是为工作而工作，以保持同行中领先的地位，保持自身的业务尊严。以致于教师之间缺少真挚的亲和力，缺少那种催人奋进、以校为荣的团队精神。[①]

两校对比，我们不难发现哪个学校的管理效果更好。所以作为学校管理者，应注重以人为本的管理之道。

第二节　当前我国学校管理中存在的道德问题

目前，我国各级学校管理正向着管理方法科学化、管理手段自动化的方向发展。然而，在加速学校管理现代化的进程中，如果我们全方向、多角度、多侧面地观察当前学校管理，会发现不少学校在管理实践过程中存在着忽视伦理道德的倾向，因此出现了诸多道德问题，如学校管理范式过分工具化和物化，学校管理者道德失范等问题。

一、学校管理范式过分工具化和物化

长期以来，我们教育管理学界对学校管理的理解大多停留在法国管理学家法约尔提出的观点上，认为管理就是规划、组织、指挥、协调和控制，管理的对象是一个静态的、可以控制的封闭系统，在系统内部，管理者依靠自己的职务、权力和责任对管理对象进行标准化、规范化和程度化的管理。[②] 反映在学校管理具体实践中过分推崇以物为基础的理性管理范式，将理性管理形式化，而淡化了以人为基石的人文管理范式。

（一）管理目标过分注重功利而忽视育人

目前，在管理目标上，许多学校以学校管理的工具性替代管理的目的性价值，特别是中小学校的管理者，以升学率作为学校管理的终极目标，把教师视为实现这一目标的工具。学校管理者对教师的要求就是高质量、高标准、高效率地完成分派的升学率目标，否则要受到经济处罚。即使是高等院校也存在着过分注重功利的趋向：如重理轻文，重科学精神的培育，轻人文精神的涵濡。这种现象在当今中国异常普遍。在这种极端功利性目标的管理体制下，教师承担了沉重的工作负荷和巨大的心理压力，教师个体的追求被剥夺，个体的尊严和价值得不到体现，教师活不出生命的意义。在这种管理目标的驱使下，教师和学生都成了应付考试的机器，更何谈教育人文价值的实现呢？更何谈管理育人的价值目标呢？而且，这种以功利为终极目标的学校管理只能是低层次学校管理，低层次的学校管理永远不能造就高素质的国民。只有符合现代伦理精神的、人

---

① 孙莉：《学校管理中的情与法》，《当代教育科学》，2003 年第 1 期。
② 陈孝彬、程凤春主编：《学校管理专题》，北京师范大学出版社，2002 年，第 14 页。

道的、以每个人全面自由幸福发展为价值目标的学校管理才能真正担当起培养高素质人才的神圣使命。

管理的真谛在于发挥人的价值、发掘人的潜能、发展人的个性。现代人本管理理论认为,人既是管理的对象,更是管理的目的。管理必须着眼于人的发展,把人的发展作为管理的第一要义。所以学校管理者必须认识到管理的效率和功利追求必须服从于人的发展这一教育的终极目的,而不能伤害教育的价值追求。当管理作为一种技术进入教育领域,它首先是被当作提高教育工作效率的技术,但一旦它与学校教育相结合,它就不再仅仅充当提高效率的技术工具,而应该被赋予文化的、道德的育人功能。所以学校管理要以关怀人的成长为终极指向,这样学校管理才不会为过分注重功利等外在性的东西失去方向。

(二) 组织机构过分注重科层化而忽视民主化

我国大部分学校现在实行的是科层式的管理体制,其组织机构是"金字塔式"的分层等级结构,即按照管理权限和责任将每个组织机构排列在不同的层级上,由低到高、权力逐渐集中,构成一条垂直分叉如金字塔形态的权力线。"科层制"作为工业社会以来相对有效的组织体制,它对学校管理的有效性产生了一定的作用。但是由于科层式的管理体制强调等级层次、职能分工和对既定程序的恪守等,一定程度上影响了教职工的民主参与和主动性、积极性的发挥。举例来说,如果一名教师或低级管理人员有一些有利于教学方法的改进或管理水平提高的想法时,他不仅要按照规定的程序把此设想做成书面汇报,而且此报告必须经过层层上报和经过若干繁文缛节,所以他必须耐心等待,许多人可能在等待中磨掉了自己想做一些事情的热情和积极性,以及对工作的主动精神和创造精神,而对一个学校来说,教师主动精神和创造精神的缺乏,是一个难以弥补的巨大损失。

在这种科层制的管理体制下,学校就好像一台机器,教师就好比是机器上的一个齿牙,整个机器的运转给教师规定了基本固定的运行路线,这就决定了这种管理体制的机械性和对人的主体性的漠视。因为学校的各种规章制度使教师每天的工作序列模式化,即他们必须在规定的时间到校,按要求备课,批改作业,按规定的课表上课,出席部门负责人通知的会议——如此度过他们的每一天。于是,培养人这种最具挑战性、最能激发人的想象力和创造力的工作,对于大多数教师而言,变成了例行公事或对既定程序的遵守,照章办事,不敢越雷池一步。

所以,我们必须将程序化规范化管理与民主管理相结合,淡化金字塔式等级森然的官僚化教育管理模式。这一模式是运用运筹学的网络理论建构的,强调管理层级之间的双向有效沟通,强调个体化、平等化和民主化。

(三) 管理方法过分注重物质奖惩而忽视精神激励

目前许多学校的管理方法受科学主义管理方式的影响,过分注重物质激励,而忽视精神激励。这种管理方法以"经济人"假设为其人性认知态度,以单一的效率追求为其目标价值取向,以程序化控制和金钱刺激为其领导行为模式。特别在中小学管理中,管理者依据各个教师所代课目成绩,把教师分为三六九等,论功行赏,按学生考试成绩把学生排名先后,大张旗鼓地宣传,重奖成绩优异者,无视师生的心理感受和情感需要。

更有甚者,师生迟到、早退,甚至病假都要处以罚款,这显然与人们如今所提倡的人性化的管理方式格格不入,并且阻碍了教师创造性、积极性和主动性的发挥。

而且,许多学校用管理经济的手段来管理教育,比如将教师的各项工作完全量化,并与工资和奖金挂钩,甚至将学生的考试成绩作为考核教师业绩的唯一标准,结果严重违背了教育规律,激化了学校中的各种矛盾,更为严重的是将教师和学生的价值观念导入一系列误区。更有甚者简直是"以罚治校"。某校制定的规章制度中有这样的规定:

> 学生迟到每次罚款1元,旷课一次罚款2元,不上课间操一次罚款1元,不交作业一次罚款1元,打架骂人罚款5元,吸烟罚款10元,损坏桌椅罚款10—150元,损坏玻璃罚款5—20元,损坏门窗罚款50—100元,迟还图书罚款5元,乱放自行车罚款1元,教师迟到一次罚款10元,教师旷课罚款20元。[①]

难道各种严厉的"惩罚"真的是解决问题的"良方"? 作为培育人的地方,学校最应该下功夫的是如何真正做到"人文关怀",发展师生健康的个性和健康的人格,而不是天天捉摸一些惩罚师生的手段和方法。这种动辄罚款的管理手段,无视师生的心理感受和情感需要,违背了育人的教育本义,阻碍了教师主动性、积极性和创造性的发挥。

(四) 管理制度过分注重严格管理而忽视人文关怀

传统的教师管理,强调制度管理,事事处处,一言一行都有明确的规范和规章加以约束。教师的课堂教学、学生的行为、早晚辅导、教师评语、听课笔记、迟到早退……都有章可循,有人说,教师周身裹有一张网,连转身的机会都没有。在公众的制度包围下,教师们成为只会走路、说话、思维的工作机器。当活力四射的教师被封闭的规章制度紧紧束缚后,教师自身的怀疑、独立批判意识和自由精神渐趋消失。[②] 这种学校管理制度强调严格管理,总是用一些量化的数据、指标、形式化的条文来支配人的行动,限制人的自由,人们常常为应付这些指令和任务而机械地忙于工作,成为机械、呆板的工具人,而且造成了一种沉闷、孤立、死板、僵化的教学环境,使得整个学校管理的效能极为低下,处于缓慢发展甚至停滞不前的状态。比如说考勤请假制度:一般中小学校都作出了硬性的规定,包括说明请假原因、时限(甚至精确到几时几分)、如何履行请假手续,以及考核扣分、罚款等。有的学校不管事假、病假都将扣去相应分值。事假扣分尚且不记,病假扣分就令人费解了。俗话"官不限病人",总不能让教师们面对健康的威胁而"带病坚持工作"吧! 况且在倡导人文管理的今天,"带病坚持工作"已不再提倡。更有甚者,对"不得迟到早退"这一常规性的规章制度做出如下规定:上班时间一到,便把大门锁起来,对迟到者逐一登记,并且逐次累计,迟到者迟到八个小时,就扣发一天工资。更"先进"的是宝鸡某中学要求教职工每天上午和下午上班后必须到教导处办公室的签到器上按指纹。诸如此类的制度有时确实能督促那些纪律涣散的老师,但也必然要伤害一

---

① 褚宏启编著:《学校法律问题分析》,法律出版社,1998 年,第 67 页。
② 李春玲:《试论发展性教师管理》,《教育理论与实践》,2004 年第 5 期。

些无意迟到和早退者的自尊心。

比如说考评制度,一般学校将教师工作设置为德、勤、绩、能等考核项目及其子项,分别赋予若干分值,用分值高低来衡量被考评对象所在子项的达成度,最后将各子项分值相加,得出考评总得分,与浮动工资发放挂钩。这种唯数字考评制度用简单化的几条指标和抽象的分数,去衡量复杂且模糊的教育问题,把极富创造性的教育教学工作变成为以分数定量的机械划分。使教师被化为"一堆"可以被描述、计算并能互相比较的数据,受到无形的规训权力的监控和审视。[①] 唯数字化考评弄得教师不是潜心研究教学,提高教育质量,而是诚惶诚恐地应对那张量化表,斤斤计较于所得的分数,一定程度上扭曲了教师的价值取向,教学工作也会蒙上或浓或淡的功利色彩,甚至会让利益驱动代替事业追求。

再比如说在许多学校大行其道的教师聘任制和末位淘汰制,二者带来的危机意识不仅仅是正面的积极回应,而且过重地加大了教师心理压力和工作安全感的缺失。据调查,教师有心理障碍者在某些学校几乎近半,有的人不堪重压,甚至自杀。实行聘任制和末位淘汰制,尤其是末位淘汰制,不顾人性的硬性操作严重损害了某些教师的心理健康,给他们造成了巨大的心理压力。

案例 8-2

给教师稳定的工作环境

"末位淘汰"是近年来人事制度改革中一个颇具争议性的话题。兰州市城关区 2000 年在 12 所学校试点"末位淘汰制"后,目前已经全面推广,全区每年约有十余位教师待岗。近日记者获悉,该区一名刚刚走入教育工作岗位的年轻教师只因自己所带的班级学生成绩在期末考试中排在了末位,于是,该教师便变得沉默寡言,整天忧虑自己被"淘汰出局",神经出现异常,被送进了兰州市第三人民医院治疗。而且聘任制和末位淘汰制难以为教师提供从事创造性活动所需要的稳定的工作环境。受聘教师急功近利,素质教育形同虚设。在动荡不安的工作环境里,教师不能安下心来从事一些需要安定和相应保障支持的创造性活动,如教育科研、教育教学改革、著书立说、学术探讨和研究等。俗话说:"十年树木,百年树人。"所以像美国这样连总统的"铁饭碗"都敢砸的国家,却给予了教师一个稳定的工作环境。[②]

二、学校管理者的道德失范现象

学校校长是国家教育方针的具体贯彻执行者,是学校独立自主办学的法定代表人,是学校一切教育活动的组织者,是学校教育教学活动的主宰和灵魂。"桃李不言,下自成蹊。"校长良好的道德品质比言语教育和规章制度管理具有更强的心灵渗透力,对学

---

① 鲍尔:《管理学:一种道德技术》,见华勒斯坦等著,刘健芝等编译:《学科、知识、权力》,生活·读书·新知三联书店,1999 年,第 135 页。
② 深圳新闻网,2004 年 3 月 26 日。

校师生的影响也更持久、更深远。遗憾的是,这一群体还存在着许多道德失范现象,道德素质亟待提高。

有的校长独断专行、以权压人。工作方式依然采用行政命令或经济处罚那一套,企图独断解决一切问题,做决定前不同集体成员讨论,故意减少与下属的接触,在奖惩下属时,凭主观印象办事而不管实际情况如何,与下属交谈时官腔十足,容不得下属表达个人意见,特别是反对意见。

还有的校长利用职权营私舞弊、贪污受贿。很多校长热衷于学校硬件建设,大兴土木、扩建校园,如果为了学校更好的发展本也无可厚非,可是有些学校校长却利用搞校建之名,大受回扣,牟取暴利,权钱交易,中饱私囊。更有甚者,借教师聘任制和末位淘汰制,暗箱操作,任人唯亲,拉帮结派,收受贿赂,甚至打击报复不给自己送礼或与自己不和的人。导致人际关系紧张,优秀人才流失。

案例 8-3

超负荷的教师

3月9日,教育界委员、苏州市副市长朱永新向人大常委会提交了一份《进一步保障教师权益,把教育申诉纳入执法轨道》的提案。这位委员在提案中称:目前我国中小学教师的工作时间严重超出国家规定,劳动强度之大令人难以置信。有些学校教师一天的工作时间长达15个小时;早晨5时50分至上午11时25分,中午12时至下午5时15分,晚上5时40分至晚上9时10分。在许多学校,双休日对教师来说已是一种奢侈,甚至寒暑假也被用来为学生补课。[1]

在这种管理目标的指挥之下,学生的处境又如何呢? 调查表明,我国小学生、初中生每天学习时间平均分别是9—14个小时,小学生、初中生认为每天课外作业太多的分别占79%和92%;每天能够自由支配的时间(如游戏、娱乐、看课外书、看动画片等),小学生为1.2小时,初中生为5小时;每天睡眠时间,小学生为8.5小时。初中生为7小时。[2] 有的学校为提高升学率,加班加点、魔鬼训练,提出把高一学生当高三来抓这样的口号。某省有一所名闻全国的学校,该校在加班加点上可谓"独领风骚"、"登峰造极",全年只放一天假:年三十半天加大年初一半天! 这样的学校不是"集中营"是什么? 学生在这样的"魔鬼训练营"中学习不可能体验到成就和梦想,也不可能获得探索的激情和乐趣。湖北省黄冈某高级中学的一个学生,考上北大以后,在网上贴了一个帖子回忆高中三年生活称之为:"我的地狱生活"。这个帖子引起了很大的反响,随后,有关记者访问了这所学校,发现它跟其他学校区别不大,唯一不同的就是它的考试,三天一小考,五天一大考,其中还有阶段性考试,最关键的考试是省质检考试后自己出的不对外的称为黄冈密卷,就像江湖秘籍一样。[3]

---

① 孙占杰:《学校教育不能侵害教师合法权益》,《中国教育报》,2004年3月3日。
② 郭元祥著:《生活与教育——回归生活世界的基础教育论纲》,华中师范大学出版社,2002年,第27页。
③ 《中国教育报》,2004年3月30日。

第三节 学校管理的伦理基础及其功能

从管理的角度看,管理在本质上是对人的管理,管理中包含着对人的道德价值的追求,内在的具有自己的道德性。由于伦理自身就是管理,是一种特殊的社会管理方式,因此管理与伦理具有内在的一致性。① 它们二者相互包容、相互渗透、相辅相成。伦理道德是自人类社会出现后的社会管理方式,它的历史延伸和人类历史一样久远并渗透在人类活动的各个领域,这就使管理活动自一开始就蕴涵着一般的伦理准则和要求。经济学家诺斯常把一定的伦理道德当作制定规则的规则,所以学校管理必须以伦理性为基础,而伦理也具有特殊的学校管理功能。

一、学校管理的伦理基础

众所周知,学校是由管理者、教育者、受教育者三类基本人员组成,学校管理本质上是对人的管理,而且学校管理具有不同于其他管理的最明显的区别在于学校管理的最终产品和终极培养目标是人,这就涉及如何对待人的问题,而如何对待人本质上就是一个伦理问题、善恶问题。所以学校管理的内在蕴涵着丰富的伦理精神、伦理观念、伦理因素和伦理评判标准等,可以说伦理是学校管理的题中之义,学校管理在许多方面离不开伦理的基础地位和培育作用。

(一)学校共同体必须是伦理共同体

学校作为一种履行特殊社会功能和文化使命的组织,其人文本性应该是一个共同体而不是一个社会。那么共同体与社会有什么区别呢? 在现代社会学的研究中,共同体与社会既相联系又被严格的区分。德国社会学家斐迪南认为,人的意志在许多方面都处于相互联系、相互作用之中,其中一些对内对外发挥积极、有效作用的人和物形成一种结合即族群。共同体与社会的区别就是结合或族群的两种特殊形态。这两种形态的区别在于:第一,结合的本质不同。"关系本身即结合,或者被理解为现实的和有机的生命——这就是共同体的本质,或者被理解为思想的和机械的形态——这就是社会的概念。"第二,生活的逻辑不同。共同体和社会是两种生活。"一切紧密的、秘密的、单纯的共同生活,(我们这样认为)被理解为在共同体的生活。社会是公众性的,是世界。人们在共同体里与同伙在一起休戚与共,同甘共苦。人们走进社会就如同走进他乡异国。"共同体中的生活有其特殊的内涵。"共同体中的生活是相互的占有和享受,是占有和享受共同的财产。"第三,实质不同。共同体的实质是结合,社会的实质是分离。"社会的理论构想出一个人的群体,他们像在共同体里一样,以和平的方式相互共处地生活在一起,但是,基本上不是结合在一起,而是基本上是分离的。在共同体里,尽管有种种分离,仍然保持着结合;在社会里,尽管有种种的结合,仍然保持着分离。"从斐迪南关于二者区别的揭示,我们可以看出学校是一个共同体而不是一个社会,因为在学校内部,领导与教师之间、师生之间应该是一种现实的、有机的,既亲密又单纯的结合,而不是分

---

① 戴木才著:《管理的伦理法则》,江西人民出版社,2001年,第133页。

离。又因为在学校管理中,学校管理关系是以伦理关系为基础的,在学校内部,不论是学校管理者和被管理者之间,还是管理者和教育者之间的关系都必须是伦理性的关系,而不是所谓的政治或经济的关系。所以,学校作为一个共同体它必须是一个伦理共同体,而伦理共同体是学校作为一个共同体的人文本性的实质,因此,以育人为目的的学校管理就不能离开伦理共同体。学校管理只有依赖伦理共同体,才不会偏离育人目标,才不会丧失自身的人文使命,管理者才能够在此基础上实行以德治校,创建学校共同体,形成师生共同的理想、信念和价值观,指引学校健康、和谐、持续的发展。

(二)学校管理以人性假设为价值前提

人性,是人在现实生活中所特有的本质规定性。管理在本质上是人对人的管理。因此,对人性的认识就成为管理认识活动和管理实践活动的基本前提。所谓人性假设,是人们对于人的本质特征和共有的行为模式的设定。美国著名管理学家麦格雷戈认为,有关人性的设定对于决定管理结构和模式是极为重要的,他在《企业的人性面》中说过:"在每一个管理决策或每一次管理措施的背后,都必须有某些关于人性本质以及人性行为的假设。"[1]近代西方管理思想史上曾出现过四种主要的人性假设:由"经济人"、"社会人"到"自我实现型人"再到"复杂人"。从这四种人性假设发展的历史过程中我们可以看出,重视人的精神需求和自我价值实现,体现管理与伦理的相互融合,是管理发展的历史趋势。所以以培育人为终极目的的学校管理,首先要对组织中的人作一个基本的价值倾向性判定,把人的因素当作管理中的事实上的首要因素和本质要素。要正确认识人,尽可能了解人的需要、情感和行为,实现人的全面发展和人的才能的全面发挥,这就是目前人们普遍呼吁提倡的人本管理。所谓"学校人本管理",就是以关心人、尊重人、激励人、解放人、发展人为根本指导思想来进行的学校管理。就是一种把"人"作为管理活动的核心和学校最主要的资源,以教学工作作为学校的主体,充分利用和开发学校的人才资源,服务于学校组织内外的利益和关系,从而为实现组织目标和学校成员个人目标而进行的学校管理。[2]

(三)学校管理依赖伦理规范和准则

美国著名管理学家哈罗德·孔茨认为,"管理的本质在于协调,许多学校权威人士把协调当作主管人员的一个独立职能。然而,把它当作管理的本质看来更为准确,因为使个人的努力与所要取得的具体目标协调一致是管理的目的"[3]。学校管理是一个主要由管理者、被管理者、受教育者组成的"人—人—人"的系统,其管理的终极目标是育人,此外学校管理与政府、社区、家长等相关利益集团有着不可忽视的联系。要想有效地实现学校管理的目标,就必须使学校目标与社会目标相协调、学校要求与利益相关者要求相协调,协调的实质是利益相关者的调整,而如何正确处理利益关系离不开诸如以身作则、廉洁自律、知人善任、广开言路及公正、平等、民主、人道等伦理规范和准则的指

---

① 袁小平:《中小学管理的应然追求:学校管理与伦理融合》,《教育与管理》,2003 年第 12 期。
② 侯立华:《关于学校人本管理的探讨》,《教育探索》,2002 年第 8 期。
③ [美]哈罗德·孔茨、西奈尔·奥康奈著,中国人民工业大学经济系译:《管理学》,贵州人民出版社,1982 年,第 83 页。

导,因为这些伦理规范和准则是千百年来实践形成的,得到人们的认可和赞许的社会规范和价值准则,而且伦理本身就是由各种各样的规则组成的规范体系。与政治、法律相比,伦理的规范本质更明显、更突出,这些"行为规范不是单一的个别的要求,而是包括原则、准则、戒律、标准等多层次多方面要求在内的规范体系,是特定的行为方式和生活方式。它们共同组成一个规范之网,将人与人、人与社会联系在一起,保证社会生活的正常进行"①。伦理因此具有规范制约人的行为的管理价值作用,符合这种规范的行为,会受到社会的赞扬和鼓励,违背这种规范的行为,会受到人们的指责和制止,从而约束调节人们的活动。在学校管理活动中,它迫使管理者和被管理者必须遵循一些社会共识的伦理规范和准则,来调节人们之间的关系,从而高效地实现管理目标,一旦这些伦理规范和准则内化为他们的情感、意志和信念,它对学校管理的作用将会更深刻、更有力。另外,管理的核心是决策,这是 1978 年诺贝尔经济学奖获得者西蒙提出的。学校管理者如果更多地意识到社会提倡的价值观、伦理准则和伦理规范,并把它们作为决策的依据和指导的话,那么这种决策就会更具有可行性和科学性,对于管理者个人、学校和国家都将是有益的。

(四) 学校管理离不开伦理评价标准

如前所述,学校管理具有不同于其他管理的最明显特征在于学校管理的最终产品和终极培养目标是人,这就涉及如何对待人的问题,而如何对待人本质上就是一个伦理问题、善恶问题。而学校管理过程是管理者为实现以育人为中心的预期目标而展开的一系列管理职能在主客体的相互作用中发生、发展和演变的客观程序。学校管理过程和物质生产过程的区别就在于学校管理过程是对培养人的工作进行管理的过程。在这个培养人的过程中,教师和其他教育工作者起着举足轻重的作用,他们的工作是极其复杂的脑力劳动和体力劳动的结合,具有个体性、创造性、复杂性、长期性、潜在性、艰苦性、情感性等特点。这就要求学校管理者尊重、关心、平等、公正地对待他们,激发他们的工作积极性和创造性,引导他们遵循社会公德和职业道德,提高他们的道德素养。而对于学校的"产品":受教育者而言,他们是一个个具有不同个性心理特征的活生生的人,学校管理者的任务在于尊重他们的身心发展的规律,把他们培养成为德、智、体全面发展的有益于社会的人。学校管理目标是学校为实现教育目的和任务,从实际出发所确定的管理活动的结果及其评价标准。② 由于学校管理的特殊性决定了学校管理目标的育人性及学校管理目标评价标准的模糊性和伦理性。所以,学校管理目标的评价标准不同于其他商品管理,不能凭借销量、利润、股息增值等来衡量,而且因为教育周期的长期性,学校管理目标的评价必须是长期的,按照英国标准协会(BSI)的界说,教育的产品是"指每一位学生的能力、知识、理解力和个人身心发展的不断提高",而这是否提高的标准,离不开伦理道德的评判。人们总是以一种具体的社会文化背景和道德背景作为判断,对学校管理行为的价值合理性与道德合理性做出规定,从而把学校管理行为区分为善的或恶的、有利的或有害的、正义的或非正义的、合理的或不合理的等,通过对学

---

① 罗国杰著:《伦理学》,人民出版社,1989 年,第 10 页。
② 张来主编:《普通学校管理学》,华文出版社,1998 年,第 150 页。

校管理行为的伦理赞许或谴责来干扰学校管理活动。使学校管理活动符合评价主体的伦理道德取向、伦理追求、伦理期待等,即符合评价主体认为"应该如此"的伦理追求,从而也促进学校管理活动的不断进步。[①]

二、伦理特有的学校管理功能

伦理作为一种人类基本的精神生活和精神实践活动样式,作为反映和调节人们之间利益关系的价值观念和行为规范,所指向的是人类自我的内部世界,其实质是人类对自我的一种内在管理。这种内在管理从个体必然会延展到集体和社会,从而使得伦理具有特殊的政治、经济、法律、宗教等社会调节功能和社会管理职能,当然伦理同样也具有特殊的学校管理功能。

(一)价值导向功能

伦理学本身就是通过指示"应有"和"现有"的对立统一,昭示人们"应当如何"的一门价值科学,它注重用"应当"这一理想标尺来衡量人们的思想和行为。通过对"应当"的指示,旨在使人类趋于至善至美的最高道德境界。这种伦理实际就是一种伦理思想,它为人们指明行为的方向,具有价值导向的功能。"伦理理想以过去的伦理认识成果为基础,形成一个充满人的意志、情感和愿望的伦理实践蓝图。它推动和鼓舞人们满怀信心、目标坚定地去进行将其变为现实的实践活动。"[②]这种具有价值导向功能的伦理思想有利于学校管理理念的形成。

(二)情感凝聚功能

伦理的社会管理凝聚功能主要表现在伦理共同体在具体的管理组织中的情感凝聚作用。詹姆斯·M·布坎南认为,伦理共同体表现为群体中的个人成员不以孤立的个体自居,而把自己看成集体中的一分子。根据马克思人的本质是社会关系的总和的观点,伦理共同体是自始至终存在的,因为人不可能脱离社会而存在,而总是同这个或那个实体发生这样或那样的关系。具体到学校这个集体,依靠伦理共同体创建学校共同体至关重要,学校共同体是以学校为空间,以学生、教师为参与主体,通过师生互动而形成的。被大多数师生员工认同并遵守的共同的文化观念、价值观念、道德准则和理想信念,是一种内隐的学校精神文化。梁永丰曾这样称赞学校共同体形成的作用:"在学校管理过程中,以师生共同价值观念和信念的确立为核心,通过形成具有自身特色的学校组织文化,激励和规范组织成员的行为,增强群体凝聚力、团结力、亲和力和战斗力,从而达到提高学校管理效率与效益的目的。"[③]

(三)精神激励功能

激励何来? 鼓舞何来? 人们的底线是个体的自利吗? 人们所做的仅仅是为所奖吗? 著名的霍桑实验回答了这一问题。实验表明:生产效率的高低主要取决于工人的士气,而工人的士气则取决于他们感受到各种需要的满足程度。在这些需要中,金钱与

---

① 袁小平:《中小学管理的应然追求:学校管理与伦理融合》,《教育与管理》,2003 年第 12 期。
② 戴木才著:《管理的伦理法则》,江西人民出版社,2001 年,第 66 页。
③ 梁永丰:《文化管理——推进经济发达地区学校管理现代化的重要策略》,《全国教育管理研究会学术年会论文集》,2001 年,第 79 页。

物质方面的需要只是很少的一部分,更多的是获取友谊、得到尊重或保证安全等方面的社会需要。对教师的研究也表明:尽管个体的自利是要考虑的,但个体的道德、情感以及社会契约相对个体的自利更为重要。因为它能够在更充分和更足够的深度上开启人的能力和意愿。它能唤起人们更为持久的激励和鼓舞,能够为教师和学生提供更为广阔的活动舞台。能够形成一股强大的道德力量,这种道德力量能够使教师认识到自己肩负的社会责任和义务,强烈地感受到自己的职业对社会的意义,从而形成一种强大的道德责任感和克服困难的坚强意志,从而激发出极大的工作热情和开拓进取的精神,从而有利于师生的自我管理和自我发展。

案例 8-4

学校的精神

　　蔡元培在北京大学倡导的"兼容并包"的办学理念;陶行知创办学校时所坚持的"捧着一颗心来,不带半根草去"的奉献精神以及"学生自治"的治校信念;孙中山为中山大学题的"博学、审问、慎思、明辨、笃行"的校训;上海市上南中学提出的"以爱国精神激励人,以科学精神塑造人,以人文精神熏陶人"的办学理念;上海建平中心老校长冯恩洪提出的"合格+特长"的育人思想;江苏省重点中学南师大附中"教育就是不断追求科学真理,不断砥砺崇高人格"的教育理念。可以看出,这些管理理念无不闪耀着伦理思想的光辉,如果把一所学校比作一艘轮船,那么校长就是舵手,管理理念就是黑夜中指路的明灯,而伦理思想就是点燃明灯的火炬。它支配着校长的追求,使校长的办学思想与治校行为具有高度的自觉性与特定的方向性。它具有凝聚力,统领着学校各级领导的思想,使大家能分享共同的价值观念,形成统一的行为方式。它具有激励功能,激励着全校师生员工,围绕目标思变革,团结拼搏谋发展,使学校永远充满生机与活力。

第四节　学校管理伦理化的实现路径

　　学校管理伦理化,是现代社会对各级学校管理者的管理行为的基本愿望和条件,它要求现代学校管理者在管理学校过程中应具备以人为本的管理理念、建立民主参与式的管理体制,以及注重提高自身道德素质和营造良好的育人环境。

一、树立以人为本的管理理念

　　在现代学校管理中最重要的管理理念是"人本管理","人本管理"即以人为中心的管理,它突出人在管理中的地位,重视人的社会、心理因素在管理中的作用。具体说来,就是重视教师的参与意识和创造意识,注重满足他们的社会和情感方面的需要。它的管理理念在于依靠个人,它的管理任务在于开发人的潜能,它的管理宗旨在于尊重每一个人,它的终极目的在于人的可持续发展及全面的发展。[1]

(一) 人本教育观

关于教师,众所周知,在学校管理的所有要素中,教师的管理是第一要素,是学校管理的核心。对教师的管理应体现在关注他的人性和发展上。

教育的本质含义在于"关注生命、撼动心灵",以教育的理想去实现理想的教育。未来的教育,负载着人们殷切的期望,要实现理想的教育,教师是载体。一个不合格的教师,对于教师队伍、对于教师群体可能是百分之一,但对于一个班级的学生来讲却是百分之百。因此,点亮教师这个群体中的每位教师的光辉,是校长管理学校的首要使命[2]。借鉴一些学校的做法:首先,要激发他们对真、善、美的追求,强化其教育者的意识。其次,关注教师的发展,使教师得到培训和提高。

关于学生:过去我们认为学生只有被动接受教育的权利,而没有自主选择的权利,人本教育观主张应把学生的权利还给他们,呼吁保障学生自由选择课程的权利,质疑问疑的权利、自主发展的权利、获得高质量后勤服务的权利等。学生也是人,而且应该是发展的人、完善的人。他们具有独特的思想感情,有自己的思想个性、与他人平等的人格,有自己的需要、愿望、尊严以及人格受保护和获取尊严的权利。作为学校管理者,应该让学生得到幸福、快乐和平衡的发展,应该让他们热爱学校生活并在他们所取得的成绩中获得愉悦感,应该鼓励他们按照自己的方式自由地发展。

(二) 主体意识的唤醒

教师主体意识是否强烈和校长是否具有强烈的民主意识有很大关联。现在大多数学校实行校长负责制,校长掌握着人事权和财权等诸多权力,涉及职工的切身利益,职工往往对校长产生敬畏感。如果校长缺乏民主意识,相当多的教师就会认为那是校长的事,与己无关,这样的校长吃力不讨好。教师是知识分子,有强烈的自尊心和自信心。他们迫切希望能以主人翁的身份参与学校重大问题的研究,愿意执行"民主研究决定"的决议。教师的这种情感是正确的,应该予以满足。只要教师真正感到自己是学校的主人,就会焕发出主人翁的责任感,为学校分忧解难。为此,校长必须把学校中的问题交给群众想办法,越是重大问题越要保持尽量大的透明度,让教师人人参与民主决策,形成人人都是决策者,又是执行者的良好的民主管理局面。

(三) 精神激励的管理方法

按照马斯洛的需要层次论,人的最高需要是自我实现的需要,是高层次的精神需要。师生群体是一个具有较高文化素质和道德素质的特殊社会群体。他们中的每一个人对事物的认识都有其独特的判断能力,难以接受命令式的管理,更反感学校管理者动辄罚款的经济手段。他们在需要物质刺激的同时,更需要精神激励,从而满足自己内心的情感和需求。因此,学校管理者要注重情感激励、目标激励及榜样激励等精神激励的管理方法。

---

[1] 王力平:《关注每一位教师的生命与发展》,《山东教育科研》,2000 年第 11 期。
[2] 同上注。

拓展阅读
8-1

班纪校规:"笑规",还是"效规"①

"不许给男生传递纸条"、"不许认男生为'哥'"、"不许邀男生一起过生日"……日前,福建省举溪中学的一纸校规在网上转载,一时评论如潮,有人赞成,有人反对。不少网友表示,这项《关于对女生行为准则的特别规定》"太严厉了"。更有网友盘点了一系列"史上最牛校规",引起人们关注:比如,某高中规定,男女生交谈距离不小于60厘米等。

这些校规,孩子们能真正遵守吗?苛刻的标准,是否脱离了现实的土壤和教育的本质?校规最终变成了"效规"还是"笑规"?班纪校规,到底该是怎样的"面容"?

校规就是为了修理人?

最近,学生家长吴女士经常听到孩子在背诵童谣校规:铃声响,进教室,安安静静等老师;上课听讲要专心,先举小手再回答;积极发言大声讲,同学发言要听到;说得好,讲得妙,拍拍小手鼓励他……

这种新颖班规一改传统校规严肃有余、活泼不足的古板面孔。尽管内容不少,但孩子背得津津有味。吴女士直言:这种儿歌体的规定朗朗上口、易记易背,孩子们在反复吟诵中自然而然地接受了校规校纪,养成遵规守纪、积极好学的良好习惯。

曾经,班纪校规好似一个比一个严,有各种"严禁"、"不准",实施效果却不得而知。"校规的制定不是为了管理者的方便,而是应该以孩子为主体,考虑孩子能否真正接受。"北京师范大学教授毛亚庆说,"不能仅仅是从管理者的角度说,'你不能这样,你必须怎样做'的硬性规定。"

"传统校规存在的问题,一是语言表述普遍比较生硬;二是对孩子们的心灵和灵魂没有引导;三是容易走向极端,或是特别具体,或是特别空泛。因此留给人们的印象就是,校规就是修理人、限制人的。"学院学术委员会副主任、海淀区中小学生"社会大课堂"办公室负责人吕文清分析说,"最突出的问题就是定位问题,校规的制定者们往往存在一个认识误区,就是认为校规就是用来管人的。而实际上规定是为了保障人的权利,而不是为了限制人。这是很多学校在制定规则时偏差最大的一个地方,也是我们的很多规定推行不了的一个主要原因。"

我们的校规如何说到孩子们的心坎里,不让孩子们抵触?

在吕文清看来,我们制定校规的技能技巧比较落后,表达和呈现形式都有待提高。"比如我们教育孩子要热爱老师,但是说明白了吗?没有。如果具体表述为,见到老师行礼,会更有指导意义。还有一类校规就是特别具体,有些地方又特别零碎。因为,规定得太多,更容易让孩子无所适从。当然还有一种不好的现象,就是出现了若干千奇百怪的校规。规范人的东西需要慎重,对孩子身心的发展有着举足轻重的作用。校规是很重要的一种教育,因为校园生活是孩子们社会化的一个过程,如果校规千奇百怪,会影响孩子的健康发展。"

---

① 《光明日报》,2013年12月17日。

参与其中,另一种成长

制定校规,让孩子参与进来,又会有何效果?

"用孩子可以理解的方式来呈现,在制定的过程中能够听到孩子的声音,孩子就不会觉得这是外界强加的,而是我主动参与的,是我该自觉遵守的。这样效果就会不一样。"毛亚庆表示。

"让学生参与到校规的制定之中,一方面让学生更具创造力,让学生觉得自己是学校的主人;另外一方面,我们也希望通过这个举措来引导学生。严而不死,就是让对学生的管理充满人性化。"北京市十一学校教导处副主任刘丽云介绍说,"当学校的规章制度需要修订时,学校就会成立一个项目组,项目组会招募老师,也会招募同学参加。通过学校管理制度的制定,我们希望老师和学生共同参与,一起协商,最终制定一个适合又有效的办法。"

曾经担任过十一学校"学生内阁"负责人的小徐同学深有体会:"当我们'学生内阁'的成员发现校规执行过程中的一些问题时,会把问题搜集起来,再通过调查问卷的形式征求全校同学的意见。因为学生最了解学生需要什么,学生最能感知执行中的规章制度哪些是合理的,哪些是不合理的。"

学生参与到规则制定过程当中来后,对于规章制度的遵守和态度有没有变化呢?刘丽云表示:"正是尝到了甜头,所以我们坚持这么做。有学生的参与,倾听学生的声音,了解学生的需求,在这个基础上通过协商制定出来的制度,学生更容易接受,这个效果一定是好的。"

"制度的本质是保护人、激发人、发展人,有了这样的觉悟,问题自然就迎刃而解了。"吕文清强调:一个好的校规一定要深入人心、管到灵魂。

毛亚庆也表示,校规、规则的制定者眼中要有孩子。让孩子自主地参与到其中,对于孩子自身也是一种成长,而且学校本身就应该培养孩子的自主能力和自信的品质。这些能力和品质对于孩子今后的发展是至关重要的。

二、建立民主参与式的管理体制

我国目前大多数学校实行的是"校长负责制"的管理体制,这是由校长、学校党组织和教职工代表大会共同组成的"三位一体"结构。但是受科层制管理体制的影响,"校长负责制"还存在着许多问题,如校长权力过于集中,教职工代表大会未明确授权参与何种决策,社会组织及学生家长更无权过问学校内部管理事务等。为实现以人为本的学校管理、提高学校管理的运作效率,应提倡建立民主参与式的管理体制。

(一) 教代会的自身建设

我国目前大多数学校实行的是校党委领导下的校长负责制,其中,校长的中心地位不是校长一人说了算,应充分发挥校党委的领导决策作用和教师代表大会的民主参与和监督作用。教职工代表大会(以下简称教代会)是党委领导下的校长负责制的重要组成部分。我国《教师法》第七条明确规定:教师享有"对学校教育教学、管理工作和教育行政部门的工作提供意见和建议,通过教职工大会或其他形式,参与学校的民主管理"的权利。充分发挥教代会的作用,是搞好学校管理的关键。因为它有以下功能:一是体现人民群众当家作主,对领导实行有效的监督;二是实行群众路线有利于发挥群众智慧,对领导决策起参谋、"智囊"的作用;三是有利于群众在发挥民主过程中进行自我教育和自我管理。那么如何发挥教代会的作用和功能,加强教代会的自身建设呢? 笔者认为要做到以下几点:第一,要进一步提高对教代会制度的认识。第二,要加强教代会的组织建设和思想建设。第三,要切实抓好教代会的制度建设。第四,为开好教代会,注重调查研究和信息对称,不搞形式主义。

(二) 校务委员会的组建

教育是一项系统工程,需要社会、学校、家庭等各方面的相互配合。在学校与社会联系越来越密切的今天,家长和社区等各方面不仅是教育服务的资助者和接受者,而且应当是共同负责学校事物的伙伴。然而目前许多学校做得还很不够,学校管理者把管理学校看作是学校内部的事务,从不邀请社区人士、家长等过问学校的事务,学生作为教育对象,也就更难对学校的事务发表自己的看法。但是有的学校做得很好,如山东省潍坊市奎文区潍州路小学校长张则香每周四上午,都会坐在校长专设的接待室里,等候学生家长。在奎文区,所有中小学校门口都挂着写有"校长接待日"详细时间的牌子。另外,吉林省蛟河煤矿第一小学聘学生为校长助理,学校在五、六年级学生中聘,每月聘一次,使每个学生都能参与到学校管理中。校长助理可以随时和校长沟通,使校长方便直接地了解学生的需求,这样,学校管理就会更加突出以学生为本的特色。还有的学校校长开辟了校长网站、校长热线等交流方式,校办派专人负责,记录整理后,送交校长,校长批示后再由校办反馈到各职能部门并督促解决,最后通过校报和校园网等方式反馈给学生、家长等社区各界人士。目前的校长负责制赋予校长对学校的管理权力,同时因缺少有效的监督机制,造成个别校长的"家长化"管理。这种管理模式不利于形成科学的决策机制,与现代民主管理思想格格不入,不利于学校教育教学工作的开展。组建由多方人士构成的校务委员会,赋予其对学校重大事务和校长职责权力的监督,形成有效的机制保障,以促进学校工作的透明度,净化学校空气,教师的民主意识必然会以不自觉的形式渗透到教育对象的思想里,为学生现代意识的形成打下基础。

(三) 学校管理制度中的人文关怀

制度管理,是改变管理者的无序状态和"头疼医头,脚疼医脚"的管理局面,提高管理效率的一种重要手段。我国目前正处于社会主义现代化建设的初级阶段,人的道德素质并不高,所以在学校管理中,通过制度管理,可以约束规范师生员工的行为,使师生员工的行为有法可依、有章可循,而不致工作松松垮垮、马马虎虎。反思当前学校管理的现实,笔者非常同意这样的观点:"目前,我国教育管理正处在一个十分复杂、困难和紧要的发展时期。一方面是很多必备的基本制度、法律规范尚未确立起来,另一方面制度、规则、组织等又严重束缚了人的工作积极性和创造性。"[①]那么如何运用制度管理来进行有效的管理呢? 笔者认为学校管理者应做到以下几点:

第一,创建富有人文关怀的规章制度。

美国著名法学家朗·富勒指出:"真正的法律制度必须符合一定的道德标准","完美的法是内在的道德和外在的道德的统一,是程序自然法和实体自然法的统一"。梁禹祥也曾指出:"制度与道德原本就有着亲缘关系,起源上同根同源,内容上相互渗透,功

---

① 张新平:《格林菲德教育组织管理理论研究》,《理论与实践》,2000 年第 9 期。

能上相互支撑,特点相异而又义理相通。"①所以学校管理制度必须合乎道德伦理,必须具有人文关怀。教师工作的原动力在于他们的主观内驱力和精神境界。因此,学校管理者当以尊重人、激励人、关爱人、发展人为前提。慎重审视一下案头的规章制度,用文化人的笔触,建立一套与时俱进,极具"文化含量",闪耀人文光辉的新的规章制度,可喜的是我国的学校管理制度正在朝这个方向发展。

第二,执行规章制度应做到情与法的统一。

正像人的机体一样,法就如人的骨架,情犹如人的血脉,离开法的学校管理,学校将陷入瘫痪、流于无序;离开情的学校管理,学校将缺乏动力、缺少活力。情与法相结合,刚柔相济才是现代学校管理之道。

所以作为学校管理者,应注重情与法相结合的管理之道。不妨"柔"一点,少一点掷地有声,多一些春风化雨;"文"一点,少一点生硬僵冷,多一些生命关注;"粗"一点,少一些面面俱到,多一些个性张扬;"活"一点,少一些生搬硬套,多一些宽容,极大地优化教师和学生成长的空间、创新的空间,以及自我评价、自我管理的空间。

三、学校领导者素质的修炼

以校长为首的学校管理者处于学校管理系统的核心地位、领导地位和决策地位,不仅是学校办学方向的引导者、教育方针政策的贯彻者、学校运转的组织者,而且是人际关系的协调者、学校师生员工信念的影响者。所以校长的作用举足轻重,正如著名教育家陶行知先生所说的那样:"校长是学校的灵魂。要想评论一个学校,先要评论他的校长。"②在国外,人们对校长也有同样的见解,他们认为"有什么样的学校就有什么样的校长",菲律宾教育家赫查说过:"我从来没有见过笨拙的校长能办成好学校,也没有见过好校长能办出坏学校。"鉴于校长承担的重要职能和责任,校长必须具备胜任此职务需具备的素质,正如苏霍姆林斯基所言:"校长必须具备一名教师所具备的一切素质,一校之长应是师者之师。"所以作为校长务必重视自身的素质修炼,要把修炼学问和修炼人品结合起来,既做学问、抓管理,更重人格修养,养成良好的德行素养和人文素养,这样的校长所带出的学校才能真正成为激发人、培育人、发展人的乐土。

(一) 政治素质的修炼

著名教育家苏霍姆林斯基指出:"校长对学校的领导首先是教育思想的领导,而后才是行政的领导。"因此,校长应首先树立忠诚党的教育事业的政治信念和具有忠实执行国家教育方针的政治品质,教育师生员工树立马克思主义世界观和人生观。其次,要在国家教育方针、政策的引导下树立正确的办学思想。如果校长具有清晰正确的办学思想,学校就会从根本上找准位置,把握特色,明确战略,顺利发展。如:蒋南翔出任清华大学校长时,他的办学思想就是为中国培养"双肩挑"的人才,使清华成为中国的"人才库"。于是100多年以来,清华大学为中国的现代化建设培养了大批优秀人才,当今

---

① 梁禹祥:《制度伦理与道德建设》,《道德文明》,2003年第3期。
② 《半周岁的燕子矶国民学校》,华中师范学院教育科学研究所主编:《陶行知全集》第1卷,湖南教育出版社,1984年,第47页。

若干位国家领导人就出自于清华大学。所以说,正确明晰的办学思想,不只对学校,而且对社会、民族和国家都会产生积极的影响。而校长的办学思想体现了校长本人对教育方针理解的深度和执行的力度。如在基础教育的层面上,如何贯彻德智体等诸方面全面发展的方针,在不同的学校中,校长就有着不同的标准。有的学校提出了"优秀加个性",为中国的高级人才打基础;有的学校提出了"合格加特长",为各类人才的成长创造条件;也有的校长把全面发展理解为均衡发展;更有的校长解释为"无犯罪率"就是德育好,不生病就是体育好,及格率、升学率就是智育的唯一标准。① 杰出学校办学理念的形成离不开校长良好的政治素质,所以,一个校长的政治素质修炼在当代校长素质修炼中应排在第一位。

(二)教育教学管理素质的修炼

苏霍姆林斯基说过:"想成为一名好校长,先得成为一位好教师,一位好的教学专家。"教学质量是一所学校的生命,对教师教学的指导与帮助是校长义不容辞的责任,作为校长,必须既懂教育,又会管理。校长要有教育教学研究能力。这就要求校长必须拥有一定的专业知识,必须参与教学实践,具备相当的教学能力。然后在此基础上,运用教育学、心理学的基本原则和规律,从本校实际出发,组织教师研究教育改革的动态,大胆探索教育教学改革的新路子。此外,校长需具备管理能力,包括决策能力、统揽全局能力、激励用人能力、协调能力以及应变能力。校长要有战略观念,变事务长为战略指挥家,变经验管理为科学管理。优秀学校的校长不仅能高瞻远瞩,统揽全局,进行系统指挥,而且能承上启下,协调左右,实施目标控制。不仅能礼贤下士,集思广益,贯彻民主治校的原则,而且能巧妙组合,善于运用科学的管理方法有效地激发群体智慧和能量。概而言之,优秀的校长善于通盘考虑各种管理要素,各个管理环节,使学校管理做到人尽其才,财尽其力,物尽其用,时尽其效,实现学校工作整体的最优化。②

(三)道德素质的修炼

学校管理者的道德品质,是学校管理者在学校管理教学实践中,通过自身的道德行为表现出来的一定的道德觉悟水平和道德修养状况。学校管理者作为全校师生员工的带头人,其道德品质应是师生员工群体道德品质的集中体现,所以作为学校管理者应以德正己,因为"其身正,不令而行,其身不正,虽令不从"③。俗话说:"桃李不言,下自成蹊。"校长良好的个人品德比言语教育和规章制度管理具有更强的心灵渗透力。校长要公道正直,严于律己;言行一致,宽厚待人。处理问题时,必须本着公正、公平、公开的原则,不分交往亲疏,不计个人恩怨,不分彼此,一视同仁。在用人问题上,校长要任人唯亲,思贤若渴,用人之长,容人之短,让真正有才华的教职工有用武之地,对待师生员工既严格要求,又处事宽容,留有余地。在个性心理修养上,校长应忠厚、仁义、正直、谦虚、胸怀坦荡,有民主的作风,遇事开诚布公,充分讨论,大事讲原则,小事讲风格。学术上、认识上的问题要经过实践达成共识,创造一个宽松和谐的心理氛围,这样才能集思

---

① 卢元锴著:《校长学》,华文出版社,2000年,第85页。
② 范清源:《略论校长素质与学校建设》,《教育探索》,2003年第4期。
③ 《论语·子路》。

广益,办好学校。所以,今天的校长,只要正确对待自己手中的权力,重视以道德准则加强自律,用以身示范的道德力量调节和激发自己周围的干部和群众,就能做到以德聚人、以德感人、以德影响和激励人。①

总之,只要学校领导者既重视修炼学问,又重视修炼人品;既重视文化修养,又重视道德修养,就必将能产生真正的领导力量和教育力量,为学校培育和发展人才创造一片真正的乐土。

四、营造良好的育人环境

美国管理学家哈罗德·孔茨认为:"管理就是设计和保持一种良好的环境,使人在群体里高效率地完成既定目标。"②这里的环境主要包括硬环境和软环境两类,硬环境指学校的建筑设施、设备、绿化、美化等外显的东西,软环境指学校的校风校训、校纪校规、人际关系、文化氛围、员工的价值取向、道德信念等内在的东西。校园环境作为一种无声的力量,它潜移默化地影响着学校成员的行为,并且这种影响力还相当持久。营造一个充满关爱、尊重、信任、富有人情味的环境,有利于增强学校的凝聚力、向心力和战斗力,有利于调动师生的主动性、积极性和创造性,从而为实现学校的目标而共同奋斗。如果没有良好的校园文化环境,不论学校管理者的管理才能有多高、管理体制有多健全、管理制度有多完善,学校管理的实现将会成为一纸空文,从而很难持久。

目前,一般认为良好的育人环境主要受校园文化建设的影响,校园文化建设是由学校物质文化建设、制度文化建设和精神文化建设三方面组成。其中精神文化建设包括学校成员的办学理念、价值观、信仰、教风和学风、人际关系等。它是校园文化建设的核心和灵魂,具体来说,一所学校的校园文化建设应该包括如下内容:

(一)学校物质文化建设

学校物质文化建设是指学校建筑、学校设施、学校标识、校园绿化等方面的建设,这些既是学校开展教育教学活动的物质基础,同时也是塑造优良校园文化的物质基础。学校物质文化建设,应紧紧围绕以学生发展为本的思想,布置改造和安排整体格局,使学校的一砖一石都说话,一草一木都有情。校园绿化应做到净化、绿化、美化、知识化。学校领导在环境布置上应精心构思、深思熟虑,充分发挥环境的育人功能,营造浓郁的人文氛围。如上海市上南中学形成了自己独特的校园物质环境。校园的雕塑镶嵌有著名画家、书法家程十发先生题写的"爱国、科学、人文"几个大字,这几个大字在前面已经提到过,它是学校的办学理念。雕塑为校园增添了一道风景,烘托了校园文化氛围,留给学生的是无限的遐想,考虑到环境对人的熏陶作用,学校还在教学楼和实验楼等墙面上悬挂名人画像及学生自己的绘画、书法和临摹作品,以此来激励和鞭策广大学生。为了提高学校品位,营造一种校园文化气息,在学校绿化方面,总务部门除在选择树种、花种上精心考虑以外,生物教研组还把校园中花草树木的介绍悬挂在相应的位置上,以增长学生的知识。

---

① 针昌怡:《校长权威的道德支撑》,《中国教育报》,2004 年 8 月 24 日。
② [美]哈罗德·孔茨著,中国人民工业大学经济系译:《管理学》,经济科学出版社,1998 年,第 2 页。

然而有些学校在营造良好育人环境方面却不尽如人意,如过分重视硬件建设,而忽视人文关怀和人文精神的蕴涵。如:某校办公室正中间刷着红色标语"干不好就下岗!"校园里到处都有"严禁"、"禁止"等标语。我不仅发出这样的疑问,在这样的育人环境下,师生的心理状态将如何呢? 答案是不言而喻的。

(二) 学校制度文化建设

学校制度文化建设是校园文化建设的重要组成部分。一是包括一些组织文化机构的设置:如设立党团组织、学生会、运动队以及各类学生社团或各类文艺团体等,这些都是校园文化建设的主要依靠力量,他们是校园文化建设的组织保证,很多相关的文化活动都是通过这些组织机构实施。二是包括一些规章制度的制定,主要指学校的各项规章制度在形成、发展和完善过程中所形成的管理文化氛围以及它所起的作用。

如前所述,学校管理目标的实现离不开充满人文关怀的学校规章制度的制定,而充满人文关怀的学校规章制度滋润了优良的校园文化,优良的校园文化又培养了优秀的人才,由此可见制度文化建设的重要性。至于如何创建富有人文关怀的学校管理制度,本章第二节中已有较多论述,这里不再重复。

(三) 学校精神文化建设

校园精神文化建设是校园文化的核心内容,也是校园文化的最高层次,它体现着校园文化的方向和实质。校园精神文化建设的主要内容包括:校风、教风和学风;学校的各种典礼和文化活动以及人际关系等。总之,创造一个整洁幽雅、充满浓郁文化气息的校园环境,客观上为教师和学生的学习、生活、工作提供了一种良好的心理氛围和精神世界。创造一个健康向上、以人为本的校园文化,满足了广大教师的多样精神文化需求,会对教师和学生的心理行为产生积极而深远的影响,有助于良好校风、学风的形成,从而也为学校管理目标的实现创造了一个极富文化色彩和道德内涵的外部环境。

案例 8-5

文明无小事

2004 年 5 月,教育部新颁发了《中小学守则》、《小学生日常行为规范》和《中学生日常行为规范》,体现了对中小学生思想品德和日常行为的基本要求,也体现了以人为本、以学生为本的时代精神,对中小学生树立正确的理想信念,养成良好的行为习惯,对促进身心健康发展起到重要作用。如《中学生日常行为规范》(修订)第 23 条:"正确对待困难和挫折,不自卑,不嫉妒,不偏激,保持心理健康。"第 4 条:"珍爱生命,不吸烟,不喝酒,不滥用药物,拒绝毒品。"就充分考虑了小学生和中学生的身心发展特点,考虑到学生的自尊自爱和身心安全,考虑到维护学生的合法权益,维护学生身心健康的需要。再比如其他:"注意安全、自尊自爱、自信自强"、"关心父母身体健康"、"外出或回到家里要主动打招呼"、"到他人房间先敲门，经允许再进入"、"答应别人的事努力做到，做不到表示歉意"等，在体现人文关怀的同时，让学生感觉到新规范不再只是宏观、原则的大道理，而是每天都在身边发生的似乎属于细枝末节的"小事"。①

　　福州大学受处罚的学生可以为自己申辩，处分决定也由学校专门成立的"学生违纪处理委员会"审理、投票决定，如果受罚学生对处罚有异议，还可以提出申诉，学校法律援助会会无偿为其提供辩护。学生既是学生，又是公民，给犯错误的学生一个申辩的机会，维护的是公民的基本权利，更是一种看得见的民主教育。②

　　杭州市实行新的中小学学籍管理办法，取消留校察看、退学、开除学籍的成分，成绩不及格补考可多次，学习特别困难可以留级，满足转学退学合理要求等，如果说老的中小学学籍管理办法是位不近人情的"严师"，实行的新办法便想成为每一位孩子慈祥的"家长"。因为它维护了学生受教育的权利，体现了人文关怀的精神。学习特别困难却又不能留级，只能硬着头皮往上读；受了一次处分，一辈子都别想甩掉档案里的污点；勒令退学的通知单摆在面前，没想到因为一时冲动，就要与朝夕相处的学校和小伙伴永远说再见了……浙江省率先改变这一武断、粗暴的管理办法，不仅极富人情味儿，也具有理性的色彩。而这无疑在同行中开了一个好头，使因教育不当等而沦为"后进生"的孩子，从此不再流落街头，从此能够安安心心地在校园里接受教育，善莫大焉！③

　　另外，北京某些高校实行了教师带薪休假制度，杭州某些学校允许教师带薪休假，某些学校还允许教师在情绪不好的时候可以请假。诸如此类的制度明显蕴涵着人文关怀，体现了以人为本的管理理念。

拓展阅读
8-2

钱焕琦：教师职业道德素养全生涯培养模式的构建

　　培养教师职业道德素养应贯穿在教师职业的全生涯中。师德渗透到老师教学的方方面面。一个有师德的好老师首先是对学生要有仁爱精神。当代的社会发展更需要拥有善良、细致、真诚、稳重、宅心仁厚等多种良好师德品质的教师。"我们是不是可以把老师的比喻从'蜡烛'升华为'火箭'。老师如果没有很强的动力，是很难去推动学生成长发展的。在这一过程中，老师自己也要不断地学习、不断地成长。"培养教师的职业道德素养，不仅需要强化教师的角色意识，还需要培养教师的职业情感。这包括转变观念，重塑教师精

---

① 符德新：《以学生为本的准则》，《中国教育报》，2004 年 4 月 7 日。
② 鹰笛：《为学生有权申辩叫好》，《中国教育报》，2004 年 6 月 2 日。
③ 《杭州日报》，2004 年 5 月 20 日。

神:"红烛精神"升华为"火箭精神";改变传统课堂教学观念的影响,让课堂焕发出生命活力;改变传统教师形象的影响,全面体现教师职业的内在价值。

(根据钱焕琦教授在"责任与使命:当代灵魂工程师的道德担当"江苏第二师范学院"师德"主题论坛发言整理)

本章小结

学校管理伦理化,是现代社会对各级学校管理者的管理行为的基本愿望和条件。当前学校管理实践中存在着过分重视以物为基础的管理范式,而忽视了以人为本的管理范式,学校管理者和教育者道德失范现象大量存在。学校管理与伦理具有内在的一致性,伦理共同体、人性假设、伦理规范准则及伦理评判标准是学校管理的伦理基础,伦理在学校管理中具有价值导向功能、情感凝聚功能和精神激励功能。为实现学校管理伦理化,学校管理者必须树立以人为本的管理理念,关注师生的权利和发展,重视主体意识的唤醒,注重精神激励的管理方法。建立民主参与式的管理体制,发挥教代会的民主监督作用,畅通民主参与渠道。组建校务委员会,创建富有人文关怀的学校管理制度。加强管理者自身的素质修炼和学校的物质文化、制度文化和精神文化建设。能够为实现师生的自我管理和自我发展营造一个良好的育人环境,从而实现学校和谐、持续、健康的发展。

关键术语

学校管理   道德问题   伦理基础   学校管理伦理   实现路径

讨论与探究

1. 学校哪些管理制度压抑了师生工作的积极性和创造性?

2. 学校哪些管理制度体现了人文关怀?

3. 学校的教代会应发挥什么作用?

4. 全球三大旅游公司之一的罗森帕斯旅游公司出版了一本题为《顾客第二》的书,结果极为畅销,在学校管理中如果提出"学生第二",你认为如何,并陈述理由。

5. 结合本章内容,分析案例8-6:

案例8-6

2004年11月,江苏省教育厅组织的小学校长考察团,赴英国学习一个月,参观了30多所小学。英国很多学校的校舍还是维多利亚时代的建筑,外表显得非常陈旧。学校没有"像模像样"、"耀武扬威"的漂亮大门,几乎都是用不足一平方米的由木板制作而成的校牌,有点满脸疮痍,破旧不堪。上面写着学校的名称、校长的姓名、学校的联系电话、校长的联系方式。

出于好奇,就这个问题考察团有关人员曾问过十多名校长,他们的回答却惊人地一致,那就是只要校舍能够确保师生安全,他们都会节约使用。并且告诉我们,他们没有这笔"修门"的资金,就是有这笔资金也不想用于修大门,学校还有更多地方需要用钱,诸如教师再学习、再发展的校本培训需要钱,修缮孩子活动场所需要钱,改善教师生存质量需要钱,与家长联谊需要钱,孩子外出考察还需要钱等,"那样纯粹是资金浪费,浪费是可耻的"。

从近十名校长的"困惑"表情中、恳切的"话语"中更多地折射出他们的教育"内核",那就是教育高度关注人(师生)的发展,高度关注师生的生命成长的质量,即学校管理要关注教育的"本质"、教育的"灵魂"。

在考察团成员所看到的校园里,几乎所有校园内都没有豪华的设施,但校园却充满浓浓的"人本"味道、浓浓的教育的"味道"。所有的学校教师办公室都像一个"家",有点心、咖啡、沙发,甚至床、微波炉、洗衣机、冰箱等家电也是应有尽有……卡文迪许小学的校长说,这是为了让每个老师到了学校都有在"家"的感觉,把学校当成"家"。以教师为本,为教师的生命发展提供动力支持,学校才会有强大的生命力。

这里的学校都有偌大的绿草如茵的操场,还有大量孩子的"玩乐"场地,各种高低不平、形状各异的不规则的道路,蜿蜒曲折的"蛇形"小自行车跑道,别出心裁的高爬墙,温馨别致的"可可屋"等,孩子们的脸上写满了"快乐",孩子的本真、天性一览无余。

这里的学校都充分利用每一点有效的空间,或吊或挂各种各样的"作品",充满了浓浓的教育"味道"。比如在"Benchill Primery School"的教室里,墙上挂着班主任老师的爷爷奶奶的从小时候一直到老年的几十张照片及部分那个时代用的实物,据说这是教师在布置孩子们的研究课题"走进维多利亚时代",从服饰到头型,从食物到器物……看到孩子们面红耳赤、争论不休的"学究"样,我们闻到一股浓浓的"教育"芳香,由内而外,沁人心脾。

进一步阅读的文献/网站

1. 陈孝彬、程凤春主编:《学校管理专题》,北京师范大学出版社,2002年。

2. 戴木才著:《管理的伦理法则》,江西人民出版社,2001年。

3. 萧宗六主编:《学校管理学》,人民教育出版社,2000年。

4. 王家军著:《学校管理伦理论纲》,南京师范大学出版社,2006年。

5. 赵秀文:《"控制"还是"解放"——探问学校管理制度的根本价值诉求》,《当代教育科学》,2011年第4期。

6. 张家军:《学校科层式管理的困境及出路》,《西南大学学报(社会科学版)》,2009年第5期。

7. 龚春燕,董国平,蔡政权编著:《教学艺术:教育专家魏书生谈学校管理》,漓江出版社,2010年。

8. http://www.schoolabc.cn/。

章前导语

　　如果你想成为一个好老师，受人尊敬，要制定一份师德修养规划，那该怎么做呢？请拿出笔来，试着给自己定一份计划，把自己要达到的目标写出来，对照目标，列出具体的做法，要具有可操作性。计划定好了之后，浏览一下本章的内容，看看给自己定的目标和方法合适吗，还有没有其他更好的方法来提升自己的道德素养？

通过本章的学习,你能够

- 了解教师道德修养的概念和重要性;
- 掌握教师道德修养的目标,明确自身今后的努力方向;
- 理解教师道德修养的内容并能付诸行动;
- 学会运用正确的方法加强教师道德修养。

本章内容导引

- 道德修养与教师道德修养
  一、道德修养的含义及意义
  二、教师道德修养的含义及意义
- 教师道德修养的目标
  一、教师道德修养目标设计的依据和原则
  二、教师道德修养的目标体系
  　　(一)公民道德目标
  　　(二)教师道德目标
  　　(三)人的全面发展目标
- 教师道德修养的内容
  一、提高教师职业道德认识
  二、陶冶教师职业道德情感
  三、锻炼教师职业道德意志
  四、坚定教师职业道德信念
  五、培养教师职业道德行为和习惯
- 教师道德修养的方法
  一、中华民族传统修养方法
  　　(一)知行合一
  　　(二)自省慎独
  　　(三)好礼守节
  二、现代教师道德修养的方法
  　　(一)学习与实践结合
  　　(二)他律与自律结合
  　　(三)品质修炼与仪表修饰相结合

章导言

　　教师是人类灵魂的工程师。站在三尺讲台,我们要时时提醒自己,学高为师,身正为范。每一位教师走进教室,首先要思考的是:我应该成为什么样的教师,如何加强自身的师德修养? 因此,教师首先要确立科学合理的修养目标,要在提高教师道德认知、道德情感、道德意志、道德信念、道德行为和习惯方面下功夫,用传统和现代相结合的道德修养方法不断锤炼自己的道德修养,使人生境界得到不断升华。

第一节　道德修养与教师道德修养

一、道德修养的含义及意义

(一) 修养与道德修养

1. 修养的含义

修养的含义非常广泛,从词义上看:"修"是指整治、提高。"养"是指培养、陶冶。"修养"主要是指个人在思想、理论、道德品质和知识技能等方面所达到的水平,包括个人在行为举止、仪表风度、情感心态和待人处事方式上所表现出来的素质,既有修身养性、内化反省、感悟体验的意义,又有态度、能力和品质的内容。简言之:"修养"既是指一种境界,又指为达到这种境界而进行的锻炼、陶冶。其实质是使道德主体在不断改造、不断提高和不断完善的过程中,达到理想的品格和境界。

2. 道德修养的含义

道德修养指人们依据一定社会或阶级的道德要求,对自身道德意识和道德行为所进行的自我审度、自我教育、自我改造、自我完善的活动。对个人来说,加强道德修养是把一定社会道德准则转化为个体道德品质的重要手段和途径。对社会而言,道德修养是一定道德体系人格化和社会道德风尚得到改观的重要标准。二者的关系是:加强个体的道德修养,提高个体道德水平,有利于提高群体的道德素质。同时,社会整体道德风尚好,道德水平高,可以带动和促进个体道德修养水平的提高,从而形成良性循环,促进社会的物质文明、政治文明、精神文明、社会文明和生态文明的建设,促进人与人、人与社会、人与自然的和谐发展。道德修养的实质就是道德主体在社会生活实践中所进行的自我教育、自我锻炼、自我改造和自我提高的过程。

(二) 道德修养的意义

道德修养的意义重大,具体表现在以下五个方面:

1. 是时代发展的需要

当今社会科技发展迅猛,知识经济已经到来,科技与道德本是一对羽翼,从某种意义上说,道德"修养"更重要。因为高科技是由是否有道德修养的人来发明创造的,高科技的使用是由是否有道德修养的人来把握的。加之,经济全球化下的竞争"并不是一个纯客观的过程"[①]。经济全球化进程中的竞争,就其本质意义上来说也是道德素质和道德力的竞争,经济的全球化意味着经济建设将在各个领域、各个层面、各种利益关系之

---

① 李黑虎、潘新平著:《经济全球化对中国的挑战》,社会科学文献出版社,2001年,第410页。

间展开全方位的竞争。① 因而，提倡全球伦理，加强道德建设在今天和未来有着特殊的意义和功用。通过加强道德修养，可以使人们进一步认识在当今时代，保持人与人、人与社会、人与自然、人与自身的和谐发展，将关系到全社会、全人类生存和发展；可以促进人们超越经济和道德的二律背反，使经济和道德之间形成相互间的融洽和良性的互动，人们将自觉地实现"经济人"和"道德人"的有机结合。

2. 是完善自我的需要

一个国家有自己的形象，一个人也有自己的形象，这种形象是一个组合。个体要素的优化，其和远远大于整体，个体形象的完善，有利于群体素质的提高。被称为"学界泰斗，人世楷模"的蔡元培主张"完全人格教育"。他认为，人生来就有吸取知识、修养德性的能力，"只有培养发展人格才能实现"人的发展至善的可能性。他通过提倡完全人格教育，并把人格的培养作为教育的目的，是为了解决中国存在的问题，这对中华民族新一代的成长有着重大的影响。② 我们今天所倡导的道德修养也重视人格形象的塑造，它强调从我做起，完善自我。从全社会、全人类来说，加强道德修养，提高道德素质是当务之急。道德修养的内容和意义极为丰富，但是就目前而言，树立远大理想，培养敬业精神，增强责任感，提高劳动积极性显得尤为迫切。当今，人们生活在知识爆炸、文化丰富的环境中，为了适应生存、适应发展，为了提高生活质量，发展和完善自我，人们必须吸收新思想、新文化、新知识、新技术、新学说。由于社会生活中的人，不可避免地要受到种种限制，例如时代、阶级的局限性，民族、家庭的局限性，知识、能力的局限性，职业、地位的局限性，性别、性格的局限性，等等，这些局限性可以通过道德修养来弥补，以减少盲目性。因此我们应着重以思想、政治、道德为主轴，在文化、知识、精神等方面加强修养，以便在知识经济时代，更好地协调个人与他人、与社会、与自然、与自我的关系，更有效地提高修养的自主性、自觉性、自为性，逐步达到完善自我的境界。只有通过加强道德修养，才能使社会的成员不断超越实然，走向应然，从必然走向自由。

3. 是实现现代化的需要

现代化的社会需要现代化的人，人的现代化需要在教育现代化的环境中培育锻造，而教育的现代化不仅是硬件的现代化，更重要的是软件的现代化。其中，观念的现代化更重要。例如要在教育实践中探索和发展新的教育理念，如何实施教育系统工程，如何办教育，教育什么，等等，都需要重新思考，重新梳理，才能适应教育现代化的要求。1996 年联合国教科文组织的调研：《教育——财富蕴藏其中》指出，当今世界，教育在个人生活中的地位越来越重要，它在促进现代化社会发展方面的作用越来越大。当今社会终身教育已成为一种重要的国际性思潮，这不仅拓展了教育的时间，同时也延展了教育的空间，教育社会化和社会教育化成为社会的主要潮流。在这样的社会，没有现代化的教育观念，很难说是现代化的人，没有现代修养的能力，很难说能适应教育现代化的需要。修养从某种程度上使人学会认知、学会做事、学会沟通、学会生存。修养是全面的、终身性的，它与终身性的教育思潮，互为作用，互为影响，促进人类社会的文明和完善。

---

① 王小锡主编：《应对经济全球化进程中的道德挑战》，《道德与文明》，2002 年第 1 期。
② 钱焕琦主编：《中国教育伦理思想发展史》，改革出版社，1998 年，第 37 页。

4. 是发展社会主义市场经济的需要

有人认为,搞市场经济不需要道德,不需要修养。事实上,西方国家在发展市场经济的初期,只看重金钱,只围绕金钱转,结果社会生产力高度发达,而道德沦丧;物质产品极为丰富,而人格异化;物质文明大力提升,而社会问题极为严重。马克思、恩格斯指出,资产阶级在不到一百年的阶级统治中所创造的生产力,比过去一切时代创造的全部生产力还要多,还要大。资本主义市场经济带来的社会生产力的变化是过去历史上任何时候都无法比拟的。同时,它带来的道德贫困和堕落也是前所未有的。即使是经济发达的西方也把目光转向东方——中国,追问为人类文明、和谐发展作出突出贡献的"天人合一"的价值意义。我们是社会主义国家,在社会主义国家发展市场经济更需要坚持社会主义道德原则和核心,要在遵守法则的同时,用道德来自觉调节各种关系,保证社会主义市场经济有序发展。因此,加强道德修养,提高修养水平,对建设社会主义市场经济有着特殊的意义。

5. 是建设中国特色社会主义的需要

自古以来,中华民族生生不息,以修德著称,以修养闻名,自强自立,创造了华夏文明,同时也为世界文明作出了辉煌的贡献。当然,道德是意识形态之一,它不是社会存在,更不是超越人类社会之外的东西,而是由社会物质生活条件所决定的,是"物质生活过程的必然升华物"[①]。关于道德的基本问题,在马克思主义之前,没有获得过科学的解释。马克思、恩格斯第一次揭示了道德的起源、本质及道德发展的规律,确立了科学的道德观,提供了道德问题的辩证唯物主义和历史唯物主义的方法论。

马克思、恩格斯关于道德的基本观点包括:道德具有历史性和阶级性,具有继承性和开放性。今天,我们谈道德修养,当然离不开社会性和阶级性,离不开继承和创新。不同的社会和阶级,不同的民族和国度,修养的内容和方法不一样。我们是社会主义国家,要实现共产主义的远大理想,必须坚持以为人民服务为核心,以集体主义为原则,加强公民道德建设,提高公民道德修养的能力和自觉性,提高公民的整体素质和综合国力,努力促进社会主义的物质文明、政治文明、精神文明、社会文明和生态文明的发展,为建设中国特色的社会主义而努力。

二、教师道德修养的含义及意义

在当今社会,教师不遵守职业道德的现象比较常见。如,教师违规索取或收受学生钱物、组织或强制学生参加有偿补课、不能公平公正对待学生,甚至歧视或侮辱学生人格,这些问题已经成为师德建设领域的突出问题。国家制定《中小学教师违反职业道德行为处理办法》(征求意见稿),对教师失德行为的处理有了标准和法律依据。文件的出台,意味着师德建设已经刻不容缓,在新的历史时期,加强教师道德修养,提高教师职业道德水平,具有重要的意义。

(一)教师道德修养的含义

教师道德修养是指教师为了培养高尚的师德所进行的自我审度、自我教育、自我锻

---

① 《马克思恩格斯全集》(第3卷),人民出版社,1960年,第29—30页。

炼、自我改造和自我完善的活动及其所达到的师德水平和精神境界。从内涵上来看,教师道德修养包括两个方面:一是教师在仪表、谈吐、礼仪、气质等方面的学习、体验和反省等心理活动和实践活动,这是外在意义上的修养。二是教师经过长期的努力之后,在思想、品德、情操、知识、技能等方面所达到的教师道德水平和教师道德境界,这是内在意义上的修养。教师道德修养与教师道德教育不同,教师道德教育是各级教育部门有组织、有计划地对教师进行道德教育的活动,道德教育体现了社会对教师的要求,而教师道德修养无论是从外在意义上,还是从内在意义上来说,都是指教师的自我修养,是教师自觉地对自己进行审度、教育、锻炼、改造和完善的过程,道德修养体现了教师对自身的要求,高度的自觉性是道德修养最主要的特点。教师道德修养与教师道德教育既相互区别,又密切联系,二者相辅相成,共同促进教师道德水平的提高。

（二）教师道德修养的意义

1. 师德修养是教师个体职业道德品质形成和发展的要求

教师道德品质的培养,可以通过多种方式和多种途径进行,其中道德教育是前提,道德实践是途径。但是无论何种形式的教育,更具有决定意义的还是教师个人的修养。教师道德教育作为有目的、有计划的影响,是培养教师道德品质不可缺少的外部条件。但是事物发展的根本原因,不在事物的外部而在事物的内部,在于事物内在的矛盾性。教师道德品质的培养不可能只靠外部的教育和影响,还需要通过内部的因素起作用,外部的影响和教育只有通过教师个人的自我修养才能达到效果。教师在加强师德修养过程中,必须努力提升个体的职业道德品质,并根据社会所需要的师德品质要求,结合自己的实际情况,自觉进行自我教育、自我锻炼和自我提高。

2. 师德修养是教育现代化对教师的要求

教育的现代化,关键是人的现代化。人的现代化主要是思想和观念的现代化。当今世界,教育面临极好的机遇,但也面临前所未有的挑战。这主要是在人才培养的理念、方式、内容、途径等方面受到了从未有过的挑战。因而,教师的师德修养,被赋予了新的内容。如果一个教师具有较高的师德修养水平,他应该懂得用现代的教育思想指导自己的教学,用科学的教育规律创造性地开展教育;如果一个教师具有较高的师德能力,他应该懂得用前沿的科学知识丰富学生的头脑,用现代的教育技术手段去调动学生的学习积极性;如果一个教师具有较高的师德境界,他应该用真诚的爱心去关怀学生的健康成长。教育现代化要求教师加强师德修养,具有良好的师德,这样才能有助于在教学中提高教学质量和教学效果;有助于在与学生交往中以思想影响思想,以品格影响品格;有助于在和学生进行交流时,给学生提供科学知识和最新信息,教给学生方式方法;有助于在给学生传授知识的同时,教给他们如何做人、如何适应社会、如何面对人生;有助于在进行创造性教学过程中,培养学生的创新意识、创新精神和创新能力;有助于教师在育人过程中,更好地服务学生、关怀学生。一个具有高尚师德的教师必定在人才培养方面有自己的特色,有突出的贡献。要适应教育现代化的需要,必须加强师德修养。

3. 师德修养是社会对教师的要求

加强师德修养也是适应社会发展的要求。学校是社会主义精神文明建设的重要基地,教师是精神文明的倡导者和推行者。教师的师德状态不仅广泛影响在校学生,而且会通过学生影响学生家长乃至整个社会。随着时代的发展和基础教育改革的推进,整个社会对教师的师德修养提出了更高的要求。一方面,教师要及时转变传统的教育观念,根据课程改革的精神和学生的发展需要,努力提升自己的教育技能,不断探索新的教育方式和方法。另一方面,教师要根据自身特点和学校教育要求,立足学校生活和教育教学实践,加强自我教育和自我修养,不断提高自己的师德水平。

案例 9-1

从父亲身上读教师精神

孟二冬是一位以顽强的毅力、豁达的态度、扎实的工作和深厚的学问赢得无数尊敬的教师。他用"上好每一节课"的朴素信念诠释了教师职业的深刻内涵。孟二冬女儿孟菲说:"爸爸一生最惦记的是他的学生。"孟菲清楚地记得爸爸最后两次谈话的内容:一次是问他最着急的事情是什么?他说自己带的几个学生要毕业,心里着急,惦记着指导他们的毕业论文,要为他们制定研究方向和毕业论文框架。还有一次是北大中文党委书记蒋朗朗来医院,当时孟二冬刚刚按过镇痛泵,昏睡了过去,蒋朗朗就在旁边等了半个小时。孟二冬醒来后,就跟蒋朗朗谈起今年报考自己博士的学生。对于今年报他的博士有几个人、分别叫什么名字、他们每个人有什么特点、他们的硕士论文做了什么等等细节,孟二冬都了如指掌,记得很准确。那次谈话谈了半个小时,孟二冬吐字竟然很清晰,蒋朗朗当时还开玩笑说:看这镇痛泵按的!昏迷了半个小时头脑还这么清晰!那两次谈话之后,孟二冬的病情很快恶化,他的双耳逐渐失聪,吐字非常困难,经常处于昏迷状态。4 月 15 日晚 8 点 30 分左右,孟二冬醒了。那时候他一直使用镇痛泵,眼睛看不见了,舌头也卷,说话不清楚,"几点了?"孟二冬问。得知时间后,孟二冬断断续续地说:"打电话……每人 30 分钟……"还用手比画,"快……快……快!"看得出挺着急。孟菲说:"我们在北京没有什么亲戚,我知道爸爸指的是他的学生。天亮了,我们把他的学生找来,可从那以后,他再也没有开口说过话。2006 年 4 月 22 日,他永远地离开了。"

(资料来源:改编自《孟二冬女儿孟菲的述说:从父亲身上读教师精神》,《中国教育报》,2006 年 9 月 14 日)

拓展阅读 9-1

卢丽君在中国教育报上发文说,北京大学中文系教授孟二冬是为人为师的完美融合。他的导师袁行霈先生这样评价他的弟子:孟二冬为人清正刚毅、治学勤勉踏实。他在承诺一件事情的时候,话是如此之淡,以至不敢确定他是否真的想做;而在做的时候却肯于花如此多的气力,以至生怕他过于劳累,这样的人太值得信任了。孟二冬在中文系担任学术刊物《国学研究》的秘书,平时有很多细致的行政事务。他给每一篇文章的作者都认真回信,细致地给信封口、粘邮票。他的妻子看他劳累,提出帮他粘邮票,可是孟二冬担心她粘得不够端正,坚持自己来做,他从每一个细节中都体现出对人的一种尊重。他的学生、同事、朋友经常提到,每次去医院看盂二冬,虽然他的样子日渐憔悴,但是他的精神状态之好总是出人意料。他谈笑风生,从不回避自己的病情;他很幽默,常拿自己开玩笑。正是在病榻上的这一年多里,盂二冬新招了三个博士生和两个硕士生,送走了三个硕士生,并亲自辅导了他们的毕业论文写作;北大教务部副部长方新贵教授说:大年三十晚上漫步北大校园,能看到理科楼、实验楼等很多楼里,亮灯的教室还在三分之一以上,许多老师和学生还在加班。像盂二冬这样的老师,北京大学还有许许多多。三年前,数学系有一名身患绝症的教授,在去世前20天,还要求学生用担架把他抬到考场监考。院里要求他停止上课在家休息,而这名教授说,只有当我站在讲台上,我才觉得我的生命是有意义的。就在不久前,在陕西周公庙遗址第二期考古发掘中,北京大学考古文博学院一名长期在野外摸爬滚打的教授,因为忘我工作被埋在了坍塌的土层里,后来是被学生扒出来才得以获救。正是这样的氛围,孕育出了以盂二冬为代表的优秀教师群体。在市场经济大潮涌向学校的大环境下,名与利的诱惑却没有动摇这些默默无闻地耕耘着的教师们。在三尺教坛之上,在著书立说之中,在为人处世之间,他们以文化的深厚蕴涵与坚韧的理想信念,树立着当代教师的坐标。

第二节　教师道德修养的目标

教师道德修养的目标是对教师道德修养预期结果的一种价值限定和观念化形成,反映了教师自我锻炼、自我教育、自我陶冶的要求和所要达到的精神境界,规定了教师应该具备的道德标准,影响着教师道德修养内容的确定以及途径和方法的选择。在整个道德修养活动过程中,目标起着主导性作用。加强教师道德修养,首先要明确教师道德修养的目标。教师道德修养目标的确定有利于教师道德修养始终沿着正确的轨道进行,有利于教师科学地选择教师道德修养的内容、途径和方法,切实提高教师的师德水平。

一、教师道德修养目标设计的依据和原则
(一) 教师道德修养目标设计的依据

为了保证教师道德修养目标的科学性,设计教师道德修养目标体系要建立在一定的依据基础之上。

首先,由各级国家机关制定的具有不同效力的相关法律、法规和条例是我们制定教师道德修养目标的法律依据。《教师法》、《教师资格条例》、《公民道德建设实施纲要》等法律法规规定了教师的权利和义务,并对教师的素质提出了具体要求。我们在设计教师道德修养的目标体系过程中必须以相关的法律、法规和条例的精神为导向和依据。

其次,素质教育的发展要求是我们制定教师道德修养目标的现实依据。随着时代的发展和社会的进步,中国基础教育正在实现从应试教育向素质教育的深刻转变,要实

现和完善素质教育体系,关键是教师的职业道德素质和职业能力素质的全面提升。在基础教育过程中,教师自身的言行举止和道德修养对学生的道德认知的获得、道德情感的陶冶、道德意志的锻炼和道德行为的养成都会产生深远的影响。因此,我们在制定教师道德修养的目标体系过程中必须以素质教育的具体要求为现实依据。

(二) 教师道德修养目标设计的原则

教师道德修养目标体系的设计必须遵循以下三个原则:

第一,坚持广泛性和先进性相结合的原则。

教师道德修养目标的设计必须遵循广泛性和先进性相结合的原则。所谓广泛性是指所设定的教师道德修养目标体系必须蕴涵为所有教师普遍接受的共同理想人格和道德观念。而先进性是指所设计的教师道德修养目标具有一定的难度,教师必须要通过自身努力才能基本达到的境界。广泛性要求是先进性要求的前提和基础,先进性要求是广泛性要求的延伸和导向。广泛性和先进性相结合,决定了教师道德修养目标的层次性。

第二,坚持定性和定量相结合的原则。

教师道德修养目标体系的设计要遵循定性和定量相结合的原则。教师道德修养目标的内容要明确而具体,具有直观性和可操作性。对目标体系中的各项指标尽可能量化,无法量化的就采用定性分析的方法。坚持定量和定性相结合的原则,教师道德修养的目标更具有可测性。

第三,坚持继承优良道德传统和弘扬时代精神相结合的原则。

教师道德是在继承和弘扬中华民族优良道德传统的基础上形成和发展起来的,教师道德修养的内容和方法在传统道德中都有体现。时代精神是在新的历史条件下产生的,体现民族特色、顺应时代潮流的思想观念、行为方式、价值取向、精神风貌和社会风尚的总和。在新的历史时期,改革创新是时代精神的核心。因此,设计教师道德修养目标体系,既要体现中华民族优良道德传统,又要反映时代特色,弘扬改革创新的时代精神。

二、教师道德修养的目标体系

教师道德修养具有明确的目标体系。由于教师道德修养过程是教师道德认识、道德情感、道德意志、道德信念、道德行为和习惯诸要素相互制约、相互影响、相互作用的过程,个体原有的道德水平与社会道德要求之间发展的不平衡,使得教师道德修养的目标体系呈现出明显的层次性特点。

(一) 公民道德目标

教师道德修养的基础目标是公民道德目标。教师首先是公民,教师应该通过自觉的道德修养成为一位合格公民,具有公民的健全人格和基本素质,这体现了教师道德目标设计的广泛性原则。2001年中共中央印发的《公民道德建设实施纲要》,第一次系统提出了"爱国守法、明礼诚信、团结友善、勤俭自强、敬业奉献"的公民基本道德规范,这20字基本规范,既继承了中国优良道德传统和中国革命道德传统的精华,又具有鲜明的时代特色,体现了新的历史条件下对道德建设的新要求,这是目标体系设计原则在教师道德修养目标中的具体体现。

　　公民基本道德规范涵盖了社会生活的各个领域,适用于不同的社会群体,具有广泛的社会基础。在我国公民中,教师是素质较高的一个社会群体,更应该模范遵守"爱国守法、明礼诚信、团结友善、勤俭自强、敬业奉献"的基本道德规范。"爱国守法",规范了公民与国家之间的关系,强调公民要培养高尚的爱国主义精神,树爱国心、立报国志、做爱国者。法律是反映统治阶级意志,由国家制定或认可,并以国家强制力保障实施的行为规范的总和,遵守宪法和法律是每个公民应尽的基本义务,也是对每个公民的基本道德要求,依法治国是国家的基本方略,全体公民都要自觉学法、懂法、用法、守法和护法。教师要教书育人、为人师表,更应该自觉做到爱国守法。广大教师在教育教学活动过程中要自觉遵守《教师法》、《教育法》、《义务教育法》等法律法规,明确自己的权利和义务,严格依法执教。"明礼诚信",规范了人们在公共生活中的道德行为,强调公民应文明礼貌、诚实守信、诚恳待人,它是人与人之间相互尊重、友好合作关系的充分体现。诚实守信是中华民族的传统美德,孔子说,"人而无信,不知其可也"[①],他还强调"民无信不立"[②]、"与朋友交,言而有信"[③]。我国传统道德中的诚信,讲的是言必信、行必果,言行一致,表里如一,讲究信用,遵守诺言。在今天,诚实守信依然是我们的"立身之本"、"举政之本"、"进德修业之本"。诚实守信是我们每个人立身处事应该要遵守的基本准则,对教师而言,诚实守信更加重要,教师的诚信品质对学生将会产生潜移默化的影响和作用。"团结友善",规范了公民与公民之间的道德关系,强调公民之间应和睦友好、互相帮助、与人友善。对教师来说,"团结友善"就是同事之间要相互尊重,团结协作;对学生要友善,要尊重、爱护、信任每一个孩子;与学生家长要加强沟通和交流,教师只有与家长团结协作,才能形成教育合力,共同促进学生的健康发展。"勤俭自强",是对公民个人提出的道德要求,强调公民应努力工作、勤俭节约、积极进取。教师通过师德修养,要有意识地生成节约观念和进取精神。"敬业奉献",规范的是公民和职业、公民和社会之间的道德关系,强调公民要忠于职守、克己奉公、服务社会。教师的敬业精神和奉献意识是公民道德目标的最高境界。

　　公民道德目标也是所有教师道德修养的最低目标,公民基本道德规范应该成为每个教师内心深处必须知晓、信奉并能践行的道德要求。从整个社会的普遍性立场来看,如果所有的教师都能自觉按照公民基本道德规范的要求加强自我修养,同时又能按照分层递进的道德修养目标体系,不断向更高道德境界攀登,那么我们整个社会的道德风貌都会有明显的改善,这对于促进我国社会整体道德水平的提高具有重要的意义。

(二)教师道德目标

　　教师的身份不仅仅是一位公民,他还被誉为"人类灵魂的工程师",太阳底下最光辉的职业,教育家夸美纽斯说过:"太阳底下再没有比教师这个职务更高尚的了。"因此,从教师道德修养的角度出发,师德修养的目标不能仅仅停留在公民道德目标的层次上,教师还应该有更高的道德追求。教师道德目标是指教师在加强道德修养过程中必须与教

---

① 《论语·为政》。
② 《论语·颜渊》。
③ 《论语·学而》。

师职业特点相适应,要反映教师劳动的特殊性。一般说来,教师通过自我修养所要努力实现的教师道德目标就是培养优良的教师道德品质。

1. 教师道德品质的内涵

所谓道德品质就是我们通常所讲的品德或德性,是指个体在道德意识和道德行为中表现出来的比较稳定的特征和行为倾向,它是一定的社会或阶级的道德原则、规范在个体道德意识和道德行为中的具体体现,也是一定的社会或阶级对道德行为主体在道德意识和道德行为方面的总体评价。个体道德品质的养成是一个长期的过程,往往要经过行为的服从、心理认同和规范内化等几个阶段,才能形成良好的道德品质。道德品质一旦形成,就具有相对的稳定性。教师道德品质是教师在长期的教育教学实践活动中形成和发展起来的,在个体的道德意识和道德行为中所表现的比较稳定的特点和倾向,它集中体现了教师职业道德的原则和规范,反映了教师道德素质的具体要求。

2. 教师道德品质的形成和内容

教师道德品质的形成和发展是一个复杂的过程,它是教师在教育教学实践活动中,经过个体的主观努力和思想斗争,自觉将社会对教师的道德要求内化为教师个体的道德品质的过程。在教师道德品质的形成过程中,教师道德修养是内在基础和主观条件,教师道德教育是外在因素和客观条件,而教师的社会实践则是将主观和客观因素联系起来的桥梁,具有决定性意义。教师道德品质的形成尽管复杂而漫长,但道德品质一经形成就具有相对的稳定性,更为关键的是,教师的道德品质是教师道德修养的根本目标,只有提高教师的道德品质,教师道德修养才能实现更高级的目标"促进人的全面发展"。

对于教师而言,在完善自身职业道德品质的过程中,还应该探讨教师到底应该具备怎样的道德品质? 首先,我们可以就青少年学生对教师道德品质的要求作一个初步的了解,这样会使道德品质的提升更具有针对性。美国专家的调查结果表明,学生最喜欢的教师的品质是:友善的态度;尊重课堂内每一个人;有耐心;兴趣广泛;良好的仪表、语调和笑容;公正。日本学者的研究认为,学生所喜欢的教师品质有:理解信赖学生;亲切、平易近人;公正;教得清楚;开朗。苏联学者的研究结果表明,学生喜欢的教师品质主要集中在:讲课生动有趣、通俗易懂;平易近人;对待学生公正、客观;渊博的知识;善于维持纪律等。我国一项对湖南株洲地区、娄底地区 18 所中小学进行的调查结果表明,学生喜欢的教师品质为:对工作认真负责,一丝不苟;有耐心,不易发脾气;幽默,性格开朗;待人诚恳,平易近人;知识渊博;讲课生动有趣,课堂气氛活跃;对学生客观公正,不歧视后进学生等。在调查过程中还了解到,广大学生最不喜欢的品质依次为:脾气不好,没耐心;对学生偏爱,看不起后进学生;上课时只顾自己讲,不与学生交流;过于严肃,难以接近;对工作、对学生不太负责任。①

这些研究成果部分地反映了不同时期、不同国家和地区的中小学生对教师品质的要求,既有一定的共性,也表现出一定的差异。这是由于不同国家的社会经济发展水平、各国的历史传统和文化发展的不同造成的,因为从本质上来说,学生对教师品质的

---

① 刘初生、蔡首生、吴彦泽:《"中小学生对教师品质要求"调查结果与分析》,《株洲师范高等专科学校学报》,2004 年第 6 期。

要求属于人们的思想范畴,归根结底还是由社会的物质生活条件来决定的。随着社会的发展,学生对教师的要求也会相应地发生变化。不过我们也看到,有些要求是共性的,不仅国外的学生有这样的要求,中国的学生也不例外。

具体说来,教师应该具备的职业道德品质内容十分丰富,主要有以下几个方面:第一,诚实守信,这是教师为人处世的基本品格。教师是学生的道德楷模,总是以自己的品格影响学生的品格,以自己的灵魂塑造学生的灵魂,因此,教师首先要做到诚实守信。第二,自尊自强,这是教师追求完善人格、坚定崇高信念的优秀品质。自尊是指教师要注意自身形象,自觉遵守教师道德规范,维护教师的声誉。自强是指对自己严格要求。第三,尊重学生。每个人都有尊重的需要,所有的学生都渴望得到老师的尊重,然而现实生活中教师不尊重学生的情况比比皆是,学生的尊严受到践踏的事件也时有发生。尊重学生,这是教师应该具备的优秀品格。尊重和关爱、宽容、公正是紧密相关的。第四,敬业奉献,是教师对自己的工作认真负责的敬业精神和献身教育事业的优秀品格。当教师将社会所倡导的敬业精神和奉献意识内化为自己的道德品质时,对工作认真负责、一丝不苟,对教学技能刻苦钻研、精益求精将成为教师的自觉行为。第五,开拓创新,这是教师解放思想、奋发进取的良好品格。

(三)人的全面发展目标

人的全面发展目标是指教师通过自我审度、自我教育、自我锻炼、自我改造和自我完善的活动,在促进教师自我全面发展的基础上,最终实现学生的全面发展目标。教师道德修养要以推进人的全面发展为最终目标和根本归宿,这体现了教师道德目标设计的先进性原则。人的全面发展不仅是社会主义的本质要求,也是人类社会历史发展的必然趋势。马克思、恩格斯奋斗一生所追求的共产主义社会就是"以每个人全面而自由的发展为基本原则的社会形式"。马克思还指出,我们每个人的自由发展是其他一切人自由发展的条件,因此,在教育领域中所强调的人的全面发展,既包括教师的全面发展,也包括学生的全面发展。

在不同的历史时期,由于时代特点和人的素质的实际状况不同,人的全面发展的内涵也不尽相同。马克思、恩格斯早年所提出的人的全面发展,主要是强调人的体力和智力要得到全面发展,这是针对当时旧式分工造成的体力劳动和脑力劳动的对立而言的。今天,人的全面发展的核心是人的素质的全面提高,人的素质包括人的思想道德素质、科学文化素质和身体心理素质。加强教师道德修养的关键是通过全面提高教师个体的思想道德素质、科学文化素质和身体心理素质,在实现个人的全面发展的基础上,引领和实现所有人的全面发展。人的全面发展的根本任务在于充分发展个性和才能,个性包括个体所特有的生理和心理素质、思维和行为方式等,才能是指个体的各种能力,诸如人的体力、智力、思维能力、感觉能力等。值得注意的是,人的全面发展的实现将是一个长期而复杂的历史过程,教师道德修养的过程也是一个相对漫长的过程。促进人的全面发展虽然艰辛而复杂,但是由于"人的全面发展是教师劳动的根本目的,是教师职业道德的最高境界"①,人的全面发展应该成为所有教师道德修养的最高目标和永恒

---

① 杨贤金、石凤妍著:《师德新论——以德治教与师德建设》,江苏教育出版社,2004 年,第 265 页。

追求。

　　总之,教师道德修养的目标之间是层层递进的关系,每个教师应该根据自身的实际情况,确立切实可行的修养目标,努力实现自身师德从无到有的突破和从现有层次向更高境界的提升。

案例 9-2

近看远行的孙维刚[①]

　　孙维刚生前系全国著名数学特级教师、全国十佳师德标兵。孙维刚从1962 年开始任教于北京二十二中学,历时整整 40 年。自 1980 年开始,他进行了从初一到高三的三轮半六年一循环教学教育改革实验,第一轮、第二轮、第三轮实验班的学生,高考成绩一届比一届出色:第一轮班,除 1 人外,高考全部上线;第二轮班,40 人中 15 人考入北大、清华;第三轮班,40 人中的 22 人升入清华、北大。尽管这些学生升入初中时大都考不上重点校,但经过孙维刚 6 年的培养,不论是在大学里,还是毕业走上工作岗位,都是全面发展、备受称赞。

　　孙维刚坚持德育为首,把培养孩子具备美好人品的工作作为自己人生最伟大的事业。孙维刚的学生吴韦山说:"开学那天,我才知道,对于学生来说,有比学习更重要的事情,那就是品德的培养。"学生历程远还记得,一次数学测验他得了班里唯一的满分。但卷子发下后,他才发现少扣了一分。谁不想拥有这个满分呀!但是他主动找孙老师减去了一分。因为,诚实、正派、正直之风,已经深入全班每个孩子心中。在孙维刚的班上,即使在考试时无人监堂,也不会有一个学生作弊。"诚实,正派,正直;树立远大理想,为人民多作贡献;做有丰富感情的人,要因为我来到这个世界上,使别人生活得更幸福。"这既是孙维刚的建班原则,也是他的育人原则,更是他的做人原则。

　　如何建设一个良好的班集体? 孙维刚爱引用一句话:"浇菜要浇根,教人要教心。"孙维刚是这样"教"的:只要不外出,他基本上每天参加值日扫除;大扫除他会到厕所干拧墩布的脏活儿;学生有病,他亲自送他们上医院;他做错了事,或哪怕心里错怪了谁,都会在全班面前检讨……在孙维刚眼里,爱学生超过爱自己的生命。"每当我来到孩子们中间,我的心我的情就全被他们占有了。我爱孩子们,从他们的每一个进步中我享受到了金钱买不来的幸福。"孙维刚的学生王一回忆说:"我们班同学有良好的修养,来自孙老师每天上下班都和看门的老大爷亲切地打招呼;大家严格遵守纪律,来自孙老师迟到了便向我们做检讨甚至到教室外面罚站;我们班坚持男生每天跑 1500 米,女生跑 800米,因为孙老师会和大家一起跑;大家喜欢文艺活动,因为孙老师会和我们同唱、同奏、同台表演……"曾有三所高校以优越的条件调孙维刚去任教,他不为所动;领导多次安排重要岗位给他升迁的机会,他痛快地拒绝了。出去作报告,他总会说,二十二中是他成长的沃土,"孙维刚教改实验"是一项集体教育实验。孙维刚最喜欢建班原则中的第三条——要因为我来到世界上,而使别

---

① 改编自续梅:《近看远行的孙维刚》,《中国教育报》,2005 年 1 月 24 日,第 4 版。

人过得更幸福。即使是在他的追悼会上，播放的也不是哀乐，而是他生前最喜欢的《莫斯科郊外的晚上》。因为他不愿意给人们带来一丝悲凉。

孙维刚无论走到哪里，介绍自己时总是说："我叫孙维刚，北京二十二中数学教师，班主任。"一分坦然，一分自豪。远行的孙维刚，微笑永存，精神永驻。

第三节　教师道德修养的内容

教师道德修养的目标和内容是密切相关的，目标决定内容，内容体现目标。也就是说，教师道德修养的目标决定和制约着教师道德修养的内容，在教师道德修养目标的指引下，明确教师道德修养的内容并付之以行动，才能最终实现教师道德修养的目标。教师道德修养说到底就是培养教师良好道德品质的过程。而构成教师道德品质的基本要素是道德上的认识、情感、意志、信念、行为和习惯。因此，教师道德修养的内容包括提高师德认识、陶冶师德情感、锻炼师德意志、坚定师德信念、培养师德行为和习惯这五个方面。

一、提高教师职业道德认识

教师职业道德认识是教师对职业道德知识和理论的理解和掌握，是进行师德修养的起点和前提。从知与行的关系看，认识是行动的先导，"知"的问题不解决，在行动中就好像是盲人骑瞎马，夜半临深池。

提高教师职业道德认识，主要包括三个方面。一是对教师职业道德价值的认识。教师首先要认识到师德修养对今后有序开展教育工作所具有的重要意义和价值。师德修养非常重要，它不仅关系到教育教学工作的成败，还关系到学生的全面发展、更关系到祖国的发展和民族的未来。如果一个教师能够认识到教育在社会主义现代化建设中的战略地位，认识到教师所肩负的历史重担，认识到师德修养对于完成教育任务的重要价值，他就会产生强烈的社会责任感。可以这样说，一个教师只有充分认识到师德修养的价值，认识到自己为什么要这样做，他才有可能将外在的教师道德要求变成自己内在的需要和自觉的道德行为。教师道德修养的关键在于自觉性，对教师职业道德价值的认识是教师自觉加强师德修养的前提。二是对教师职业道德规范原理的认识。师德修养不是一个盲目的自发的过程，而是一个有目的的自觉的过程。加强师德修养，必须引导教师学习和理解教师职业道德的内涵和基本原则，熟悉和掌握教师的基本道德规范，了解教师在工作中要面临的各种基本关系和处理这些关系时面临的基本问题和基本矛盾。全面掌握学校和社会对一个称职教师的基本师德要求，这是师德认识的主要内容。三是提高教师职业道德的判断能力。道德判断能力是指人们运用已经掌握的道德规范对自己和他人的行为进行是非、对错、善恶评判的能力。教师职业道德的判断能力是教师运用师德规范对自己和其他教师的行为进行善恶判断的能力。提高教师职业道德判断能力，有利于教师在复杂多变的环境下作出符合师德规范要求的正确的道德判断和行为选择,有利于增强教师道德自律和自我提高的意识和能力。

　　总之,教师要形成良好的道德品质,就必须不断学习和掌握教师职业道德知识,深刻理解教师职业道德原则、规范和范畴,努力提高对教师职业道德的认识,把道德规范、准则逐步内化成为教师从事教育事业的行为准则。只有这样,才能使教师明晰职业活动中的是非善恶,才能自觉选择哪些是应该做的,哪些是不应该做的,从而增强履行教师职责和职业道德义务的自觉性。提高师德认识是进行师德修养的思想基础,没有前者,就不可能将师德修养自觉进行下去。

二、陶冶教师职业道德情感

　　教师是一份特殊的职业,选择了教师,就选择了对学生的爱、责任和关怀。案例9-3中的两位班主任老师曹爱芬、李静芬用她们对每一个学生负责的态度让三条生命化险为夷,这看似偶然,实则必然。这一事件反映了两位老师对学生认真负责的道德情感,它是教师道德修养的重要内容。人的行为不仅受思想的支配,也受情感的驱使。在加强教师职业道德认识的基础上,陶冶高尚的师德情感,是师德修养的重要内容之一。人非草木,孰能无情? 每个人都生活在一定的社会中,丰富的社会生活时时刻刻为人们提供着丰富的情感体验,使情感生活成为人类生活的重要组成部分,而道德情感更是表现出人类对高尚情感的追求,这是人性至善至美的体现,只有具备丰富的道德情感的人,才是一个高尚的人,一个值得社会和他人尊敬的人。教师职业道德情感是教育工作者根据一定的教师职业道德观念,在处理相互关系、评价某种行为时所产生的内心体验,它在师德品质的培养中起着重要的催化和调节作用。教师道德情感既是把教师的师德认识转变成师德意志和师德行为的持续动力,同时也具有评价行为和调节行为的作用。在师德实践中,教师总要对自己或他人的道德行为进行评价。这种评价,既包括认识上的判断,也包括情感上的好恶。教师需要通过来自社会或自己的不同情感态度来及时反省自己的言行,调节自己的师德认识和师德行为。

　　在师德修养的过程中,教师要努力培育的情感主要有"对教育事业的追求;对学生的热爱;对同事的尊重和友谊、热情;自尊感;责任感"①。对教育事业的热爱和追求是一种高尚的职业道德情感,教育是一项崇高而伟大的事业,它关系到人才的培养和整个国民素质的提高,关系到我们民族的振兴和国家的富强。教师只有培养这种道德情感,才能把自己的命运和发展与国家教育事业紧密联系在一起,扎根教育,献身教育,为祖国的教育事业作出贡献。对学生的热爱是师德情感中最重要的内容,热爱学生,要求教师具有强烈的事业心、责任心和科学的学生观,要全面地爱每一个学生,深入地了解、理解和尊重、信任每一个学生,同时又要严格要求每一个学生。教师对学生的爱是全面的,带有强烈的社会责任感和使命感,这种爱博大而无私,是一种社会性的爱,它是激发学生高尚社会情感的重要基础。因此,陶冶师德情感,关键是培养教师对学生的热爱之情。对同事的尊重、友谊和热情,是正确处理教师与其他教师和教师群体之间关系的需要。教育工作是一项庞大的系统工程,教师个体很难独立完成对学生全面教育的任务,

---

① 杨燕钧主编:《教师伦理学》,华东师范大学出版社,1997年,第112—115页。

这就需要加强同事之间的团结协作,形成教育合力。教师的自尊感是指由一种自我评价所引起的情绪体验,表现为教师的自重、自爱、自立、自信、自强、自主等方面。加强师德修养要激发教师的自尊感,教师自己要看得起自己所从事的职业,并努力使自己的劳动得到社会的承认和尊重,在此基础上,培养教师对自己职业的自豪感、荣誉感和幸福感,让教师以自己的职业为荣,在所从事的教育事业中获得自豪、愉悦与满足。教师的责任感是教师对社会、他人(尤其是学生)应承担的义务和应履行的职责。责任感是与对教育事业的追求、对学生的热爱密切相关的一种情感,这种情感能使教师达到慎独的境界,也就是在无任何外在压力、无人监督、无人知晓的情况下,教师凭自己的责任心,自觉履行教书育人的职责。

教师职业道德情感与职业道德认识不同,师德情感是一个潜移默化的过程,教师要产生明显的情感体验,必须要经过较长时间的努力,而道德认识是对道德理论的学习和理解,只要学习了相关理论,就能实现从不知到知、从知之甚少到知之较多的转变,因此师德情感的陶冶比师德认识的提高要更为复杂,但也更加稳定。师德情感的培育在不同的阶段有不同的要求。在教师走上工作岗位之前,我国各级各类师范院校在对师范生进行职业道德培训的过程中,可以组织学生到中小学体验教师的工作和生活,让学生在实践中学会体验和扩展由良好的职业道德情感和职业道德行为带来的喜悦。在教师走上工作岗位之后,教师要在现实的教育教学活动中,继续深入体验由良好职业道德情感和职业道德行为带来的愉悦,不断陶冶师德情感,提高自己的师德修养。此外,教师道德情感的培育还需要一定情境因素的诱导,无论是在职前还是在职后,我们都可以通过创设具有文化、艺术品质和性情陶冶功能的德育情境来陶冶教师的道德情感,比如组织师范生或教师收看收听英雄人物事迹报告会、先进表彰会等,这样的活动情境情感色彩浓烈,组织师范生或教师观看一些传统经典的优秀影片或录像、专场文艺演出、音乐会、诗歌会等,这些艺术情境感染性强。无论是活动情境还是艺术情境的创设,都是建立在一定的情感基础之上,渲染了一种特殊的气氛,人们在这种氛围中,自然地、不知不觉地接受了精神的洗礼和心灵的涤荡,发展了自己的道德情感。

案例 9-3

课前点名发现缺勤,赶紧联系学生家长
——老师一个电话　挽救三条性命[1]

　　"要不是老师及时打电话,可能俺一家三口人的命都没了。我打心眼儿里感激两位老师,感谢学校。"2013 年 12 月 4 日,河南安阳市内黄县城关镇赵庄村的王焕巧拿着一封感谢信来到内黄县第一实验小学,感谢救了她家三口人性命的老师曹爱芬和李静芬。

---

[1]《老师一个电话　挽救三条性命》,《中国教育报》,2013 年 12 月 14 日,第 2 版。

11月21日,王焕巧两个都在内黄县第一实验小学上学的孩子均没有去学校,在外地出差的王焕巧夫妻接到老师的电话后赶紧联系了邻居,及时发现了在家里煤气中毒的姐弟俩和他们的爷爷。两位班主任老师也没有想到,自己的电话挽救了三个人的生命。

11月21日早上,上课铃声响过后,内黄县第一实验小学三年级(4)班班主任曹爱芬像往常一样准备上课,按照学校规定,她首先查看了学生到校情况。她发现全班学生只有小玉(化名)没来上课,就赶紧拿起电话跟小玉妈妈王焕巧联系,询问学生为何没来上课。而电话那头王焕巧却告诉曹爱芬她没在家,和爱人一起在外地出差,两个孩子和爷爷在家里。与此同时,同在一个学校上学的六年级(3)班的姐姐小娉(化名)的班主任李静芬也给王焕巧打来了电话,告知小娉也没有到校上课。

接到两位老师的电话后,王焕巧感到了问题的严重性,意识到家里用的煤球取暖炉可能出问题了。她放下手中的活儿,连续拨打孩子爷爷的电话,却一直无人接听,这让王焕巧慌了神。她想方设法找到邻居家电话,请求邻居去家里看看。邻居接到电话就往他们家跑,打开房门,屋内一股刺鼻的煤气味扑面而来,床上的两个孩子和爷爷已经重度昏迷,不省人事。在众人的帮助下,孩子和老人被送往医院。"医生说再耽误10分钟,3个人的性命就难保了,幸亏有了老师和邻居的帮助,孩子和爷爷才被抢救了回来。"王焕巧一家人谈起此事仍心有余悸。目前,两个孩子都已康复回到学校上课,孩子爷爷仍然在医院观察治疗。内黄县第一实验小学副校长张红利说:"学校的管理制度很严格,尤其是一直保持着课前清点人数这一重要环节,也正是这个制度才挽救了三个人的性命。"

三、锻炼教师职业道德意志

锻炼坚强的师德意志,是师德修养的必然环节。道德意志在道德素质的培养中起着重要作用。在实际的道德生活中,一个具有顽强道德意志的人,即使在极其困难的条件下,也能抑制外部的腐蚀、引诱和压迫,保持"富贵不能淫,贫贱不能移,威武不能屈"的高尚情操。相反,道德意志薄弱的人,即使有了道德认识,从情感上讲也有道德行为的愿望,但由于意志脆弱,也不能作出符合道德规范的行为来。还有的人,虽然有了道德行为,但由于缺乏道德意志,因而不能持之以恒、坚持到底,甚至在外部腐蚀、引诱压迫下,丧失原则和气节,毁坏自己的道德素质和情操。师德意志是人们在实践师德要求过程中战胜困难和克服障碍的毅力。它是在形成一定的师德认识和师德情感的基础上,调节教师的道德行为的重要精神力量。教师所从事的培养人的事业是一项极为光荣而艰巨的任务。在这个过程中,教师不仅要付出辛勤的劳动,甚至有时还要做出某些牺牲,而且会遇到来自外界的各种阻力和障碍,如现实条件的制约,错误舆论的非难,亲朋好友的埋怨等。为了克服困难,排除障碍,教师就需要有顽强的毅力和坚持不懈的精神,不断锻炼履行师德的顽强意志,只有经过长期的努力,教师道德修养才会达到"矢志不渝,持之以恒"的境界。

师德意志的修养具有长期性和反复性的特点。师德意志修养的主要内容是教师要努力培养自己良好的职业道德意志品质,使其具有相对的独立、明敏的果断、顽强的坚韧、坚定的自制等属性。锤炼教师职业道德意志,一是培养教师职业道德意志的独立性。当教师在教育教学过程中遇到道德冲突和价值选择时,教师道德意志的自由和独立性是教师作出选择和解决冲突的前提。二是培育教师职业道德的果断性。果断性是指在紧急情况下,教师内心经过复杂的、剧烈的思想斗争,当即作出适当的道德决定,取得理想的效果。果断性不等于轻举妄动,它要求全面考虑活动的目的和条件,能预知行动的后果,并有承担风险和责任的心理准备。三是锤炼教师职业道德的坚毅性。坚毅性作为教师职业道德意志最重要的方面,是指对主体的各种创造性活动能坚持到底的特性。四是培养教师职业道德意志的自制性。坚定的自制力是教师对自己的职业道德需要、动机、情感、行动的控制和调节能力,自制力越强,教师的行为越富有理性,教师职业道德的意志也越是坚强。

四、坚定教师职业道德信念

确立坚定的教师职业道德信念,是师德修养的核心问题。教师职业道德信念是教师对职业理想、职业人格、职业原则、职业规范的坚定不移的信仰,是深刻的师德认识、炽热的师德情感和顽强的师德意志的统一,是把师德认识转变为师德行为的中间媒介和内驱力,并使师德行为表现出明确性和一贯性。比如,许多优秀的边远地区教师,不怕条件艰苦,不计个人得失,坚定不移地战斗在教育岗位上,其中一个重要原因,就是他们具有献身山区教育的坚定信念。教师职业道德信念是教师职业道德品质构成的核心要素。教师职业道德信念是教师按照职业道德的准则要求,不折不扣,忠诚地履行自己的道德义务,是师德行为能坚持下去的最深层次的根据和重要保障。

要培养和涵育教师的职业道德信念,必须深刻了解教师职业道德知识,对教师职业道德观念、职业道德原则、职业道德规范和职业道德理想的正当性和合理性产生坚定不移的看法,并由此形成强烈的道德责任感。教师一旦形成了某种职业道德信念,就会坚持按照自己的信念来选择行为,开展教育活动。因此,加强师德修养,必须坚定教师职业道德信念。教师职业道德信念决定着教师行为的方向性、目的性,也影响着师德水平和师德内化的程度。

五、培养教师职业道德行为和习惯

在明确的师德意识指导下,依靠师德信念,自觉地选择师德行为,养成师德习惯是师德修养的最终目的和归宿。师德行为和习惯同道德品质密切相联,它们是道德品质的外部状态。在师德品质的构成要素中,师德认识、师德情感、师德意志、师德信念均属道德意识范畴,它们的作用在于指导和影响师德行为的抉择。但是教师职业道德修养如果仅仅停留在师德意识的修养上,不用实际行动去履行道德义务,这种师德修养就不是知行统一的职业道德修养。教师在接受职业道德教育、刻苦学习和职业生活实践中形成一定的师德意识,并不意味着师德修养的完成,还需要再回到职业道德生活实践中去,把它变成履行职业道德义务的实际道德行为。唯有如此,教师所形成的道德意识,才能得到巩固和发展,才能在职业道德行为的整体中,表现出一种稳定的特征和一贯的倾向,才能养成良好的行为习惯,形成优良的师德品质。

师德行为和习惯的养成一般分为两个阶段。第一阶段是掌握一定的教师职业道德行为方式。教师在师德修养过程中,不仅要有良好的师德动机、坚毅的师德意志和坚定的师德信念,还要加强师德行为方式的指导,掌握相关的行为技能和合理的行为方式和方法。比如,教师要注意提高语言的艺术,教师主要以语言为中介对学生进行教育,教师的语言能力也是教师职业道德修养的体现。第二阶段是养成良好的教师职业道德行为习惯。职业道德行为习惯是教师在掌握了一定的师德行为方式之后,经过长期的实践,将已有的行为方式熟练化、自动化,使教师在一定的教育情境中不需做过多的意志努力就能自然而然地正确使用师德行为方式的倾向。习惯一旦形成,就具有相对的稳定性,只要在一定的教育情境中,合理的师德行为方式就会自动出现。职业道德行为和习惯的养成是职业道德品质形成的关键。黑格尔说过:"一个人做了这样或那样一件合乎伦理的事,还不能说他是有德的,只有当这种行为方式成为他性格中的固定要素时,他才可以说是有德的。"①也就是说,当师德行为和习惯的养成成为教师内在的情感需要时,师德品质才最终形成。

总之,师德修养的过程就是从师德认识到养成良好师德行为习惯的五个环节的有机统一的道德实践活动的过程。在这一过程中,提高师德认识是进行师德修养的前提和基础;陶冶师德情感和锻炼师德意志是把师德认识转化为师德行为习惯的中介;确立师德信念是师德修养的关键;养成良好的师德行为和习惯是师德修养的结果。

第四节 教师道德修养的方法

一、中华民族传统修养方法

在我国几千年的教育史上,许多杰出的教育家、思想家十分重视对道德修养的途径和方法的探讨,提出了一系列闪烁光辉的思想,并以自己的"师范端庄,学明德尊"的实际行动而成为践行教师道德的楷模。其中许多积极的、合理的因素对于今天的师德修养来说,依然具有重要的意义。

(一)知行合一

孔子主张,在修身养性问题上要"敏于事而慎于言"。教导人们要勤勤敏敏地做事,谨谨慎慎地说话。他向来反对那种满口讨人喜欢的花言巧语和满脸伪善神色的人,认为这种人没有多少真正的道德可言——"子曰:巧言令色,鲜矣。"孔子还说:"三人行必有我师焉,择其善者而从之,其不善者而改之。"这也从一个层面说明了实践中的道德榜样或者典型,比书本上的道德知识更直接,更生动。其后的荀子,继承了孔子的这一思想,进一步阐述了知与行的关系。他说:"不闻不若闻之,闻之不若见之,见之不若知之,知之不若行之,学至于行之而止矣。"这是强调了知与行的统一,而且把知的终极目标落脚到行上来。假如"知之而不行,虽敦必困"。也就是说,你学得再好,掌握的知识再多,却不能指导自己的实践,则必然会陷于困惑。明代思想家王阳明认为,人们的道德理

① [德]黑格尔著,范扬、张企泰译:《法哲学原理》,商务印书馆,1979年,第170页。

论、道德意识,必须与自己的道德行为相一致,因此"言行一致"、"笃实躬行"就成为道德修养的一条重要准则,他认为"知而不行,只是未知",反对道德理论同道德行为的背离。由此可见,注重知行合一是中国传统道德的一个重要方法。

(二) 自省慎独

中华民族自古以来就重视内在人格素质的培养,认为"为学的目的"在于改变人的气质、培养人的品德。强调要"克己"、"内省"、"养心"、"慎独",强调"诚意"、"正心"、"修身"、"齐家",强调对自己道德品质的严格要求。孔子曾提出自律的"四毋"准则:毋意、毋必、毋固、毋我,要求教师"博学之,审问之,深思之,明辨之,笃行之"。孔子把这种自律意识作为实现人格完善的重要方法。他曾说:"为仁有己,而由人乎哉?"就是说,要想把自己培养成道德高尚的人,只能靠自己主观的努力,难道还要依赖别人吗? 在他看来,只有严格要求自己,坚持"躬自厚而薄责于人",并时时地反躬内省,做到"见贤思齐焉,见不贤而内自省也",才有可能成为仁德之人。《中庸》第一章曰:"道也者,不可须臾离也;可离,非道也。是故君子戒慎乎其所不睹,恐惧乎其所不闻。莫见乎隐,莫显乎微,故君子慎其独也。"子思在这里告诫人们时时刻刻不要背离了道德原则。真正的君子在别人看不见,听不到的情况下,更应该十分谨慎和警惕。因为,人们在隐暗的地方容易放纵自己,在细微的地方容易松懈自己。所以,君子独处时一定要更加谨慎不苟,不可忘乎所以。孔子的学生曾参说:"吾日三省吾身,为人谋而不忠乎? 与朋友交而不信乎? 传不习乎?"强调每天都要对自己的思想进行反省检查,以求在道德上能不断进步。

(三) 好礼守节

我国是一个礼仪之邦。好礼、讲礼的传统美德在教师身上得到了示范和体现。有关"礼"的思想,主要出自于儒家,且内涵十分广泛。从修身角度看,礼则是匡正人们行为的一种规范。当年,孔子就如何治国曾经谈了两种截然不同的方法:一是"道之以政,齐之以刑,民免而无耻";二是"道之以德,齐之以礼,有耻且格"。很显然,他是赞成第二种方法的。因为通过礼教去培养人们的道德意识是最行之有效的,从某种意义上讲,礼对人们的约束力比法要强得多。我国教师特别注重礼的涵养:待人接物讲礼仪;言行举止讲礼貌;人与人之间讲礼让。"不学礼,无以立","礼"成为教师必不可少的素养。"彬彬有礼"是教师的特征,其最高境界就是"文质彬彬"的君子境界,"质胜文则野,文胜质则史,文质彬彬,然后君子"。

二、现代教师道德修养的方法

在新的历史时期,教师既要借鉴传统的道德修养方法,又要能结合新的时代特征,做到学习与实践、他律与自律、品质锻炼与仪表修饰三结合,以更好地履行教书育人的使命。

(一) 学习与实践结合

教师在师德修养过程中,坚持学习与实践相结合,对于提高师德水平有着重要的作用。这是因为:一方面,学习与实践结合是提高师德水平的根本途径。要提高师德水平,如果不学习,不掌握一定的理论,个人修养只能局限在个人实践的狭小范围内,而修养就缺乏深厚的理论基础、思想基础和文化基础,师德修养既不能持久,也不能深化,容易陷入盲目性。只有通过学习并与实践相结合,才能不断提高理论修养,掌握师德修养的规律,深刻认识师德要求的必然性。如果离开道德活动的实践,就无从认识人们的道德关系,无法辨别自己道德行为上的偏颇和道德意识方面的不足,就成了无源之水,无本之木。只有在道德实践中获得源源不断的精神财富,以进行自我教育、自我提高,才能逐步形成崇高的教师师德。另一方面,学习与实践相结合是提高师德水平的有效方法。教师要提高师德水平,不通过学习,仅凭"良心发现",凭感觉,凭经验,难以获得认识客观世界和主观世界的规律和理论知识,即使在一段时间内,在某一方面表现出有修养,但毕竟是暂时的,低层次的,不深刻的。这种有限的知识也难以指导自己的道德实践活动,难以进行全面的、科学的自我评价。因此,教师只有通过学习与实践结合才能提高自身的师德水平。再者,学习与实践相结合对教师而言可操作性较强。教师可以结合自己的教育实践,利用便利而丰富的教育资源,广泛吸纳各种理论和文化知识,有重点、有针对性地进行道德理论的学习,并在自己的教育实践中去体验、感悟,检验和评价学习状况,以巩固学习效果。

1. 加强学习

教师要提高师德水平,必须加强理论学习。

第一,要进一步加强马克思主义理论的学习。马克思主义是形成无产阶级世界观、人生观和道德观的理论基础。不掌握这些理论,就不可能科学地认识社会,认识人与人之间的关系。当前,有少数人对学习马克思主义理论持有不同的看法,认为马克思主义理论已经过时,学与不学意义不大;马克思主义是一种流派,可以去欣赏、了解,不一定要系统学习;还有少数人在学习马克思主义理论过程中,只是简单了解片言只语,而不注意分析时代背景、不注意把握发展过程、不注意掌握学习方法等等。这些从另一方面提醒我们要进一步认识学习马克思主义理论对于提高师德水平的重要指导意义,改进学习方法,提高学习效果。如果不系统学习马克思主义理论,不注重提高分析问题和解决问题的能力,就会片面甚至错误理解马克思主义;如果不能与时俱进,理论与实际相分离,就会犯左或右的错误,走极端。教师要充分发挥教师的知识优势、思维优势和能力优势以及资源优势,在原有的基础上,学好马克思主义的理论体系,掌握好基本原理,着重从马克思主义的形成和发展来全面了解马克思主义的立场、观点和方法,掌握原理的内容和时代意义,以此来指导自己的师德修养和道德实践。

第二,学习马克思主义伦理学知识。马克思主义伦理学是研究道德的起源及其发展规律的科学,学习马克思主义伦理学可以帮助教师更深刻地理解教师师德要求和客观依据,加深对师德修养意义的认识,掌握师德修养的规律,深刻认识师德要求的必然性、合理性,从而提高师德修养的自觉性。在学习马克思主义伦理知识的同时,要学习和研究师德理论,注意批判吸收古今中外一些优良的师德传统,掌握教师的职业道德的原则、规范和要求,探索师德修养的理论、方法和有效途径。这里要强调教师师德理论学习的针对性、时代性和实效性,注意运用马克思主义道德理论指导自己的师德修养。因为马克思主义作为指导思想和理论基础,不可能回答和解决现阶段师德修养过程中的一个个具体问题,尤其是现阶段出现的新情况、新矛盾。学习马克思主义伦理学知识,要注重运用观念和方法来指导自己的师德修养,丰富和发展师德知识,不断提高师德水平。

第三,学习丰富的自然科学知识,吸收社会生活中一切有用的养料。列宁说过:"只有用人类创造的全部知识财富来丰富自己的头脑,才能成为共产主义者。"这不等于说科学的知识就等于道德,但我们要看到自然科学知识对道德品质形成和发展的作用,尤其是现代科技的发展为教师师德修养提供了认识的基础和便利的条件。社会生活也是一座道德宝库,教师要"以身观身、以家观家、以乡观乡、以国观国、以天下观天下",通过比较和思考,广泛汲取丰富的精神养料,并通过整饬、提炼,使之成为改造主观世界和客观世界的有力武器,以实现师德的不断升华。

第四,向具有高尚师德的优秀教师学习。师德修养水平的提高需要向书本学习,也需要向历史上和现实生活中一切伟大的教育家和优秀教师学习,特别是需要注意学习身边的典型和榜样。具有高尚品德的教师的优秀事迹虽然平凡但具有震撼人心的力量,这些优秀事迹都是道德理论的具体化。他们的事迹鲜明生动,具有感染力,他们的思想可见可观,是学习的榜样,他们的身上集中体现了教师的优秀品格和献身精神。教师要注意学习历史上和现实生活中的优秀人物,日积月累,以此激励自己,勉励自己,不断完善自身。

第五,不断提高自己的业务水平和能力。教师只有在做好本职工作的基础上才能更好地体现教师的为人师表、爱岗敬业、乐于奉献、关爱学生、团结协作和拼搏进取等师德精神。因此,教师要不断拓宽知识面,刻苦钻研业务,在广和博上下功夫,同时在某一领域有所突破,做到精和深的统一。这就要求不断进行教育能力的修养,提高教育的艺术和水平。要关注前沿理论动态,掌握先进的教育技术,以科学的理论武装自己,以先进的道德文化涵养自己,以典型的人和事激励自己,使自己逐步成为道德高尚的人、脱离低级趣味的人,成为有利于人民的人。

案例 9-4

湘潭三位化学教师通过上百次实验推翻教材结论①

据报道,湖南省湘潭市第一中学 3 位化学教师对人教版高中《化学必修一》第三章第二节"氢氧化铁和氢氧化亚铁的生成"实验提出质疑,并经过上百次实验研究发现,灰绿色沉淀并不是被氧化的结果,而是吸附了亚铁离子引起的。他们设计的实验,很好地制备了白色的氢氧化亚铁,且不会变为灰绿色沉淀。

氢氧化亚铁的制备是高一学习"铁及其化合物"时一个非常重要的演示实验,一直是化学教材的经典实验,已沿用数十年。不过,湘潭市第一中学化学教师刘炎昭、潘益民、陈鹏在教学当中,对于教材提出的"硫酸亚铁溶液中加入

---

① 《湘潭三位化学老师向经典实验说不》,《中国教育报》,2013 年 12 月 11 日。

氢氧化钠溶液,生成的白色絮状沉淀迅速变成灰绿色"存有疑惑,在实验当中,他们发现很难出现白色沉淀,一般得到的都是灰绿色物质。而中学教材乃至大学教材《无机化学》都回避了灰绿色沉淀形成的原因。

　　经过研究,他们在一次实验时将氢氧化钠溶液一次性倒入硫酸亚铁溶液中,发现该过程白色沉淀较其他处理方式更明显,因而提出猜想,认为灰绿色沉淀的形成并不是被氧化的结果,而是白色的氢氧化亚铁吸附溶液中浅绿色的亚铁离子引起。根据猜想,他们设计减少亚铁离子浓度、控制亚铁离子加入速度,并完成一系列探究实验,实验上百次,成功制取到白色的氢氧化亚铁,且在该过程中并无灰绿色出现。

　　在 11 月 14 日举行的 2013 年湖南省中学化学实验创新大赛上,他们的创新实验得到了专家的高度肯定。专家表示,无机化学已经是一门非常成熟的学科,中学教材已使用数十年,很难找到不同的观点。他们质疑的态度和探究的精神正是现在中学教师所缺少的,实验操作简单,效果明显,因此该实验荣获本次大赛一等奖。(记者　阳锡叶)

　　案例 9-4 中的三位化学老师认真学习和研究专业知识,敢于质疑权威,有反思和批判精神,实在难能可贵。在师德修养中,教师要注意把学习与实践结合起来。这里所谈的学习和实践是指教师师德修养的学习和实践。所谓学习,就是指师德修养主体为了提高自身师德水平,通过多种途径和方式,广泛汲取涵养丰富的专业知识和其他知识,并注意学习历史上和现实生活中道德高尚的人,以全面整饬和提高自己。所谓实践,是指师德修养主体为了提高道德认知水平,检验和评价自身的师德状况所进行的各种践行活动。教师加强师德修养必须从理论学习入手,同时,注意投身实践,并把学习与实践有机结合起来,才能达到修养的目的和效果。

　　2. 注意实践

　　教师要提高师德水平,必须注意深入实践。

　　第一,积极投身教育实践。教师通过各种方式和各种途径获得的理论知识和师德要求只有通过自身的实践活动转化为自觉的行为,才能完成修养的全过程。而教师的教育实践活动是教师每天都在进行的最基本的实践活动,因而也是最方便、最能体现自身的职业特点、最具有针对性的道德实践活动。例如:教师在教育实践活动中能否做到为人师表,能否关怀学生,能否处理好师生关系以及同行关系等,都可以在教育实践中躬行。只有通过教育实践,教师才能将所学的理论知识应用于自己的实践,也只有在自己的教育实践活动中,才能发现个人师德品质的某些不足,并努力在实践中克服和纠正,使自己更加趋于完善。教师只有在自己的教育实践活动中,才能更好促使教师把理论认识转化为内心深处的真实情感,并形成具有稳定倾向的行为习惯。

　　第二,积极投身生活实践。社会生活实践比教育实践有着更为广阔的空间。一名教师,在多种因素的制约下,可能会在教育实践中师德高尚,为人楷模,但在社会生活实践中,尤其是离开课堂以外的生活实践中,能否自觉践行道德规范,更能反映其修养的水平。例如,教师在课堂上教书育人,课后严于律己。一旦离开课堂,走出校门,是否能以身作则、为人师表,是否表现出教师文明的举止、高尚的情怀,能否真正反映教师师德风范,只有通过在丰富多彩的社会生活实践中养成、检验、提升,才能提高师德水平,完善师德形象。教师不仅要成为师德的实践者,而且要成为精神文明的化身,在传播精神文明的实践中,不断提高师德水平。

第三,开展有教育意义的道德实践活动。教育实践活动是自身的职业活动,社会生活实践某种程度上具有随意性、广泛性。而有目的、有计划、有针对性地开展道德实践活动,往往对加强师德修养、提高师德水平具有重要的意义。如开展师德评比、优秀教师报告会、教师礼仪培训、义务捐助等活动。这些活动可以起到强化感染、教育示范作用。

总之,加强师德修养,关键在实践。它是检验师德修养的标准,是推动师德修养水平不断提高的动力,也是教师师德修养的目的和归宿。师德修养是一个复杂而长期的过程,教师只有把学习与实践结合起来,才能更好地履行师德规范要求,实现教育劳动价值,才能更好地衡量自己的师德水平,使自己不断向善求真,自我提高,自我完善。

(二) 他律与自律结合

他律是指道德主体在接受道德的有关原则、规范和要求的过程中,处于被动、受动的位置,其意志受到外在因素的干扰和驱使,把追求道德之外的目的作为行为准则。与他律相对的是自律。教师师德修养的内容最终要通过教育主体的自身言行体现出来,而自律是师德修养最基本的也是最重要的要求。所谓自律,是指道德主体在道德实践过程中能严于律己,自觉主动地内化道德的有关原则、规范和要求并自觉地付诸行动。具有自律性的人往往不受外在的环境和因素的干扰,依靠道德信念,凭自己的良心追求道德目的和道德境界。

他律和自律是教师道德修养过程中的两个不同的阶段,但是二者又有相互关联作用。这种关系表现在他律是自律的前提和基础,自律是他律的发展和升华。教师加强师德修养必须经过他律,在他律阶段不断积淀、发展、提升,渐而转向自律。任何跨越他律直接通向自律的彼岸的修养是不现实的,不客观的,但是任何修养只停留在他律阶段,不向自律阶段发展,那只能是低级庸俗的修养。因此,我们强调教师的师德修养必须坚持以他律为基础和前提,以自律为目标和境界,坚持他律与自律的结合。教师师德修养坚持他律与自律的结合,可从以下几个方面去理解。

1. 正确认识师德修养过程中他律与自律关系的意义

首先,他律是教师进行师德修养的外在动力。辩证唯物主义告诉我们,外因是事物变化的外部力量,是事物发展的重要条件。教师的为人师表、率先垂范还要依靠社会舆论来实现。当个人利益和他人利益、社会利益发生矛盾时,内心信念在驱使自己作出选择。同时,外在舆论压力、外在的监督力量等往往对个人的道德行为产生约束作用,久而久之,一些道德内容会逐渐由被动型接受转化为主动型消化,并在心灵生根发芽,这正是他律向自律转变的表现。其次,自律是教师进行师德修养的内在动力。辩证唯物主义告诉我们:内因是事物发展的动力,是事物变化的根据。具有自律性的教师往往能够做到以身作则、严于律己,这从根本上说是依靠自身的内心信念来实现的。这种内心信念是促进教师进行自觉修养的动因。一名教师能否做到自律,关键看他内心有没有这种道德信念,当他发自内心,自觉履行教师职责,为人师表,他就会感到满足和安慰,并产生一种力量和信心去保持这种行为。而当他内心深处没有为人师表、以身作则的需求时,他的道德行为选择就没有一种约束动机和内驱力。即使在一定情况下迫于某种外在舆论压力,在行为举止上会有所约束,但那不是自觉行为,一旦外在舆论压力消失,就会放纵自己。第三,师德修养重在自律。我们并不否认他律型师德所具有的基础性价值,但教师的师德修养更主要的还要以自律为主。强调从他律阶段向自律阶段升华,重要的方面是教师道德良心的形成,这种良心在教师履行社会职责和道德义务过程中,有一种强烈的道德责任感和自我评价能力,这种良心是教师所应具备的各种心理因素在主体意识中的集中体现和有机结合。而良心的基本特征就是自律性。这种自律在教师的实际生活中具有重大的价值,在教师的师德修养过程中发挥重要的作用。

2. 教师在师德修养过程中,要重视他律阶段的积淀和发展

首先,主动接受各种师德教育,在丰富多彩的师德教育活动中,提高教师师德修养认识,陶冶师德情感,锻炼师德意识,规范师德行为。其次,主动接受社会舆论的监督,自觉依靠各种制度、纪律等外在压力来规范自己,约束自己。第三,积极主动参与营造教书育人的环境,从我做起,从小事做起,如:关心特困生;为有心理问题的学生解惑;与同行协作;与人交往宽容大度;注重仪表;讲究文明用语;诚信科研、诚实做人等,以自己的实际行为来维护教师形象,以大家的共同参与来营造师德修养的环境。

3. 教师加强师德修养要努力由他律向自律转化

首先要做到自觉内省,即自觉进行内心的省察、反思。用道德良心来评价自己,用道德意志来支持自己,自觉进行教师师德修养。其次,经常反省,即常常进行自我省察,实行自我解剖、自我监督、自我评价。教师具有自省自律的能力,通过自律反省,不断改进不足,将不断完善和塑造其师德形象。第三,努力做到慎独,即一个人独处时,能自觉保持一种道德自觉性,自觉践行师德内容。到了这个境界,教师已经可以自由地驾驭自己的道德行为,成为可师可范的经师与人师。

4. 在他律和自律的结合中,教师的师德修养还要突出师德实践环节

教师道德修养活动更强调践行,教师有较高的理论水平,有较高的研究能力,有丰富的文化知识以及收集处理信息的能力,又有相对较好的环境和氛围,这些都为教师培养良好的师德提供了一个丰厚的基础和条件。因此,教师要充分利用这一丰富的资源,更好地完成教书育人的历史使命。做到在实践中积累经验、丰富情感、升华思想;在实践中实现自我教育、自我评价、自我完善。突出师德实践环节,一方面是要求教师既要言教,又要身教,要"为人师表"。原清华大学校长梅贻琦在西南联大的一次演讲中说过:"所谓大学者,非有大楼之谓也,有大师之谓也。"所谓大师,不但学问要大,道德也应是高尚的,他们在以学问教人的同时,也往往以其高尚的道德在感化着学生。他们特别强调教师的自重、自省、自警、自励、自强,以身作则,言行一致。要学生做的,自己首先要做到;禁止学生做的,自己坚决不做。强调教师要时时处处以大局为重,克服个人主义,自觉遵守宪法和社会公德,遵守校纪校规,以模范行为为学生做出表率。另一方面是要求教师在师德实践中成为具有高度教育责任感和教育良心的教育者,这种责任感和良心必然驱使教师在加强师德修养过程中坚持自律和他律的结合,自觉地从他律向自律转变。

吴贻芳的"厚生"树人、德才兼备教育实践

吴贻芳(1893—1985),著名教育家,江苏泰兴人,生于湖北武昌,中国第一届在本土获得学士学位的女大学生,第二位大学女校长。自1928年受聘于母校金陵女子大学,主持校务长达23年,她提倡"厚生"树人,德才兼备的教育思想。1945年曾出席联合国成立大会,成为在《联合国宪章》上签字的第一位女性。有学者赞誉在近现代教育界,"男有蔡元培,女有吴贻芳"。

吴贻芳认为,"人生的目的,不光是为自己活着,而是要用自己的智慧和能力来帮助他人、造福社会,这样不但有益于别人,自己的生命也因之更丰厚"。从吴贻芳的教育理论和实践中,我们可以领会其"厚生育人"和"全人教育"的当代价值,尤其是在新时代贯彻"立德树人"具有现实意义。第一,从伦理的角度,教育就是通过厚爱和知识教化激荡学生的生命才智,同时引导学生以"厚生"的精神造福于社会。教育蕴含着深刻的育人意义和责任,对"立德树人"有基本的要求。第二,吴贻芳"厚生"教育思想阐释了"全人格"培养之道。吴贻芳以前沿之理念设置育人目标,卓越之品格进行育人管理;用世界之视野设置培养专业,本土之文化淬炼新女性之精神,将"厚生"思想渗透在学校的学问、学术和学能过程中。毕业生中有院士,化学家、生物学家、海洋学家、钢琴指挥家等,这个女毕业生群体以其一流的贡献演绎"厚生"思想和"全人格"文化。第三,当今教育借鉴"厚生"思想可以进行人才培养创新。吴贻芳厚生思想可以用"自爱"和"给予"概括。不仅要以生为本,把学生武装好,成为德智体美劳全面发展的人才,还要学会"给予",服务好社会,使新一代青年学生成为社会主义建设者和接班人。

(根据钱焕琦《何以"立德树人"? ——从吴贻芳"厚生"教育实践说起》讲座整理)

(三)品质修炼与仪表修饰相结合

师德修养还必须把教师的品质修炼与仪表修饰结合起来。教师的仪表可以反映其内在品质修养和精神内涵,外在风度是内在品质修养的具体表现。一个人民教师必须使各种高尚的道德品质和这些品质的外在表现的美达到和谐统一。教师的师德修养要从仪表修饰做起,使外表反映心灵,以品格影响学生,以形象教育学生。对教师而言,把品质修炼与仪表修饰相结合,需关注以下几点:

1. 教师的服饰

教师的服饰不仅仅是生活细节,它是教师内在修养的外现;它不仅仅是个人生活小节,更是教师职业形象的需要。教师要注重人格美的内涵和外表的统一,注重为人师表的内容和形式的统一,以在现代教育中,提高学生的教养、培养学生的综合能力,在进行真、善、美的职业追求中,实现教师的劳动价值。我们认为教师的服饰要做到整洁高雅,大方得体。事实上,老师在传授科学文化知识的同时,还在进行着直接或间接的审美教育,学生在接受文化教育的过程中,享受着美感的愉悦,既升华了情感,又增强了教育效果。

目前,教师在服饰方面存在着几个误区:第一,教师是做学问的,没有必要讲究服饰,没有必要美化外观。因而,有少数老师留给学生的印象是乱七八糟,有的因纽扣错位、衣冠不整等引起议论和哄笑。第二,认为着装入时,频繁更换,浓妆艳抹是美化,甚至以过露为时尚。有少数人由于着装的款式不考虑时间、地点、场合,颜色搭配失当,点缀品过于突出,既不能扬长避短,又分散了学生的注意力。第三,过于强调教师的职业性和严肃性,没有时间、地点、场合之分,其着装缺乏个性和生活气息,有可能会从情感到认识、从心理到思维拉大师生之间的距离。如果师生之间在情感上、心理上、思维上走得较远,不能形成互动,就有可能会抵消教育效果。因此,教师必须从服饰的误区中走出来,注意在充实精神世界的同时,寻求着装的得体得当,让美的教育使者走上讲台,走进学生心灵。教师的着装可注意以下几个方面:

第一,冷暖色适宜,和谐得当。一般来说,教师上讲台的服装以冷色为宜,冷色显得庄重、大方,而且有礼貌、有风度。当然要因人而异,有人喜暖色。通常情况下,课外活动、非正式讲课场所,以暖色调服饰为好,这样显得自然轻松、富有生气和活力。但不管是冷色外套,还是暖色服装,必须坚持色调和谐的原则,包括男士的领带、内衣,女士的首饰、挂件等,切忌对比度大、反差明显。如:大红大绿显得俗气怪异,大蓝大紫则显得不伦不类。

第二,款式合时,展示个性特点。教师的服装款式要注意两点:一是职业服装与休闲服装可以交替穿着。如男士西服、女士西服或套裙都是比较正式、规范的职业服装,它可以显示教师职业的身份:端庄、大方、沉着、持重。但是具有西服特征的休闲型服饰也可以调节一下教师着装的倾向性风格,它同样展示教师职业的气质和特点,强化教师职业意识和责任感。二是不要做潮流的牺牲者。年轻的教师或许还没有找到教师职业着装的感觉,在追求新时尚的过程中,难以把握自己的品位和风格,这也是正常的。但是,既然选择了教师职业,就要注重自己的职业着装风格,一味赶时髦,追求流行式,有可能会适得其反。

第三,扬长避短,张扬个性。人的体型、身高各不相同。有的人肤色白,有的人肤色深;有的人偏胖,有的人偏瘦等,不可能千人一面、千人一型。因此教师的着装要根据自己的脸型、身材、肤色等特点选择适合自己特点的服装颜色和款式。如体型较胖的人尽量少穿浅色、横线条服装,个子较矮的女士尽可能少穿短裙、平底鞋,脖子短的人尽量少穿立领式上衣,以免突出不足,发挥不了优势。

第四,朴实自然,整洁宜人。再好的布料不熨平,再美的服装不整洁,同样缺乏美的效果。教师教学科研任务繁重,对服装的洗涤熨烫有时无暇顾及,甚至衣冠不整,都会不同程度地影响教师的形象。因此,教师的着装除了注意色彩的搭配、款式的选择,还要注意整洁。即使衣料质地不太好、款式不太入时,但朴素自然同样能起到着装美的效果。另外,还要提醒的是教师不要穿拖鞋,或穿过露、过短的衣裙进课堂,这与教师的形象和身份不相吻合,也可能给学生以误导。总之,教师的着装要在展示自己优势和个性的同时,体现职业性和民族性,把握时代感,注意美感,提升品位。

　　南京市颁布了中小学老师衣着规范,规定女老师着装不能紧透露,重要场合要穿套裙。在生活中,有的老师还穿不惯套装,可能还会让学生感到好笑。衣着时尚的老师往往更能得到学生的喜爱,也能够表现出老师的个性。但是有些学生可能会对老师的衣着关注不当。假如作为校长,你该如何在校园里推行这条规范? 假如你是一个穿着时尚的老师,又该如何选择衣饰呢?

2. 教师的语言

　　语言是表达思想、映照心灵的,同样也展示道德、显现境界的。教师的语言要注意:

　　第一,健康文明。教师是高级知识分子,文化功底深厚,思想内容丰富,思维方式新颖,正因为如此,更应该自觉使用健康文明的语言。教师的语言健康、文明首先表现在语言内容的积极向上,不能偏执极端,哗众取宠,出口成“脏”,甚至不负责任地用消极秽语来训斥、发泄,痛骂不如意的事和人。其次,语言文雅优美。教师文雅优美的语言,是其文明程度的表露。因此,在用语上要选择适当的词汇,注意表达的节奏,音量的适中,语气的亲切,力求用清醇的语言启迪学生的心灵,陶冶学生的情操,使学生在美的享受中得到教育。

　　第二,规范简洁而富有逻辑性。教师的语言要规范、纯洁,使用普通话标准,少夹杂方言土语,不滥用缩略语、外来语;用词应简洁明了,通俗,句子短小,让学生明白易懂;形象生动,善于运用修辞手法来表述,把深刻的道理、抽象的定义表现得清楚、明白。

　　第三,准确生动而富有幽默感。苏霍姆林斯基说:一个真正的教育者应当完善地掌握规范语言和各种表达方式。由于教师传授的知识比较深奥广博,因此,在语言表达上要尽量准确,做到观点明确、语意清晰、遣词得当,使用专业化、学术性的用语。否则,词不达意,言不传情,缺乏连贯性、层次性,学生听起来不得要领,无法掌握有关知识和内容。同时,做到分析鞭辟入里,丝丝入扣;描绘画龙点睛,入木三分;见解深刻独到,令人耳目一新。这种生动的表述具有感染力、吸引力,有利于将教师美好的思想和科学的知识像涓涓细流流向学生的心田。此外,教师还可以发挥自己智慧和才能的优势,语言表达富有一定的幽默感。还要注意保持一定的节奏和语速,借助一些修辞手法来诠释,通过引经据典来讲解,活跃课堂气氛,让学生在轻松愉快的情境中,受到良好的教育。实践证明,那些富有幽默感、讲究措辞、风趣机智、谈吐诙谐的教师往往能吸引学生,起到良好的教育效果。

3. 教师的举止

　　英国教育家洛克指出,“做导师的人自己便应当具有良好的修养”。教师的举止是教师修养的重要内容之一。教师的行为举止是指教师个体在教育教学活动中所表现的样式和风格,主要反映在教师的仪容仪态上。

　　第一,教师的仪容应当端庄潇洒、和蔼可亲。首先,表现在面部清洁。男老师要显得有风度、庄重、文雅和有生气,必须保持洁面、洁牙。要明白叼香烟、留长指甲都不太适宜,也没有什么风度可言。女教师的淡妆是值得提倡的,但是千万不能浓妆艳抹,毕竟课堂不是舞台,需要把握好分寸,注意提升品位。其次是发型大方。教师要注意发型的修饰:一是保持清洁,这是最基本的要求。二是注意性别特点。除了搞艺术、体育等需要外,一般不宜留男不男、女不女、中不中、外不外的发型。第三,情绪稳定。我们认为教师对情绪的处理要分场合、地点,否则就有失风度。要知道教师性情温和、态度友善、公正无私,容易受到学生的爱戴和尊敬,在教育教学中容易掌握主动权,收到事半功倍的效果。如果教师失去这份爱戴和尊敬,其师生关系就会拉开距离,抵消教育效果。我国古代教育家早就提出教师的态度是教师修身的重要内容,它关系到"亲其师,信其道"。马卡连柯指出,无论在何种情况下,"教师和领导者在学生面前闷闷不乐,发脾气,大肆叫嚣,是绝不容许的"。因此,教师要做到态度友善,学会尊重课堂内每一个人,耐心、公正地关注每位学生,这种情绪和态度在教育教学中犹如灿烂的阳光,有着神奇的魅力和作用。

第二,教师的仪态应当沉稳大方,行为得体。只要在学校从事教育教学工作,都必须具有良好、规范、得体的行为举止。这首先要从基本的习惯做起,包括举手投足。古人把"坐如钟、站如松、行如风"的人称为有教养的君子。今天的教师须借鉴古代君子的行为举止,保持落坐时要轻松,上身保持直立,站时收腹,给人一种挺立高大的感觉;行走时稳健迈步,精力充沛,切忌坐下时跷腿、晃动,站时躬背、抱臂,行走时勾肩搭背,嬉笑打闹。这种举止有失大雅,很难"以身立教"。

最后,教师还要注意积极践行公德,讲究礼仪。教师在与教学对象、与同事、与他人相处的过程中,在公共生活场所中,要积极以社会公德来约束、要求自己,尊重他人,以礼相待,真正体现出"文质彬彬,然后君子"之风范,努力成为践行社会公德的带头人。

师德楷模 04

黄金莲:特殊教育教师要有"爱心、信心、耐心"

2010年教师节前夕,"全国教书育人楷模"福建省三明市特殊教育学校黄金莲老师应邀做客新华网,在教师节即将来临之际畅谈教书育人的人生历程。以下为访谈摘要:

[主持人]大家经常说老师是只求奉献,不求回报的。您讲来讲去还是讲您的学生,却忘记说自己了。您认为做一名特殊教育的教师最需要的是什么?

[黄金莲]如果老师在家里或社会上有了矛盾,宁可在校门口站三分钟,平静了心情以后再进校门,给老师的要求除了这点以外,我还要求老师要能做到"三心二意",有爱心、有信心、有耐心,其次要有愿意和诚意。老师对这样的孩子除了有爱心,也要有信心,你培养的这些残疾孩子能够和正常的孩子一起走向社会,在社会上公平竞争。耐心不是一句话就说出来的,因为他们都是残疾的孩子,和其他的孩子都不一样,他们比较孤僻,自尊心又很强,你要很耐心地去辅导,这样才能成功。

我们要比普通的学校老师多付出十倍以上,世上无难事,只怕有心人,我既然选择了这个职业,我就没有后悔过,没有什么困难能够压倒我,有上级领导的支持,有前辈和同事的关心,还有我家人的支持,所以很多困难我都能够坚持下来。看到残疾孩子能够和正常的孩子一样,在同样的蓝天下,能够在社会上竞争,参与一系列的活动,所以我看到了希望。自己付出的没有白费,他们能够成才,对我是很大的安慰。我看到福建省三明市特殊教育学校的学生现在有1/3的人能够开口说话,这是对我最大的安慰。

[主持人]您碰到的最大的困难是什么?在面对这些难题时您怎么解决?

[黄金莲]新生入学是最大的困难,家长把孩子送来以后就回去了,这些来自12个县区的孩子有什么生活习惯我们都不清楚,所以起码要有一个学期让他们去适应。家长走的时候,孩子们是哭哭啼啼的,他们要找爸爸妈妈。孩子们也不进教室,我们都把他们抱进去。还有的孩子由于十分想父母,就是不吃饭。有的学生从小娇生惯养,不愿意吃饭,我们想了一个办法,就是先把他饿两餐,看他吃不吃。我们轮流值班,发现这个孩子早上不吃,中午不吃,到了傍晚的时候这个孩子就东张西望。第一天的傍晚,这个孩子就悄悄走到了食堂看一下有没有东西吃,我们就让炊事员把馒头悄悄放在了窗户上,这个孩子就拿了一个馒头出去吃了。

然后老师就和这个孩子谈,他还是不吃青菜,我就把荤菜和素菜全部搅在一起,一口一口地喂他吃饭。第二天照样喂他吃,这样孩子后来眼泪就流下来了,我不知道他是觉得太难吃了才哭,还是因为受触动了,我也哭了。后来这个孩子就把我抱住了。所以我们最好的方法就是用耐心和爱心帮助他们改掉这些不好的习惯。

(根据2010年9月新华网新华教育整理)

本章小结

教师道德修养是指教师为了培养高尚的师德所进行的自我审度、自我教育、自我锻炼、自我改造和自我完善的活动及其所达到的师德水平和精神境界。加强教师道德修养,要确立清晰的目标,明确具体的内容,并采用恰当的方法进行实践。其中,目标是引领、内容是主体、方法是保障。目标的确立影响着内容的确定以及途径和方法的选择。教师道德修养的目标有三个层次:公民道德目标是基础层次,教师道德目标是中间层次,人的全面发展是最高层次,三个目标之间层层递进,每个教师应该根据自身的实际情况,确立切实可行的修养目标,努力实现自身师德从无到有的突破和从现有层次向更高境界的提升。教师道德修养的内容包括提高师德认识、陶冶师德情感、锻炼师德意志、坚定师德信念、培养师德行为和习惯五个方面。在新的历史时期,教师既要借鉴传统的道德修养方法,又要能结合新的时代特征,做到学习与实践、他律与自律、品质锻炼与仪表修饰三结合,以更好地履行教书育人的使命。

关键术语

教师道德　修养　目标　内容　方法

讨论与探究

1. 为什么要为教师的职业行为设底线? 如何理解教师道德修养的意义?

2. 他律和自律作为教师道德修养两个不同的阶段,两者之间的关系是怎样的? 正确认识这一问题有什么意义?

3. 结合自身实际情况,请你谈谈或设计一份提升自我教师道德修养的计划。

进一步阅读的文献/网站

1. 朱小曼等著:《教育职场:教师的道德成长》,教育科学出版社,2004 年。

2. 金正昆主编:《教师礼仪规范》,中国人民大学出版社,2010 年。

3. 苏婷:《小学教师霍懋征:用爱耕耘一生》,《中国教育报》,2010 年 2 月 21 日。

4. 赵国忠主编:《外国优秀教师最有效的建议》,南京大学出版社,2009 年。

5. 郭志明、沈志冲主编:《教师修养文萃》,江苏教育出版社,2010 年。

6. 林崇德主编:《师德通览》,山东教育出版社,2000 年。

7. 全国中小学教师继续教育网:http://www.teacher.com.cn。

8. 中国教育资源服务平台:http://www.cersp.com。

章前导语

德国诗人席勒在《播种者》中说："你把希望的种子交给了大地，等待着春天的萌芽；你在时间的犁沟里播下了智慧的种子，让它悄悄地开花。"教师是致力于滋养心灵提升智慧的职业，教师能否成为一名称职的播种者，很大程度上取决于教师的师德素养状态。教师职业道德评价是开展师德建设的有效手段。教师职业道德评价的内涵是什么？评价的标准和依据是什么？怎样通过评价为师德素养的提升寻求正确的途径、方法和手段？请你在本页的空白处写下你对教师职业道德评价的认识与思考。然后，认真阅读本章的内容。让我们从教师教育行为的选择开始，开启探索教师职业道德评价之义、提升自身师德素养之旅吧！

通过本章的学习, 你能够

- 全面了解教师职业道德评价的内涵;
- 全面了解教师职业道德评价的标准;
- 理解并领会教师职业道德评价的依据;
- 深刻审视自身师德素养提升的途径、方法和手段。

本章内容导引

- 教师职业道德评价的前提
  一、教师自由选择教育行为的意义
  二、教师自由选择教育行为的限度
  三、教育行为的道德区分和道德责任的确定
- 教师职业道德评价的内涵、作用及其形式
  一、教师职业道德评价的内涵
  二、教师职业道德评价的作用
  三、教师职业道德评价的形式
- 教师职业道德评价的善恶标准
  一、教师职业道德善恶标准的社会性
  二、教师职业道德善恶标准的特殊性
- 教师职业道德评价的依据
  一、动机论
  二、效果论
  三、动机论和效果论的辩证统一

章导言

教育是有善恶之分的, 教育中的善恶是客观存在的。在教育劳动中, 教师的大多数教育行为都属于道德行为, 具有道德意义。而教师在教育行为选择过程中的自由, 决定了其对道德责任的承担。因此, 生活于现实的各种社会关系中的人们, 按照教师教育行为善恶评价的道德行为标准和道德心理标准, 运用社会舆论、教育传统和内心信念等形式, 对教师个体或集体在教育过程中的行为开展了是非、善恶的价值判断。

第一节　教师职业道德评价的前提

教师职业道德评价的前提, 涉及教师教育行为选择之自由与必然的关系, 自由选择

教育行为的意义和限度,教育行为的道德区分以及道德责任的确立等一些基本的理论问题。

一、教师自由选择教育行为的意义

教师在教育实践活动中是自由、自觉的人。自由选择教育行为,即教师根据一定的道德标准,在多种可能性的行为方案中进行抉择,对具有不同的道德价值的行为进行取舍。教师正是通过自由选择自己的教育行为,来实现自己的意志自由,显现自我的德性和价值,达到职业劳动的目的。选择教育行为的教师意志自由,表现了教师的主动性和能动性。意志自由使道德选择得以进行,又赋予教师以道德责任。教师自由选择教育行为,在教育劳动中具有重要的意义。

1. 自由选择教育行为,有利于教师开展创造性的教育和教学活动,培养和造就人才

教育劳动本质上是一种极富创造性的职业劳动。从教育劳动的主体、教育劳动的对象、教育劳动的目的和要求等方面的特征考察,教师的有效劳动,必然有一个从一般的教育方法到个别的教育方法,从普遍的教育要求到特殊的教育要求的教育行为选择过程。只有给予教师选择教育行为上的充分自由,才能为教师开展创造性的劳动提供必要的条件。

2. 自由选择教育行为,有利于教师运用道德手段调节教育过程中的利益矛盾,协调教育活动中人际关系,保证教育活动的顺利开展

教师在教育职业活动中自由选择教育行为,是一种自主、自决、自控的道德选择。自主是道德选择的基本规定性。教师按照趋善的目的选择的行为,具有完善自身与环境的愿望。自决是教师依照自我道德意志,对现实的利益矛盾和冲突从现有的客观条件出发,作出行为上的抉择,把解决道德问题的责任和使命放在自己身上。自控是教师在自由选择教育行为的过程中,审慎地注意行为的效果和环境的变化,不断调整自己的行为,协调教育劳动中的各种利益冲突和人际矛盾。只有当教师能自由、自觉地对教育行为进行选择,运用道德手段调节教育职业活动中的各种利益矛盾,才能创造和谐的人际关系,保证教育劳动的顺利开展。

3. 自由选择教育行为,有利于教师锻造优秀的师德品质,提高师德境界

在教育活动中,教师自由选择的教育行为,是由自我道德意志支配的,是道德价值观念的外化。教育行为的选择与教师道德品质的养成有着十分密切的关系。一个富有道德进取心的教师,坚持在教育行为的选择上趋善避恶,追求高尚的、良善的价值目标,就能主动地把教育和教育活动看作是锻造优秀的职业品质,造就高尚的师德人格的过程。自由选择,就是自由求善、自我冶炼、自我进取,从"现有"的道德状况提升到"应有"的道德水准。

二、教师自由选择教育行为的限度

在教育职业劳动中,教师自由选择自己的教育行为具有重要意义。但是,教师教育行为选择上的自由并不是脱离现实社会历史条件,任凭个人纯主观的随心所欲地选择。处在一定社会历史条件下的教师个人,对教育行为进行有目的、有意识的自由抉择,具

有主客观方面的限度。

1. 教师的教育行为选择受到客观因素的制约

首先,教师的教育行为选择受到社会历史条件和社会环境的根本制约。历史唯物主义告诉我们,人们创造自己的历史,但是他们并不是随心所欲地创造的,并不是在他们选定的条件下创造的,而是在直接碰到的、既定的、从过去承继下来的条件下创造的。一定社会的政治、经济条件,不仅决定该社会教育职业劳动的目的、方法和任务,而且决定其发展的规模、速度和客观物质条件。教师的教育行为选择的自由,无法超越这一限域,只能选择与此相适应的教育行为、方式和措施。比如,教育作为国家的一个重要的政治领域,教育制度、教育财政和受教育权利等受到政治形势的极大影响。教师作为社会的代言人,担负着对学生的身心施加符合社会要求的影响的责任。因此,教师的教育言行,必须符合国家主导价值观念的要求。在这个问题上,各个国家的统治阶级都会以各种方式给予强有力的控制。这是不以教师个人的意志为转移的。

其次,教师的教育行为选择,受到教育劳动的特点和教育规律的制约。教育劳动的特点和教育规律的要求是教育行为自由选择的外在尺度。教师要使自己的教育劳动达到预期的目的,必须从教育劳动的特点出发选择教育行为。同时,教育工作并非杂乱无章的,而有其自己的内在规律。任何违背教育规律的教育行为都会事与愿违,归于失败。只有按照教育规律的要求去制定恰当的教育大纲、教学计划;根据不同的教学对象,选择合适的教材、教学方案、教学手段,才能事半功倍,取得令人满意的效果。如果违背教育规律的要求,即使出发点是好的,投入很多的时间、精力,也会遭到客观规律的惩罚。

再次,教师的教育行为选择,受到社会一般道德观念和教育传统习惯的制约。社会一般道德观念和教育传统习惯作为一种社会价值尺度是一种精神的存在,对教师的行为选择起着无形的客观规约作用。例如,在社会主义社会中,占统治地位的社会主义道德原则、规范和尊师重教、为人师表的传统教育美德,能对教师的职业道德观念产生良好的熏染,促进教师选择忠诚教职、热爱学生、以身作则等良好的师德行为。同样,社会上一些个人主义、利己主义的错误道德观念,以及文人相轻、故步自封、妄自尊大等教育传统中的陋习陈见也会作为一种无形的消极因素,对教师的教育行为选择产生不良影响。

2. 教师的教育行为选择受到主观因素的制约

一方面,教师的教育行为选择受到个人世界观、人生观、价值观的影响和制约。教师在教育活动中的行为选择,是直接受个人的世界观、人生观、价值观所支配的。世界观、人生观、价值观作为个人对世界、人生及生活意义的最基本的看法和行为指导,深刻地影响着教师的行为选择和评价的标准,是自由选择教育行为的基本内在尺度。另一方面,教师选择教育行为,受到个人的个性特征和心理意志的制约。教师的教育行为取舍和行为方式,都受到个人特有的爱好、性格以及气质类型的制约。在相同的教育条件或教学过程中,具有不同个性心理特征的教师,会选择不同的教育行为。因此,教师的个性特征的状况,会在复杂的教育行为选择过程中起到重要的制约作用。此外,教师选择教育行为,还受到个人的认识水平和选择能力的制约。一个教师在教育过程中能否选择恰当的教育行为,与其自身的认识水平和选择能力有很大的关系。教育行为选择,在一定程度上取决于个人的教育智慧。教育智慧需要教师在教育工作实践中学习,并应用教育学、心理学、美学、行为科学等专门知识,在不断总结经验的基础上,反复摸索,逐步获得。只有在复杂的教育境况中具备正确的认识、判断和选择能力,才能作出合理的行为取舍。

在上述这些主客观制约因素中,有些是个人无法超越和改变的,有些是经过个人的主观努力,在认识外在必然性的基础上可以作出自我选择的。生活在一定社会历史条件下的具体的教师个人,进行教育行为道德选择的客观可能性,以及认识和掌握教育规律的能力,都这样或那样地具有一定的限度。因此,教师必须而且只能在一定的客观条件和主观能力提供可能性的特定范围内,对自己教育行为的善恶承担责任。

三、教育行为的道德区分和道德责任的确定

1. 教育行为的道德区分

(1) 教育行为中的道德行为和非道德行为。所谓道德行为,是指教师从事教育劳动时在一定道德意识的支配下,表现出来的有利或有害于他人或教育事业利益的教育行为。所谓非道德行为,是指教师在教育劳动中不是由一定的道德意识支配,不涉及他人或教育事业利益,无道德评价意义的教育行为。教育行为中的道德行为和非道德行为的区别十分重要,前者具有道德意义,负有一定道德责任;后者不具有道德意义,不负有道德责任。

应当指出,在教育劳动中,教师的大量教育行为都属于道德行为。教师道德行为有三个基本特征。其一,是基于一定的自觉道德意识而做出的行为,是自知的行为。教师对行为意义、价值有自觉意识。没有自觉意识的行为,不构成道德行为。其二,是自愿、自择的行为。教师按照一定的道德规范、准则自愿、自择的行为,才属于道德行为范围。教师在不可抗拒的外力强制下,违背个人意愿被迫作出的教育行为,不属于道德行为。其三,是与他人的意志和利益有着必然的联系,有利或有害于他人或教育事业利益的行为。利益是道德的基础。一种教育行为如不涉及他人或教育事业的利益,则属于非道德行为。

我们在区分道德行为和非道德行为时,应当进行道德上的辩证思考。一方面,应当看到道德行为和非道德行为的区分界限只具有相对的意义。在特定意义上的非道德行为,在更广泛的范围内往往具有道德意义。另一方面,应当避免"泛道德论"的倾向,不能把属于非道德行为的教育行为随意纳入道德行为的范围进行评价。如果不加区别地对教育的非道德行为乱加评判,必然把教师弄得谨小慎微,束缚教师的创造性。

(2) 道德的教育行为和不道德的教育行为。所谓道德的教育行为,即善的教育行为,就是教师出于善良的动机,有利于他人和教育事业利益的行为。所谓不道德的教育行为,即恶的教育行为,就是教师出于非善或邪恶的动机,不利于或有害于他人和教育事业的行为。教师职业道德的根本目的是引导人们趋善避恶,扬善抑恶。因而,帮助人

们正确区分道德的教育行为和不道德的教育行为十分重要。

一般来说,这两者的区分在于:其一,从行为动机上看,能否把教师的个人利益与他人利益、社会教育事业利益和谐统一起来。道德的教育行为,其行为主体一般善于把个人利益与学生利益、教师集体利益、社会教育事业利益努力结合起来,使之并行不悖,相辅相成,并以社会教育事业利益作为最高的利益追求。不道德的教育行为,其行为主体一般都以个人利益作为出发点和最终归宿,当个人利益与学生利益、教师集体利益、社会教育事业利益发生矛盾时,不惜牺牲他人及集体利益。其二,从行为结果上看,能否增进他人和社会教育事业的利益。道德的教育行为,一般都符合一定社会的教育道德的原则、规范,能增进他人和社会教育事业的发展。不道德的教育行为,一般都违背一定社会的教育道德的原则、规范,造成对他人和社会教育事业利益的损害。从这一意义上说,遵守还是违背教育道德的原则、规范,是区分道德的教育行为与不道德的教育行为的重要尺度。

2. 教师教育行为道德责任的确定

教师教育行为的道德责任是建立在教育职业活动中教育行为选择的必然与自由相统一的基础上的。教师在教育行为选择中是否有意志自由,这是确定教师行为道德责任的基本前提。教师对非自愿的被迫的教育行为不承担道德责任,只对依照自觉、自主的自由意志抉择的行为负有道德责任。应当看到,教师在选择教育行为的过程中,既有社会历史和教育规律必然性的最终决定作用,又有个人相对意志自由的自觉、自择作用;教师教育行为既有客观规定性,又有自觉能动性。因此,一般来说教师应当对其行为的善恶承担道德责任。同时,教师对自己教育行为的道德责任是有原则限度的。教师既不能"对一切教育行为不负道德责任",也不能"对一切教育行为负道德责任",教师只能在一定的限度内对自己的教育行为承担道德责任。

具体说,教师对自己教育行为承担道德责任的限度,是由以下三个因素构成的:其一,社会、教育领导机构和学校已根据社会发展的需要、教育规律的要求,明确地向教师提出了具有客观规定性的道德行为要求,使教师能够去选择和实施良好的职业行为。其二,客观的教育职业活动环境,在为教师提供的几种行为选择的可能性方案中,包含着教师应当和可以选择的道德行为。也就是说,教师在特定的教育情景或"道德冲突"面前存在着选择道德行为的实际可能性。其三,教师个人具有或可以具有认识和支配符合社会必然性要求和教育规律要求行为的能力。在这三种因素同时具备的情况下,教师应当对自己选择的教育行为负道德责任。

强调教师教育行为道德责任的限度并没有降低教师对自身的道德要求。道德责任意识体现着一个教师的职业人格,是教师自由意志的最高规定。高度的道德责任意识是一切高尚的道德行为的内在动力。照这个限度的确定性要求,教师不仅要对自己的职业道德意志承担责任,对自己的不道德行为承担责任,还要对自己职业行为的不成熟性负责任。随着社会的发展,教师职业活动范围不断扩大和深入,教师应不断增强自己的道德责任感,以适应教育职业活动的客观需要。

拓展阅读
10-1

亚里士多德关于"自制"的思想①

自制是亚里士多德伦理学中的一个重要范畴,亚里士多德把自制界定为处于德性与恶之间的品质,把自制作为达到德性的中间性环节。所谓自制是意志能克服欲望的诱惑而坚持按照自己认知到的正确的原则行事,而所谓不能自制,也就是由于意志的无力而使自己屈从于错误的情感欲望而背弃正确原则而为恶。

亚里士多德在《尼各马可伦理学》第七卷重点讨论了自制与不能自制的问题。为了说清问题,亚里士多德首先讨论了人的行为与意志或意愿的关系。因此,对出于意愿和违反意愿的行为的讨论成为了他选择的首要论题。他的基本观点是,只有出于意愿的行为才具有道德价值,才有善恶可言,也才值得称赞或谴责。同时我们也只对出于意愿的行为或品质负有道德责任。亚里士多德认为,无论是自制,还是不自制,都无不与人的意愿相关,因而都具有道德意义,自制是应当受到赞扬的品质,不能自制则是应当受到谴责的品质,由于它们是出于意愿的,所以我们才应当对这两种品质负责,才对它负有道德责任。

在亚里士多德看来,出于意愿的行为必须不是行为主体受不可抗外力胁迫做出的,即它必须是行为主体在知道行为的具体情况下做出的行为。而违反意愿的行为是由于外力的胁迫所致。由于自制者和不能自制者的行为都不是由于外力的行为,也都是在知道自己行为的具体情况条件下做出选择的行为,所以,都不是违反意愿的行为,而是出于意愿的行为。

在确定了自制与不自制的行为是出于意愿的行为后,接下来的一个问题便是,行为者是否对自己自制与不自制的品质负有道德责任? 对此,亚里士多德的看法是应当负有责任。他说:"每个人的善观念又是由他的品质决定的。……如果一个人对自己的善观念不负有责任,就没有人对他所作的恶负有责任。"②由此,亚里士多德得出的结论是:自制是出于意愿,并负有道德责任的品质。在这个意义上讲,自制应该说是一种道德德性。所以亚里士多德说:"不能自制者的行为是出于欲望的,而不是出于选择的。与此相反,自制者的行为是出于选择的,而不是出于欲望的。"③

亚里士多德认为不能自制者就像疯子或醉汉那样具有知识,在他清醒的时候有知识,在他发病或醉酒时就不可能充分意识到和运用这种知识。这种无知状态的行为也是出于意愿的,因为是他自己使自身处于这种状态的,所以他必须要为将自己置于这一状态负责。亚里士多德认为,不能自制者所具有的知识就像演员背诵的台词一样,并不能在意识中加以充分的运用。那这个时候他不知道或没有运用的是普遍前提,因此这种情况可称之为对普遍前提的无知。

---

① 节选自张传有、周卉:《论亚里士多德关于"自制"的思想》,《吉首大学学报》(社会科学版),2012年第6期。
② [古希腊]亚里士多德著,廖申白译注:《尼各马可伦理学》,商务印书馆,2003年,第75页。
③ 同上书,第65页。

第二节　教师职业道德评价的内涵、作用及其形式

一、教师职业道德评价的内涵

所谓教师职业道德评价,是指生活于现实的各种社会关系中的人们,按照教师教育行为善恶评价的道德行为标准和道德心理标准,运用社会舆论、教育传统和内心信念等形式,对教师个体或集体在教育过程中的行为所做的是非、善恶的价值判断。

教师职业道德评价以教育工作者(个体或团体)的教育行为为其主要对象,通过善恶正邪等范畴来改变、影响教育的道德风尚,协调教育内部与外部的人与人之间的关系,实现教师职业道德从现有到应有的转化。可以说,教师职业道德在教师教育实践中的调节、激励、教育作用,主要是依靠教师职业道德评价来实现的。教师职业道德原则和道德规范的内化,道德意识和道德品质的外化也是通过教师职业道德评价来实现的。教师职业道德评价既有认识、反省的功能,也有命令或实践的功能,它使准则性的命令同当前的处境和行为动机直接结合起来。教师职业道德评价的正确性和广泛性是一个社会教育道德水平的客观标准,它可以向人们传递关于教育价值的特殊信息,促使教育行为者感受道德的谴责或赞许。教师职业道德评价的客观性和深刻性是使教育道德意识向教育道德行为转化的一个重要杠杆,是维护教育道德的保障。

当然,人们的道德评价活动一般带有主观意向的性质。人们总是依据自己所认同的道德标准去评价行为的善恶,并且按照自己的道德经验去褒善贬恶,但由于社会关系的复杂性,这就使教师职业道德评价活动呈现出纷繁复杂的状况,形成见仁见智的局面。因此,如何科学而合理地判明教师教育行为的善恶性质,明辨教育行为的道德价值和道德责任,更好地认识他人和自我的教育道德行为和道德品质并非易事。

二、教师职业道德评价的作用

教师职业道德评价与教育道德风尚、教育道德水平有着十分密切的联系。一个社会的教育道德风尚如何,很大程度上决定于教师职业道德评价活动开展的广度和深度,而一个人的教育道德水平的高低,则往往取决于他的教师职业道德评价能力的强弱。换言之,教师道德的职能和作用的发挥,主要是依靠教师职业道德评价来实现的。离开了教师道德评价,教育道德就会失去它的意义,变成无生命力的东西。教师道德评价的作用主要有如下几个方面。

1. 教师职业道德评价是教师职业道德原则和规范得以实现的根本前提和保证

教师职业道德原则和规范是道德评价的主要标准,它们只有在教育道德评价活动中,通过对教育行为善恶价值的肯定或否定的裁决,才能使教育行为按照它们的要求扬善弃恶,才能实现它们规约教育行为的作用。事实证明,教师职业道德评价为人们传递着教育道德行为价值的信息,行使着道德命令的职能,是教育道德原则和规范的权威的捍卫者。在一定意义上可以说,教师职业道德原则和规范及其作用能实现到何种程度,直接取决于教育工作者道德评价的能力与教育道德评价活动开展的质量。

2. 教师职业道德评价是教育道德从意识形态转化为行为实践的杠杆

教师职业道德评价是用教育道德认识去评价既存的教育行为的活动,其目的,是为了评价或裁决既存教育行为的善恶,又是为了使下一步的教育行为符合教育道德认识。因此,教师职业道德评价活动的实现,意味着教育道德从意识活动转化为行为实践的过程。并且,在教育道德认识和教育道德行为的不断转化中,教育道德评价作为中间媒介,起到了推动整个教育道德认识和教育活动不断完善与提高的作用。

3. 教师职业道德评价是形成良好职业道德品质和道德风尚的重要条件

在教师职业道德评价中,使教育工作者懂得基本的善恶是非观念,形成相应的善恶观,并以此出发,自觉地纠正自己的职业行为,做到扬善弃恶,进而形成一种内心信念和相应的教育道德品质。自觉地开展和坚持教师职业道德评价,有利于促进教育道德水平的提高,形成良好的教育道德风尚。

4. 教师职业道德评价的调节作用

道德调节人们的行为,主要是通过道德评价来实现的。教师职业道德评价可以帮助人们及时发现问题,采取有效的措施进行调整。因此,调节作用也是教师职业道德评价的基本功能之一。这种作用主要表现在倡导善行、排除障碍和制止恶行这三个方面。具体地说,当某种符合社会或统治阶级要求的教育行为还限于少数人时,教师职业道德评价可以通过对这种行为的赞赏而倡导更多的人效仿;当人们在履行教育道德义务过程中遇到障碍和挫折时,教师职业道德评价则可以帮助这些人积极排解和疏通;当某种不道德的教育行为发生并蔓延时,教师职业道德评价则可以通过谴责,在一定程度上予以约束和阻止。教师职业道德评价的调节作用,在教育道德活动中占有突出的地位,它是实现教育道德使命的重要途径。

三、教师职业道德评价的形式

教师职业道德评价主要是通过社会舆论、教育传统习惯和教育行为者的内心信念等形式进行的。社会舆论和教育传统习惯是从客观方面对人的教育行为进行道德评价,内心信念则是教育行为者从主观方面对自己的行为进行道德评价。

1. 社会舆论

社会舆论是教师职业道德评价中运用得比较广泛的一种形式。教师职业道德评价中的社会舆论是指人们用语言或文字对教育活动中的人或行为事件所发表的某种倾向性、具有约束力的较为一致的意见。社会舆论具有以下两个显著特点:一是广泛性。凡有人群的地方,无论何人都会程度不同地受到社会舆论的制约。事实上,教师职业道德评价的广泛性就是通过社会舆论的广泛性表现出来的。二是外在强制性。人们通常所说的"舆论压力"就是这个意思。19世纪英国思想家赫胥黎曾经说过,在许多情况下,人们之所以这样做而不那样做,并非出于对法律的畏惧,而是出于对社会舆论的畏惧。在我国,也有"人言可畏","众口所毁,虽金石犹可销也"之类的说法。这些说明了社会舆论对人的行为的巨大约束力量。由于社会舆论具有上述特点,因此它成为影响人们意识的强大力量,是教师职业道德评价的重要手段。当某种教育道德原则和规范为大多数人所接受和信奉而形成了社会舆论时,这种舆论就会通过对人们行为的肯定、赞扬或否定、谴责,深刻地影响整个社会的教育道德风尚。长期的舆论影响,就能有力地促使人们按一定的教育道德原则和规范来支配自己的行为,调整自己同他人或社会的关系。因此,社会舆论既是教育劳动中人与人之间的道德关系的反映,又是对教育行为者的行为进行评价的外在形式。

社会舆论可分为校内舆论和校外舆论两种。校内舆论就是学校内部成员对教师、学生、教师集体、管理人员、教辅人员等与教育过程相关的行为的评价和态度;校外舆论就是学生家长及其他社会成员、社会组织和团体、新闻单位、国家机关等对作为个体或团体的教育行为者行为的评价。

现实社会中的校内外舆论并非一致,人们出于不同的利益和对利益的不同程度的认识,对同一教育行为、事件会表现出不同的看法。其中,既有正确的与错误的校内外舆论的对立,又有进步的与落后的校内外舆论的不同。对落后、错误的舆论,要采取疏导的方针,用批评、说服教育的方法去解决;对于群众自发形成的正确的校内外舆论,应扶植和引导,使它成为正式的更大范围内的舆论。应当看到,随着社会的发展和科技的进步,现代传媒手段,如电视、广播、报纸、电脑网络等,在形成对教育行为进行评价的社会舆论上,起着非常重要的作用。现代传媒对教育行为者的影响是前所未有的。对于教育行为者来说,既要注意广泛听取各种舆论对自己行为的反映,又要保持清醒的头脑,对校内外舆论进行冷静的分析,区别对待,做到顺应正确的舆论,抵制落后、错误的舆论。

2. 教育传统习惯

教育传统习惯是在长期的教育实践中逐渐形成和积累起来的,已被人们普遍承认和熟悉的道德经验和教育行为方式。比如,启发诱导、因材施教、尊师爱生、教书育人、身教重于言教等都应是教育的传统习惯。教育传统习惯的稳定性使它在教师职业道德评价中具有特殊的作用,它使人们以一种特有的传统心理和眼光去看待事物,去评价人们行为的善恶。是否符合教育传统习惯,成为评价教育行为善恶价值的最初的最起码最简易的标准,而评价者也对用传统习惯进行评价感到习以为常,心安理得,因为这样的评价大家认可,历来如此。

教育传统习惯由于自身的特点,其内容和结构较为复杂,同一社会和时代的教育传统习惯中存在着新旧两种对立的状态。旧的教育传统习惯中,有的不适合甚至严重阻碍新社会的发展,有的能够继续适合或有益于新社会的需要。因此,在运用教育传统习惯进行道德评价时,要充分认识新、旧教育传统习惯之间斗争的复杂性,要在具体剖析其性质的基础上区别对待。今天,在开展社会主义教育道德建设的过程中,应当重视扬弃旧的教育传统习惯,树立和形成社会主义教育的新风尚、新习惯。

3. 内心信念

内心信念是道德评价借以调整人们行为的内在驱动力和需求形式,它在教师职业道德评价中占有十分重要的地位。这里所讲的内心信念,指的是教育行为者发自内心的对某种道德义务的真诚信服和强烈的责任感,它是人们在教育实践中形成的深刻的道德认识、强烈的道德情感和顽强的道德意志以及在此基础上产生的心理驱动力和需求。

内心信念是在实践中产生的,是以理性为前提的。同时,它又是人们道德活动的理论基础。教育行为者正是对某些道德行为合理性、必然性有了正确的认识,才能自觉地去履行某种道德准则。因此,它在教师职业道德评价中有着重要的作用。内心信念在教师职业道德评价中主要是作为教育良心发挥其作用的。

首先,内心信念是实现教师职业道德评价成果的首要因素和环节。教育行为者评价的成果,只有转化为教育行为者个人的内心信念,才能形成教育行为者良好的职业行为习惯,进而形成良好的教育道德风尚。其次,作为一种强烈的责任感,内心信念是驱使教育行为者对自己的职业行为善恶进行自我评判的直接的内在动力。再次,它作为埋藏在教育行为者心灵深处、具有较高层次的道德意识和道德原则,是道德评价中的直接准绳。教育行为者在评价自己或他人的职业行为善恶时,就常常以是否违背教育良心为标准。最后,它是行为当事人一种内在的控制力。它能使行为当事人按照自己的善恶观去支配自己的行为,避免违背自己善恶观的不道德行为的产生。教育行为者内心信念的作用是很大的,在某种意义上可以说,它是教育行为者评价借以调整教育行为者职业道德行为的内在基础。

案例 10-1

谈谈对"后进生"的工作①

有一个叫费佳的学生是我永远难忘的。我教过他五年,从三年级到七年级。费佳遇到的最大障碍是算术应用题和乘法表。我断定,这孩子简直是来不及记住应用题的条件,在他的意识里,来不及形成关于作为条件的依据的那些事物和现象的表象。

我给这些孩子编了一本特别的习题集。习题集里约有二百道应用题,主要是从民间收集来的。下面从我编的《给思想不集中的儿童的习题集》里举出两道习题为例。

1. 有三个牧羊人,由于天气炎热而疲倦了,他们在一棵树底下躺下休息,接着就睡着了。调皮的放牧助手用橡树枝烧成的炭灰,在睡熟的人的额头上都涂上了黑。三个人醒来后,都哈哈大笑。每一个人都以为另外两人在互相嘲笑。突然,有一个牧羊人停住不笑了,他猜到了自己的额头也被涂黑了。他是怎么想出来的?

2. 古时候,在辽阔的乌克兰草原上,有两个相距不远的村庄——一个叫"真话村",另一个叫"假话村"。"真话村"的居民都说真话,"假话村"的居民都说假话。假若我们当中有谁突然来到这两个古代村庄中的一个村庄,只允许向第一个碰到的当地居民提一个问题,打听自己来到的是哪个村庄,那对这个问题应该怎样提法。

到了五年级,费佳的学业成绩就赶上来了……后来,成了一名高度熟练的专家——机床调整技师。

---

① [苏]苏霍姆林斯基著,杜殿坤编译:《给教师的建议》,教育科学出版社,1984年,第19—21页。

在教师职业道德评价中,社会舆论、教育传统习惯和内心信念这三种形式是相互联系、相互补充、相互作用的。第一,它们都是在一定的社会条件下形成的,离开了这一点,它们绝不能成为一种力量,发挥其扬善抑恶的功能。第二,它们在道德评价中是相互凭借的。人们根据内心信念作出的善恶判断,常常要通过社会舆论的传播和强制,而逐步被行为当事人所接受,并按照这种判断形成个人的行为习惯,进而扩展为社会的道德风尚,人们又经过这种风尚习俗的影响、陶冶,进而形成更高的内心信念。第三,它们在道德评价中是相互促进的。一方面,社会舆论、传统习惯是人们内心信念形成和巩固的重要条件,另一方面,内心信念是社会舆论、传统习惯对行为当事人施展其功能的基础。因此,只有综合运用社会舆论、传统习惯和内心信念诸种形式,才能使教师职业道德评价充分发挥其作用。

第三节　教师职业道德评价的善恶标准

道德评价是对人的行为及其品质的道德价值的衡量或判定,而道德价值却又常常借助于善恶范畴来体现,所以善恶就成了道德评价的一般标准。善和恶是个历史范畴,具有阶级性、历史性和相对性。善恶在根本上表现为利益标准,利益标准是善恶标准的最终根源,道德原则和规范标准则是善恶标准的具体体现。善恶标准的绝对性和一般性表现在,人们总是把那些有利于他人和人类群体的生存、发展与进步的行为或品质看作是善;把那些有害于他人或人类群体的生存、发展与进步的行为或品质看作是恶。这里既体现着善恶评价的历史标准,又反映着善恶评价的一般标准,实际上是历史标准与一般标准的统一。

教育是一种特殊的社会活动,因此,确定教师职业道德评价的善恶标准,不仅要体现社会性,也要体现教育工作的特殊性。

一、教师职业道德善恶标准的社会性

强调善恶标准要体现社会性,意味着教师职业道德是整个社会道德的一部分,它必须充分反映社会道德的要求,即反映出社会对教师职业活动的道德要求。马克思主义认为,任何一个社会的上层建筑都是从属于并服务于它的经济基础的。毫无疑问,在一定的社会中,教育总是为一定的阶级和事业服务,为一定的社会和阶级培养、提供人才,这是教育活动的社会目的。教育活动的社会目的规定了教师道德行为要符合一定社会的要求,它不仅要对教育集团负责,同时要对社会和所属阶级负责。所以在评价其教育行为善恶时,既要以体现和反映教育利益的教育道德原则与规范为道德行为标准,又要以从社会或阶级利益中引申出来的社会道德原则和规范为道德行为标准。凡与之符合的教育行为就是善的,反之则是恶的。

拓展阅读
10-2

教师职业道德一票否决制①

据中国网报道,多省份已经开始对教师职业道德规范"一票否决制"做了相应的要求。

北京东城执行教师职业道德"一票否决制":据《光明日报》报道,2013年9月29日,在北京市东城区首届教育人才大会上,一套"组合拳"改革方案推出,涵盖师德师风建设、骨干人才培养、人才引进等诸多方面内容,旨在引领、促进教师队伍整体水平的提升。相关负责人表示,东城区教委将进一步细化各项考核标准,严格执行教师职业道德"一票否决制",把师德表现作为教师业绩考核、职务晋升、职称评聘和评先树优的首要依据,将师德师风建设作为学校办学水平的重要指标。

教师13种行为将"一票否决",校外有偿补课将受重罚:据《深圳晚报》报道,今年6月,深圳市教育局正式发布《深圳市中小学师德档案制度(征求意见稿)》。"师德档案"是教师职业生涯的重要记载,是师德考核结果的重要记录,是教师专业评价的重要依据。

……

二、教师职业道德善恶标准的特殊性

教师职业道德评价标准仅仅考虑一般社会道德评价内容是不够的,还必须考虑教育活动自身的特点和要求,即教师职业道德评价标准应当体现教育活动的特殊性。

1. 教育活动的特殊性主要表现为教育过程的特殊性和教育劳动的特殊性

教育过程与一般的生产过程有所区别,并不是劳动者简单地作用于劳动对象的过程。如在学校教育过程中,教师固然具有特殊的教育行为要求,但同时又与教育过程的各方面有密切的联系。教育过程不仅是教师的教与学生的学结合在一起相互作用、相互影响的过程,客观上还受到教育方针、教育内容、教育措施等因素的制约,可以说,教育活动是各个方面整体协作的过程。这种协作过程,也不单指学校内部各门学科、各个环节共同对学生发生作用的过程,还包括社会、家庭对学生发生作用和学生自身作用的协同过程。正是教育活动的上述特殊性,要求在确定教师职业道德评价的善恶标准时,不仅要考虑对教育内部的道德评价,还要考虑对教育外部即社会等诸多方面的道德评价。

从教育活动的特殊性考察,教师职业道德评价的善恶标准要求教育行为符合教师和学生的个性心理特征,并有利于教师和学生的心理健康发展和良好心理品质的形成。教育活动作为对学生施以教育影响的活动来说,它的一个重要目的就是按照一定社会的要求,去影响和塑造学生个性心理特征。在这个意义上,凡是符合教师与学生的个性心理特征,同时又有利于他们心理健康和良好心理品质的形成的教师行为就是善的,反

---

① http://edu.china.com.cn/zxx/2013-12/02/content_30766464.htm.

之则是恶的。

强调教师在教育劳动中自由选择和实施的行为,应当符合教师的个性心理特征。这是因为如果某一教育行为与教师的意志、兴趣、爱好、情感等心理特点不相符,教师就会因根本无此心理需要而缺乏行为动机,在教育行为的自由选择中予以舍弃。即使教师被迫选择它并加以实施,也会因与教师的情趣、意志不吻合而使教师缺乏应有的主动性和创造性。同时,作为教师来说,要胜任自己的本职工作,必须具有适应教育工作特点的良好心理品质,即具有高尚的情操、美好的心灵、坚强的意志、广泛的兴趣、稳定的情绪、炽热的爱生情感等。教师心理品质作为教育劳动中起重要影响作用的因素,其状况如何,直接关系着教育劳动的效率,影响教育劳动的效果。教师依据社会教育事业利益的需要,选择符合个性心理特征的行为,能最大限度地提高个人的创造热忱和劳动兴趣。教师的个性心理特征与良好的心理品质的形成,直接关系到教育行为的具体实施和效果,关系到教育事业的发展。因此,它应当作为评价教育行为善恶标准的重要内容之一。

教育活动是教师对学生的心理和行为施以影响的活动,而教师对学生的影响只有通过思想、情感和意向等内在心理因素才能起作用。只有当教师考虑到学生的个性品质、志向、兴趣、爱好和情绪等心理,实施的教育内容与形式既符合教育目的又符合学生的个性心理特征时,教育活动才有可能取得预期的效果。要影响和教育学生,必须尊重学生,使教育行为适应学生的个性心理特征。如果不考虑学生的个性心理特征,把学生看作是"装知识的麻袋",就有可能受到教育规律和心理规律的惩罚。教育实践表明,不仅那些粗暴训斥、讽刺挖苦学生的教育行为会导致教育的失败,而且那些不顾学生个性心理特征的呆板说教,即使在好的教育动机驱使下,对学生施以正确的知识教育,同样会引起学生心理上的厌恶,造成教师与学生思想感情交流的障碍,从而使其教育归于失败。同时,教育活动作为对学生施以教育影响的活动来说,它的一个重要目的就是按照一定社会的要求,去影响和塑造学生个性心理特征。在这个意义上,有利于学生心理健康发展和良好心理品质形成的教育行为,就是善的,反之就是恶的。

2. 教师职业道德善恶评价标准的特殊性,还可以从教育内容、教育措施等方面探讨

教育内容是社会和学校实现教育目的的重要保证,它规定了教育活动的范围和性质,是开展教育活动的基本依据。教育内容的制定,尽管受着多种因素的影响和制约,教育行为者的取舍和选择是其中重要的影响因素之一,因此,能够体现对学生进行德、智、体、美、劳等方面全面发展的社会主义教育工作的总的方向的,能够保证系统性和完整性的,能够反映社会历史的发展并适应"三个面向"的要求的,能够充分考虑不同的教育对象在承受能力上的差异性的,能够考虑到使受教育者得到一定的实践训练并做到求知与致行相结合、相统一的,教育内容就是善的,反之是恶的。

教育措施是完成教育任务所使用的工作手段。在确定了教育目的、任务和相应的教育内容之后,教育措施的选择就成为一个很重要的问题。不同的教育措施会导致不同的教育效果。因此,整体性、民主性、科学性、有效性、规范性等能够取得良好效果的教育措施,可以评价为善的,反之,尽管动机是不错的,但其效果不佳,也是需要教育行为者调整的。

案例 10－2

点赞北京东路小学彭老师①

"最好的教育是陪伴。我衷心希望在每个有孩子的日子,能够把最多的时间拿出来陪伴您的孩子,把温柔献给您的孩子。孩子明天会是个什么样,没人知道,但有一点,至少我们可以达成共识:做过,总好过错过。为了孩子,让我们尽可能多付出一些。"

"本周的《周末影视》推荐电影《兰戈》,推荐理由关键词为:自我、信仰、信赖,请给予孩子方便。周末阳光明媚,有时间全家人一起出去走走,祝一切安好。"

"本周的《周末阅读》已经上传班级群共享,请家长们自行下载。近来温差变化较大,请提醒孩子们注意防寒保暖。"

"家长好,刚刚批阅完孩子们的记事本,发现有 10 位家长没有签名(稍后会个别通知),特在此做友情提示:孩子在未完全养成良好学习习惯之前,督促是必须的。感谢大家的付出。"

"⋯⋯推荐家长阅读《父母改变,孩子改变》、《新父母学校》、《想和孩子说说》。新年将至,衷心预祝全家安康、阖家欢乐。"

"诸位家长好,鉴于孩子们越来越大,并渐渐对自身和成长有了兴趣,现特推荐《成长与性》(上下两册,中国儿童性教育全彩绘本),希望可以帮助大家解决这个特别阶段相关孩子成长发育的诸多话题。特此提示。建议使用这套书的策略:1⋯⋯;2⋯⋯;3⋯⋯;4⋯⋯有女娃的妈妈们,尤其要注意相关方面的引导。衷心祝愿所有小朋友和所有的家庭能够平稳过渡,争创和谐家庭。"

⋯⋯

以上这些片段就是北京东路小学彭老师平日里通过一线通给我们家长发出的短信。点点滴滴、方方面面、细致入微的短信总是让我们家长充满期待。彭老师的教学细致、严谨,从孩子们的作业批改中可见一斑;彭老师的教育全面、周到,从这些短信中更能体会深刻。无论从孩子们的行为习惯到身心健康,还是从知识拓展到身体发育,彭老师都能关注到,这一切让我们受益匪浅。

我们不仅在教学方面能感受到彭老师给孩子们精心传授的热情,在其他方面也感受到彭老师细心温暖的体贴,彭老师甚至还是我们家长学校的老师。我们为孩子们有彭老师这样的好老师感到荣幸与骄傲,虽然不会用华丽的词藻赞美彭老师,但是我们心中充满感激。

什么是良师益友,彭老师就是我们的良师益友,彭老师的教育方式诠释了北京东路小学的素质教育的理念。

我们感谢彭老师。

总之,社会主义教育行为善恶评价的道德标准,是衡量教育工作者教育行为善恶的道德尺度和准绳,是社会主义教育事业利益向教育工作者提出的职业要求的体现和反映。它一方面要求教育行为符合教育规律的要求,最大限度地提高教育效果,促进教育

---

① http://www.wszw.com/article/detail.jsp? articleId＝1046480.

事业的发展,另一方面又要求教育行为符合社会发展和社会主义现代化建设的需要,有利于培养和塑造"四有"新人。这两个方面的要求,从根本上来说是一致的。凡是符合教育规律,有利于培养社会主义"四有"新人的教师教育行为,就是善的、道德的,应当受到赞扬;反之则是恶的、不道德的,应该受到批评和谴责。教育行为善恶评价的社会性标准和自身特殊性标准,既有所区别,又紧密联系,二者是构成教育行为善恶标准的两个方面。社会性标准是衡量教育行为善恶的外在尺度。自身特殊性标准是衡量教育行为善恶的内在尺度。在具体的教师职业道德评价实践中,只有把两者密切结合起来,才能对教育行为作出科学的评价和判断。

第四节　教师职业道德评价的依据

动机和效果作为行为过程的两个重要环节和因素,在道德评价中起着重要作用,究竟以主观动机为评价依据,还是以客观效果为评价依据,这个问题一直困扰着人们,围绕着这个问题,伦理学史上存在着两大对立的学派:动机论和效果论。

一、动机论

动机论者以动机作为衡量行为道德性质及其价值大小的主要依据,认为行为的道德价值只存在于行动的动机之中,与其效果无关。依据这种强调从行为动机的角度来衡量行为的道德性质和价值大小的道德评价理论,只要人们从事教育活动的动机是正确的,不管其效果如何,总是善的。因此从教育活动的动机出发来对教育活动作出善恶评价,是教师职业道德评价中常用的方法。

所谓教育的动机,就是教育的宗旨、追求的目的,或者说是教育的精神特性和内在价值追求。它关系到教育活动的方向和性质。教育发展的历史证明,教育的宗旨和追求不同,教育自身的道德价值也就不同,具有积极、进步的教育宗旨和目的的教育,远比那些为消极、落后的价值观所左右的教育要有价值得多。

在现实的教育实践活动中,我们最起码可以见到三种情况。第一种情况是:动机的道德性质是明确的,而且动机和实际效果也是基本一致的。那就是良好的动机得到良好的效果,不良的动机引出不良的效果。在这种情形下,从动机角度对教育活动进行善恶评价是比较容易和恰当的。第二种情况是:动机是明确的,善良的,但行为的实际后果与动机是不一致的,这在现实中是大量存在的。在教育活动中,这种状况表现为教育目标的应然与实然的对立。应然的教育目标在我国 1995 年颁布的教育法中表述得十分明确:教育必须为社会主义现代化服务,必须与生产劳动相结合,培养德智体等全面发展的社会主义事业的建设者和接班人。然而,以升学、就业为主要目标的"实然目标"却对教育教学第一线的教师发挥着实际的指导作用。在这样的目标指导下,教育过程中面向少数,冷落大多数学生;偏重认知,忽视非认知因素;偏重应试,放松素质养成等种种直接影响青少年健康成长的片面的教育观点与行为油然而生。升学教育对青少年的全面性损害表现为"以智害德"、"以智害体"、"以题害智";由基础教育阶段在人才培养中的片面性延续至高等专业教育阶段,则表现为青年学生认识自我、权衡环境、合理地调动自身潜能、客观地理解自我与他人的关系以及自我与环境的关系、策略地解决各种生活困难乃至巧妙地摆脱各种生存困境、科学地运筹自己的人生之路等一系列能力都比较低,身心素质不尽如人意。在这种教育氛围下培养出来的这些只会考试不会学习,只会背书不会创造,只会读书不懂人情世故的一代青年将会给民族以及他们的个人幸福带来何等样的危害,则是不言而喻。这些教育效果各不相同的教育实践,是否有着相同的善恶价值? 从动机论观点看,应该是一样的。然而,这一结论是人们不能接受的。虽然表面上各类学校都表明贯彻培养"全面发展"这一教育宗旨,但效果的大小好坏,已使得各自的道德价值有了明显的差异。在这种情形下,动机论有明显局限。第三种情况是:动机的真假并不清楚。在历史上和现实中,人们从事教育活动的动机多种多样,有高尚的,也有卑劣的;有利他的良心,也有利己的私心。但是,那些卑劣的、自私的动机,从来都是秘而不宣的,并总要代之以动听、悦耳的言辞。这样,从表面上看,大家似乎都是抱着良好的心愿来搞教育,没有多少区分。按照动机论的观点,既然表达的教育愿望都是好的,那么各自的善恶价值也就没有实质性的区别了。但是,这样的善恶评价,往往没有体现各自真实的道德意义,反把那些假仁假义的本是丑恶的教育行径也当成了好东西,难免导致善恶不分。这些年来,国家鼓励社会力量办学,民办学校应运而生。其中,大多数民办学校真心以育人为重,也产生了积极的教育效果。但是,也有少量的民办学校打着办学的招牌,或为公司集资,或为私人谋求暴利。此外,部分社会机构所举办的名目繁多的培训班有的也是名不符实,除了办学者中饱私囊之外,学生并没有得到应有的学习与提高。对这些教育现象,动机论者只是听其言而不观其行,难免会受骗上当并给予不恰当的道德赞许。区分真假动机、辨别口是心非现象,是动机论者面临的一个重大问题。

以上分析表明:动机是教育善恶评价的重要方面,但仅仅评价教育的动机,并不足以反映教育活动的道德价值。作为一种教育现象的善恶评价方式,动机论有合理的一面,也有明显的局限性。

二、效果论

在人们评价教育善恶时,效果论也是经常使用的一种评价方式,它主要从实际教育效果来考察教育的道德性质和价值。所谓教育效果,指的是教育活动对学生、对社会所产生的实际影响,即教育导致的人的发展、社会的发展方面的变化。教育效果有积极、消极之分,也有大、小之别。教育效果实质上是教育创造了什么价值的问题。评价教育效果就在于弄清教育创造的东西有没有价值,是什么性质的价值,有多大价值,这乃是评价教育善恶必须涉及的方面。

善恶是利益的特殊反映,对教育善恶的评价在一定意义上说是对教育是否满足了人们的利益需要的判断,而教育是否满足了人们的利益需要,只有通过对教育效果的考察才能现实地确证。效果论看到了这一点,强调依据实际结果来评定善恶,这是它合理的一面。教育效果不同,教育的道德价值也会有所区分。学校的教育教学活动,是使全体学生都得到了较好的发展,还是只有部分学生得到了较好的发展,各自的道德价值是不一样的。教育工作是促进了学生身心健康发展,还是阻碍了学生身心健康发展,在道德价值上更是有着本质的区别。应该说，教育的善恶与教育效果的确存在着内在的关联。

但是，效果论也遇到了一些棘手的问题。第一，为了达到效果（目的），是否可以不择手段？同样的一个效果，人们所运用的方法、途径常常是不同的，有的方法、手段甚至是不道德的。只看效果不看手段，难免造成人人不择手段的行为导致道德退步的局面。例如，学生在考试中取得的较好的成绩，可能主要是个人勤奋学习的结果，也可能主要是教师教学得法的收获，还可能是靠投机取巧、弄虚作假而得来的。对这些弄虚作假的手段，甚至在一定程度上为了各种利益关系还给予"理解"。个别的学校领导和教师纵容学生作弊，甚至向学生传授作弊方法。为了通过所谓"重点校"、"文明校"、"某某工程"评审的一些硬件要求，不惜大肆作假。这些作假行为可能使一些团体与个人获得某些利益，但与教育培养青少年学生求真、求善之宗旨却是背道而驰的。在实施过程中，对受教育者的侵害可能更为深重。翻开那些仇视社会，与人民为敌，沦为罪犯的人的人生档案，不难发现假、恶、丑的教育对他们人生观价值观形成过程中留下的消极影响。"老师做假"、"学校没有公正"，常常泯灭了他们对人世间真善美的最后一点希望。投机取巧、弄虚作假，自然是不道德的行径（手段）。如果依据效果而对那种依靠投机取巧、弄虚作假所得到的好成绩给予道德上的赞许的话，那么，有可能鼓励和有利于那些不道德的行为滋长，这是效果论的明显局限。第二，为了实现某种目的，是否可以不惜代价？或者说，代价的大小是否影响对效果所作的道德评判呢？任何一种结果，总是用一定的代价（付出）换来的。代价包括人力、物力、财力的付出；有些付出是合理的和必要的，有些则是不合理和不必要的。如无谓的牺牲、肆意的浪费等。为了达到某种目的而不惜代价，就会出现得不偿失的局面。在现实生活中，这种得不偿失的教育现象是存在的。例如，为了提高学生考试成绩优秀率，一些学校和教师往往加班加点、随意加重学生负担，牺牲了学生的休息时间和娱乐活动，甚至使一些学生付出了身心健康的代价。这种付出比得到还要多的教育活动，并没有多少道德上的积极意义。只看效果而不看代价，也是难以准确评价教育的道德价值的。第三，如何在评价层面确定教育效果？这是效果论遇到的又一个难题。教育效果非常复杂，有短期效果，也有长期效果；有局部效果，也有整体效果；有显性效果，也有隐性效果。教育效果乃是诸如此类各种效果的综合。一所学校对学生的教育，往往使学生在多方面发生变化，除了学习和掌握教育目标所规定的科学知识、技能外，学生的身体机能、心理能力、人生观、世界观、思想品德、性格特征等，都会发生相应的变化。在现有的教育科学发展水平上，使用现有的测量、检验技术，要评价学生在知识、技能等比较具体领域的提高，相对来说比较容易，而要反映学生思想观念、身心机能、个性品质的发展变化就比较困难，至于这些教育活动带来的各种社会后果，几乎无法去作有效的评判。教育效果具有的长期性与综合性，这也为教育效果的准确评价造成了困难。

综上所述，我们对效果论的讨论所得到的认识是：教育效果是影响教育的道德价值的重要因素，在进行教育善恶评价时，考察教育效果是必要的，但仅仅考察教育效果则是不够的。效果论作为一种教育善恶评价的方式，有一定的合理性，但并不是一种真正科学的方法。

三、动机论和效果论的辩证统一

道德评价中,我们比较乐见动机与效果的统一的情形,即在动机与效果一致的情况下,比较容易作出评价。困难在于动机与效果不一致的情况下,对行为如何评价。坚持动机与效果的统一,在道德评价中不偏废任何一方,这是此种情形下评价的前提基础。也就是说,评价教育善恶时,动机和效果都要考察,对教师教育活动的道德价值的判断,要听其言、察其行、观其效,进行整体的观察和评价。要看动机,区分动机的高下真假;也要看效果,观察教师教育活动对学生、对社会所起的实际作用的大小与正负;还要看过程,关注教师行动的手段是否合理,代价是否必需。不能忽视任何一面,否则将对教育善恶评价的科学性和准确性产生消极影响。

在强调两者不可缺一的前提下,我们也不否认两者在道德评价中有主次轻重之分。要根据具体情况,灵活而合理地处理动机与效果在教育善恶评价中的比重。一般应把教育动机作为善恶评价的重点。这不仅由于它体现了道德评价有别于其他评价的特殊性,而且动机也反映着人的行为整个精神趋向和原初意图,最能体现行为者的精神境界和行为本质。当然,如前所述,动机是一个观念形态的东西,并不是现实可见的,故而要弄清行为者的动机,还必须借助于效果。行为的效果对行为者的动机具有检查和验证的作用。这里所讲的效果不仅仅是指一件事、一个行为的效果,而是行为者一系列行为的集合体、行为的全过程和行为整体的效果。效果对动机的检验作用,突出表现在:当行为者发现行为的后果不正常或将不正常时,是尽快重新审核行为方案,寻找出现差错的地方,调整行为方案,采取积极的防范措施,还是听之任之、漠不关心;当行为的后果明显错误时,行为者是从内心深处感到不安、愧疚、自责,并诚恳地进行自我批评、认真地总结经验教训,还是对出现的错误满不在乎、毫不介意,抑或一味地替自己辩护、为自己开脱;前一种人一看便知在行为过程中怀有纯正的目的或动机,后一种人无论如何宣称自己行为高尚、动机纯正,也不足为据。

在教育活动中,教师应特别注意从教育对象那里检验自己的教育动机的正确与否。判断一个教师教育动机的善恶好坏,不能仅从行为动机的表层来判断,更不是教师一厢情愿的自我感觉。就是出发点是好的,但已形成不良的后果,教师也必须调整和反思自己的教育行为。如一味强调自己的动机是好的、没错的,错就错在学生,那么,这个教师的自我认识能力和评价能力恐怕就不适合从事教育劳动了。

以上状态说明,道德动机好坏劣优的鉴定和验证是离不开行为效果的。因此,我们在进行道德评价时,总的原则是:坚持动机与效果的统一,在此前提下,略微偏重于行为的动机,在检验动机时主要依据行为效果。而这一切,都需建立在教育实践的基础之上。所有的教育动机,在教育实践的过程中逐一地、现实地得以表达,成为可以感知的对象。总之,在教育实践中联系动机看效果,透过效果看动机,这样才能真正公正地评价教育行为的善恶。

最后,教育善恶评价还应坚持历史性原则。一方面,对教师教育活动的道德评价不应脱离与社会历史联系。具体的社会历史条件既为教育活动的展开提供了舞台,又是教育善恶评价的参照和坐标。同一教育现象,在不同社会历史条件下,往往具有不同的道德价值。因此,只有把教育放在一定的社会历史联系中,才能恰当地衡量它的道德性质和意义。脱离社会历史联系而抽象地谈论教育的道德价值,是无法理解的。另一方面,对教师教育动机和教育效果的评价,不是一时一刻完成的,必须经过长期的历史检验才能得到合理的结论。这要求对教育现象的道德评判不能单凭一时一事就作出最终结论,而要诉诸历史长期的检验。

综上所述,评判教师教育活动的道德价值,既要看教育动机,又要看教育效果,应坚持动机与效果的统一论;从教育动机与教育效果统一的角度对教师教育活动所进行的善恶评判,不应一般、抽象地展开,而应具体问题具体分析,以教育实践为基础和中介,以历史为参照并通过历史过程来完成。这是历史唯物主义和辩证唯物主义的教育动机和教育效果的统一论,是正确合理地对教师教育行为的善恶进行评价的方式。

本章小结

教师职业道德评价是教师职业道德活动的一种重要形式,是使教师职业道德原则和规范得以贯彻,并转化为教师的道德行为的保证。教师自由选择教育行为的意义在于对教师道德责任的赋予,反映了教师作为教育行为主体的主体性。教师职业道德评价是对教师个体或集体在教育过程中的行为所作的是非、善恶的价值判断,主要通过社会舆论、教育传统、内心信念发挥作用。教师职业道德评价的标准是善恶标准,评价的依据是动机论和效果论的辩证统一。

关键术语

教师职业道德评价　道德行为　社会舆论　传统习惯　内心信念　善恶标准　动机论　效果论　动机效果统一论

讨论与探究

1. 为什么说教师自由选择教育行为是教师职业道德评价的前提?

2. 教师职业道德评价的作用是什么?

3. 在《辞海》中,对"善"的解释多达 10 种,包括善良、美好、友好、擅长、容易、多、修治、爱惜等含义;对"恶"的解释也有罪过、凶暴、凶险、劣、坏、疾病等各种含义。人们对"善"和"恶"的理解,由于视角的不同、文化的区别以及语言的差异等原因,造成了诸多不同的解释甚至歧义。请问,当"善"、"恶"作为教师职业道德评价标准时,我们应该怎么理解其涵义?

4. 大多数在本体论上持二元论或唯心主义的伦理思想家,由于强调"理念"、"意志"、"本心"、"良知",以及"善良意志"、"绝对精神"的作用,因而在道德评价中,往往以动机作为主要的或唯一的根据。以边沁、穆勒为代表的西方 19 世纪功利主义思想家,是效果论的著名的代表。一般来说,唯物主义思想家比较注意行为的效果和行为的过程在评价善恶中的作用,强调要把动机和效果结合起来。试分析,作为教师职业道德评价依据,教师教育行为的动机和效果是怎样辩证统一的。

5. 请结合本章内容,分析下面材料所讨论的热点问题:

案例 10－3

一根红线界定教师行为[①]

体罚和适当惩罚怎么区分？

近年来，人们把教师体罚学生的事件，归咎于少数教师师德低下，但在 21 世纪教育研究院副院长熊丙奇看来，中小学和幼儿园实行自上而下的行政管理，学校办学对上级负责，避免老师体罚学生，往往依靠行政禁令，发文禁止体罚行为等，或者要求教师自律。但这除了增加教师的焦虑、让老师在"火山口"上之外，效果并不好。

近年来，新疆、福建、重庆等多地均出台文件，规定将"严肃处理"体罚及变相体罚学生的教师。然而，对于"体罚"与"适当惩罚"的法律界定，在我国仍是空白。

【专家建议】"有效避免教师体罚学生的做法，应当是在教育教学管理中，引入同行评价，以及家长委员会监督、评价。"熊丙奇说，前者让教师安心教学事务，有合理的教育自主权，不被非教育教学事务分散精力；后者则让学校真正重视学生权益，为保障学生权益而完善学校教学设施，提供更好的教学服务。

感恩老师和礼物交易如何分辨？

曾几何时，为含辛茹苦的老师带点新鲜的土特产、小礼物表达学生和家长对教师的感激之情，加深师生情感很常见的，很少受到质疑。然而，近年来，这种情感交流方式正在逐渐演变成教师与家长的"交易行为"，"礼物"价值不断提高、风气也有愈演愈盛的趋势。

"这种行为有的已成为教师谋取经济利益的重要途径，也成了家长给孩子谋取正当或不正当利益的手段，严重败坏了教育风气，破坏了教育公平，违背了教育精神，必须对这种行为亮起红灯。"首都师范大学副校长孟繁华说。

家长通过向教师送礼来换取教师对自己孩子的格外关注，一些教师以学生家长是否送礼和所送礼物价值多少来确定该学生能享受到的教育资源，这是违背教育原则的。当然，禁止教师收受学生、家长财物，并不是要切断师生间的情感联系纽带。

【专家建议】孟繁华表示，对于教师收受财物的具体标准，建议可以参照刑法中有关国家工作人员受贿的裁定办法，结合当地的实际情况，制定教师收受家长、学生"礼物"价值上限。

有偿家教该禁还是有条件放开？

在职教师从事有偿家教，是应该严令禁止，还是"有条件的放开"？这项争论已持续多年。首都师范大学副教授张爽指出，因为优质教育资源不均衡，教育质量有差异，为了让自己的孩子能更好地应对分数导向带来的激烈竞争，很多家长希望请教师做家教，这种需求也很难回避。但恰恰是这样的一种看起来合理的需求，造成了有偿补课市场的失序发展。有少数失德在职教师为了追求个人利益的最大化，或者在课堂上留一手，强制学生参加自己举办的课外有偿辅导；或者与一些有偿辅导机构形成利益链条，组织学生参加校外有偿补

---

① 《扬子晚报》，2013 年 11 月 30 日。

课；或者身为公立学校教师，却将主要精力放在校外培训机构授课，以换取更高的经济报酬上，日常教学工作敷衍了事。

　　【专家建议】张爽指出，若想从根源上解决有偿家教问题，与之相配套的保障性政策也要落实到位。比如确保教师工资、福利待遇的按时、足额发放，并不低于当地公务员的平均待遇，提升教师的职业尊严感和幸福感，让教师没有后顾之忧，能够真正全身心投入到教学工作中。

进一步阅读的文献/网站

1. 陈兴汉著：《评价论导论》，上海社会科学院出版社，1995 年。

2. 侯光文著：《教育评价概论》，河北教育出版社，1996 年。

3. 李德顺著：《价值论》，中国人民大学出版社，1987 年。

4. 杨东平著：《中国教育公平的理想与现实》，北京大学出版社，2006 年。

5. 林存华著：《教师行为的 50 个细节》，福建教育出版社，2011 年。

6.《教育部关于印发〈严禁教师违规收受学生及家长礼品礼金等行为的规定〉的通知》：http://www. moe. gov. cn/publicfiles/business/htmlfiles/moe/s3144/201407/171513. html。

7.《衡水中学是怎样对付高考的》：http://bbs. huainet. com/thread-1833869-1-1. html。

中小学教师职业道德规范

（教育部 2008 年修订颁发）

一、爱国守法。热爱祖国，热爱人民，拥护中国共产党领导，拥护社会主义。全面贯彻国家教育方针，自觉遵守教育法律法规，依法履行教师职责权利。不得有违背党和国家方针政策的言行。

二、爱岗敬业。忠诚于人民教育事业，志存高远，勤恳敬业，甘为人梯，乐于奉献。对工作高度负责，认真备课上课，认真批改作业，认真辅导学生。不得敷衍塞责。

三、关爱学生。关心爱护全体学生，尊重学生人格，平等公正对待学生。对学生严慈相济，做学生良师益友。保护学生安全，关心学生健康，维护学生权益。不讽刺、挖苦、歧视学生，不体罚或变相体罚学生。

四、教书育人。遵循教育规律，实施素质教育。循循善诱，诲人不倦，因材施教。培养学生良好品行，激发学生创新精神，促进学生全面发展。不以分数作为评价学生的唯一标准。

五、为人师表。坚守高尚情操，知荣明耻，严于律己，以身作则。衣着得体，语言规范，举止文明。关心集体，团结协作，尊重同事，尊重家长。作风正派，廉洁奉公。自觉抵制有偿家教，不利用职务之便谋取私利。

六、终身学习。崇尚科学精神，树立终身学习理念，拓宽知识视野，更新知识结构。潜心钻研业务，勇于探索创新，不断提高专业素养和教育教学水平。

教育部关于进一步加强和改进师德建设的意见

二〇〇五年一月十三日

各省、自治区、直辖市教育厅（教委），新疆生产建设兵团教育局，部属高等学校：

为全面贯彻落实《中共中央国务院关于进一步加强和改进未成年人思想道德建设的若干意见》和《中共中央国务院关于进一步加强和改进大学生思想政治教育的意见》精神，现就加强和改进师德建设工作提出如下意见。

一、充分认识新时期加强和改进师德建设的重要性和紧迫性

1. 加强和改进师德建设是全面贯彻党的教育方针的根本保证，是进一步加强和改进青少年学生思想道德建设和思想政治教育的迫切要求。教师是人类灵魂的工程师，是青少年学生成长的引路人。教师的思想政治素质和职业道德水平直接关系到大中小学德育工作状况和亿万青少年的健康成长，关系到国家的前途命运和民族的未来。我们要从确保党的事业后继有人和社会主义事业兴旺发达的高度，从全面建设小康社会和实现中华民族伟大复兴的高度，从落实科学发展观，落实科教兴国、人才强国战略的高度，充分认识新时期加强和改进师德建设的重要意义。

2. 党和政府高度重视教师队伍建设。长期以来，广大教师教书育人、敬业奉献，赢得了全社会的尊重。同时也必须看到，在市场经济条件和开放环境下，学校教育和师德建设工作面临许多新情况新问题和新的挑战；人民大众对于优质教育日益增长的需求，对教师素质提出了新的更高的要求。师德建设工作还存在许多不适应的方面和薄弱环节。教师队伍的师德水平和全面素质亟待进一步提高，师德建设工作亟待进一步加强和改进，师德建设的制度环境亟待进一步改善。在新的历史时期，加强和改进师德建设是一项刻不容缓的紧迫任务。

二、加强和改进师德建设的总体要求和主要任务

3. 加强和改进师德建设的总体要求是：以马克思列宁主义、毛泽东思想、邓小平理论和"三个代表"重要思想为指导，紧紧围绕全面实施素质教育、全面加强青少年思想道德建设和思想政治教育的目标要求，以热爱学生、教书育人为核心，以"学为人师、行为世范"为准则，以提高教师思想政治素质、职业理想和职业道德水平为重点，弘扬高尚师德，力行师德规范，强化师德教育，优化制度环境，不断提高师德水平，造就忠诚于人民教

育事业、为人民服务、让人民满意的教师队伍,为培养德智体美全面发展的社会主义建设者和接班人做出新贡献。

4. 提高教师的思想政治素质。广大教师要认真学习马克思列宁主义、毛泽东思想、邓小平理论和"三个代表"重要思想,牢固树立正确的世界观、人生观和价值观,自觉抵制各种错误思潮和腐朽思想文化的影响;牢固确立在中国共产党领导下走中国特色社会主义道路、实现中华民族伟大复兴的共同理想和坚定信念;拥护中国共产党领导,拥护社会主义,热爱祖国,热爱人民;坚持正确的政治方向,拥护党和国家的路线、方针、政策,在大是大非问题上,立场坚定,旗帜鲜明。要积极参加社会实践,接触实际,了解国情。要认真学习宪法和有关法律法规,坚持学术研究无禁区、课堂讲授有纪律,严格教育教学纪律。要高度重视学生的思想道德建设和思想政治教育,以良好的思想政治素质影响和引领学生。

5. 树立正确的教师职业理想。广大教师要有强烈的职业光荣感、历史使命感和社会责任感,以培育优秀人才、发展先进文化和推进社会进步为己任,站在时代的前列,努力成为为人民服务的践履笃行的典范。要志存高远,爱岗敬业,忠于职守,乐于奉献,自觉地履行教书育人的神圣职责,以高尚的情操引导学生全面发展。要正确处理个人与社会的关系,反对拜金主义、享乐主义和极端个人主义,把本职工作、个人理想与祖国的繁荣富强紧密联系在一起。

6. 提高教师的职业道德水平。广大教师要坚持社会主义教育方向,全面贯彻党的教育方针,遵守法律法规;树立先进教育理念,自觉遵循教育规律,积极推进教育创新,全面实施素质教育,不断提高教育质量;牢固树立育人为本、德育为先的思想,全面关心学生成长,热爱学生,尊重学生,公平公正对待学生,严格要求学生,因材施教,循循善诱,形成相互激励、教学相长的师生关系,促进学生全面发展;自觉加强师德修养,模范遵守职业道德规范,以身作则,言传身教,为人师表,以自己良好的思想和道德风范去影响和培养学生;大力提倡求真务实、勇于创新、严谨自律的治学态度和学术精神,团结合作、协力攻关、共同进步的团队精神,努力发扬优良的学术风气。坚持科学精神,模范遵守学术道德规范,潜心钻研,实事求是,严谨笃学,成为热爱学习、终身学习和锐意创新的楷模。

7. 着力解决师德建设中的突出问题。要坚决反对教师讥讽、歧视、侮辱学生,体罚和变相体罚学生的行为;坚决反对向学生推销教辅资料及其他商品,索要或接受学生、家长财物等以教谋私的行为;坚决反对在科研工作中弄虚作假、抄袭剽窃等违背学术规范,侵占他人劳动成果的不端行为;坚决反对在招生、考试等工作中的不正之风和违纪违法行为;严厉惩处败坏教师声誉的失德行为。

8. 积极推进师德建设工作改进创新。适应新形势新任务的要求,师德建设工作必须积极推进观念创新、制度创新。要努力探索新形势下师德建设的特点和规律,在内容、形式、方法、手段、机制等方面不断改进和创新,特别要在增强时代感,加强针对性、实效性上下功夫,讲究实际效果,克服形式主义,使师德建设更加贴近实际、贴近教师,把师德规范的主要内容具体化、规范化,使之成为全体教师普遍认同的行为准则,并自觉按照师德规范要求履行教师职责。

三、加强和改进师德建设的主要措施

9. 强化师德教育。多渠道、分层次地开展各种形式的师德教育。在加强和改进教师思想政治教育、职业理想教育、职业道德教育的同时,重视法制教育和心理健康教育。加强学风和学术规范教育。建立和完善各级各类学校德育工作者培训制度。对学校班主任、辅导员等德育工作者进行师德教育专题培训。建立和完善新教师岗前师德教育制度。各级各类师范院校和举办教师教育的综合大学,都要适应新的要求,将教师职业道德教育列为教师培养和职后培训的重要环节。要把师德教育作为新一轮中小学教师全员培训的首要任务和重点内容。

10. 加强师德宣传。每年教师节组织师德主题教育活动,以庆祝教师节和表彰优秀教师为契机,集中开展师德宣传教育活动;在三年一次全国性的教师和教育工作者表彰奖励中,表彰师德标兵、优秀班主任、辅导员、德育工作者和德育工作先进集体;组织师德典型重点宣传和优秀教师报告团活动,大力褒奖人民教师的高尚师德,广泛宣传模范教师先进事迹,展现当代教师的精神风貌,进一步倡导尊师重教的良好社会风尚;举办师德论坛,促进师德建设的理论创新、制度创新和管理创新,推动师德建设工作实现科学化、制度化。

11. 严格考核管理。进一步完善教师资格认定和新教师聘用制度,把思想政治素质、思想道德品质作为必备条件和重要考察内容;建立师德考评制度,将师德表现作为教师年度考核、职务聘任、派出进修和评优奖励等的重要依据。对师德表现不佳的教师要及时劝诫,经劝诚仍不改正的,要进行严肃处理。对有严重失德行为、影响恶劣者一律撤销教师资格并予以解聘。建立师德问题报告制度和舆论监督的有效机制。将师德建设作为学校办学质量和水平评估的重要指标。

12. 加强制度建设。修订《中小学教师职业道德规范》,制定《高等学校教师职业道德规范》。建立师德建设工作评估制度,构建科学有效的师德建设工作监督评估体系。抓紧研究制定科学合理的教师评价方法和指标体系,完善相关政策,体现正确导向,为师德建设提供制度保障。各级教育行政部门和学校要因地因校制宜,制定可操作的实施办法,完善师德建设规章制度,建立师德建设长效机制。

四、切实加强对师德建设的领导

13. 要将教师工作摆在更加重要的位置,加强教师队伍建设特别是教师职业道德建设。要大力弘扬尊师重教的优良传统,千方百计地为广大教师办实事、办好事,不断改善教师的工作、学习和生活条件,为教师教书育人创造更为良好的社会环境。全社会都要关心和支持师德工作。要坚持团结鼓劲、正面宣传为主的方针,大力宣传人民教师的先进典型和模范事迹,为师德建设营造良好的舆论氛围。

14. 各级教育行政部门要把师德建设作为一项事关教育工作全局的大事,纳入教育事业总体规划,加强领导,统筹部署,切实做到制度落实、组织落实、任务落实。要将师德建设作为考核教育行政部门和学校工作的一项重要内容。形成主要领导亲自抓、相关部门各负其责、有关方面大力支持的领导体制和统一领导、分工负责、协调一致的工作格局。教育部建立师德建设工作领导小组,协调全国师德建设工作。各地教育行政部门也要建立相应的工作机制,保证师德建设工作落到实处。要充分发挥教育工会等教师行业组织在教师职业道德建设中的积极作用。

15. 各级各类学校要把师德建设摆在教师工作的首位,贯穿于管理工作的全过程。学校主要领导要亲自抓师德建设。高校要切实把师德建设工作摆上重要议事日程,加强领导,统一规划,开展一次以师德建设为主要内容的教师轮训,在此基础上,做到经常化、制度化。学校基层党组织、广大党员教师要充分发挥政治核心和先锋模范作用。学校教代会和群团组织紧密配合,学生、家长和社会积极参与,形成加强和推进师德建设的合力。

国际教育组织(Educational International) 关于教师职业道德的宣言

此宣言于 2001 年 7 月 25—29 日在泰国举办的第三届国际教育组织世界大会通过。

◎ 序言

高水平的公共教育是民主社会的主要基础。它的任务是确保所有的儿童和青少年享有接受教育的平等机会。它对经济、社会和文化的影响是一个国家良好发展的关键因素。提供高水平的公共教育是一项重要的使命,教师和教育工作者有责任建立公众对教学服务的高水平和标准的信心。

在职业实践中做出负责任的判断是教育的核心活动。提供高水平的公共教育的关键在于合格、有专业精神和责任感的教师以及教育工作者为了开发每名学生的潜力所表现的呵护与关切。

高水平的公共教育的实践,除了需要教师和教育工作者的教学能力和专业精神,良好的工作环境、社会的支持和周全的政策也是必备的条件。只有在所有的条件都具备的条件下,教师和教育工作者才可以充分地、负责任地为学生和社会执行他们的教育工作。

关于教师职业核心道德问题的讨论有利于教师职业的发展。对职业标准以及伦理意识的加强,不仅可以提高教师以及教育工作者的工作满意度和自我批评意识,也可以提高社会对教师职业的尊敬。

作为国际教育组织(EI)的成员,教师、其他教育工作者和他们的工会,应努力提倡教育,来帮助人们充分地发挥自身的能力,为社会的发展进步做出贡献。

认识到教育过程中需要背负的所有责任以及为了教师职业、同仁、学生和家长所必须保持的职业道德行为,身为国际教育组织的成员,教师工会应该:

积极地提倡国际教育组织世界大会和行政董事会所采纳的政策和决议,包含此职业道德宣言。

(A)确定教育工作者享有能够使他们履行职业的良好工作政策和条件,确保他们能得到在国际劳工组织(ILO)基本劳工条款和权利的宣言中所有的权利,如下所列:

—自由结社的权利

—集体谈判的权利

—就业中不受歧视的保护

—平等就业

—就业中不受威胁和保护人身自由

—废除童工

(B)确保他们的会员拥有国际劳工组织(ILO)和联合国教科文组织(UNESCO)就教师地位的联合宣言以及就高等教育的教育工作者地位的宣言内所列出的所有权利。

(C)消除一切在教育里以性别、婚姻状况、性倾向、年龄、宗教信仰、政治观点、社会地位、经济情况、民族或种族为理由的各种偏见与歧视。在自己的国家内合作,提倡为所有儿童提供政府资助的高水平的教育,提高教育供付。

(D)维护作者的地位和他们的权利。

(E)发挥影响力和号召力,使全世界的儿童(尤其是童工,遭社会主流排斥的家庭的儿童,或其他有特殊困难的儿童)在不受到任何歧视的情况下得到高水平的教育。

◎ 宣言

为了引导教师、其他教育工作者和他们的工会达到教师职业应有的职业道德标准,国际教育组织宣言如下:

一、对职业的承诺:教育工作者应该

(A)为所有学生提供高水平的教育,以加强公众对教育工作者的信心,赢取他们对教师职业的尊敬。

(B)确保定期更新并增进专业知识。

(C)安排自身的终身学习计划,包括计划的内容、程序和时间,以表现教师的专业精神。

(D)声明并不隐瞒任何相关专业资格的资料。

(E)通过积极参与工会活动,达到良好的工作状况,以吸引高素质的人士加入教师职业。

(F)通过教育,全力支持并推进民主和人权。

二、对学生的承诺:教育工作者应该

(A)尊重所有儿童(特别是他们的学生)的权利,以确保他们受到联合国儿童权利公约(尤其是所有有关教育的条款)的保护。

(B)保护和提倡学生的人身安全和利益,确保他们不受到任何形式的欺负以及任何生理或心理的伤害。

(C)尽所有可能保护儿童不让他们受到性伤害。

(D)以应有的照顾,努力对待任何有关学生的安全和利益的事项,并同时保护学生的隐私。

(E)协助学生建立一套符合国际人权标准的价值观。

(F)与学生保持师生之间的专业关系。

(G)认识到每个学生的特殊性、特点和特殊的需求。

(H)让学生认同一个富有互助精神,却也有个人空间的社会。

(I)以公正与慈悲发挥教师的权威。

(J)确保师生之间的特殊关系,不受任何宗教或意识形态的影响和控制。

三、对教育界同事的承诺:教育工作者应该

(A)通过对彼此(尤其是对刚从事教师职业或在培训中的同事)的职业等级和观点的尊重,提高同事之间的交流和帮助。

（B）除非有严格的专业或法律原因,不可透露在就业中关于同事的任何资料。

（C）协助同事完成由教师工会和雇主所同意的、同事互相审查的审查程序。

（D）保障同事的人身安全和利益,确保他们不受到任何形式的欺侮以及任何生理或心理的伤害和性侵犯。

（E）为了此声明的实践得到最佳效果,确保内容的落实和执行是国家级的工会组织内透彻讨论的结果。

四、对管理层的承诺:教育工作者应该

（A）熟悉他们的法律和行政的权利和职责,并且尊重集体合同中列出的条例和学生的权利。

（B）执行管理者合理的指示,并有权利通过清晰的、规定的程序对于该指示提出质疑。

五、对家长的承诺:教育工作者应该

（A）认识到家长有权利通过双方(教育工作者和家长)同意的渠道对他们孩子的安全和利益进行咨询。

（B）尊重父母的法定权利,但可为了儿童的最大利益从专业的角度向他们提出建议。

（C）做最大的努力让家长积极参与他们孩子的教育以及积极支持教育过程,避免孩子参与任何形式的不利于他们教育的工作。

六、对教师的承诺:社区和社会应该

（A）让教师感受到就业中得到公平的对待。

（B）认识到教师有保留隐私、照顾自身和在社区内正常生活的权利。